全面深化改革

是推进中国式现代化的根本动力

张新宁 等 著

天津出版传媒集团
天津人民出版社

图书在版编目(CIP)数据
全面深化改革是推进中国式现代化的根本动力 / 张新宁等著. -- 天津 : 天津人民出版社, 2024. 10.
ISBN 978-7-201-20777-3
Ⅰ. D61
中国国家版本馆CIP数据核字第20242EU942号

全面深化改革是推进中国式现代化的根本动力

QUANMIAN SHENHUA GAIGE SHI TUIJIN ZHONGGUO SHI XIANDAIHUA DE GENBEN DONGLI

出　　版　天津人民出版社
出 版 人　刘锦泉
地　　址　天津市和平区西康路35号康岳大厦
邮政编码　300051
邮购电话　(022)23332469
电子信箱　reader@tjrmcbs.com

策划编辑　苏　坚　刘锦泉　沈海涛　郑　玥
责任编辑　佐　拉
特约编辑　王佳欢　林　雨　武建臣
装帧设计　明轩文化 TEL:23674746 · 王　烨

印　　刷　天津海顺印业包装有限公司
经　　销　新华书店
开　　本　710毫米×1000毫米　1/16
印　　张　26
插　　页　2
字　　数　360千字
版次印次　2024年10月第1版　　2024年10月第1次印刷
定　　价　98.00元

·前言·

改革扬帆风正劲，击鼓催征再出发。2024年7月，在以中国式现代化全面推进强国建设、民族复兴伟业的关键时期，党的二十届三中全会在北京胜利召开。全会从党和国家事业发展全局的战略高度出发，重点研究进一步全面深化改革、推进中国式现代化问题，审议通过了《中共中央关于进一步全面深化改革 推进中国式现代化的决定》。这是指导新征程上进一步全面深化改革的纲领性文件，是在新的历史起点上推进全面深化改革向广度和深度进军的又一次总动员、总部署，充分体现了以习近平同志为核心的党中央完善和发展中国特色社会主义制度、推进国家治理体系和治理能力现代化的历史主动，以进一步全面深化改革开辟中国式现代化广阔前景的坚强决心，向国内国际释放了党坚定不移高举改革开放旗帜的强烈信号。

一

全面深化改革是守正与创新的有机统一，唯有如此才能确保改革开放事业行稳致远。习近平强调："我们的改革是在中国特色社会主义道路上不断前进的改革，既不走封闭僵化的老路，也不走改旗易帜的邪路。"[①]"该改的、能改的我们坚决改，不该改的、不能改的坚决不改。"[②]这些重要论述都彰显了守正与创新的有机统一。

---

① 中共中央文献研究室编：《习近平关于全面深化改革论述摘编》，中央文献出版社，2014年，第14页。

② 习近平：《在庆祝改革开放40周年大会上的讲话》，《人民日报》，2018年12月19日。

坚持守正，就要坚持以马克思主义及其中国化的创新理论为指导。从世界观意义上来说，马克思主义拥有完整的、科学的世界观。列宁曾经指出："马克思学说具有无限力量，就是因为它正确。它完备而严密，它给人们提供了决不同任何迷信、任何反动势力、任何为资产阶级压迫所作的辩护相妥协的完整的世界观。"[①]列宁所说的这个世界观，就是辩证唯物主义和历史唯物主义。从方法论意义上来说，马克思主义秉承唯物史观的经济分析方法，其方法论既有整体主义方法论，也有建立在经济学科学性认识基础上的层次性研究方法，是整体主义方法论和层次性方法论的结合；既具有规范研究的要求，表明其学术立场和理论主张，又要求数理分析和实证研究，增强理论研究的准确性和说服力。马克思主义不仅研究生产关系的发展规律，也研究生产力的发展规律，特别是要研究生产力与生产关系的相互作用以及与此相适应的资源配置的规律。"只有把社会关系归结于生产关系，把生产关系归结于生产力的水平，才能有可靠的根据把社会形态的发展看作自然历史过程。不言而喻，没有这种观点，也就不会有社会科学。"[②]马克思一生的两个伟大发现是唯物史观和剩余价值学说。由于有了唯物史观和剩余价值学说这两大理论创新作为基石，社会主义从空想变为科学。

坚持创新，就要在全面深化改革的伟大实践中不断推进理论创新、理论创造。习近平新时代中国特色社会主义思想是当代中国马克思主义、21世纪马克思主义。中国特色社会主义进入新时代以来，以习近平同志为核心的党中央全面把握中华民族伟大复兴战略全局和世界百年未有之大变局，观察时代之变，聆听时代之声，谋划时代之需，对关系新时代党和国家事业发展的一系列重大理论问题和实践问题进行了深邃思考和科学判断，就新时代坚持和发展什么样的中国特色社会主义、怎样坚持和发展中国特色社会主义，建设什么样的社会主义现代化强国、怎样建设社会主义现代化强国，建设什么

①《列宁选集》（第二卷），人民出版社，1995年，第309页。
②《列宁选集》（第二卷），人民出版社，1995年，第8页。

样的长期执政的马克思主义政党、怎样建设长期执政的马克思主义政党等重大时代课题，提出一系列原创性的治国理政新理念新思想新战略，既能顶天立地，又能脚踏实地；既创新和发展了马克思主义基本原理，又使中华文化和中国精神在新时代熠熠生辉。

党的十八大以来，以习近平同志为核心的党中央团结带领全党全国各族人民，以巨大的政治勇气和智慧推进全面深化改革，敢于突进深水区，敢于啃硬骨头，敢于涉险滩，敢于面对新矛盾新挑战，以前所未有的力度打开了崭新局面，提出的一系列创新理论，采取的一系列重大举措，取得的一系列重大突破，都是革命性的。习近平关于全面深化改革的重要论述，是一个内涵丰富、系统完备、逻辑严密的科学理论体系，不仅具有政治性、人民性、实践性等马克思主义理论的共性特征，还有许多新的理论特质。这些理论特质，深刻体现这一重要论述的精髓要义、价值追求、实践要求等，是其世界观和方法论的彰显、立场观点方法的映照，指引全面深化改革取得历史性、革命性、开创性成就。进一步全面深化改革、推进中国式现代化，就要深入学习贯彻习近平总书记关于全面深化改革的重要论述，牢牢把握这一重要论述的理论特质，将其作为强大思想武器。

守正才能不迷失方向、不犯颠覆性错误，创新才能把握时代、引领时代。改革开放是有方向、有立场、有原则的。习近平强调："改革无论怎么改，坚持党的全面领导、坚持马克思主义、坚持中国特色社会主义道路、坚持人民民主专政等根本的东西绝对不能动摇，否则就是自毁长城。"[①]改革开放的方向、立场、原则是一个统一的整体。社会主义方向是改革开放的基础和根本，保证了我国的改革开放是在中国特色社会主义道路上不断前进的改革开放，既不走封闭僵化的老路，也不走改旗易帜的邪路；人民立场是改革开放的核心和重点，保证了我国的改革开放始终坚持以人民为中心的发展思想，使改

---

①《习近平主持召开企业和专家座谈会强调 紧扣推进中国式现代化主题 进一步全面深化改革》，《人民日报》，2024年5月24日。

革开放成果更多更公平惠及全体人民，体现了社会主义的优越性；四项基本原则是改革开放的重点和关键，保证了我国的改革开放始终坚持中国特色社会主义道路、中国特色社会主义理论体系、中国特色社会主义制度。社会主义方向是人民立场和四项基本原则的基础，人民立场是社会主义方向和四项基本原则的目的，四项基本原则是社会主义方向和人民立场的手段，三者统一于改革开放的伟大实践。

二

改革开放是党和人民事业大踏步赶上时代的重要法宝。党的十一届三中全会是划时代的，开启了改革开放和社会主义现代化建设新时期。党的十八届三中全会也是划时代的，开启了新时代全面深化改革、系统整体设计推进改革新征程，开创了我国改革开放全新局面。

2012年12月，上任伊始第一次出京考察，习近平选择来到在改革开放中“得风气之先”的广东。“我们来瞻仰邓小平铜像，就是要表明我们将坚定不移推进改革开放，奋力推进改革开放和现代化建设取得新进展、实现新突破、迈上新台阶。”[①]习近平坚定的话语，源自深刻的历史自觉。2013年4月，中共中央政治局决定党的十八届三中全会研究全面深化改革问题并作出决定，将“全面深化改革开放”的提法改变为“全面深化改革”。2013年11月，党的十八届三中全会讨论通过《中共中央关于全面深化改革若干重大问题的决定》，提出全面深化改革的指导思想、目标任务、重大原则，布局全面深化改革的战略重点、优先顺序、主攻方向、时间节点，决定成立中央全面深化改革领导小组，这就明确了改革新的领导体制、工作机制和推进方式。自此，全面深化改革十年历程，呈现蹄疾步稳的过程特征。

---

①《习近平在广东考察时强调 增强改革的系统性整体性协同性 做到改革不停顿开放不止步》，《人民日报》，2012年12月12日。

2014年是全面深化改革的“开局”之年，2015年是全面深化改革的“提质”之年，2016年是全面深化改革“立柱架梁”之年，2017年是全面深化改革“提高整体效能”之年，2018年是全面深化改革“在新起点上实现新突破”之年，2019年是全面深化改革“打决定性基础、出决定性成果”之年，2020年是全面深化改革开启“系统集成”之年，2021年是全面深化改革开始“向更深层次挺进”之年，2022年是全面深化改革开启“制度集成”之年，2023年是全面深化改革开始“聚焦全面建设社会主义现代化国家”推进改革之年。2014年至2020年，全面深化改革经过夯基垒台、立梁架柱，全面推进、积厚成势，系统集成、协同高效三个阶段的接续推进，基本完成了《中共中央关于全面深化改革若干重大问题的决定》部署的任务。2020年，重要领域和关键环节改革取得了决定性成果，完成了《中共中央关于全面深化改革若干重大问题的决定》提出的改革任务，达到了形成系统完备、科学规范、运行有效的制度体系，使各方面制度达到更加成熟更加定型这一阶段性目标。2021—2023年间，全面深化改革进入推动新发展阶段改革时期，在新的历史起点上向更深层次推进。十年来，全面深化改革坚持完善和发展中国特色社会主义制度，推进国家治理体系和治理能力现代化总目标，坚持目标导向、问题导向、效果导向相结合，一步一个脚印，一年一个台阶，呈现蹄疾步稳的时间性特征和上下联动的空间性特征。在中国改革开放史上，这十年已经具有完整的历史阶段属性。①

伟大实践铸就伟大理论创新。坚持社会主义市场经济改革方向、不断推进社会主义市场经济体制的发展和完善，是经济体制改革四十五年历程的基本路向，是贯穿改革开放四十五年经济学说演进的理论主题。改革开放四十五年来社会主义市场经济从机制、体制到制度探索的演进过程，清晰展示了社会主义市场经济的“经济学规律最先以怎样的历史上具有决定意义的形式

---

① 赵凌云、楚武干：《全面深化改革的发生、历程与成就》，《江汉论坛》，2024年第4期。

被揭示出来并得到进一步发展”[1]的特点，全面展现了中国共产党对当代马克思主义政治经济学的伟大理论创新。改革开放经济学说以社会主义市场经济理论为主题，实现了从经济机制到经济体制、再到经济制度改革和发展的理论创新；以发展为主导理论和根本理念，新发展理念是最显著的理论结晶和思想智慧。改革开放始终与社会主义现代化紧密相连，中国式现代化理论体系集中体现了这一经济学说的要领，成为全面建成社会主义现代化强国的理论指导和实践指南。改革开放以来围绕社会主义基本经济制度的理论探讨，以社会主义初级阶段生产关系和分配关系以及与之相应的经济体制改革为基础，形成了社会主义基本经济制度的创新性理论。[2]

从历史的纵深视野透视，改造和改革都是解放和发展生产力，目的就是加快推进中国在工业化基础上的社会主义现代化。改造和改革二者统一于中国式现代化发展历程中，是实现中国式现代化的基本经济制度保障。中华人民共和国成立后，我国在社会主义探索中逐步建立了纯粹公有制、单一按劳分配制度和高度集中的计划经济体制，社会主义工业化开始起步，为中国现代化提供了制度基础和物质起点。但是，由于底子薄、基础差、生产力水平低，初步工业化后的现代化进程缓慢。改革开放后，党和国家对什么是社会主义、怎样推进社会主义现代化的认识有了很大变化，通过市场取向的改革探索了中国特色社会主义基本经济制度，调整了所有制结构和收入分配制度，并确立了社会主义市场经济体制。由此加快了工业化进程，迅速推进了中国式现代化。不过，有人提出疑问：既然通过市场经济解放和发展了生产力，推进了中国工业化和现代化，那么社会主义改造是否必要？本书从社会主义建设和经济发展七十多年历史的角度，分析社会主义改造和改革与中国工业化、现代化的内在关系及其历史演进，改造和改革都是解放和发展生产力，改造是改革的基础，改革是改造的继续，目的就是加快推进中国在工业化基础上

---

①《马克思恩格斯全集》（第三十三卷），人民出版社，2004年，第417页。

② 顾海良：《改革开放的光辉历程与经济学说的学理创新——改革开放45年中国特色社会主义政治经济学发展回眸》，《当代世界与社会主义》，2023年第6期。

的社会主义现代化。[①]

中国改革模式的简单概括，就是始终坚持以经济体制改革为重点和牵引力；以政治体制改革为经济社会改革保驾护航；以改革成果由人民共享，实现共同富裕为根本目标；以渐进方式推进改革。在政治稳定的前提下推进经济发展是贯穿于改革全部进程中的硬道理。

一是正确处理政治改革与经济改革的关系，以政治稳定保证经济改革的顺利推进。“改革和开放是手段，目标是分三步走发展我们的经济。”[②]政治稳定是实现经济发展的根本保证。这样，在中国共产党看来，政治改革与经济改革两者关系的核心要义，就是正确处理改革、发展、稳定三者的关系。

二是始终把实现人民利益放在改革的首位，做到了改革成果由人民共享，建立起人民对改革的信心，不断巩固改革的根基。坚持以人民为中心的发展观是贯穿中国改革全过程的一条鲜明主线。把保证最广大人民的根本利益作为改革的出发点和落脚点，把人民拥护不拥护、赞成不赞成、高兴不高兴作为制定改革具体政策的依据。改革成果由人民共享，保障改革不脱离社会主义轨道。

三是在渐进性改革中适时调适，及时化解矛盾，避免了改革的颠覆性。对于改革，中国共产党一方面表明坚定不移，毫不动摇的立场，要一直干下去；另一方面又清楚地指出，“改革开放作为一场新的伟大革命，不可能一帆风顺，也不可能一蹴而就”[③]，因此改革方案是建立在对改革风险自觉意识的基础之上的，贯穿改革历史中一条清晰的思维主线就是渐进式、台阶式。同时，以智慧的思维方法应对改革的风险。其中“关键是要善于总结经验，哪一步走得不妥当，就赶快改”[④]，以免使小错误变成大错误。这就为改革方略

① 葛扬、丁涵浩：《社会主义改造和改革：中国式现代化的基本经济制度逻辑》，《社会科学战线》，2024年第2期。

②《邓小平文选》（第三卷），人民出版社，1993年，第266页。

③《胡锦涛文选》（第二卷），人民出版社，2016年，第619页。

④《邓小平文选》（第三卷），人民出版社，1993年，第113页。

的及时调适留下空间。[①]

党的十一届三中全会、党的十八届三中全会、党的二十届三中全会，三次三中全会标注了中国改革开放风雨兼程的历史进程。从党的十一届三中全会拉开改革开放的大幕，到党的二十届三中全会更高举起改革开放的旗帜，曾经贫穷落后的中国，在中国共产党的领导下，已胜利实现全面建成小康社会第一个百年奋斗目标，向着全面建成富强民主文明和谐美丽的社会主义现代化强国第二个百年奋斗目标迈进。

三

进入新时代，改革举什么旗、走什么路？为什么改、为谁改、怎么改？习近平为我们指明了方向。2023年4月，在二十届中央全面深化改革委员会第一次会议上，习近平强调，“要把全面深化改革作为推进中国式现代化的根本动力”。党的二十届三中全会紧紧围绕推进中国式现代化这个主题擘画进一步全面深化改革战略举措，审议通过的《中共中央关于进一步全面深化改革推进中国式现代化的决定》是指导新征程上进一步全面深化改革的纲领性文件，充分体现了以习近平同志为核心的党中央完善和发展中国特色社会主义制度、推进国家治理体系和治理能力现代化的历史主动，必将为中国式现代化提供强大动力和制度保障。

把全面深化改革作为推进中国式现代化的根本动力，要深刻把握中国式现代化的理论形态。从历史发生学角度看，基于中国特色社会主义建设道路的探索和社会主义现代化建设的历史演进，中国式现代化的理论形态沿着“中国式现代化的实践探索—中国式现代化命题的正式提出—中国式现代化理论体系的形成发展—中国式现代化理论形态的初步建构”这一历史逻辑出场。从中国思想理论建构和意识形态建设演进角度看，中国式现代化理论形态的

---

① 杜艳华：《在比较中把握社会主义改革规律》，《复旦学报》（社会科学版），2023年第6期。

出场，既是遵循自身独特的历史、实践、理论逻辑的历史自觉和自主选择，也是针对“西方中心论”而作出的深刻反思和重大创新。从学理来看，这一全新的现代化理论形态，集“道路存在”“文明存在”“民族性存在”“人性存在”“社会存在”“人民性存在”“价值存在”“普惠性存在”“世界性存在”“哲学存在”于一体，彰显了这一现代化理论形态的本质特征、文明形态、民族特质、人的本质、社会治理、人民标准、共同价值、人类命运、世界贡献、哲学根基。这十个要素及其内在逻辑，不仅从学理上系统建构了中国式现代化的理论形态，而且彰显了既区别又超越西方现代化、“西方中心论”的显著优势，还以思想的力量，在实践上引领中国式现代化发展，为人类实现现代化提供新的选择，在思想理论建设上进一步巩固中华民族的文化主体性。①

把全面深化改革作为推进中国式现代化的根本动力，要深入研究全面深化改革开放与中国式现代化新道路的创造。中国共产党成立一百多年来，团结带领中国人民所进行的一切奋斗，就是为了把中国建设成为现代化强国，实现中华民族伟大复兴。中华人民共和国成立以来，党孜孜以求，带领人民进行了现代化建设的艰辛探索，提出了实现农业、工业、国防和科学技术四个现代化的目标，在旧中国一穷二白的基础上建立起比较完整的工业体系和国民经济体系。改革开放开创了中国特色社会主义，也打开了社会主义现代化建设崭新局面。随着改革开放的全面展开，中国式现代化道路的探索进一步深化，建设社会主义现代化国家的内涵不断丰富发展，实现现代化的战略步骤也不断推进，现代化发展的奋斗目标由建设富强民主文明的社会主义现代化国家，扩展为建设富强民主文明和谐的社会主义现代化国家，提出全面建设小康社会的目标。党的十八大以来，中国特色社会主义进入新时代，提出建设富强民主文明和谐美丽的社会主义现代化强国，作出两个阶段推进的战略安排，对基本实现现代化提出更高要求，提出中国式现代化五个特点，

① 韩庆祥：《论中国式现代化的理论形态》，《马克思主义研究》，2024年第5期。

创造了中国式现代化新道路，开创了人类文明新形态，为现代化发展进一步指引方向。中国式现代化新道路的创立，拓展了发展中国家走向现代化的途径，给世界上那些既希望加快发展又希望保持自身独立性的国家和民族提供了全新选择，为解决人类问题贡献了中国智慧、中国方案。①

把全面深化改革作为推进中国式现代化的根本动力，要深入探究中国式现代化的改革开放观。改革开放作为决定中华民族前途命运的关键一招、党和人民事业大踏步赶上时代的重要法宝，在持续性深化的伟大实践中不断趋向于理性自觉，创造了中国特色改革开放观，在中国特色社会主义每一个发展阶段的重大历史关头应时而变，创新指引、科学谋划和全面布展改革开放伟大实践进程，不断作出方向抉择、使命转换和战略调整，进而不断实现时代转换。新征程的改革开放观要在整体上重新对进一步全面深化改革的必要性（六个必然要求）、战略地位（把改革开放摆在更加突出位置）、根本主题（紧紧围绕推进中国式现代化这一主题）、时代使命和战略布局，以及作为党的十八届三中全会以来的实践续篇和时代新篇的核心要义，作出科学、深刻、全面的理解、阐释和把握，谋划和布展进一步全面深化改革的伟大战略实践。这就是中国式现代化的改革开放观。党的二十届三中全会的一项重大议程是谋定紧紧围绕推进中国式现代化这一主题进一步全面深化改革，这一议程内在贯穿新征程的改革开放观，科学阐明了这一轮改革作为党的十八届三中全会以来全面深化改革的实践续篇，旨在谱写新征程推进中国式现代化的时代新篇，着力在改革开放新征程中作出重大方向性抉择，明确解答改革的主要使命、实现路径和战略安排等“时代之问”，奋力将改革开放伟大实践继续推向深入，实现历史的超越。②

把全面深化改革作为推进中国式现代化的根本动力，要深刻揭示改革开

① 张神根、黄晓武：《改革开放与中国式现代化新道路》，《马克思主义与现实》，2022年第1期。

② 任平：《中国式现代化的改革开放观：方向抉择、重大使命与历史超越》，《江海学刊》，2024年第4期。

放与中国式现代化的辩证关系。改革开放与中国式现代化是党的十一届三中全会以来的两个重要叙事。两者既相互区别、各有侧重，又相互联系、相辅相成。改革开放侧重于以“新路”摒弃传统社会主义封闭僵化“老路”，中国式现代化侧重于以“正路”防止改旗易帜走上西方资本主义“邪路”。改革开放在思想指导、物质基础、制度保障、社会活力等方面为中国式现代化提供内生动力，而中国式现代化则是改革开放的目标指引，直接影响和决定着改革开放的任务、内容、方法和进程等。改革开放是实现中华民族伟大复兴的必由之路，中国式现代化是强国建设、民族复兴的康庄大道，两者统一于中华民族伟大复兴实践，两者都源于党对实现中华民族伟大复兴的艰辛探索，在推进中华民族伟大复兴的实践中都以坚持党的领导、坚持以人民为中心和坚持斗争精神为根本遵循。深刻认识和准确把握改革开放与中国式现代化的差异、联系及其内在统一性，有利于更加自觉、更加主动地坚持深化改革开放，以中国式现代化全面推进中华民族伟大复兴。[①]

把全面深化改革作为推进中国式现代化的根本动力，要深刻探讨中国式现代化的发展要律。党的十八大以来，习近平多次强调稳中求进工作总基调和高质量发展的首要任务。稳中求进与高质量发展互联互补、有机统一。实践证明，习近平提出的重要观点揭示了中国式现代化的发展要律，体现了经济规律的客观性，创新发展了马克思主义现代化理论。这个重要观点也具有很强的针对性，对于指导各级领导干部树立长期奋斗稳打稳扎的观念，排除境外反华敌对势力各种歪理邪说的干扰，以及增强全党全国各族人民更加紧密地团结在党中央周围，齐心协力、扎扎实实为实现中国式现代化而艰苦奋斗的决心具有重要意义。社会主义现代化与资本主义现代化具有根本区别，社会主义现代化消除了企业内部有组织和整个社会无政府状态之间的矛盾，可以自觉地处理内部矛盾，将市场自发调节与政府有力的宏观调控有效结合

① 杜玉华、王晓真：《改革开放与中国式现代化的辩证关系论析》，《思想教育研究》，2024年第5期。

起来，防止和抵御各种不确定性风险，持续推动经济实现质的有效提升和量的合理增长。习近平提出的稳中求进工作总基调和高质量发展的首要任务，是在总结百余年社会主义现代化建设经验基础上揭示的客观规律要求，能够充分发挥社会主义制度的综合优势，是对马克思主义现代化理论的创新。稳中求进和高质量发展，既是实现中国共产党领导的中国式现代化的要旨，又是客观经济规律的体现，还是高层次的主观与客观相统一的实现。只有始终坚持这一理念，才能进一步开辟发展社会主义现代化建设的新境界，向世界展示中国式现代化的巨大优势。

把全面深化改革作为推进中国式现代化的根本动力，要深刻认识中国式现代化的人类文明史意义。习近平在党的二十大报告中指出："中国式现代化为人类实现现代化提供了新的选择，中国共产党和中国人民为解决人类面临的共同问题提供更多更好的中国智慧、中国方案、中国力量，为人类和平与发展崇高事业作出新的更大的贡献！"①中国式现代化创造出蕴含人类政治新文明、人类工业新文明、人类农业新文明、人类城市新文明和人权发展新道路的人类文明新形态，为推进国家治理体系和国家治理能力现代化、新型工业化、农业现代化、新型城镇化和全球人权治理指明了方向。在中国式现代化伟大实践中持续丰富和发展人类文明新形态，已成为新时代新征程引领时代潮流、把握历史主动的关键。这一人类文明新形态既是中华文明现代性转化的重要体现，也是中国共产党为人类谋进步、为世界谋大同的现实路径。②

"实现新时代新征程的目标任务，要把全面深化改革作为推进中国式现代化的根本动力，作为稳大局、应变局、开新局的重要抓手，把准方向、守正

---

① 习近平：《高举中国特色社会主义伟大旗帜　为全面建设社会主义现代化国家而团结奋斗——在中国共产党第二十次全国代表大会上的报告》，人民出版社，2022年，第16页。

② 辛向阳、吕耀龙：《中国式现代化与人类文明新形态》，《马克思主义理论学科研究》，2023年第7期。

创新、真抓实干，在新征程上谱写改革开放新篇章。”[1]党的二十届三中全会坚持正确政治方向，着力抓住推进中国式现代化需要破解的重大体制机制问题谋划改革，主题鲜明，重点突出，举措务实可行，是新时代新征程上推动全面深化改革向广度和深度进军的总动员、总部署，必将为中国式现代化提供强大动力和制度保障。

四

党的二十届三中全会深入分析了推进中国式现代化面临的新情况新问题，科学谋划了围绕推进中国式现代化进一步全面深化改革的总体部署。全会彰显了以习近平同志为核心的党中央将改革进行到底的坚强决心和强烈使命担当，是对新时代新征程举什么旗、走什么路的再次宣示。我们要深入学习领会全会精神，凝心聚力、奋发进取，以进一步全面深化改革不断开辟中国式现代化的广阔前景。

加速推进中国式现代化，要深刻认识中国式现代化与中华民族伟大复兴的“历史合流”。以中国式现代化全面推进中华民族伟大复兴，是党的二十大报告的“硬核”内容，是集大成的理论创新与实践创新。这一论断将强国建设与民族复兴一体谋划、一体推进，把党探索民族复兴与现代化道路的百余年历史推向了新的高度，以全新的视野诠释了中华民族伟大复兴的实现方式，堪称“复兴方略”。由此，历史进程前所未有地汇合起来，民族事业、国家事业、党的事业历史性地合为一体，熔铸于中国式现代化，形成了坚持和发展中国特色社会主义的“一块整钢”。这是一种别样的时代特征，也是一种耀眼的历史效应。恩格斯所说的“历史合力论”在新时代的中国大地上呈现了。如果说党的二十大是一个历史转折点，那么历史演进的各条河流就经由这个

① 习近平：《全面深化改革开放，为中国式现代化持续注入强劲动力》，《求是》，2024年第10期。

“转折点”汇合起来了，由此造就“历史的合流”，继而造就“合流的历史”。这种时代特征所昭示的历史效应就是，那奔赴未来的征程变得清晰无比，富民、强国、复兴是否实现全在于能否最终走通中国式现代化新道路。①

加速推进中国式现代化，要紧扣推进中国式现代化进一步全面深化改革。学习领会习近平总书记关于进一步全面深化改革的重要论述，准确把握蕴含其中的进一步全面深化改革的主题、价值取向和方法论，既有利于推进全面深化改革，也有利于推进中国式现代化。首先，要进一步全面深化改革的主题。全面建成小康社会的目标实现之后，历史赋予中国共产党的任务和使命是全面建设社会主义现代化国家、全面建成社会主义现代化强国，以中国式现代化全面推进中华民族伟大复兴。2024年5月23日，习近平在主持召开企业和专家座谈会时指出：“进一步全面深化改革，要紧扣推进中国式现代化这个主题。”推进中国式现代化是当前最大的政治，也是进一步全面深化改革的主题。其次，要进一步全面深化改革的价值取向。中国共产党的根基在人民、力量在人民、血脉在人民，坚持人民至上是中国共产党的根本价值立场。全面深化改革的价值取向在于通过推进中国式现代化，满足人民日益增长的美好生活需要，促进人的全面发展，实现全体人民共同富裕。最后，要进一步全面深化改革的方法论。我国改革遵循的是由易到难、先简后繁的行动逻辑，先选择一些难度小、容易实施的领域作为改革的突破口，难度大、风险高的改革留到了攻坚期。进一步全面深化改革涉及诸多领域深刻变革和诸多利益格局调整，面临各种复杂关系和矛盾的处理，要求遵循一定的方法论。习近平总书记关于进一步全面深化改革的重要论述，阐明了全面深化改革的方法论和行动路径。②

加速推进中国式现代化，要因地制宜发展新质生产力。党的二十届三中全会指出：“因地制宜发展新质生产力体制机制”，并将其放在了健全推动经

① 李冉：《历史的合流与合流的历史：以中国式现代化全面推进中华民族伟大复兴的历史省思》，《社会科学》，2023年第4期。

② 陈金龙：《紧扣推进中国式现代化进一步全面深化改革》，《国家治理》，2024年第11期。

济高质量发展体制机制的首位。这充分体现了党中央对发展新质生产力的高度重视和坚定决心，为发展新质生产力提供了制度保证和动力源泉。习近平总书记关于发展新质生产力的重要论述具有深厚的理论渊源，是对马克思主义及其中国化理论关于科技生产力思想的继承与发展。习近平总书记关于发展新质生产力的重要论述也具有鲜明的中国特色，其具有在实践中凸显中国式现代化关于实现高质量发展和实现全体人民共同富裕的本质要求等内涵特征。因此，发展新质生产力，对于加速建设中国式现代化意义重大。

基于此，必须加大顶层布局力度，为发展新质生产力提供宏观指导；大力发展新产业，形成新产业为主导的现代化产业体系；加大传统产业的转型升级发展，拓宽新质生产力的发展空间；充分发挥知识产权优势，筑牢新质生产力发展的根基。[①]加快形成新质生产力推动人类文明新形态发展，应以原创性、颠覆性科技创新为突破口，培育发展新动能，丰富和发展人类物质文明；应持续推进绿色发展，创造生态文明新形态；应进一步夯实现代化产业体系，厚植现代化新形态。[②]理解“新质生产力”，不仅要着眼于生产力，还要着眼于生产关系和体制机制等层面；不仅要着眼于科学技术，还要着眼于全要素、全方位；不仅要着眼于物质文化，还要着眼于精神文化。新时代中国特色社会主义和中国式现代化将创造人类文明新形态，发展新质生产力的内在要求创造社会主义物质文明新形态。中国“新质生产力”所包含的“物质文化”和“精神文化”两个层面，共同推进构建人类文明新形态，助推中国式现代化行稳致远。[③]

加速推进中国式现代化，要增强实现中华民族伟大复兴的精神力量。党

---

① 程恩富、陈健：《大力发展新质生产力加速推进中国式现代化》，《当代经济研究》，2023年第12期。

② 周文、余琦：《新质生产力与人类文明新形态：理论逻辑和实践路径》，《经济纵横》，2024年第5期。

③ 曹泳鑫：《论新质生产力与物质文明新形态的内在统一》，《毛泽东邓小平理论研究》，2024年第2期。

的二十大明确提出“增强实现中华民族伟大复兴的精神力量”。民族复兴不仅是经济的崛起和制度的建设，它还存在着一个民族的自我肯认，表现在精神状态上。当今的国力竞争深层次的是价值观之争。拥有马克思主义科学理论指导，是我们坚定信仰信念的根本所在，以中国化时代化的马克思主义引领时代，建设具有强大凝聚力和引领力的社会主义意识形态，以理论的解释力体现科学性真理性的逻辑优势，以价值的先进性超越其他思潮，以价值的实践转化力体现出真实性。中国式现代化的社会主义价值追求，为促进物的全面丰富和人的全面发展提供道德观念支持，与既有的文明发展模式有着重要的不同，需要有自身的理论阐释系统，超越西方既有表达系统的知识体系，回答中国之问、时代之问，构筑中国价值、中国精神，构建中国话语和中国叙事体系，为全面建设社会主义现代化国家提供精神动力。①

从历史深处奔涌而来，向民族复兴澎湃而去。推进中国式现代化是一项探索性事业，还有许多未知领域需要我们在实践中去大胆探索，通过改革创新推动事业发展。发展出题目，改革做文章。新征程上，我们愿与学界同人一道，坚持全面深化改革开放，紧扣推进中国式现代化，坚持目标导向和问题导向相结合，写好改革的时代新篇，以钉钉子精神抓好改革落实，把进一步全面深化改革的战略部署转化为推进中国式现代化的强大力量。

---

① 高国希：《增强实现中华民族伟大复兴的精神力量》，《华东师范大学学报》（哲学社会科学版），2022年第6期。

· 目 录 ·

第一部分 全面深化改革的理论与方法

第二部分　全面深化改革的实践与经验

第三部分　全面深化改革与中国式现代化

第一部分

全面深化改革的理论与方法

第一章

全面深化改革的指导思想与方法

一、深化改革开放必须坚持以马克思主义及其中国化的创新理论为指导

习近平在庆祝改革开放40周年大会上的讲话中指出："前进道路上，我们必须坚持以马克思列宁主义、毛泽东思想、邓小平理论、'三个代表'重要思想、科学发展观、新时代中国特色社会主义思想为指导，坚持解放思想和实事求是有机统一。发展21世纪马克思主义、当代中国马克思主义。"[①]这就是说，我们的改革开放事业一直是以马克思主义和当代中国马克思主义为指导思想。然而，现实理论界却不断地有人宣扬各种错误思想。为此，我们必须廓清国内外一些错误言论，为坚持和发展社会主义性质和方向的改革开放进行"伟大斗争"，而不能当"开明绅士"。

第一，深化改革开放的内容和时机的把握问题。在庆祝改革开放40周年大会上，习近平指出："前进道路上，我们必须坚持以新时代中国特色社会主义思想和党的十九大精神为指导，增强'四个自信'，牢牢把握改革开放的前进方向。改什么、怎么改必须以是否符合完善和发展中国特色社会主义制度、推进国家治理体系和治理能力现代化的总目标为根本尺度，该改的、能改的我们坚决改，不该改的、不能改的坚决不改。我们要坚持党的基本路线，把以经济建设为中心同坚持四项基本原则、坚持改革开放这两个基本点统一于新时代中国特色社会主义伟大实践，长期坚持，决不动摇。"[②]

① 习近平：《在庆祝改革开放40周年大会上的讲话》，《人民日报》，2018年12月19日。
② 习近平：《在庆祝改革开放40周年大会上的讲话》，《人民日报》，2018年12月19日。

可见，坚持党在社会主义初级阶段的基本路线，特别是坚持四项基本原则，是我们制定改革开放政策和策略的底线。对于改革开放的具体内容，首先，要搞清社会主义改革开放中哪些是该改的，哪些是不该改的问题。如作为中国特色社会主义政治制度本质的党的领导，作为根本政治制度的人民代表大会制度，作为公有制为主体、多种所有制经济共同发展的基本经济制度，作为按劳分配为主体多种分配方式并存的基本分配制度，作为以人民为中心而非以资本为中心的发展宗旨，作为党和国家指导思想的马克思主义及其中国化理论的主旋律意识形态等，就属于不仅不该改变，而且要坚持、巩固和进一步加强的。那种主张多党轮流执政，人大、政协改为各个狭隘利益集团的博弈制度、修改宪法关于公有制和私有制的分类、取消马克思主义在意识形态和国民教育中指导地位等改革观，是错误的。其次，对于那些该改的，我们还要考虑现在能不能改的问题，或者说我们还要考虑改革的时机和条件是否成熟的问题。比如实行民营企业的职工股权和利益共享、严厉惩罚拖欠工资和非法延长劳动时间、中美企业互相控股的对等开放、干部财产公布等问题，原则上都应该改革和建立健全，但有一个时机和条件能不能允许的问题，既不能操之过急，也不能错失良机，必须具体情况具体分析。

第二，改革开放取得巨大成就是马克思主义理论的胜利。有这样一种观点认为，中国改革开放取得巨大成就，应该归功于新自由主义和凯恩斯主义的指导。这不仅是错误的，而且违背客观事实。我们知道，马克思主义及其中国化经济理论，是以马克思主义的世界观和方法论为根本指导、同时吸收借鉴西方经济学某些理论和政策的合理成分，是在对中国特色社会主义经济进行理论创新过程中形成的。因此，我们不否认中国改革开放取得的巨大成就中，有一部分应该归功于我们的马克思主义经济学者吸收借鉴西方经济学科学有益成分的积极因素。但是，我们不能由此说中国改革开放取得的巨大成就，源自西方经济学及其新自由主义等的理论指导。一部分西化派经济学家，别有用心地将中国改革开放的巨大成就说成是西方经济学和新自由主义的胜利。事实恰恰相反。我们可以说，改革开放以来利国利民的重要成就，均是坚持马克思主义及其中国化经济理论的结果，而过去和现在存在的不少问题，一定意义上均是西方经济学错误理论和政策影响的结果。例如，西方经济学的“库兹涅茨倒U型曲线”理论，妨碍了我国财富和收入分配的合理化改革，导致分配差距越来越大，我国的基尼系数已超过国际公认的警戒线。不仅如此，所谓的“环境库兹涅茨曲线”还妨碍了我国生态环境的可持续发展。因为那时的流行理论和政策是走西方“先污染、后治理”的老路，即遵循生态环境的“库兹涅茨倒U型曲线”。有些人用被其曲解的“发展是硬道理”来为这种主张辩护，进而把“发展”等同于“增长”，主张“唯GDP论”。其实，西方经济学指导西方资本主义经济都经常失效或失灵，导致经济危机、金融危机、财政危机、贫富阶级严重对立、发动战争获利等，又怎么可能指导社会主义市场经济的中国取得超过资本主义市场经济的发展成就?

进一步分析，由于受西方思潮影响，甚至有论著混淆社会主义市场经济与资本主义市场经济的本质界限，不敢使用“社会主义性质和类型的市场经济”一词，以为这样一说，就把本身是中性的市场经济一词，又套上姓资姓社的性质了。因此，笔者赞成社会主义市场化取向的改革和公有制主体基础上的有限民营化，即在一定程度和一定范围内发展私营经济，但不赞成“唯市场化”“泛市场化”，更不赞成生产资料主体的私有化或民营化。

第三，关于所有制结构的改革成就与未来走向。习近平在民营企业座谈会上的讲话中指出：“民营经济是我国经济制度的内在要素，民营企业和民营企业家是我们自己人。民营经济是社会主义市场经济发展的重要成果，是推动社会主义市场经济发展的重要力量，是推进供给侧结构性改革、推动高质量发展、建设现代化经济体系的重要主体，也是我们党长期执政、团结带领全国人民实现‘两个一百年’奋斗目标和中华民族伟大复兴中国梦的重要力量。”①有人据此炒作说，我们已经放弃了公有制经济的主体地位，中国特色社会主义经济要以私有制经济为主体了。但在庆祝改革开放40周年大会的讲

① 习近平：《在民营企业座谈会上的讲话》，《人民日报》，2018年11月2日。

话中，习近平再次强调："我们必须毫不动摇巩固和发展公有制经济，毫不动摇鼓励、支持、引导非公有制经济发展，充分发挥市场在资源配置中的决定性作用，更好发挥政府作用，激发各类市场主体活力。"[①]因此，两个毫不动摇，必须在社会主义基本经济制度的框架内来理解。不可将两个毫不动摇变成任何一个毫不动摇。有舆论把改革的成就主要归功于非公有制经济占比越来越高，认为未来改革就是让其占比继续提高，越高越好；甚至有人提出，应该逐步淡化并取消国企、民企、外企的所有制分类，今后应该淡化所有权，强化产权，如果总是在所有制问题上争来争去，就很难突破公有制、私有制这样一些思想束缚；也有人宣扬"所有制中立论"，主张改革方向就是取消宪法关于公有制、私有制的分类，取消公有制的主体地位和国有企业的主导作用；甚至还有人提出"私人投资与国家投资一样，也是社会主义公有制"的奇谈怪论。

事实上，与西方资本主义经济不景气相比较，我国经济持续较快发展的主要原因是公有制的发展及其对非公有制经济的大力支援，否则，西方非公有制经济占比超过我国，为何发展不佳呢？在我国宪法条款中，公有制与私有制在国民经济中的地位和作用都是不一样的。既然公有制是主体，那么私有制只能是作为其重要组成部分，而不可能都是主体。因此，主张"民营经济占主体"的观点，是违宪的言论。此外，也有观点试图割裂国有资本与国有企业的密切关系，逐步让中外非公有制企业控股原来的国有企业，而推行实际上只剩下国有资本参股这一改革措施，这并不符合宪法规定和习近平多次强调的"做强做优做大国有企业"的重要讲话精神。

第四，关于中国特色社会主义经济的调节方式和调节手段。国内外大多数学者都认为，我国改革开放的成就与同时很好地发挥市场调节功能和政府调节功能密不可分，即实行市场与政府功能相结合的双重调节体制机制，展示出"强市场、强政府"的双强优势。这是因为，市场调节的五大功能优势，

---

① 习近平：《在庆祝改革开放40周年大会上的讲话》，《人民日报》，2018年12月19日。

主要是直接调节企业和个人的市场机制的短期配置功能、微观均衡功能、信号传递功能、技术创新功能和利益驱动功能，其功能劣势在于市场调节目标偏差、程度有限、速度缓慢、成本昂贵；政府（国家）调节的五大功能优势，主要是调节宏观经济的国家机制的宏观制衡功能、结构协调功能、竞争保护功能、效益优化功能和收入重分功能，其功能劣势在于国家调节偏好主观、转换迟钝、政策内耗、动力匮乏。两者的各自功能优势决定了各自的基础性和主导性作用，而各自的功能劣势决定了需要利用两者所存在的对立统一的辩证关系。市场调节是整个社会经济活动的普遍联系形式，从微观引向宏观，而广义的政府调节（特指狭义政府和人大两大主体，党的意志也应通过政府和人大来贯彻落实）是规范整个社会经济活动的目标导向和政策体系，从宏观引向微观，两者可以建立起高效和灵活的调控机制。未来改革发展应充分认识两者的功能互补性、效应协同性、机制背反性，坚持市场与国家“功能性双重调节论”的观点，克服市场与政府的作用是此消彼长的“对立关系论”思维；充分发挥市场（实质是企业）在一般经济资源配置和生产经营中的决定性作用，并与更好地发挥国家在微观中观宏观经济中的调节作用相结合。进而形成事前事中事后的全过程监管和调节，巩固和完善强企业、强市场和强政府的“三强”格局。

总之，改革开放不犯颠覆性错误，关键要以马克思主义的科学社会主义理论为指导，反对形形色色的资产阶级和小资产阶级错误思潮。

二、改革的五大思维和工作方法

党的十八大及十八届三中全会文件和习近平总书记的一系列重要讲话，吹响了全面深化改革的号角。当前，在认真贯彻落实党中央新精神的过程中，必须以马克思主义及其中国化理论的方法论为指引，高度重视改革的方法论。

（一）总体与局部相结合的系统方法

深化改革和科学发展需要正确处理全局与局部、整体与部分的重要关系。应对当前我国发展面临的一系列矛盾和挑战，关键在于全面深化改革，要处理好解放思想和实事求是的关系、整体推进和重点突破的关系、顶层设计和摸着石头过河的关系、胆子要大和步子要稳的关系、改革发展稳定的关系。这是科学的发展和改革辩证法的体现。

党的十八届三中全会关于全面深化改革的总体规划包含了明确的路线图和时间表，这样有利于避免在实施过程中相互扯皮、拖延不决。顶层设计与基层具体探索在根本上是一致的。只有注重顶层设计或目标模式，才能确立深化改革开放的正确方向和科学路径，有效防止出现全局性错误或“颠覆性错误”，或造成范围较大的不良后果。凡是经过认真听取不同意见的民主程序后（操作的关键不在于多开研讨会和征求意见会，而是多开各界各派不同意见代表参加的论证会和听证会，两类会议的性质和程序有重要区别，后者更多具有实质民主而非形式民主的特性），科学的顶层设计便能为具体领域的改革开放明确方向和指明路径。科学地“摸着石头过河”是积累经验和探索具体办法，能够加快顶层设计目标的实现。在此过程中，中央鼓励各地各领域先行试验和大胆突破，但并不是主张乱闯红灯和狭隘的本位主义。整体推进和突破重点领域相结合，是增强改革和发展系统性、整体性、协同性的方法论体现。

坚持一切从实际出发，严格通过党内、人大和政府一系列民主程序决策，一张蓝图绘到底，抓好打基础、利长远的工作。鼓励地方、部门和基层大胆探索，绝不是换一位主要领导，就另搞一张蓝图，这类貌似创新的唯长官意志论做法，干部群众一贯颇有意见。尤其是在目前不少省市党政第一把手任职不到一届便调离的情况下，更应民主决策。

（二）准确与依法相结合的科学方法

习近平强调："要正确推进改革，坚持改革是社会主义制度自我完善和发展。要准确推进改革，认真执行中央要求，不要事情还没弄明白就盲目推进。要有序推进改革，该中央统一部署的不要抢跑，该尽早推进的不要拖宕，该试点的不要仓促推开，该深入研究后再推进的不要急于求成，该得到法律授权的不要超前推进。"[①]改革以来之所以出现一些人民群众不满意的现象，就是因为某些改革措施不正确、不准确，或盲目推进、超前推进，或片面试点、仓促推广。

在这方面，过去有过程度不同的教训，如价格双轨制和公有企业改制形成一批暴发户，不正确地允许军队经商，稀土和煤炭等重要资源开发和交易完全交给市场，城市居民住房过分强调市场化，国企改革中不适当地被外商并购而"斩首"后控制该领域，等等。

我国理论、体制和政策的创新和变革最终要依据国情而定，但还须对"世情"有全面系统的深刻了解。无论是改革开放，还是涉及发展的重要举措，都应该是先了解世情和国情，再作一定规范，然后去试点或推行。如果把这个顺序颠倒过来，比如先进行不甚了解和心中无数的试点，或者根据领导意志进行肯定性的所谓试点，那么很有可能处于无法、无规章的境况，推广起来往往会留下一大堆让人头疼的后遗症和弊端。群众路线教育必须与反对官僚主义相结合，才会产生更大的操作效果。

目前，文化体制改革操作中应注意处理好意识形态属性与产业属性、社会效益与经济效益的关系，防止影视业片面追求收视率和票房价值而忽视主旋律、出版业片面追求发行量和利润而忽视先进文化积累；国有经济改革中应注意提升其活力、影响力和控制力，而非行政性地一味压低其在国民经济

---

①《习近平在山东考察时强调 认真贯彻党的十八届三中全会精神 汇聚起全面深化改革的强大正能量》，《人民日报》，2013年11月29日。

中的主导作用；分配体制改革中应注意重点从所有制结构和国民收入初次分配领域缩小财富和收入的贫富分化，而非“精准发力”和有误的逆向措施导致与共同富裕目标渐行渐远。

（三）幸福与富强相结合的统筹方法

“国家富强、民族振兴和人民幸福”三个关键词是中国梦的深刻内涵。其中，幸福与富强是既有联系、又有区别的，需要坚持二者相结合、共同发展的思想方法和工作方法。

中外研究文献早就表明，国家富强、经济发展、收入提高并不完全能同人们生活质量改善和幸福状况画等号。因此，现在不少人幸福感在下降，出现国家富强度不断提高与某些居民幸福感下降的“幸福悖论”现象。

对应“幸福指数”的研究层次，我们构建了微观和宏观两个层面的指标体系。其中，微观层面的指标体系被称为“个人或家庭‘幸福指数’指标体系”，宏观层面的指标体系被称为“社会或国民‘幸福指数’指标体系”。

个人或家庭“幸福指数”指标体系，可分为十三个主要领域来考察：健康、寿命、教育、资产、收入、住房、环境、安全、家和、人和、闲暇、文娱、自我实现。其中，健康、寿命、教育反映个体的素质，资产、收入反映主体的经济状况，住房、环境、安全反映主体生活区域范围内的自然环境和公共安全环境，家和、人和反映主体家庭关系和社会关系的和谐程度，闲暇、文娱、自我实现主要反映主体广义文化精神需要的满足状况。

社会或国民“幸福指数”指标体系，从国民寿命、国民教育、国民资产、国民总收入、可支配收入、分配结构、国民住房、国民就业、生态环境、公共安全、社会保障、性别平等、社会和谐、国民闲暇、文娱消费等领域选取了二十四项指标，对社会或国民幸福进行考察。其中，既包括平均指标，反映国民幸福某一方面的平均水平；又包括相对指标，反映国民幸福某一方面的社会差别。

现在，有些地方已经制定了本地的幸福指数指标体系，说明越来越多的干部已认识到地区富强与居民幸福需要统筹协调发展，这是值得肯定和推广的改革发展方法和措施。

（四）市场与政府相结合的双重方法

习近平在2013年十二届全国人大一次会议上的讲话中强调“两个更”：“更加尊重市场规律，更好发挥政府作用”[①]。党的十八届三中全会进一步提出使市场在资源配置中起决定性作用和更好发挥政府作用。为了实现“两个一百年”奋斗目标，我国的经济发展既要着眼于进一步激发改革活力，增强人民群众对于改革的参与性；也要着眼于进一步提高宏观调控水平，提高政府效率和效能。

确立双重调节方法并进行有效操作的意义在于，今后需要将市场决定性作用和更好发挥政府作用看作一个有机的整体。既要用市场调节的优良功能去抑制“国家调节失灵”，又要用国家调节的优良功能来纠正“市场调节失灵”，从而形成高效市场即“强市场”和高效政府即“强政府”的“双高”或“双强”格局。这样，既有利于发挥社会主义国家的良性调节功能，同时也能在顶层设计层面避免踏入新自由主义陷阱和经济危机风险。这根本不是某些中外新自由主义市场决定作用论者所说的中国仍在搞“半统制经济”，也不是宣扬不要国家调控的竞争性市场机制的所谓“现代市场经济体制”，更不是搞各种凯恩斯主义者猛烈抨击的“唯市场化”改革、规避必要的政府宏观调控和微观规制。在这个问题上，如同中国特色社会主义与新自由主义的“效率优先论”存在重要区别一样，中国特色社会主义与中外新自由主义的“市场决定作用论”也有着重要区别，必须科学分析。

（五）自主与开放相结合的互促方法

2013年1月，习近平在中共中央政治局第三次集体学习时强调：“我们要

① 习近平：《在第十二届全国人民代表大会第一次会议上的讲话》，《人民日报》，2013年3月18日。

坚持从我国实际出发，坚定不移走自己的路，同时我们要树立世界眼光，更好把国内发展与对外开放统一起来，把中国发展与世界发展联系起来，把中国人民利益同各国人民共同利益结合起来，我们要坚持走和平发展道路，但决不能放弃我们的正当权益，决不能牺牲国家核心利益。”[①]党中央提出必须把科技创新摆在国家发展全局的核心位置，坚持走中国特色自主创新道路，敢于走别人没有走过的路，不断在攻坚克难中追求卓越，加快向创新驱动发展转变。中国航天事业始终坚持自力更生、自主创新，因而取得了持久的突出成就和综合效益。这与改革开放以来航空制造业的非自主性发展状况形成鲜明的对照。确立开放的自主性，关系我国的正当利益，也决定着我国参与国际竞争的前途和命运。

目前，我国经济开放的目标及在实际操作中，主要不是如何让更多的西方跨国公司研发机构到我国来廉价利用资源和高价转卖非核心技术，而是要着力增强自主创新能力和参与中高端国际竞争，构建自主知识产权优势基础上的世界工厂和经济强国地位。只有大力发展“控技术（尤其是核心技术和技术标准）、控品牌（尤其是世界名牌）、控股份”的“三控型”民族企业集团或民族跨国公司及其产业链（如中海油、海尔和华为等），才能使我国掌握技术竞争的主动权，科技创新成果带来的国内生产总值和利润，才是国人可以分配的实惠。

在教育、金融、文化、政治等领域，也必须妥善处理自主发展与双向开放的辩证关系。譬如，如果用发表在西方文科检索名单上的主流期刊的文章数量来衡量我国文科的研究水平，并主要据此来晋升职称、提拔院校干部和选聘学术带头人，那就不需要用马克思主义及其中国化理论来指导我国哲学社会科学的教学和研究了，这就丧失了中国文科发展的自主性、先进性和科学性，容易复归中华人民共和国成立前中国“学术被殖民化”（杨小凯语）的境况。在教育体制改革发展中，尤其要纠正这一流行的所谓创新思维方法和

---

① 习近平：《在中共中央政治局第三次集体学习时强调 更好统筹国内国际两个大局 夯实走和平发展道路的基础》，《人民日报》，2013年1月29日。

做法。又如，明意识或潜意识地以为美国的政治制度和行政管理是最好的，因而在干部教育中强调接受美国哈佛大学等比较政治学和行政管理学的教育，而没有真正搞清中国特色社会主义的民主政治和行政管理总体上比美国要高效和优越，是真正体现人民民主性而非垄断寡头性，从而失去自主意识和自主性，这对于政治体制改革和干部教育均无益。习近平强调的“坚持底线思维”的方法，在这类问题上值得重视。邓小平强调“错了，马上改”的试错方法，值得积极贯彻。

三、改革开放是当代中国发展进步的活力之源

全面深化改革开放，是党的十八大提出的一项重大战略部署。改革开放是当代中国发展进步的活力之源，是党和人民大踏步赶上时代前进步伐的重要法宝，是坚持和发展中国特色社会主义的必由之路，是决定当代中国命运的关键一招，也是实现“两个一百年”奋斗目标、实现中华民族伟大复兴的关键一招。当前，我国改革进入攻坚期和深水区，既面临前所未有的机遇，也面临一系列严峻挑战。只有全面深化改革开放，才能有效解决前进道路上的各种问题，推动我国经济社会持续健康发展，实现中华民族伟大复兴的中国梦。[①]

（一）在我国发展的时空坐标中把握“活力之源”的本质

改革开放是一座重要的历史丰碑。如果说社会主义革命的胜利和社会主义建设的探索奠定了我国现代化强国道路的基础，那么改革开放就是当代中国发展进步的活力之源。

从历史的视角看，改革开放四十多年来，中国共产党带领人民开辟中国特色社会主义道路，极大地调动了亿万人民群众的积极性、主动性和创造性，

① 中共中央文献研究室编：《习近平关于全面深化改革论述摘编》，中央文献出版社，2014年，第30页。

使我国社会生产力和综合国力大幅度跃升，人民生活从温饱不足发展到全面小康，国际地位和国际影响力显著提高。事实已经雄辩地证明，中国特色社会主义道路是一条通向国家富强、民族复兴、人民幸福的正确道路。改革开放不仅为我国近代以来实现中华民族伟大复兴的中国梦找到了有效途径，也为其他发展中国家探索现代化道路提供了有益启示。改革开放之所以能迸发出巨大活力，与我国社会主义制度的建立与不断完善是分不开的。一方面，我国的改革开放是社会主义制度基础上的改革开放。在确立社会主义物质基础和制度体系之后，根据国情和发展条件进一步发挥社会主义制度优势，可以为我国社会主义社会的全面建设和跨越发展提供重要保障；另一方面，改革开放摆脱一些传统理论的束缚，提出“贫穷不是社会主义”的变革性口号，突破了以往的一些僵化观念和体制机制，极大地释放了广大劳动者的积极性、主动性和创造性，为四十多年来的发展提供了不竭动力。

从空间的视角看，改革开放探索出了一条生产力相对落后的社会主义大国快速发展与和平发展的新道路。在世界范围内比较，我国的改革开放独具特色，具有人民性、包容性、创新性等特征。这种新的发展模式旨在坚持社会主义基本制度与市场经济的结合、经济快速增长与社会全面发展的协调、政府宏观调控与市场微观运行的一致、效率与公平的统一。这种发展模式根植于中国大地，反映中国人民意愿，适应中国和时代发展进步要求，与西方新自由主义和“华盛顿共识”下的发展理念相比，在发展方向、模式目标、方式方法和效果结局等方面具有根本区别。相比于资本主义制度下的其他发展中大国，当代中国的社会发展进步既没有外部扩张性的不良发展，又避免了“依附性”发展陷阱。在改革开放进程中，我国既坚持独立自主走中国特色社会主义道路，又积极借鉴发达国家的先进技术和管理经验，缩小了与发达国家在经济社会发展上的差距。

（二）在处理好五大关系中激发改革开放新活力

方法的正确和方向的正确同样重要，深化改革开放离不开正确方法论的指导。必须从纷繁复杂的事物表象中把准改革脉搏，把握全面深化改革的内在规律，特别是要把握全面深化改革的重大关系，处理好解放思想和实事求是的关系、整体推进和重点突破的关系、顶层设计和“摸着石头过河”的关系、胆子要大和步子要稳的关系、改革发展稳定的关系。①

全面深化改革开放既要强调解放思想，也要符合现实要求。思想是不是解放，并不是单纯看思想是否“新颖”，而是要看能否解决实际问题。全面深化改革开放面对的是新国情，需要的是新理念、新做法。如果以“发展是硬道理”为名搞违背科学发展的“唯GDP论”，以“效率优先”为名损害社会公平正义，以“市场化”为名规避必要的政府宏观调控和微观规制等，就偏离了解放思想的内在要求。深化改革开放，既不能打着解放思想的旗号，提出一些不切实际的发展目标和要求，沉溺于“形象工程”和“政绩工程”；也不能因片面强调局部因素和自身困难，使改革方案过多地考虑个别部门或小群体利益，进而侵蚀公众利益和全局利益。

全面深化改革开放既要重视整体推进，也要重视突破重点领域的关键问题。当前，我国正处于经济社会发展转型的关键时期，现实中的问题千头万绪，各种深层矛盾错综复杂，过去的单项突破或局部突进的改革方式已经无法适应新形势的要求。要做到改革不停顿、开放不止步，就必须增强改革的系统性、整体性、协同性。要在深化改革开放中做到没有“自留地”、只有“责任田”，就要特别注意防止出现两种倾向：一是因强调整体推进而错失推进重点领域改革的良机；二是以时机不成熟、条件不具备等为理由，使深化改革开放的政策措施延误、无法真正贯彻落实。

全面深化改革开放既要注重顶层设计，也要注重“摸着石头过河”。注重顶层设计的目的，是确立深化改革开放的正确方向和科学路径。这可以有效防止出现全局性错误，或造成范围较大的不良后果。顶层设计需要通过系统

---

① 中共中央文献研究室编：《习近平关于协调推进“四个全面”战略布局论述摘编》，中央文献出版社，2015年，第57页。

的总体规划来体现，以保证其具备更强的现实针对性和可操作性。因此，在深化改革开放总体规划中需要制定明确的路线图和时间表，避免在实施过程中相互扯皮、拖延不决。顶层设计与基层具体探索在根本上是一致的。顶层设计科学合理，可以更好地为具体领域的改革开放明确方向和指明路径；“摸着石头过河”摸得好，也可以加快顶层设计目标的实现。鼓励先行试验和大胆突破并不是主张各搞一套，而是在深化改革开放的总体格局下增强系统性、整体性、协同性。

全面深化改革开放既要鼓励敢闯敢干，也要权衡得失、稳妥推进。应当看到，邓小平当初强调“胆子要大一些”“有错误就赶快改，小错误不要变成大错误”，主要是针对社会上对改革的质疑来说的。对于我们经过摸索、得出经验和已经确定的改革措施，看准了以后可以胆子大一些，减少不必要的争论；而对于那些没有看准或者还在试验的改革措施，则要综合考虑各方面的成本和社会的承受力，稳步推行。必须指出，当前一些城市和地区在片面追求速度、搞“形象工程”上胆子很大，从短期看也取得了一些成效，但从长期看发展的步子未必很快，反而可能导致产能过剩、社会矛盾丛生。回避矛盾、讳言改革，在深化改革上谨小慎微、缩手缩脚，同样不利于经济社会又好又快发展。

全面深化改革开放必须处理好改革发展稳定的关系。改革是为了实现更好更健康地发展。面对国内外复杂多变的形势，只有加快改革和扩大开放才能抢占先机，把握主动权。发展问题解决了，可以增强社会对改革开放的信心，有利于保持社会稳定。但如果改革问题处理得不好，也会影响发展，甚至会影响社会稳定。如何处理改革发展稳定的关系，是一个长期存在的大问题。

（三）在践行群众路线中激发改革开放新活力

全面深化改革开放，就是要进一步激发全社会活力，为实现中华民族伟大复兴的中国梦奠定坚实基础。进一步激发全社会活力，必须坚持党的群众路线，密切联系群众，尊重人民首创精神。

全面深化改革开放，必须坚持马克思主义群众观。习近平指出，一个政党，一个政权，其前途和命运最终取决于人心向背。如果我们脱离群众、失去人民拥护和支持，最终也会走向失败。我国的改革开放是坚持社会主义性质和方向的改革开放，必须在党的领导下推进，以最广大人民的根本利益为归宿，让广大人民群众真正得到实惠。改革开放是人民群众自己的事业，改革开放中的许多新做法和新经验都来自群众。同改革开放初期相比，当前面临问题更复杂、矛盾更突出、挑战更严峻。在重大改革决策制定过程中，应认真倾听不同层次、不同群体各种意见，使改革方案具有更加广泛的民意基础。[①]

当前，我国财富和收入分配差距较大，生产与消费有所失衡，经济发展与环境保护的矛盾日益凸显，各类社会矛盾日益增多。这些“发展起来以后的问题”，已经成为我国经济社会持续健康发展无法回避的问题。面对这些矛盾和问题，只有从维护广大人民群众利益的角度出发，在促进就业、公平分配、扩大消费、平稳物价、改善生活等方面为人民群众谋实惠、干实事，才能从根本上激发广大人民群众的积极性、主动性、创造性，为全面深化改革开放提供坚实基础。

（四）在深入调查研究中激发改革开放新活力

实现“两个一百年”奋斗目标和中华民族伟大复兴的中国梦，对当前全面深化改革开放提出了新的更高的要求。面对改革进入攻坚期和深水区的各种复杂问题，只有进行全面深入的调查研究，才能科学制定全面深化改革开放的总体思路和重大举措。习近平强调，要下大功夫总结和运用我国改革开放的成功经验，下大功夫把握党和国家事业发展对改革开放的客观要求，下大功夫了解党内外对改革开放的各种意见和建议，下大功夫了解地方、基层

① 习近平：《紧紧围绕和发展中国特色社会主义 学习宣传贯彻党的十八大精神》，《人民日报》，2012年11月19日。

和群众在改革方面做的有益探索。这样，才能使各项政策措施符合实际，从而提高改革开放重大决策的科学性、全面性和系统性。

当前，全面深化改革开放需要深入调查研究的问题很多，其中有一些重大问题更为紧迫。第一，加强对市场体系和发展环境的调查，探讨更好发挥市场在资源配置中基础性作用的现实路径，从而加快形成统一开放、竞争有序的市场体系。同时，分析政府宏观调控的效果，探讨在新形势下优化资源配置和提高资源使用效率的方法，推动加快转变经济发展方式。

第二，加强对各类经济主体市场经营情况的调查，查找影响经济发展活力的微观因素。坚持和完善基本经济制度，增强公有制经济特别是国有经济发展活力，鼓励、支持、引导非公有制经济发展。既要客观地掌握国有企业的定位、职能和作用，也要全面搜集非公有制经济等微观经济主体面临的问题，科学评估财税体系、市场环境等对不同所有制经济的影响，增强微观经济主体活力。

第三，检视近年来我国宏观调控政策工具运用的效果，探讨提高政府效率和效能的有效途径，研究加快转变政府职能、正确处理政府和市场关系的改革方案，更好地发挥市场调节的决定性作用，更好地发挥国家调节的导向性作用。

第四，客观分析影响社会和谐稳定的因素，掌握当前人民群众开展创业创新的具体情况，研究充分释放全社会创造能量的有效办法，加快各项社会管理体制机制创新。

第五，广泛开展与城乡居民生活息息相关的养老、住房、医疗、教育、就业、劳动保障等各项制度实施情况的调查，为完善制度安排、实现社会公平正义创造条件。

第六，围绕进一步提高党的领导水平和执政能力，充分发挥党总揽全局、协调各方的作用开展调查研究，掌握全党特别是领导干部的理想信念情况、党内制度体系完善特别是民主集中制执行情况、惩治和预防腐败体系建设情况等。

第二章

马克思主义社会发展动力理论

19世纪40年代，马克思批判继承了费尔巴哈的爱的宗教变迁动力论和黑格尔的绝对精神动力论，对社会发展动力进行了系统、科学的思考，革命性地提出了马克思主义社会发展动力论，揭示了社会发展的动力的本质，实现了社会发展动力理论的变革。正如马克思在1859年总结自己的理论和实践活动时所指出的："人们在自己生活的社会生产中发生一定的、必然的、不以他们的意志为转移的关系，即同他们的物质生产力的一定发展阶段相适合的生产关系。这些生产关系的总和构成社会的经济结构，即有法律的和政治的上层建筑竖立其上并有一定的社会意识形式与之相适应的现实基础。物质生活的生产方式制约着整个社会生活、政治生活和精神生活的过程。不是人们的意识决定人们的存在，相反，是人们的社会存在决定人们的意识。社会的物质生产力发展到一定阶段，便同它们一直在其中运动的现存生产关系或财产关系（这只是生产关系的法律用语）发生矛盾。于是这些关系便由生产力的发展形式变成生产力的桎梏。那时社会革命的时代就到来了。随着经济基础的变更，全部庞大的上层建筑也或慢或快地发生变革。"①这段话深刻地阐述了唯物史观的基本思想，是我们考察人类社会历史及其发展规律的理论依据。

一、社会发展的根本动力

马克思通过分析社会发展的各种动力因素，深入分析社会发展动力之间的内在必然稳定的联系，认为社会发展的基本矛盾是生产力与生产关系的矛盾、经济基础和上层建筑的矛盾，这两对矛盾是社会发展的根本动力。

---

①《马克思恩格斯选集》（第二卷），人民出版社，1995年，第32~33页。

（一）生产力与生产关系的矛盾运动

马克思认为人类的生存需要是人类生存发展的基础，人类要生存繁衍、要追求美好生活、要获得自身的解放和发展，首先必须解决衣食住行等物质生活资料问题。“人们首先必须吃、喝、住、穿，就是说首先必须劳动，然后才能争取统治，从事政治、宗教和哲学等等。”[①]所以，人类第一个历史活动就是生产满足这些需要的物质资料，生产力是人类社会生活和全部历史的基础。生产力具有复杂的系统结构，基本要素包括劳动资料、劳动对象和劳动者，具有客观现实性和社会历史性。科学技术是先进生产力的集中体现和主要标志，是第一生产力。

生产力与生产关系是不可分割地相互联系着的。生产关系是人们在物质生产过程中形成的不以人的意志为转移的经济关系。马克思指出：“为了进行生产，人们相互之间便发生一定的联系和关系；只有在这些社会联系和社会关系的范围内，才会有他们对自然界的影响，才会有生产。”[②]生产关系是最基本的关系，其他社会关系都受生产关系的支配和制约。此外，分析生产关系必须透过“物”看到“物”后面的人与人的关系。

生产力和生产关系是社会生产不可分割的两个方面。一方面，生产力决定生产关系。首先，生产力状况决定生产关系的性质，有什么样的生产力，就会产生什么样的生产关系。正如马克思所说：“手推磨产生的是封建主的社会，蒸汽磨产生的是工业资本家的社会。”[③]可见，生产力状况是生产关系形成的客观前提和物质基础。其次，生产力的发展决定生产关系的变革。马克思说过：“为了不致失掉文明的果实，人们在他们的交往［commerce］方式不再适合于既得的生产力时，就不得不改变他们继承下来的一切社会形式。”[④]

---

①《马克思恩格斯选集》（第三卷），人民出版社，1995年，第335~336页。

②《马克思恩格斯选集》（第一卷），人民出版社，1995年，第344页。

③《马克思恩格斯选集》（第一卷），人民出版社，1995年，第142页。

④《马克思恩格斯选集》（第四卷），人民出版社，1995年，第533页。

当生产关系不能适应生产力的发展要求时，人们就要变革旧的生产关系，建立新的生产关系，以适应生产力的发展。另一方面，生产关系对生产力具有能动的反作用。主要表现在：当生产关系符合生产力发展的客观要求时，它对生产力的发展起推动作用；当生产关系不符合生产力发展的客观要求时，它就会阻碍生产力的发展。在一定条件下，生产关系对生产力的反作用尤为突出，“当着不变更生产关系，生产力就不能发展的时候，生产关系的变更就起了主要的决定的作用”[①]。

生产力与生产关系的相互作用是一个过程，表现为二者的矛盾运动。这种矛盾运动中的内在的、本质的、必然的联系，就是生产关系一定要适应生产力状况的规律，亦称生产力与生产关系的矛盾运动规律。这一规律就内容看，概括了生产力和生产关系相互作用的两个方面：一方面，生产力的状况决定一定的生产关系的产生及其变化发展的方向和形式；另一方面，生产关系反作用于生产力，当生产关系适应生产力的状况时对生产力发展起着促进作用，反之将起着阻碍作用。从过程上看，这一规律表现为生产关系对生产力总是从基本相适应到基本不相适应，再到基本相适应；与此相应，生产关系也总是从相对稳定到新旧更替，再到相对稳定。生产力和生产关系的这种矛盾运动循环往复，不断推动社会生产发展，进而推动整个社会逐步走向高级阶段。

（二）经济基础与上层建筑的矛盾运动

马克思认为，经济基础是指同生产力的一定状况相适应的生产关系的总和。马克思指出：“这些生产关系的总和构成社会的经济结构，即有法律的和政治的上层建筑竖立其上并有一定的社会意识形式与之相适应的现实基础。”[②]经济基础的实质是社会一定发展阶段上的基本经济制度，是制度化的

① 《毛泽东选集》（第一卷），人民出版社，1991年，第325~326页。
② 《马克思恩格斯选集》（第二卷），人民出版社，1995年，第32页。

物质社会关系。此外，经济基础与经济体制具有内在联系，在实践中经济体制总是与社会的基本经济制度结合在一起。经济体制的选择，对于基本经济制度即生产关系的自我完善和生产力的发展往往起着极为重大的作用。

上层建筑是建立在一定经济基础之上的意识形态以及相应的制度、组织和设施。自原始社会解体以来，上层建筑由意识形态和政治法律制度及设施、政治组织等构成。在整个上层建筑中，政治上层建筑居主导地位，国家政权是核心。国家的产生，主要是由于“这个社会陷入了不可解决的自我矛盾，分裂为不可调和的对立面而又无力摆脱这些对立面。而为了使这些对立面，这些经济利益互相冲突的阶级，不致在无谓的斗争中把自己和社会消灭，就需要有一种表面上凌驾于社会之上的力量，这种力量应当缓和冲突，把冲突保持在‘秩序’的范围以内；这种从社会中产生但又自居于社会之上并且日益同社会相异化的力量，就是国家”[①]。国家的起源本身说明了国家的本质，国家的实质是一个阶级统治另一个阶级的工具，它是经济上占支配地位的阶级为维护其根本利益而建立起来的强制性的暴力机关，以保障其在政治上也成为统治阶级。所以，国家在执行着阶级职能的同时，又执行着“社会的某些共同职能”，“政治统治到处都是以执行某种社会职能为基础，而且政治统治只有在它执行了它的这种社会职能时才能持续下去”。[②]

经济基础与上层建筑是辩证统一的。经济基础决定上层建筑，经济基础是上层建筑赖以产生、存在和发展的物质基础，上层建筑是经济基础得以确立统治地位并巩固和发展不可缺少的政治、思想条件。上层建筑对经济基础具有反作用。上层建筑的这种反作用的后果可能有两种：当它为符合生产力发展要求的经济基础服务时，就成为推动社会发展的进步力量；反之，就会成为阻碍社会发展的消极力量。

经济基础与上层建筑相互作用的矛盾运动规律，就是上层建筑一定要适

---

①《马克思恩格斯选集》（第四卷），人民出版社，1995年，第170页。

②《马克思恩格斯选集》（第三卷），人民出版社，1995年，第523页。

合经济基础状况的规律。这里的“一定要适合”表明：经济基础状况决定上层建筑的发展方向，决定上层建筑相应的调整或变革，而不允许上层建筑长期落后于或不适应自己的发展；上层建筑的反作用，也必须取决于和服从于经济基础的性质和客观要求，而不允许上层建筑脱离经济基础的发展状况和水平。

（三）社会基本矛盾是社会发展的根本动力

马克思透过历史的表象，进一步探寻并发现了社会历史深处的“动力的动力”：物质生产方式是社会发展的基础，在此基础上形成的生产力和生产关系的矛盾、经济基础和上层建筑的矛盾是社会发展的基本矛盾和基本动力。根源于社会基本矛盾的阶级斗争、社会革命、社会改革等，在社会发展中各具不同的重要作用。

在马克思看来，生产力和生产关系、经济基础和上层建筑的矛盾是社会的基本矛盾，贯穿社会发展过程始终，规定社会发展过程的基本性质和基本趋势，对社会历史发展起根本的推动作用。同时，这两对基本矛盾制约着社会其他矛盾的存在和发展，决定社会历史的一般进程，推动社会向前发展。

在马克思社会形态理论中，生产力和生产关系的矛盾运动推动着社会形态不断地从低级向高级发展演化。在《德意志意识形态》中，马克思和恩格斯指出：“到现在为止我们都是以生产工具为出发点，这里已经表明了在工业发展的一定阶段上必然会产生私有制。”[①]在《哲学的贫困》中，马克思提出生产力与生产关系的矛盾运动决定社会形态的发展水平。他指出：“手推磨产生的是封建主的社会，蒸汽磨产生的是工业资本家的社会。”[②]马克思还指出：“动物遗骸的结构对于认识已经绝种的动物的机体有重要的意义，劳动资料的遗骸对于判断已经消亡的经济的社会形态也有同样重要的意义。”[③]“生产方

①《马克思恩格斯选集》（第一卷），人民出版社，1995年，第104页。
②《马克思恩格斯文集》（第一卷），人民出版社，2009年，第602页。
③《马克思恩格斯全集》（第四十四卷），人民出版社，2001年，第210页。

式的变革，在工场手工业中以劳动力为起点，在大工业中以劳动资料为起点。”[①]这些论述，都清晰阐明了生产力对社会形态的决定作用。这些论述表明，生产工具不仅是时代生产力水平的标志，而且也是时代生产关系和社会形态发展水平的标志。所以，只要把全部社会关系归结于生产关系，把生产关系归结于生产力的高度，就有可靠的根据把社会形态的发展看作自然历史过程，就能够发现“各国社会现象中的重复性和常规性”，即规律性。就是说，生产力与生产关系矛盾运动的规律性，从根本上规定了社会形态更替的客观必然性。

在《哲学的贫困》和致安年柯夫的信中，马克思科学表述了生产力和生产关系的辩证关系，较完整地论述了社会发展是一种客观历史过程的思想。他认为，人们不能自由选择自己的生产力，也不能自由选择自己的社会形式。因为社会形式是人们相互作用的结果，当生产力发展到一定状况，就必然产生相适应的交换关系、分配关系和消费关系，即生产关系。而随着物质生产的发展就必然产生相适应的家庭、等级或阶级等与之相适应的社会关系，就会必然产生相适应的政治国家等上层建筑。

在《〈政治经济学批判〉序言》中，马克思指出：“人们在自己生活的社会生产中发生一定的、必然的、不以他们的意志为转移的关系，即同他们的物质生产力的一定发展阶段相适合的生产关系。这些生产关系的总和构成社会的经济结构，即有法律的和政治的上层建筑竖立其上并有一定的社会意识形式与之相适应的现实基础。物质生活的生产方式制约着整个社会生活、政治生活和精神生活的过程。不是人们的意识决定人们的存在，相反，是人们的社会存在决定人们的意识。社会的物质生产力发展到一定阶段，便同它们一直在其中运动的现存生产关系或财产关系（这只是生产关系的法律用语）发生矛盾。于是这些关系便由生产力的发展形式变成生产力的桎梏。那时社会革命的时代就到来了。随着经济基础的变更，全部庞大的上层建筑也或慢

① 《马克思恩格斯全集》（第四十四卷），人民出版社，2001年，第427页。

或快地发生变革。”[①]马克思的这一经典论述，不仅阐明了社会构成的基本要素之间的层次关系，而且说明了人类社会基本矛盾运动的规律性及其对于社会形态变化所必然产生的社会功能。社会基本矛盾存在于一切社会形态之中，决定着其他一切社会矛盾，是推动社会发展的根本动力，决定着整个社会的面貌、社会发展的必然阶段和客观趋势。在社会基本矛盾中，生产力是最活跃、最革命的因素，处在经常的、不断的发展变化过程中，而生产关系则是相对稳定的因素。当一种生产关系形成后，它可以在一定限度内容纳发展程度不同的生产力，如果生产力的发展超出了这个限度，而生产关系又长期不能随之变化，那么生产关系就会成为生产力进一步发展的桎梏。为此，生产力就必然要求改变或变革生产关系。生产关系或经济基础的变化，必然会同原有的上层建筑发生矛盾，从而必然要求改变原有上层建筑。社会基本矛盾的这种运动是不以人的主观意志为转移的客观过程。可见，生产力是社会发展的最终决定力量，它的不断发展引起生产关系的变革，进而引起上层建筑的变革。列宁高度赞扬马克思的上述思想，将其称之为“天才的思想”，并进一步指出：“只有把社会关系归结于生产关系，把生产关系归结于生产力的水平，才能有可靠的根据把社会形态的发展看作自然历史过程。”[②]

生产力和生产关系、经济基础和上层建筑这两对矛盾作为社会发展的根本动力，在社会发展中的作用主要表现在：首先，生产力是社会基本矛盾运动中最基本的动力因素，是人类社会发展和进步的最终决定力量。正如马克思和恩格斯所指出的那样：大工业“首次开创了世界历史，因为它使每个文明国家以及这些国家中的每一个人的需要的满足都依赖于整个世界，因为它消灭了各国以往自然形成的闭关自守的状态”[③]，“历史也就越是成为世界历史”[④]。这表明，生产力是社会进步的根本内容，是衡量社会进步的根本尺

①《马克思恩格斯选集》（第二卷），人民出版社，1995年，第32~33页。
②《列宁选集》（第一卷），人民出版社，1995年，第8页。
③《马克思恩格斯选集》（第一卷），人民出版社，1995年，第114页。
④《马克思恩格斯选集》（第一卷），人民出版社，1995年，第88页。

度。恩格斯进一步强调：“透过各种偶然性来为自己开辟道路的必然性，归根到底仍然是经济的必然性”，“历史过程中的决定性因素归根到底是现实生活的生产和再生产”。[①]可见，生产力始终是人类社会历史发展的最终决定性力量，社会经济形态的演变是一个不以人的意志为转移的自然历史过程，这就是历史发展的规律。

其次，社会基本矛盾特别是生产力和生产关系的矛盾，是“一切历史冲突的根源”，决定着社会中其他矛盾的存在和发展。生产力和生产关系的矛盾决定经济基础和上层建筑的矛盾的产生和发展。社会基本矛盾的变化、发展又会引发其他社会矛盾的产生和发展。同时，经济基础和上层建筑的矛盾也会影响和制约着生产力和生产关系的矛盾。

最后，社会基本矛盾具有不同的表现形式和解决方式，并从根本上影响和促进社会形态的变化和发展。社会基本矛盾的尖锐化，会导致代表或拥护不同生产力、生产关系、政治法律制度的阶级之间的矛盾的尖锐化，阶级之间的利益矛盾积累到一定程度就会引发阶级斗争甚至社会革命，进而促进一定社会形态的变迁、更替。不同社会形态的依次更替，反映了生产力发展的客观要求；同一社会形态不同阶段的区分和发展，也是由生产力的发展决定的。马克思指出：“无论哪一种社会形态，在它所能容纳的全部生产力发挥出来以前，是决不会灭亡的；而新的更高的生产关系，在它的物质存在条件在旧社会的胎胞里成熟以前，是决不会出现的。”[②]

二、社会发展的直接动力

阶级斗争是社会基本矛盾在阶级社会中的表现，是阶级对立社会发展的直接动力。人类几千年的文明史，从某种意义上说，就是阶级斗争的历史。

---

①《马克思恩格斯选集》（第四卷），人民出版社，1995年，第695页。
②《马克思恩格斯选集》（第二卷），人民出版社，1995年，第33页。

离开了阶级斗争，就无法理解阶级社会的发展。“没有对抗就没有进步。这是文明直到今天所遵循的规律。”①

首先，阶级斗争产生于阶级对立的社会之中。阶级的产生、存在和发展是同经济发展过程联系在一起的。列宁曾给“阶级”下了一个经典的定义：“所谓阶级，就是这样一些大的集团，这些集团在历史上一定的社会生产体系中所处的地位不同，同生产资料的关系（这种关系大部分是在法律上明文规定了的）不同，在社会劳动组织中所起的作用不同，因而取得归自己支配的那份社会财富的方式和多寡也不同。所谓阶级，就是这样一些集团，由于它们在一定社会经济结构中所处的地位不同，其中一个集团能够占有另一个集团的劳动。”②“一个集团能够占有另一个集团的劳动”，表明阶级斗争根源于阶级之间物质利益的根本对立，根源于社会经济关系的冲突。自从阶级产生以来，一切阶级斗争都是围绕经济利益这个轴心展开的。正如恩格斯所指出的：“以往的全部历史，除原始状态外，都是阶级斗争的历史；这些互相斗争的社会阶级在任何时候都是生产关系和交换关系的产物，一句话，都是自己时代的经济关系的产物；因而每一时代的社会经济结构形成现实基础，每一个历史时期的由法的设施和政治设施以及宗教的、哲学的和其他的观念形式所构成的全部上层建筑，归根到底都应由这个基本来说明。”③阶级斗争是阶级社会客观存在的必然现象，并贯穿于阶级社会的全部发展过程。“当文明一开始的时候，生产就开始建立在级别、等级和阶级的对抗上，最后建立在积累的劳动和直接的劳动的对抗上。没有对抗就没有进步。这是文明直到今天所遵循的规律。”④

其次，阶级斗争是阶级对立社会发展的直接动力。在阶级社会中，生产力和生产关系、经济基础和上层建筑的矛盾发展到一定程度时，必然会通过

①《马克思恩格斯全集》（第四卷），人民出版社，1958年，第104页。
②《列宁选集》（第四卷），人民出版社，1995年，第11页。
③《马克思恩格斯选集》（第三卷），人民出版社，1995年，第739页。
④《马克思恩格斯全集》（第四卷），人民出版社，1958年，第104页。

阶级斗争表现出来。阶级社会发展的经济动因与阶级斗争的动力作用是联系在一起的。恩格斯指出："用'历史唯物主义'这个名词来表达一种关于历史过程的观点……这种观点认为一切重要历史事件的终极原因和伟大动力是社会的经济发展，是生产方式和交换方式的改变，是由此产生的社会之划分为不同的阶级，是这些阶级彼此之间的斗争。"[①]当社会基本矛盾尖锐化时，即当旧的生产关系不适应生产力的发展，变成生产力发展的桎梏时，维护旧的生产关系的反动阶级，必然同代表生产力发展要求的先进阶级形成尖锐的对抗。这时，只有通过先进阶级反对反动阶级的革命斗争，推翻反动阶级的统治，才能建立新的社会形态，以解放和发展生产力，推动社会前进。正如马克思所说："将近40年来，我们一贯强调阶级斗争，认为它是历史的直接动力，特别是一贯强调资产阶级和无产阶级之间的阶级斗争，认为它是现代社会变革的巨大杠杆。"[②]

再次，革命是推动社会发展的重要动力。革命是解决社会基本矛盾的主要方式之一，是推动社会发展特别是社会形态更替的重要动力。社会革命根源于社会基本矛盾的尖锐化。马克思指出："社会的物质生产力发展到一定阶段，便同它们一直在其中运动的现存生产关系或财产关系（这只是生产关系的法律用语）发生矛盾。于是这些关系便由生产力的发展形式变成生产力的桎梏。那时社会革命的时代就到来了。随着经济基础的变更，全部庞大的上层建筑也或慢或快地发生变革。"[③]"革命是历史的火车头"[④]，是"社会进步和政治进步的强大推动力"[⑤]。社会革命在社会发展中具有重要作用，是实现社会形态更替的重要手段和决定性环节。正如马克思所预言的那样："只有在伟大的社会革命支配了资产阶级时代的成果，支配了世界市场和现代生产力，并

①《马克思恩格斯选集》(第三卷)，人民出版社，1995年，第704~705页。
②《马克思恩格斯全集》(第二十五卷)，人民出版社，2001年，第362页。
③《马克思恩格斯选集》(第二卷)，人民出版社，1995年，第32~33页。
④《马克思恩格斯选集》(第一卷)，人民出版社，1995年，第456页。
⑤《马克思恩格斯选集》(第一卷)，人民出版社，1995年，第512页。

且使这一切都服从于最先进的民族的共同监督的时候，人类的进步才会不再像可怕的异教神怪那样，只有用被杀害者的头颅做酒杯才能喝下甜美的酒浆。”①

最后，人民群众在创造历史过程中的决定作用。马克思不仅从客体的角度揭示了社会历史发展的动力，而且从主体的角度回答了人民群众和个人在社会历史发展中的作用。针对唯心主义历史观，马克思和恩格斯针锋相对地指出：“历史活动是群众的事业”，决定历史发展的是“行动着的群众”。②在社会历史发展过程中，人民群众起着决定性的作用。人民群众是历史的主体，是历史的创造者，是社会变革的决定力量。生产关系的变革，社会制度的更替，最终取决于生产力的发展，但不会随着生产力的发展自发地实现和完成，而必须借助人民群众的力量。人民群众是社会革命的主力军，他们在充当“每一个孕育着新社会的旧社会的助产婆”的角色方面，发挥了巨大作用。“人民，只有人民，才是创造世界历史的动力。”③此外，应当指出，主张人民群众是历史的创造者，并不否认个人在历史上的作用。但是，不管什么样的历史人物，在历史上发挥什么样的作用，都要受到社会发展客观规律的制约，而不能决定和改变历史发展的总进程和总方向。“我们自己创造着我们的历史，但是……我们是在十分确定的前提和条件下创造的。其中经济的前提和条件归根到底是决定性的。但是政治等等的前提和条件，甚至那些萦回于人们头脑中的传统，也起着一定的作用，虽然不是决定性的作用。”④

三、马克思的历史唯物主义理论更具科学性

马克思在制度的起源和本质、社会发展和制度变迁的动力、制度变迁的道路等问题上具有独特的认识，是我们认识社会发展和制度变迁的基本依据。

---

①《马克思恩格斯选集》（第一卷），人民出版社，1995年，第773页。
②《马克思恩格斯全集》（第二卷），人民出版社，1957年，第104页。
③《毛泽东选集》（第二卷），人民出版社，1991年，第1031页。
④《马克思恩格斯选集》（第四卷），人民出版社，1995年，第696页。

（一）制度的起源和本质

关于制度的起源，马克思指出："在宗法制度、种姓制度、封建制度和行会制度下，整个社会的分工都是按照一定的规则进行的。这些规则是由哪个立法者确定的吗？不是。它们最初来自物质生产条件，过了很久以后才上升为法律。分工的这些不同形式正是这样才成为不同的社会组织形式的基础。"[①]这说明，在马克思的理论体系中，制度不能仅仅归结为表现社会普遍意志的法律和伦理范畴。对社会制度进行研究，首先要分析作为整个社会制度经济基础的生产力及与之相适应的生产关系，然后才能对耸立在这个基础上的道德和法律等上层建筑的性质作出合理的说明。

马克思反对用孤立个人之间的自由契约来解释社会制度的起源，认为霍布斯的"自然状态"、卢梭的"社会契约论"是与历史事实不符的杜撰。马克思指出："在社会中进行生产的个人，——因而，这些个人的一定社会性质的生产，当然是出发点，被斯密和李嘉图当作出发点的单个的孤立的猎人和渔夫，属于18世纪的缺乏想象力的虚构。这是鲁滨逊一类的故事……同样，卢梭的通过契约来建立天生独立的主体之间的关系和联系的'社会契约'……只是大大小小的鲁滨逊一类故事所造成的美学上的假象。"[②]马克思强调人类生产活动的社会性，认为"人是最名副其实的政治动物……而且是只有在社会中才能独立的动物。孤立的个人在社会之外进行生产……就像许多个人不在一起生活和彼此交谈而竟有语言发展一样，是不可思议的。……18世纪的人们有这种荒诞无稽的看法是可以理解的，如果不是巴师夏、凯里和蒲鲁东等人又把这种看法郑重其事地引进最新的经济学中来，这一点本来可以完全不提。蒲鲁东等人自然乐于用编造神话的办法，来对一种他不知道历史来源的经济关系的起源作历史哲学的说明"[③]。这说明，在解释制度的起源时，马

---

①《马克思恩格斯全集》（第四卷），人民出版社，1958年，第165页。

②《马克思恩格斯选集》（第二卷），人民出版社，1995年，第1页。

③《马克思恩格斯选集》（第二卷），人民出版社，1995年，第2页。

克思从人类与自然界的矛盾出发，从生产力的发展导出了第一个层次的制度的起源，即社会生产关系的形成过程；进而又从社会生产关系中不同集团和阶级的利益矛盾和冲突出发，从社会生产关系中导出第二个层次的制度的起源，即包括政治、法律、道德规范等在内的上层建筑。[①]

（二）社会发展和制度变迁的动力

对于社会发展动力和唯物史观，马克思在《〈政治经济学批判〉序言》中曾作出如下经典表述："人们在自己生活的社会生产中发生一定的、必然的，不以他们的意志为转移的生产关系，即同他们的物质生产力的一定发展阶段相适应的生产关系，这些生产关系的总和构成社会的经济结构，即有法律的和政治的上层建筑竖立其上并有一定的社会意识形态与之相适应的现实基础。物质生活的生产方式制约着整个社会生活、政治生活和精神生活的过程。不是人们的意识决定人们的存在，相反，是人们的社会存在决定人们的意识。社会的物质生产力发展到一定阶段，便同它们一直在其中活动的现存生产关系或财产关系（这只是生产关系的法律用语）发生矛盾，于是这些生产关系便由生产力发展的形式变成生产力的桎梏，那时，社会革命的时代就到了，随着经济基础的变更，全部庞大的上层建筑也或快或慢地发生变革。"[②]这段话表明，马克思把生产力的发展当作社会制度变迁的根本动力，生产力的发展始终是解释制度变革的首要和根本的原因。有的学者将马克思的社会发展理论概括为"一元论历史观"，在这个框架下，社会制度演进的机理可以简单地概括如下：生产技术的改良和发展导致新的劳动工具的出现，以及协作、分工等生产技术组织形式的变化；生产技术组织的变化又引起生产过程中人们的相互关系，即生产关系的变化[③]；而生产关系的变化最终引起

---

① 林岗：《诺思与马克思：关于制度的起源和本质的两种解释的比较》，《经济研究》，2000年第6期。

② 《马克思恩格斯选集》（第二卷），人民出版社，1995年，第32~33页。

③ 林岗：《论"生产力决定生产关系"的原理》，《哲学研究》，1987年第4期。

政治和法律等上层建筑的变化。

根据马克思的社会发展理论，一定社会经济的技术进步速度是由两个基本因素决定的：首先是人类社会在探索自然奥秘和生产实践中世世代代积累起来的科学和技术知识存量，其次是既存的社会制度能够为科学和技术知识在经济活动中的应用提供的可能性空间。这也就是马克思主义的社会发展理论所包含的对诺思所谓“技术变迁的速率”的解释。较之诺思对私有产权制度诱致的技术进步的片面强调，根据马克思的这种理论所作的这种解释，显然要更为全面和准确。用马克思主义的术语来说，诺思只是强调了制度对生产力的反作用，而忽视了作为制度变革根本动力的、作为一个世代累积的“自然历史过程”的生产力自身的发展。离开人类为了满足自身生存发展的需要，在探索自然规律、解决实际生产问题的实践中积累起来的科学技术知识存量，为诺思片面强调的制度诱致性的技术进步速度的加快，只能是空中楼阁，根本没有发生的基础。①

（三）制度变迁的路径

马克思是以生产这一人类首要的实践活动为前提来揭开制度变迁之谜的。马克思认为，生产是历史的基本前提，人类社会制度变迁主要由生产力的发展和生产方式的变迁来决定的。随着生产力的不断发展，原来是生产力适当形式的一定社会制度，最终将转变为生产力进一步发展的桎梏。世界历史上的制度变迁，是生产力和生产关系、经济基础和上层建筑的矛盾运动的必然结果。在马克思的社会发展理论中，社会形态的更替，表现为生产力与生产关系的辩证统一、统一性与多样性的辩证统一、前进性与曲折性的辩证统一。社会形态更替的前进性主要是指五种社会形态依次演进的基本趋势，其历史过程是一个“扬弃”的过程。社会形态依次更替的过程和规律是客观的，其

① 林岗：《诺思与马克思：关于社会发展和制度变迁动力的比较》，《中国人民大学学报》，2000年第3期。

发展的基本趋势是确定不移的。社会形态更替归根结底是社会基本矛盾运动的结果。其中，生产力的发展具有最终的决定性意义。但是，社会形态更替的前进性并不否认历史发展的曲折性。一种新社会制度取代旧社会制度，往往并不是从旧社会制度发展较为充分的典型国家开始，而是更易于在旧制度发展不完善或很不充分的地方突破。这既体现了社会形态更替过程的曲折性，又为社会形态更替的跨越性提供了条件和历史契机。正如马克思所指出的："无论哪一个社会形态，在它所能容纳的全部生产力发挥出来以前，是决不会灭亡的；而新的更高的生产关系，在它的物质存在条件在旧社会的胎胞里成熟以前，是决不会出现的。"[①]这说明，在一种生产关系所容纳的生产力还有发展空间时，提出消灭这种生产关系是不现实的；相反，在某种新的生产关系的物质条件成熟以前，人为地提出建立这种生产关系也是不切实际的。一般说来，历史发展的渐进性与客观规律性之间有着比较密切的联系，这既由于它是由历史发展"合规律性"决定的，同时又是它的重要体现。社会形态之间的过渡是必然的，但是具体过渡形式和实现方式却是多样的。生产力与生产关系、经济基础与上层建筑之间的矛盾运动决定了社会形态之间过渡的必然性，但是社会形态之间过渡的具体形式是多种多样的，实现社会形态过渡的方式也是多种多样的，同时，从过渡的进程来看，有快有慢。

虽然根据马克思的理论得出的关于现代社会发展方向的预见，还有待于今后历史发展实际进程的进一步验证，而且也不能说它在一切细节上都是无可挑剔的，但这个理论本身具有很强的内在逻辑一致性，并且在总体上能够得到历史事实的坚强支持。遵循这个理论，是可以在纷繁的历史现象中理出一条人类社会制度演进的清晰线索的。可以说，马克思的历史唯物主义关于社会制度发展道路的解释，至今仍然是历史理论中最有说服力的。[②]

---

① 《马克思恩格斯选集》（第二卷），人民出版社，1995年，第33页。

② 林岗：《诺思与马克思：关于制度变迁道路理论的比较》，《中国社会科学》，2002年第1期。

第三章

改革是社会主义的自我完善

系统的改革理论与实践是邓小平对马克思主义的重大贡献之一，也是中国特色社会主义经济学的重要内容。在实践上，邓小平提出："坚持改革开放是决定中国命运的一招。"在理论上，他认为："改革是社会主义的自我完善。"[①]这是在总结社会主义经济发展的历史教训，特别是中国改革开放的成功经验的基础上提出的，揭示了社会主义制度自我更新、自我发展的规律，是社会主义本质在基本机制层面的展开，对原有社会主义理论模式是一个重大突破，也是社会主义制度生命力的源泉所在。从本原上说，社会化水平提升的过程就是自我完善的过程，但资本主义条件下有着制度的障碍，不可能自身克服自身的矛盾。在社会主义制度下则构成完整的社会化生产方式，可以形成完善的自我完善机制，而关键在于自觉地运用。

一、自我完善理论的形成

认识社会主义自我完善的规律，并非一件容易的事情，在科学社会主义发展史上就存在着"自我完善"与"完全凝固"两种模式的对立。经过了上百年的历史比较，付出了沉重代价，人们才彻底否定了将社会主义理想化、凝固化的观念，使得社会主义自我完善的理论确立和丰富起来。大体上说，经过了四个发展阶段：

（一）社会主义制度建立前的两种设想之争

如前所述，关于社会主义社会的设想，早在五百多年前就产生了莫尔的

①《邓小平文选》（第三卷），人民出版社，1993年，第368页。

乌托邦。19世纪前期，三大空想社会主义者圣西门、傅立叶、欧文把它系统化。他们的一个共同特点就是以公平、道德的美好愿望为基础，想当然地把未来的社会主义理想化，描绘为完美无缺的制度，当它一旦变成现实也就无须进一步完善和更新。正如恩格斯所说：对这种社会的设计“越是制定得详尽周密，就越是要陷入纯粹的幻想”①。在中国，早在两千年前就有“天下为公”的所谓“大同”世界的设想。从当时来看，这些设想曾有过一定的积极意义。但是，由于它们本身是一种设想，也就注定不能成为现实。不过，空想社会主义在人们头脑中的消极影响却不可低估，包括一些马克思主义者，也往往带有这类空想的烙印。

在社会主义由空想变为科学之后，渐渐地开始了两种模式之争。19世纪90年代初，一些自称“马克思主义者”的德国青年派进行了未来社会中产品分配方式的辩论。有人主张按劳动量分配，有人主张采用其他形式。恩格斯对这类脱离实际的空谈作了辛辣的讽刺和尖锐的批评：他们“是一反某些关于公平原则的唯心主义空话而处理得非常‘唯物主义’的。但奇怪的是谁也没想到，分配方式本质上毕竟要取决于有多少产品可供分配，而这当然随着生产和社会组织的进步而改变，从而分配方式也应当改变。但是，在所有参加辩论的人看来，‘社会主义社会’并不是不断改变、不断进步的东西，而是稳定的、一成不变的东西，所以它应当也有个一成不变的分配方式”②。恩格斯这段论述，起点是分配问题，落脚点则是社会主义模式。就是说，不要把社会主义社会模式固定化，它应当随着生产力发展和社会组织的进步而不断变革。实质上，隐含着生产力与生产关系矛盾运动的辩证观点。

随后，恩格斯又作了正面论述：“我认为，所谓‘社会主义社会’不是一种一成不变的东西，而应当和任何其他社会制度一样，把它看成是经常变化和改革的社会。”③就是说，社会主义制度虽然同以往的制度存在着本质的差

①《马克思恩格斯选集》（第三卷），人民出版社，1995年，第724页。

②《马克思恩格斯选集》（第四卷），人民出版社，1995年，第691页。

③《马克思恩格斯选集》（第四卷），人民出版社，1995年，第693页。

别，但在发展和变革方面它同样沿着一切社会的共同规律在变革和完善。由于当时尚无社会主义的实践，只能站在历史的高度，用唯物辩证法发现社会发展的一般规律，进而预示未来社会的发展趋势。这个论点应视为社会主义自我完善和不断改革的思想萌芽。两种模式之争实质上是唯心主义的形而上学同唯物辩证法之争。那种把社会主义社会视为完美无缺、一成不变的制度是空想社会主义的一种表现。不过，在相当长的时期内还未引起人们的重视。当然也要看到，那时的恩格斯也有自己的局限性，他过分强调了“全部生产资料公有制”的基础，也有消极影响。

（二）列宁的认识和苏联的教训

科学社会主义由理论变为实践，首先是在俄国实现的，两种模式之争在更大范围内继续着，经过了从“改良”（在俄文中“改良”与“改革”是一个词）到固化，到最终彻底否定的曲折探索过程，这主要是苏联的经验教训。

十月革命后的内战时期，首先澄清社会主义社会有无矛盾的问题。布哈林在《过渡时期经济学》一书中，认为“资本主义是对抗的、矛盾的制度”，言下之意，社会主义则无矛盾。列宁批道：“极不确切。对抗和矛盾完全不是一回事。在社会主义下，对抗将会消失，矛盾仍将存在。”[①]他清晰地区分了对抗与矛盾的不同，指出社会主义下还存在着矛盾（当时对有无对抗的存在也还不甚清楚）。他坚持了辩证法，认识到社会主义社会仍需要展开对矛盾的研究和探索解决矛盾的办法。他多次强调，不能照搬书本上的模式，要依靠群众、依靠实践来解决书本上没有解决的问题。特别是新经济政策的实践使他认识到社会主义是一个历史过程，要经过许多过渡阶段，而新经济政策就是一次实质性的社会主义改革。当时列宁称之为无产阶级政权下的“改良主义”方式（与激烈的变革方式相对应），随着生产力的步步提高，要“同时改

①《列宁全集》（第六十卷），人民出版社，1990年，第281~282页。

善和改造我们的苏维埃制度”。[①]现在看来，新经济政策开辟了社会主义全面改革的先河，不过理论上尚不明晰。

斯大林坚持了社会主义道路，这是毫无疑问的。但是他否认社会主义制度需要不断变革。他明确地说：“在我国社会主义条件下，经济发展并不是变革的方式，而是以逐步变化的形式进行。”只承认有量变，不承认有质变和部分质变，只承认形式上的小改小革，不承认在许多方面可能有革命性的变革。这个观点，与他不承认社会主义社会的矛盾有关。在《论辩证唯物主义和历史唯物主义》一书中，他认定“在社会主义制度下，在目前还只有苏联实现的这种制度下……这里生产关系同生产力状况完全适合，因为生产过程的社会性是由生产资料的公有制所巩固的”[②]。这种“完全适合论”，是苏联模式走向僵化的理论基础。到20世纪50年代虽有改变，但他仍然坚持：“我国现今的生产关系是处在这样一个时期，它完全适合于生产力的增长，推动生产力一日千里地向前发展。但是，如果以此自满，以为我国生产力和生产关系之间不存在任何矛盾，那就不正确了。矛盾无疑是有的，而是将来也会有的……。只要领导机关执行正确的政策，这些矛盾就不会变成对立。”“领导机关的任务在于及时地看出日益增长的矛盾，并及时采取措施，使生产关系适合生产力的增长，来克服这种矛盾。”[③]就是说，这里无须变革，只要有一些小改小革，就可自动适应。而且，他始终不承认社会主义上层建筑与经济基础存在矛盾。

这种“完全适合论”影响了斯大林以后的几代苏联领导人，始终没有解决自身完善和改革的理论与实践问题，而认为社会主义“彻底巩固”。直到20世纪80年代后期，戈尔巴乔夫从一个极端跳到另一个极端，以改革为名，完全抛弃了社会主义。这是对僵化模式的一种惩罚。总之，苏联在七十多年的历程中，没有在理论和实践的结合上解决社会主义自我完善问题，没有将列宁的思路贯彻到底。这也是苏联失败的一个历史教训。

---

①《列宁选集》（第四卷），人民出版社，1995年，第610、613页。

②《斯大林选集》（下），人民出版社，1979年，第449页。

③《斯大林选集》（下），人民出版社，1979年，第590页。

（三）从提出“基本矛盾”到走向不断提升生产关系和过分夸大上层建筑作用的倾向

中华人民共和国成立最初几年，由于忙于社会主义改造，还未来得及研究社会主义社会的运行机制。1956年以后，苏联的弊端逐渐暴露，我们面对自身出现的一些社会经济问题，在认识上有一个新的跨越，就是克服把社会主义理想化、否定矛盾的观念，发展了矛盾的观点。1956年毛泽东提出：“我们不要迷信，认为在社会主义国家里一切都是好的。事物都有两面：有好的一面，有坏的一面……正因为是这样，我们才要进行改造，把坏的东西改造成为好的东西。”①1957年在《关于正确处理人民内部矛盾的问题》的名篇中，毛泽东作了高屋建瓴的理论概括：“在社会主义社会中，基本的矛盾仍然是生产关系和生产力之间的矛盾，上层建筑和经济基础之间的矛盾。”但这些矛盾又同旧社会的矛盾具有“根本不同的性质”，是一种“又相适应又相矛盾的情况”，“它不是对抗性质的，它可以经过社会主义制度本身，不断地得到解决，并把社会主义社会的矛盾当作发展的动力”。②在马克思主义著作中这是一个崭新的论点，是社会主义经济学的重大突破。在20世纪50年代末60年代初，毛泽东又提出社会主义社会分为两个阶段，在社会主义发展中存在着“质变和部分质变”③。并且他多次批评了斯大林不承认社会主义社会存在矛盾的观念。可以说，这些论点是社会主义社会自我完善理论的哲学基础，是对历史唯物论的重大发展。

但是，后来囿于中国社会主义实践不足和脱离实际等其他原因，又混淆了矛盾的性质，追求生产关系的高级化，过分地夸大了上层建筑的反作用，走向另一种绝对化的误区，没有真正找到自我完善的具体途径，乃至提出“以阶级斗争为纲”和“斗争的哲学”，造成重大损失，而且经济体制实际没

---

①《毛泽东文集》（第七卷），人民出版社，1999年，第69页。
②杨承训：《中国特色社会主义经济学》，人民出版社，2009年，第122页。
③《毛泽东文集》（第八卷），人民出版社，1999年，第108页。

突破苏联的模式。这是又一次历史曲折。

（四）自我完善理论的提出和完善

经过了三十年的风风雨雨，邓小平科学地总结了正反两方面的历史经验，包括苏联的教训，坚持和发展了毛泽东关于社会主义社会基本矛盾的观点，明确提出“改革是社会主义制度的自我完善，在一定的范围内也发生了某种程度的革命性变革”[①]的科学论断，又指出“改革是中国的第二次革命”[②]。社会主义基本制度确立以后，还要从根本上改变束缚生产力发展的经济制度，建立起充满生机和活力的经济体制，并把“解放生产力”作为社会主义本质的体现。从根本上说，自我完善机制正是由社会主义共同富裕的本质属性所决定的。这就在理论与实践的结合上形成全面改革的学说，实现了马克思主义中国化的第二次飞跃。

江泽民在这方面的重要贡献在于，继承和发展了邓小平理论，以中国深化改革开放的丰富实践经验为平台，进一步充实、完善了社会主义自我完善的论点，使它成为一个完整的理论系统。第一，将社会主义制度明确定义为“社会主义制度是在自身基础上不断发展和完善的制度”[③]。就是说，自我完善是社会主义的制度特征，是它本身应当具有的基本机制，贯穿于社会主义社会的全过程，是其生命力和优越性之所在。它的各个历史阶段，都需要根据经济社会发展的要求进行改革，如果不进行改革，就会窒息社会主义内在的生机和活力，妨碍发挥它的优越性。第二，鉴于苏联解体的教训（特别是戈尔巴乔夫等人背叛社会主义的所谓“改革”），区分两种改革的界限，提出两种改革观的分水岭，强调我国的改革一要坚持社会主义，二要从中国的实际出发，阐明了坚持改革开放与坚持四项基本原则的关系。[④]第三，把自我完

---

①《邓小平文选》（第三卷），人民出版社，1993年，第142页。

②《邓小平文选》（第三卷），人民出版社，1993年，第113页。

③《江泽民文选》（第一卷），人民出版社，2006年，第68页。

④《江泽民文选》（第一卷），人民出版社，2006年，第163页。

善与发展这个主题联系起来，实际上是生产关系、上层建筑的完善与先进生产力发展的统一，使其内涵更加系统化。第四，进一步丰富了全面改革的理论，党中央制定社会主义初级阶段的经济纲领、政治纲领和文化纲领，把自我完善的基本理论化为具体的行动纲领。第五，实现社会主义自我完善和发展的关键因素在于，用“三个代表”重要思想建设马克思主义政党，在新的时期回答了完善上层建筑的核心——建设一个什么样的党和怎样建设党的重大问题。进入21世纪，以胡锦涛同志为主要代表的中国共产党人，提出了进一步深化改革的新思路。党的十八大以来，习近平多次强调：“推进改革的目的是要不断推进我国社会主义制度自我完善和发展，赋予社会主义新的生机活力。”①这就在新的历史条件下完善和发展了自我完善理论，对于新时代全面深化改革开放具有重要的指导意义。

上述历史过程表明，能否科学地认识和正确运用社会主义自我完善的理论关系社会主义的兴衰。正如邓小平全面总结的：“不坚持社会主义，不改革开放，不发展经济，不改善人民生活，只能是死路一条。”②毫不夸张地说，这个重要观点是我们党的宝贵理论财富。

二、“自我完善”机理分析

“自我完善”作为中国特色社会主义经济学的基本范畴，有它特定的含义，我们可以从它的丰富内涵、制度基础、主要特点和辩证扬弃原理等方面展开论述。

（一）“自我完善”范畴的内涵

改革是社会主义自我完善，就是社会主义社会能够依靠自身的力量和机

① 中共中央文献研究室编：《习近平关于协调推进“四个全面”战略布局论述摘编》，中央文献出版社，2015年，第68页。

② 《邓小平文选》（第三卷），人民出版社，1993年，第370页。

制，通过自觉的改革，正确解决生产关系和生产力、上层建筑和经济基础的矛盾和其他一切社会矛盾，实现制度创新，使自身不断适应先进生产力发展和人的全面发展的要求，充分发挥制度的优越性。就是说，改革是社会主义的一个特征，是社会主义生命力之所在。它包含如下要点：

第一，改革的目的。邓小平指出："我们要赶上时代，这是改革要达到的目的。"[①]这就把改革的目的说得很透彻、很深刻。党的十七大把改革开放的目的概括为三句话：就是要解放和发展社会生产力，实现国家现代化，让中国人民富裕起来，振兴伟大的中华民族；就是要推动我国社会主义制度自我完善和发展，赋予社会主义新的生机活力，建设和发展中国特色社会主义；就是要在引领当代中国发展进步中加强和改进党的建设，保持和发展党的先进性，确保党始终走在时代前列。

第二，改革的性质。党的十七大指出，改革既是党领导的一场新的伟大革命，又是社会主义制度的自我完善和发展。也就是说，党领导的改革开放绝不是要改掉社会主义制度。党领导的改革开放之所以实现了目的和效果的高度统一，就在于我们既坚定不移地进行改革开放，又坚定不移地坚持中国共产党领导、坚持社会主义道路，坚决排除各种错误思潮、错误倾向的干扰，始终沿着正确方向前进。

第三，改革的深层动因。确认社会主义制度下基本矛盾仍然是生产关系与生产力（以及与交换方式）的矛盾、上层建筑与经济基础的矛盾，并作为自身完善和发展的动力。前一种矛盾是最基础的，后一种矛盾是前一种派生的，而生产力则是最根本的决定因素，在一般情况下它是矛盾的主要方面，但又在一定条件下互相转化。这个基本矛盾是同其他一切社会形态相一致的，也是推动社会自身发展的动能所在。它并非脱离人类物质世界、以幻想为基础的社会，而是人类社会发展的一个特定阶段。一定要把历史唯物论的基本观点贯彻到底。

---

①《邓小平文选》（第三卷），人民出版社，1993年，第242页。

第四，社会主义改革与其他社会制度改革的区别。社会主义社会的基本矛盾与剥削阶级占统治地位的社会制度的不同在于它的矛盾性质。由于它以实现人民的共同富裕和人的全面发展为宗旨，基本矛盾的性质为非对抗性的，表现在人与人的关系上主要的不再是激烈的阶级对抗，而是在共同利益一致基础上的矛盾，即人民内部矛盾。只有在特殊情形下（如国外敌对势力插手、国内残余敌对势力捣乱以及对人民内部矛盾处理不当等情况）才会转化为对抗性矛盾。对此，早在1956年，毛泽东就作过这样的论述："在我们面前有两种性质不同的矛盾：第一种是敌我之间的矛盾……第二种是人民内部的矛盾……它的发生不是由阶级利害的根本冲突，而是由于正确意见和错误意见的矛盾，或者由于局部性质的利害矛盾。它的解决首先必须服从于对敌斗争的总的利益。人民内部的矛盾可以而且应该从团结的愿望出发，经过批评或者斗争获得解决，从而在新的条件下得到新的团结。当然，实际生活的情况是复杂的"[①]，可以互相交叉、互相转化，关键在于正确处理。在社会主义条件下能够自觉地依靠自身的力量正确解决这些人民内部矛盾，不断实现自我革新、自我优化。

第五，改革的演进。在社会主义自我完善过程中，不但有量变，而且有部分质变，到了一定的阶段还会有质变。所谓部分质变，是在根本制度不变的前提下，一些重要领域、重要形式发生带根本性的变化。比如，生产关系的社会主义性质不变，但其实现形式发生重大变化；特别是运行形式根据生产力发展的要求发生根本性的变革，如由计划经济体制转换为社会主义市场经济体制，就是极其深刻的部分质变，会触及诸多种深层次矛盾。所谓到一定阶段会发生质变，那是指重要发展阶段的演进，比如社会主义初级阶段演变为社会主义发达阶段、将来社会主义要进入共产主义阶段，就要发生全面的变革。但不管是部分质变还是特殊的质变，都不会采取激烈对抗的形式，不是由一个阶级推翻另一个阶级的革命。在多数情况下是量变与部分质变的交叉。

① 《毛泽东传（1949—1976）》（上），中央文献出版社，2003年，第610页。

第六，改革的内容与形式。自我完善的基本形式是体制改革、制度创新，包括根据生产力发展的要求改变和优化所有制结构、公有制实现形式、分配方式、劳动制度、社会保障体系、管理体制以及上层建筑的一些制度和环节，如政治体制、科技体制、教育体制、卫生体制等。总之，社会主义自我完善是全面的改革。只要有利于生产力发展，什么样的形式都可以选择。从利益关系上说，改革是利益关系的调整，它必然触及一部分由旧体制造成的既得利益者。所以，邓小平多次讲："我们把改革当作一种革命"，"改革是中国的第二次革命。"①在基本体制定型之后，还会继续改革。因为社会生产力是不断发展的，生产关系的具体形式、上层建筑的一些环节总是会出现新的不适应，需要不断优化、不断创新。这就是社会主义自我新陈代谢的机制。正如毛泽东所说："人类还是在青年时代。人类将来要走的路，将比过去走过的路，不知要长远得多少倍。革新和守旧，先进和落后，积极和消极这类矛盾，都将不断地在不同条件下和各种不同的情况中出现。一切都将是这样：一个矛盾将导致另一个矛盾，旧的矛盾解决了，新的矛盾又会产生。"②即使到共产主义社会，也还会存在着这类矛盾，并推动社会前进。这就是自我完善的辩证法。

第七，改革的特殊性。中国自20世纪70年代末开始的改革，主要是改变旧的不利于生产力发展的计划经济体制。这个体制基本上是从苏联学来的，它的理论基础是以发达资本主义社会为平台、尚未得到实践检验的设想，从而造成脱离现实生产力水平、死板僵化的体制。我国的改革对其在许多方面动了"大手术"，或者叫"脱胎换骨"的改造，带有革命性的转变。当时的历史背景是：一方面，从我国自身的情况看，"文化大革命"十年内乱，使党、国家和人民遭到严重挫折和损失。邓小平曾经说，"文化大革命"结束时，"就整个政治局面来说，是一个混乱状态；就整个经济情况来说，实际上是处

①《邓小平文选》（第三卷），人民出版社，1993年，第113页。

②《毛泽东传（1949—1976）》（上），中央文献出版社，2003年，第505页。

于缓慢发展和停滞状态”[①]。我们必须通过改革开放，增强我国社会主义的生机活力，解放和发展社会生产力，改善人民生活。另一方面，从外部环境看，20世纪70年代世界范围内蓬勃兴起的新科技革命推动世界经济以更快的速度向前发展，我国经济实力、科技实力与国际先进水平的差距明显拉大，面临着巨大的国际竞争压力。我们必须通过改革开放，带领人民追赶时代前进潮流。

（二）“自我完善”的制度基础

社会主义制度之所以具有自我完善、自我创新的功能，是由社会主义本质所决定的。由于社会主义的宗旨是实现共同富裕，它的经济关系中总体上不包含根本利益冲突的因素，不存在顽固保护少数人利益的阶级基础，不需要将某些不适合生产力发展的体制固化。

就生产关系来说，社会主义制度始终坚持以公有制为主体，它是实现共同富裕的经济制度基础。以往对公有制的理解局限于某种特定的实现形式，生产关系的具体形式正确与否，不能用生产关系自身为标准来衡量，而必须用它对生产力的作用去衡量。这里需要弄清如下问题：

第一，不能把实质与形式混淆起来。一种性质的事物可以表现为不同形式，形式取决于内容，又服务于内容，形式不恰当又会影响乃至扭曲内容。而具体形式的选择又受许多具体条件的影响。所以，既要注重内容与形式的联系，又不要把某种形式简单地等同于内容。公有制也是如此。事实上，只要符合公有制的本质要求，便可以采取许多灵活的形式。在历史上各种所有制都不是单一的实现形式，而是各国、各地、各个发展阶段采取了多种多样的形式。毛泽东曾经形象地比喻：“一棵树的叶子，看上去是大体相同的，但仔细一看，每片叶子都有不同。有共性，也有个性，有相同的方面，也有相异的方面。这是自然法则，也是马克思主义的法则。”[②]公有制采取什么样的

① 《邓小平文选》（第三卷），人民出版社，1993年，第264页。
② 《毛泽东文集》（第七卷），人民出版社，1999年，第76页。

形式，主要是看哪一个更适合生产力发展的需要。社会主义自我完善，首先是完善公有制的实现形式，它的本质则要求更灵活、更具活力。

第二，要弄清主要矛盾和次要矛盾及矛盾主要方面和次要方面的关系。“在复杂的事物的发展过程中，有许多的矛盾存在，其中必有一种是主要的矛盾，由于它的存在和发展规定或影响着其他矛盾的存在和发展。”“事物的性质主要地是由取得支配地位的矛盾的主要方面所规定的。”[①]公有制虽然在社会主义社会的整个发展阶段占支配地位，决定社会的性质，但是在发展的各个小阶段中则由于生产力发展状况不同，而与其他所有制形式所处的关系不同，从而所有制结构也有所不同，不能纯而又纯、全部地公有化。这也是改革后的现实与原来设想的区别。

第三，生产关系中不仅包含所有制关系，而且还有更丰富的重要内容。比如，分配也是所有制的一种实现形式，集中体现利益关系，是生产关系的重要方面。但分配关系有相对的独立性，并非完全被动地适应所有制的要求，它的具体形式也是多种多样、经常变动的。归根到底，分配取决于可供分配的财富数量，而不是主观预定的。分配制度的改革同产权改革既有统一性，又有特殊性，是影响生产力发展特别是各类劳动者和经营者积极性的重要因素，而且还会影响人们的社会关系（如效率与公平的关系）。又如劳动制度在生产关系中占有重要地位，关系劳动资源的配置与就业问题，影响财富的创造和社会稳定。广义地说，社会保障制度也属于生产关系的范畴，关系劳动者的长远利益。此外，干部制度即有关管理者的制度，既属于上层建筑，也属于生产关系，因为管理是现代生产力的一个要素，具有生产力与生产关系两种属性，执行管理的人员应当被视为生产力与生产关系互相结合的介体，往往能够决定一个企业的命运，影响一个地区乃至一个国家的发展。所以，改善、优化干部制度乃是全面改革的重要方面，牵连着深层次矛盾。总之，生产关系改革包含丰富的内容，是一个包含多层次、多侧面的复杂系统，不

① 《毛泽东选集》（第一卷），人民出版社，1991年，第320、323页。

可简单化。而这一系统的改革，能够释放出巨大活力。

在生产关系与生产力之间另一种连接形式，这就是交换关系和交换机制，其发达形态为市场经济，在现代经济中能够起着配置资源的核心作用。它具有生产力和生产关系双重属性，通常人们将它视为经济的运行层次和体制。建立、完善这种机制和组织，并与社会主义经济关系结合，是改革的一个特殊系统，它能赋予社会主义制度不竭的动力，也带来许多新的矛盾。

上层建筑与经济基础的关系是社会主义基本矛盾的另一个方面，它受生产力发展要求的制约，又为之服务。社会主义的上层建筑主要由工人阶级的政党、人民政府和以马克思主义为指导的意识形态所组成，也是一个多层次、多侧面的复杂系统，它总体上适应经济基础的需要。但由于经济基础的不断完善，上层建筑的某些环节也经常落后于经济基础的需要（包括旧社会遗留下来的旧机构、旧习气），但有时也过于超前，这两个方面都应通过改革加以调整、完善。其中特别是政府机构和职能及其同人民群众的联系形式等，必须随着计划经济体制向社会主义市场经济体制转变，进行制度创新。苏联的教训表明，僵化的上层建筑体制不改，反过头来会影响经济体制与经济结构的优化。那种计划经济体制要求高度集中的政治制度，而这种政治制度又会造成一个特权阶层，必定妨碍社会主义民主生活，进而压抑广大群众的积极性，助长经济结构的扭曲。正如邓小平所说：以前社会主义国家的“政治体制都是从苏联模式来的。看来这个模式在苏联也不是很成功的”[①]，所以需要系统地改革。

总之，社会主义本质以及它的经济基础和上层建筑，决定了这个制度本身必须适应生产力发展、实现共同富裕和人的全面发展的需要，不断进行改善，而且能够改革，通过自我完善保持永久的生机。否则，如果不进行改革，它就不能实现自身的宗旨，而陷入萎缩、衰变甚至像苏联那样轰然倒塌。

---

①《邓小平文选》（第三卷），人民出版社，1993年，第178页。

（三）自我完善机制的特点

社会主义自我完善的机制，就是这个制度新陈代谢功能及其施展进程。它的生命力不仅在于建立在一个全新的社会形态基础上，还在于能通过自身的不断扬弃，保持适应和促进生产力发展的活力。当然，任何一个新生的制度，在它所能够容纳的生产力充分释放出来以前，都有一种自我扬弃、自我更新的机制，资本主义表现得更为明显。马克思曾经在《资本论》中论述了它的自我扬弃。然而，社会主义自我完善不仅吸取了资本主义制度自我扬弃的优点，而且又具有新的特点，主要表现为以下五个方面：

1. 自觉性

它不是在外部压力下被迫地改革，而是按照客观经济规律的要求自觉地进行自身的改革。正如恩格斯所说："只是从这时起，人们才完全自觉地自己创造自己的历史；只是从这时起，由人们使之起作用的社会原因才大部分并且越来越多地达到他们预期的结果。这是人类从必然王国进入自由王国的飞跃。"可以说，这时"人终于成为自己的社会结合的主人，从而也成为自然界的主人"。[①]因为社会主义条件下不存在一个极力维护旧体制的统治阶级（虽然可能有某些既得利益集团，但不占统治地位，总体上不能阻止制度创新），领导它的先进政党能够运用马克思主义认识客观规律，进而认识原有体制的弊端，积极寻求新的形式、新的思路。如果说在破坏旧世界的时候以革命党为核心的进步势力是革别人的命，那么在建设新社会的进程中，这个进步势力则是自觉地革自己的命，矫正自己创造的新制度的弊端，不断进行自我扬弃和自我完善。因此，它总有一定的前瞻性和计划性。这与资本主义制度下迫于种种压力的改革是不同的。

2. 实践性

社会主义自我完善不是少数人的空想，而是从社会实践中不断获得新的

① 《马克思恩格斯选集》（第三卷），人民出版社，1995年，第760页。

认识。就是说，它的自觉性是建立在实践基础上的，从典型中发展新的形式、新的经验，然后加以提高完善，再全面推广，进而在推广实施中再发现新的典型、新的问题，使认识升华到一个新水平。如此循环往复，使得改革的思路不断完善。我国改革开放之初，就提出过"摸着石头过河"的思路，实质上就是依靠实践摸索，而不首先定一个过死的框子，然后一步一步取得了成熟的经验，形成基本路线、基本理论、基本制度。总体上说，就是从中国的实际出发，在实践中探寻有效形式，不照搬别国的模式，不搞自由化、私有化，实现富有中国特色的制度创新。今后要永续地坚持这个实践过程。

3.群众性

我国的改革强调全体人民的共享，既为广大群众的利益着想，又依靠群众的积极性推进改革。改革必然涉及利益关系的调整，而首先要满足绝大多数人的利益，同时兼顾既得利益，照顾失去某些利益的弱势群体，让全体人民共享改革的成果。毛泽东早就说过："马克思列宁主义的基本原则，就是要使群众认识自己的利益，并且团结起来，为自己的利益而奋斗。"[①]社会主义制度的本质就是充分体现群众的利益，所以它能够充分调动广大群众的积极性。邓小平在谈到政治体制改革时就提出：改革要"发扬社会主义民主，调动广大人民的积极性。而调动人民积极性的最中心环节，还是发展生产力，提高人民的生活水平"[②]。实际上，这也是全部改革的基本原则。党的十六大提出："必须最广泛最充分地调动一切积极因素"，"在我国社会主义深刻变革、党和国家事业快速发展的进程中，妥善处理各方面的利益关系"，"努力形成全体人民各尽其能、各得其所而又和谐相处的局面"。党的十六届三中全会提出"五个统筹""五个坚持"，要求"尊重群众的首创精神""统筹兼顾，协调好改革进程中的各种利益关系"。党的二十届三中全会将"坚持以人民为中心"作为全面深化改革的原则之一，强调"尊重人民主体地位和首创精神"这一点，

① 《毛泽东选集》（第四卷），人民出版社，1991年，第1318页。
② 《邓小平文选》（第三卷），人民出版社，1993年，第178页。

与资本主义国家的某一改革只增进某个阶层、某些社会集团的利益是不同的。

4.开放性

中国的改革同对外开放联系在一起，而开放本身也属于改革。同时，在改革中善于吸取国外成功的经验，学习其他国家特别是发达国家有效的经营形式、管理经验，学习一些先进的具体制度，在贸易、金融等诸多方面与国际接轨。这不是盲目地照搬，而是从自己的实际和需要出发，通过比较选择有益的东西加以借鉴，同时对一些需要遵守的国际规则（如世界贸易组织）要有步骤地与国际接轨。我们虽然要利用国内外两种资源、两个市场发展自己，但决不侵犯别国的利益和主权，而是奉行“和平崛起”的方针，永远不称霸。所以，同其他国家的人民没有根本利害的矛盾，又能吸收他们的优点，适应时代的潮流，包括科学技术飞速发展和经济全球化的挑战。

5.渐进性

在改革中一般不采取激剧的断然措施（像俄罗斯按照西方新自由主义采取的“休克疗法”那种），而是分步骤地进行，把改革的力度、发展的速度和社会承受的程度统一起来，避免和减少社会的激烈动荡和由于失误所产生的群众对立，实现社会的基本稳定，并且着力解决改革中的“夹生饭”问题。这是我国改革得以顺利进行的一条基本经验。

（四）社会主义对资本主义的扬弃

马克思说过：“我们这里所说的是这样的共产主义社会，它不是在它自身基础上已经发展了的，恰好相反，是刚刚从资本主义社会中产生出来的，因此它在各方面，在经济、道德和精神方面都还带着它脱胎出来的那个旧社会的痕迹。”[①]社会主义自我完善机制的一个重要方面，在于如何对待旧社会遗留下的东西，特别是资本主义制度产生的多种经济形式。历史表明，两种极端的方式都不可取：一种是全盘继承和照搬，那就等于还延续旧制度；另一

① 《马克思恩格斯选集》（第三卷），人民出版社，1995年，第304页。

种是全面抛弃，这也是过去的教训之一。不考虑新旧社会的继承性，凭主观地创造一个“全新”制度，结果也不利于生产力的发展，以致缺乏活力。

客观地看，经济发展是自然的历史过程，生产力和生产关系及其运行体制总是在原有基础上发展起来。对“旧社会的痕迹”，要进行具体分析，它的基本制度当然要抛弃，但其积极的因素，即对现实生产力发展尚有用的具体制度和具体经济形式则要吸取。用列宁的话说：历史上“每一次伟大的政治变革以后，都要用很长时间来‘消化’，‘吸收’”[①]。这个消化过程在某些领域，就是利用旧制度中的一些形式为新制度服务。在新经济政策时期，列宁就提出：在当时“不摧毁旧的社会经济结构——商业、小经济、小企业、资本主义，而是活跃商业、小企业、资本主义，审慎地逐渐掌握它们，或者说，做到有可能只在使他们活跃起来的范围内对它们实行国家调节”。所以，新经济政策“比我们先前的经济政策包含着更多的旧东西”。[②]他提出向资本主义学习，甚至认为，有些资本主义的现成机构可以搬过来为社会主义直接服务，如科学院、银行等。这种观点和方法，就是辩证地扬弃，适用于社会主义自我完善的全过程。

与此相反，历史上也有过全盘抛弃旧社会一切经济形式的教训。战时共产主义就是一例，试图“直接进入了一种与以前不同的生产和分配的经济制度”，“用无产阶级国家直接下命令的办法在一个小农国家里按共产主义原则来调整国家的生产和分配。现实生活说明我们错了”。[③]然而，列宁逝世后的苏联社会变革没有接受这个教训，做得更加过分。斯大林强调了社会主义不能在旧社会的胚胎中成长，不管什么都要划分姓“社”姓“资”的界限，采取行政命令的办法对农民实行剥夺，限制乃至消灭商品经济，造成经济体制缺乏活力。我国1958年建立人民公社时，也主要强调“全新”的制度，向共产主义过渡“不需很长时间”。后来一直未冲破计划经济体制，造成慢性经济危机。

---

①《列宁全集》（第四十二卷），人民出版社，1987年，第497~498页。

②《列宁选集》（第四卷），人民出版社，1995年，第573页。

③《列宁选集》（第四卷），人民出版社，1995年，第570页。

后来，邓小平总结了这方面的教训，发挥了毛泽东关于“向外国学习”的观点，明确指出：“社会主义要赢得与资本主义相比较的优势，就必须大胆吸收和借鉴人类社会创造的一切文明成果，吸收和借鉴当今世界各国包括资本主义发达国家的一切反映现代社会化生产规律的先进经营方式、管理方法。”①其中主要学习资本主义国家中有益的东西，最大的成果就是社会主义市场经济，把资本主义的成功的东西与社会主义制度相结合，包括股份制、股票市场等。

三、“自我完善”的比较优势

有比较才有鉴别。对于社会主义自我完善的优越性，只有从不同的社会制度的比较中方可认识。我们可以通过社会主义同发达资本主义、发展中国家的比较来揭示这一点。

（一）发达资本主义国家自我调节的局限性

现在发达国家也有一种自我调节的功能，主要是在作宏观调控政策方面的调整，使其在一定阶段一定程度上表现出繁荣，比如20世纪50年代到70年代出现了所谓“黄金时代”，20世纪90年代美国出现近十年的“新经济”。对此，应作具体分析。

第一，发达资本主义国家的自我调节是在付出了沉重代价之后才开始的。在20世纪30年代之前的大约二百年时间里，资本主义发展主要是依靠市场经济的自我调节发展，经过资本主义初期的贫富严重分化、周期性经济危机、频繁发生的社会动荡（主要是工人罢工）和战争、伴随工业化日益突出的环境污染等，政府仅在极小的范围内做一些完善法律的工作。真正具有自我调节功能是在20世纪30年代大萧条后才开始的。第二次世界大战前，主要是

①《邓小平文选》（第三卷），人民出版社，1993年，第373页。

“罗斯福新政”；第二次世界大战后，各国接受凯恩斯的理论，进行了程度不同的自我调节，因国家不同，各国采取了不同的政策。历史地看，资本主义国家的自我调节，也借鉴了社会主义国家的不少经验。对于这样的历史代价，后起的社会主义国家不能再重复地付出（许多发展中国家后来又付出了）。

第二，资本主义的调节是被迫的、滞后的。比如，劳资关系，特别是增加工人的工资，都是经过了多次工人罢工，造成严重经济损失，由政府出面调停，经过反复多次的谈判，资本家才作些微小让步。又如反垄断法，是由于少数大企业垄断市场造成损失，迫使众多的纳税人联合起来，共同要求政府修改法律，才逐渐出台的。这些调节一般都是在出现突出矛盾之后（如社会动荡、财政困难、党派争执激烈，特别是经济危机造成重大损失乃至酿成严重政治危机和国际纠纷等），政府不得不作一些变动。资本主义国家20世纪50至70年代的政府调节与20世纪30年代大萧条和第二次世界大战的教训相联系，20世纪70年代后的调整又和当时出现的“滞胀”分不开；有的国家则出现了“经济泡沫”（如日本），不得不进行一些改革（如具体税制改革）。就是说，资本主义国家的这些调节是经济矛盾、阶级矛盾需要调和的结果，它同社会主义自我完善的自觉调整和优化是不同的，后者是主动地适应生产力发展的需要，一般都是前瞻性的。

第三，资本主义自我调节所涉及的是具体政策，属于修修补补，不触及根本制度，特别是资本主义的生产关系没有变，资本家对工人阶级的剥削关系没有变。它们的改革大体上是一个政党上台后实行一种新政策，来否定上一届政府。比如，税制主要涉及税种的增减、税率调整、税负多少等；财政上的收支，如何减少赤字；还有政府官员、机构的增减等。社会主义国家的自我完善则在根本制度不变的前提下对经济体制能够动“大手术”，不仅有量变，而且有部分质变，不仅有具体政策上的调整，而且有体制上的重大变革，有一个长远的目标（即提高人民的生活），并与阶段目标相结合。

第四，资本主义自我调节每一次都是代表了某一个阶层的需要，而不是从全体人民的利益出发。资本主义国家的每一种法案，都由某一阶层的代表提出，然后由代表整个资产阶级的各阶层来讨论、权衡，然后再通过，而没有广大下层人民的声音。以其所标榜的总统大选来说，也是富人之间的争权。这些政党的政见代表了其背后财团的利益，谁占了上风，谁的利益就得到充分体现。正如美国学者伦德·伯格所说："美国只有一个单独的政党，即财主党"，"不论何时，也不论就那一党来说，在幕后操纵的总是大财主，他们为了自己的优厚利益，布置景物，安排场面，导演了一幕幕千奇百怪的戏剧"。这同社会主义关注整个社会和全体人民的利益是不同的。

第五，资本主义的自我调节虽然现在还有积极意义，并有很大的余地，有的还带有社会主义因素（如福利制度），但不能从根本上解决它们的社会矛盾。

当然，对于资本主义自我调节的一些成功的东西，我们应当吸收，以更好地完善自己。但是，绝不可照搬，更要划清它们的"自我调节"与社会主义自我完善的区别，发挥自己的优越性。

（二）发展中国家自控能力和自我调节的局限性

如果说我国同发达资本主义国家的比较中经济水平不在一条起跑线上，那么同为数众多的发展中国家则具有更大的可比性，从中更可以看出社会主义"自我完善"的比较优势。

发展中国家情况十分复杂，经济发展水平差异很大。它们主要是第二次世界大战后陆续出现的民族独立国家，在20世纪五六十年代曾经有少数国家标榜走社会主义道路（如阿尔及利亚、埃及、印度等），但实际都属于资本主义国家的范畴，其领导层是大资产阶级或民族资产阶级。20世纪70年代，一些发展中国家曾有过较快发展，然后经过了80年代的困难时期，各国也陆续进行了这样或那样的改革，但都属于局部的政策调整，除少数国家和地区因特殊国情（地区小、区位优势等）发展成为较富裕的国家和地区（如亚洲"四小龙"）外，其余大都未摆脱贫困状态或重新陷入困境，改革是不成功的。

虽然发展中国家类型复杂，有许多特殊矛盾，但有几个基本问题是相同的：第一，没有摆脱对发达资本主义国家的依赖性，有的实际上是西方的附属国。在经济上依赖性强，特别是外债负担严重。第二，工业化程度低，经济结构畸形化，有很多国家主要靠输出原料（如中东和拉美的石油、智利的铜、巴西的铁以及一些特殊农副产品），实际上成为西方国家的原料产地。第三，绝大多数国家“二元结构”没有改变，大工业大城市与落后的农村并存，贫困的农民占人口的多数；农业劳动力占65%以上，有的达80%。第四，社会动荡严重，民族之间的矛盾经常酿成事端，经常发生民族冲突和宗教矛盾，经济发展缺少稳定的环境。第五，对外开放度较高，但自主性较差，多次金融危机接连发生，20世纪90年代前期的墨西哥、后期的东南亚，接着是巴西、阿根廷等国，造成经济大起大落。第六，经济发展缓慢，人民生活贫困，两极分化严重。特别是由于人口增长较快，有相当多的国家经济为负增长（如埃塞俄比亚、海地、尼日尔、巴西、秘鲁等），贫困人口相当多。总体上看，它们不具自我完善的机制，改革进展很不平衡，成效不大。与社会主义中国最有可比性的可举出两个国家：印度和阿根廷。

（三）从比较中显示社会主义自我完善的优越性

一个国家的社会制度同一个企业一样，如何能够迅速崛起而又长盛不衰？关键在于它自身新陈代谢的机制。通过中国同发达资本主义国家、发展中国家以及转型中的俄罗斯比较，可以昭示社会主义自我完善机制的优越性。2004年4月，俄罗斯共产党总书记久加诺夫在考察了中国之后感慨地说：“当俄罗斯当局埋葬社会主义的时候，社会主义中国正在赶超美国，以罕见的速度发展。”这充分说明中国运用社会主义自我完善机制释放出巨大活力。从多角度比较中可以总结出以下辩证关系：

第一，适应先进生产力发展优化人与人的社会关系。这就是在生产力发展中适时调整生产关系和上层建筑，然后又促进生产力更好地发展。二者形成互动的关系，防止按主观意志改变生产关系的具体形式。

第二，坚持基本制度与选择适宜的实现形式的有机统一。基本制度不能动摇，这就是坚持社会主义的基本方向，但其实现形式则是应当不断优化，使内容与形式更好地统一起来，释放更大的活力，包括公有制本身的实现形式，也包括全社会的所有制结构及其相互关系。

第三，自身的更新同借鉴与吸收世界各国的优点结合起来。这体现了社会主义自我完善的开放性，既体现了内在的新陈代谢规律，又融入了全人类创造的先进成分。它本身没有固定不变的模式，既有自身的自我扬弃，也有对他物的扬弃，这有利于更广泛地吸取新的营养，使之日臻完善。

第四，以市场决定资源配置与有效的宏观调控协调耦合。

第五，以实现共同富裕为宗旨与先富带动后富统筹兼顾，正确处理效率与公平的关系，充分调动一切积极因素。体现以人民为中心，充分满足广大人民群众的利益。既防止两极分化，及时缩小在发展初期出现的收入差距过大的矛盾，坚持不懈地反对腐败，避免出现一个特殊阶层，又不实行平均主义。

第六，坚持用发展和改革的办法解决前进中的问题。由于在一个大国中建设社会主义事业没有现成的经验可以借鉴，以及国内外种种复杂情况互相交织，经常会出现这样或那样的问题。这时，不是停止改革和发展，而是运用发展积蓄的力量和深化改革的办法，逐步加以解决，使矛盾不断解决，制度不断优化。

第七，把扩大开放与独立自主辩证地统一起来。

第八，在改革的步骤、方法上，既有系统的大目标，又有分阶段的具体目标，把量变、部分质变辩证地联系起来，注重配套协调，不盲目突进。

第九，在深化改革中抓“两手”，不断总结提高，防止走偏方向，遇到问题随时解决，注意规避和化解种种风险，防止借改革之机使资产阶级自由化思潮泛滥而脱离社会主义轨道。

基于以上诸项辩证关系，克服片面化，就可能做到既防止具体体制的长期僵化，又避免基本制度的根本变质。所以，从本质上说，社会主义制度的自我完善过程，也就是社会主义自我更新的辩证运动过程。

第四章

新时代坚持正确改革开放观的根本性问题

习近平指出："改革开放40年的实践启示我们：为中国人民谋幸福，为中华民族谋复兴，是中国共产党人的初心和使命，也是改革开放的初心和使命。"[①]在这里，习近平指出了改革开放的初心和使命，那就是为中国人民谋幸福、为中华民族谋复兴。习近平还强调："我国是一个大国，决不能在根本性问题上出现颠覆性错误。"[②]这里所指的根本性问题，涉及改革开放的政治前提和制度基础，改革开放的方向、立场、原则以及两种不同的改革开放观的斗争。对此，我们必须有清醒地认识。

一、社会主义是坚持正确改革开放观的政治前提和制度基础

习近平强调在庆祝改革开放40周年大会上的讲话中提出改革开放的初心和使命是为中国人民谋幸福、为中华民族谋复兴。那么，它的政治前提和制度基础是什么？毫无疑问，是社会主义基本制度。因为，"只有社会主义才能救中国"[③]，"我们党团结带领人民完成社会主义革命，确立社会主义基本制度，推进社会主义建设，完成了中华民族有史以来最为广泛而深刻的社会变革，为当代中国一切发展进步奠定了根本政治前提和制度基础，实现了中华民族由近代不断衰落到根本扭转命运、持续走向繁荣富强的伟大飞

① 习近平：《在庆祝改革开放40周年大会上的讲话》，《人民日报》，2018年12月19日。
② 习近平：《在庆祝改革开放40周年大会上的讲话》，《人民日报》，2018年12月19日。
③ 习近平：《决胜全面建成小康社会　夺取新时代中国特色社会主义伟大胜利——在中国共产党第十九次全国代表大会上的报告》，《人民日报》，2017年10月28日。

跃”[①]。社会主义制度是中国一切发展进步的根本政治前提和制度基础，也是为中国人民谋幸福、为中华民族谋复兴的根本政治前提和制度基础。因此，坚持和完善社会主义基本制度，是不忘改革开放初心和牢记改革开放使命的必由之路。

在社会主义制度下坚持正确的改革开放观，首先要搞清楚什么是社会主义。中国共产党自成立之时起，就开始为中国人民谋幸福、为中华民族谋复兴。毛泽东带领中国共产党和中国人民经过长期浴血奋斗，完成了新民主主义革命，建立了中华人民共和国。中华人民共和国成立后，通过社会主义改造，我国初步确立了社会主义基本制度，开始全面建设社会主义。虽然党在社会主义建设探索过程中犯过错误，遭受过重大挫折，但从总体上看，我国在经济建设上所取得的成就仍然是巨大的。在中华人民共和国成立后的近三十年的探索中，虽然在经济建设上取得了巨大的成就，但是对于“什么是社会主义、怎样建设社会主义”这个根本性问题始终没有搞清楚。没有搞清楚这个问题，导致一些离开生产力抽象地谈论社会主义的倾向，导致一些把许多束缚生产力发展的并不具有社会主义本质属性的东西当作“社会主义原则”加以固守的倾向，导致一些把许多在社会主义条件下有利于生产力发展的东西当作“资本主义复辟”加以反对的倾向。正是由于这些基本概念没有搞清楚，使得我们在建设社会主义的道路上出现挫折与失误，也使得我国经济在“文化大革命”十年内乱中濒临崩溃的边缘，人民温饱都成问题，国家建设百业待兴。正如邓小平在改革开放初期所说：“社会主义究竟是个什么样子，苏联搞了很多年，也并没有完全搞清楚。可能列宁的思路比较好，搞了个新经济政策，但是后来苏联的模式僵化了。”[②]

党的十一届三中全会作出把党和国家工作中心转移到经济建设上来、实行改革开放的历史性决策，我国在探索“什么是社会主义、怎样建设社会主

① 习近平：《决胜全面建成小康社会 夺取新时代中国特色社会主义伟大胜利——在中国共产党第十九次全国代表大会上的报告》，《人民日报》，2017年10月28日。

②《邓小平文选》（第三卷），人民出版社，1993年，第139页。

义”上取得突破性进展。邓小平指出：“社会主义的本质，是解放生产力，发展生产力，消灭剥削，消除两极分化，最终达到共同富裕。”[①]邓小平对社会主义本质所作的概括，一方面强调必须集中力量解放和发展生产力，通过以经济建设为中心发挥社会主义的优越性；另一方面强调消灭剥削和消除两极分化，突出了最终达到共同富裕这一社会主义的目标。社会主义本质论的提出，使我们对“什么是社会主义、怎样建设社会主义”这个根本性问题有了清醒的认识，为进一步推进改革开放和社会主义现代化建设提供了强大的思想武器。

在搞清楚什么是社会主义的基础上，还要进一步搞清楚“怎么建设社会主义”。1978年12月，邓小平在《解放思想，实事求是，团结一致向前看》的讲话中指出：“如果现在再不实行改革，我们的现代化事业和社会主义事业就会被葬送。”[②]邓小平强调：“只讲在社会主义条件下发展生产力，没有讲还要通过改革解放生产力，不完全。应该把解放生产力和发展生产力两个讲全了。”[③]因为，“革命是解放生产力，改革也是解放生产力”，“社会主义基本制度确立以后，还要从根本上改变束缚生产力发展的经济体制，建立起充满生机和活力的社会主义经济体制，促进生产力的发展，这是改革，所以改革也是解放生产力”。[④]“为了发展生产力，必须对我国的经济体制进行改革，实行对外开放的政策。”[⑤]邓小平强调通过改革来解放生产力，把解放生产力作为社会主义本质的规定性，体现了历史唯物论和辩证法在社会主义中的创造性运用。这就意味着社会主义社会发展进程中仍然存在着生产力和生产关系的矛盾，只要生产力向前发展就要冲破妨碍它发展的各种各样的桎梏。改革开放是一场新的伟大革命，不是否定我们已经建立起来的社会主义基本制度，

---

①《邓小平文选》（第三卷），人民出版社，1993年，第373页。
②《邓小平文选》（第二卷），人民出版社，1994年，第150页。
③《邓小平文选》（第三卷），人民出版社，1993年，第370页。
④《邓小平文选》（第三卷），人民出版社，1993年，第370页。
⑤《邓小平文选》（第三卷），人民出版社，1993年，第138页。

而是社会主义制度的自我完善和发展。社会主义基本制度不能改变，具体制度必须创新。改革是要巩固和完善社会主义制度，在社会主义制度下发展生产力。通过改革开放来解放生产力和发展生产力，能够充分发挥社会主义制度的优越性，使得社会化生产力发展得更快，从而使社会主义在与资本主义的比较中赢得竞争优势，从而在“怎么建设社会主义”这一根本性问题上有了统一的认识。

那么，社会主义与中国特色社会主义的关系是什么？早在改革开放初期，邓小平指出：“世界上对我国的经济改革有两种评论。有些评论家认为改革会使中国放弃社会主义，另一些评论家则认为中国不会放弃社会主义。后一种看法比较有眼光。”[①]邓小平强调：“在改革中坚持社会主义方向，这是一个很重要的问题。”[②]“不坚持社会主义，不改革开放，不发展经济，不改善人民生活，只能是死路一条。”[③]作为改革开放的总设计师，邓小平深刻揭示社会主义本质，确立社会主义初级阶段基本路线，明确提出走自己的路、建设中国特色社会主义，科学回答了建设中国特色社会主义的一系列基本问题，制定了到21世纪中叶分三步走、基本实现社会主义现代化的发展战略，成功开创了中国特色社会主义。毫无疑问，在改革中所开创的中国特色社会主义，是“坚持社会主义方向”的。正如习近平所强调的：“中国特色社会主义是社会主义而不是其他什么主义，科学社会主义基本原则不能丢，丢了就不是社会主义。”[④]在理论界有一种倾向，就是割裂中国特色社会主义与社会主义之间的联系，否定中国特色社会主义坚持了科学社会主义的基本原则，否定中国特色社会主义与社会主义之间的一脉相承性。此外，国内外有些舆论提出中国现在搞的究竟是不是社会主义的疑问，有人说是“资本社会主义”，还有人干脆说是“国家资本主义”“新官僚资本主义”。这些都是完全错误的，没

---

①《邓小平文选》（第三卷），人民出版社，1993年，第134页。
②《邓小平文选》（第三卷），人民出版社，1993年，第138页。
③《邓小平文选》（第三卷），人民出版社，1993年，第370页。
④《习近平谈治国理政》，外文出版社，2014年，第22页。

有认清楚中国特色社会主义与社会主义之间的关系，没有认清楚中国特色社会主义是改革开放以来党的全部理论和实践的主题。不忘改革开放的初心和使命，就要始终坚持科学社会主义原则，不断把中国特色社会主义伟大事业推向前进。正如习近平所说："我们说中国特色社会主义是社会主义，那就是不论怎么改革、怎么开放，我们都始终要坚持中国特色社会主义道路、中国特色社会主义理论体系、中国特色社会主义制度，坚持党的十八大提出的夺取中国特色社会主义新胜利的基本要求。"①

二、坚持正确改革开放观要明确改革开放的方向、立场、原则

习近平强调："我们的改革开放是有方向、有立场、有原则的。"②不忘改革开放的初心和使命，就要明确改革开放的方向、立场和原则。丧失了方向、立场、原则，要么容易走封闭僵化的老路，要么容易走改旗易帜的邪路，这与中国特色社会主义道路是背道而驰的。

改革开放的方向是什么？早在改革开放之初，邓小平就强调："在改革中坚持社会主义方向，这是一个很重要的问题。"③邓小平进一步指出："我们现在讲的对内搞活经济、对外开放是在坚持社会主义原则下开展的。社会主义有两个非常重要的方面，一是以公有制为主体，二是不搞两极分化。"④公有制消除了人与人的剥削关系，是按劳分配的直接基础，根本目标是共同富裕。党的十八大以来，习近平多次强调："世界在发展，社会在进步，不实行改革

---

① 中共中央文献研究室编：《习近平关于全面深化改革论述摘编》，中央文献出版社，2014年，第15页。

② 中共中央文献研究室编：《习近平关于全面深化改革论述摘编》，中央文献出版社，2014年，第14页。

③《邓小平文选》（第三卷），人民出版社，1993年，第138页。

④《邓小平文选》（第三卷），人民出版社，1993年，第138页。

开放死路一条，搞否定社会主义方向的‘改革开放’也是死路一条。在方向问题上，我们头脑必须十分清醒。我们的方向就是不断推动社会主义制度自我完善和发展，而不是对社会主义制度改弦易张。”[①]党的十八届三中全会提出，全面深化改革的总目标是完善和发展中国特色社会主义制度、推进国家治理体系和治理能力现代化。对此，习近平强调：“必须完整理解和把握全面深化改革的总目标，这是两句话组成的一个整体”，“前一句，规定了根本方向，我们的方向就是中国特色社会主义道路，而不是其他什么道路”，“后一句，规定了在根本方向指引下完善和发展中国特色社会主义制度的鲜明指向。两句话都要讲，才是完整的”。[②]由此可见，我国改革开放的方向是社会主义，是不断推动社会主义制度自我完善和发展。在坚持社会主义改革方向的前提下，我们一方面坚持把改革开放作为决定当代中国命运的关键一招，另一方面坚持正确方向，“改什么、怎么改必须以是否符合完善和发展中国特色社会主义制度、推进国家治理体系和治理能力现代化的总目标为根本尺度，该改的、能改的我们坚决改，不该改的、不能改的坚决不改”[③]。

改革开放的立场是什么？邓小平在改革中始终注重人民生活水平的改善，并把它放在改革开放目标之一的重要地位上。改革开放之初，邓小平指出：“坚持社会主义的发展方向，就要肯定社会主义的根本任务是发展生产力，逐步摆脱贫穷，使国家富强起来，使人民生活得到改善。没有贫穷的社会主义。社会主义的特点不是穷，而是富，但这种富是人民共同富裕。”[④]邓小平强调：“中国一定要发展，改革开放一定要继续，生产力要以适当的速度持续增长，人民生活要在生产发展基础上一步步改善。”[⑤]在南方谈话中，邓小平总结道：

① 中共中央文献研究室编：《习近平关于全面深化改革论述摘编》，中央文献出版社，2014年，第15页。

② 中共中央文献研究室编：《习近平关于全面深化改革论述摘编》，中央文献出版社，2014年，第20~21页。

③ 习近平：《在庆祝改革开放40周年大会上的讲话》，《人民日报》，2018年12月19日。

④《邓小平文选》（第三卷），人民出版社，1993年，第264~265页。

⑤《邓小平文选》（第三卷），人民出版社，1993年，第327页。

“不坚持社会主义，不改革开放，不发展经济，不改善人民生活，只能是死路一条。”[①]邓小平还把提高人民的生活水平作为判断改革的标准，强调：“判断的标准，应该主要看是否有利于发展社会主义社会的生产力，是否有利于增强社会主义国家的综合国力，是否有利于提高人民的生活水平。”[②]在邓小平眼中，人民生活水平的改善是改革开放的目标，坚持社会主义的改革方向，归根到底是为了更好地改善人民生活水平。党的十八大以来，习近平在全面深化改革中始终坚持以人民为中心的发展思想，提出“人民对美好生活的向往，就是我们的奋斗目标”[③]，进一步明确了改革开放的立场。习近平指出：“改革开放之所以得到广大人民群众衷心拥护和积极参与，最根本的原因在于我们一开始就使改革开放事业深深扎根于人民群众之中。”[④]人民是历史的创造者，没有人民支持和参与，任何改革都不可能取得成功。改革的直接目的是解放生产力、发展生产力，根本目的则是实现人的全面发展。因此，必须从人民群众的根本利益出发谋划改革、推进改革，“使改革发展成果更多更公平惠及全体人民”[⑤]，让改革发展的过程成为创造美好生活的过程，成为为民造福的过程，成为为每个人的自由全面发展开辟道路的过程。在改革中要“切实做到人民有所呼、改革有所应”，“做到老百姓关心什么、期盼什么，改革就要抓住什么、推进什么，通过改革给人民群众带来更多获得感”，[⑥]“既通过提出并贯彻正确的理论和路线方针政策带领人民前进，又从人民实践创造和发展要求中获得前进动力，让人民共享改革开放成果，激励人民更加自觉地投身改革开放和社会主义现代化建设事业”[⑦]。因此，坚持改革开放的人

① 《邓小平文选》（第三卷），人民出版社，1993年，第370页。
② 《邓小平文选》（第三卷），人民出版社，1993年，第372页。
③ 《习近平谈治国理政》，外文出版社，2014年，第3页。
④ 《习近平谈治国理政》，外文出版社，2014年，第97页。
⑤ 《习近平谈治国理政》，外文出版社，2014年，第68页。
⑥ 《习近平谈治国理政》（第二卷），外文出版社，2017年，第103页。
⑦ 习近平：《在庆祝改革开放40周年大会上的讲话》，《人民日报》，2018年12月19日。

民立场，坚持以人民为中心的发展思想，善于从人民的实践创造和发展要求中完善政策主张，使改革发展成果更多更公平惠及全体人民，提高改革方案的含金量，提升人民群众的满意度，逐步实现人民对美好生活的向往。

改革开放的原则是什么？1979年3月，邓小平在党的理论工作务虚会上首次提出必须坚持四项基本原则："第一，必须坚持社会主义道路；第二，必须坚持无产阶级专政；第三，必须坚持共产党的领导；第四，必须坚持马列主义、毛泽东思想。"[①]1987年7月，邓小平指出："搞社会主义现代化建设是基本路线。要搞现代化建设使中国兴旺发达起来，第一，必须实行改革、开放政策；第二，必须坚持四项基本原则，主要是坚持党的领导，坚持社会主义道路，反对资产阶级自由化，反对走资本主义道路。这两个基本点是相互依存的。"[②]1987年10月，党的十三大把"四项基本原则"作为重要内容写进了党在社会主义初级阶段的基本路线中。在1992年南方谈话中，邓小平强调："在整个改革开放的过程中，必须始终注意坚持四项基本原则。"[③]党的十八大以来，习近平多次强调坚持四项基本原则的重要性。习近平强调："我们要坚持四项基本原则这个立国之本，既以四项基本原则保证改革开放的正确方向，又通过改革开放赋予四项基本原则新的时代内涵，排除各种干扰，坚定不移走中国特色社会主义道路。"[④]在庆祝改革开放40周年大会上，习近平强调："我们要坚持党的基本路线，把以经济建设为中心同坚持四项基本原则、坚持改革开放这两个基本点统一于新时代中国特色社会主义伟大实践，长期坚持，决不动摇。"[⑤]由此可见，四项基本原则是我国改革开放的基本原则。在改革开放中，以经济建设为中心是兴国之要，四项基本原则是立国之

---

① 《邓小平文选》（第二卷），人民出版社，1994年，第164~165页。

② 《邓小平文选》（第三卷），人民出版社，1993年，第248页。

③ 《邓小平文选》（第三卷），人民出版社，1993年，第379页。

④ 中共中央文献研究室编：《习近平关于全面深化改革论述摘编》，中央文献出版社，2014年，第15页。

⑤ 习近平：《在庆祝改革开放40周年大会上的讲话》，《人民日报》，2018年12月19日。

本，改革开放是强国之路。坚持四项基本原则是我们事业能够经受风险考验、顺利实现中国梦的最可靠的保证。只有坚持四项基本原则，才能得到人民的信任和拥护，才能把我国建成社会主义现代化强国。

改革开放的方向、立场、原则是一个统一的整体。社会主义方向是改革开放的基础和根本，保证了我们的改革开放是在中国特色社会主义道路上不断前进的改革开放，既不走封闭僵化的老路，也不走改旗易帜的邪路；人民立场是改革开放的核心和重点，保证了我国的改革开放始终坚持以人民为中心的发展思想，使改革开放成果更多更公平惠及全体人民，体现了社会主义的优越性；四项基本原则是改革开放的重点和关键，保证了我国的改革开放始终坚持中国特色社会主义道路、中国特色社会主义理论体系、中国特色社会主义制度。社会主义方向是人民立场和四项基本原则的基础，人民立场是社会主义方向和四项基本原则的目的，四项基本原则是社会主义方向和人民立场的手段，三者统一于改革开放的伟大实践。

三、在两种改革开放观的伟大斗争中坚持和完善社会主义

改革开放四十多年，我国啃下了不少硬骨头、闯过了不少急流险滩，才使得我国经济社会取得历史性成就、发生历史性变革，来之不易。不论是邓小平所告诫的“不坚持社会主义，不改革开放，不发展经济，不改善人民生活，只能是死路一条”[①]，还是习近平所强调的“不实行改革开放是死路一条，搞否定社会主义方向的‘改革开放’也是死路一条”[②]，都昭示着我国的改革开放不是平坦大道，而是充满着坎坷与荆棘，一不小心就会误入歧途，走上一条“死路”。

---

①《邓小平文选》（第三卷），人民出版社，1993年，第370页。

②中共中央文献研究室编：《习近平关于全面深化改革论述摘编》，中央文献出版社，2014年，第15页。

回顾历史，最大的急流险滩是我国始终存在两种改革开放观的斗争。早在改革开放初期，邓小平就指出："打着拥有开放、改革的旗帜，想把中国引导到搞资本主义。这种右的倾向不是真正拥护改革、开放政策，是要改变我们社会的性质。"[1]邓小平又指出："某些人所谓的改革，应该换个名字，叫作自由化，即资本主义化。他们'改革'的中心是资本主义化。我们讲的改革与他们不同，这个问题还要继续争论的。"[2]邓小平在强调坚持改革开放的社会主义方向的同时，自始至终反对改革开放的"资本主义化"。1980年1月，邓小平指出："绝不允许把我们学习资本主义社会的某些技术和某些管理的经验，变成了崇拜资本主义外国，受资本主义腐蚀，丧失社会主义中国的民族自豪感和民族自信心。"[3]1984年6月，邓小平指出："如果走资本主义道路，可以使中国百分之几的人富裕起来，但是绝对解决不了百分之九十几的人生活富裕的问题。而坚持社会主义，实行按劳分配的原则，就不会产生贫富过大的差距。"[4]1987年2月，邓小平指出："这个历史告诉我们，中国走资本主义道路不行，中国除了走社会主义道路没有别的路可走。一旦中国抛弃社会主义，就要回到半殖民地半封建社会，不要说实现'小康'，就连温饱也没有保证。"[5]在邓小平眼中，社会主义方向的改革开放是中国唯一的出路，能够解放和发展生产力，消灭剥削和消除两极分化，最终实现共同富裕；而"资本主义化"的改革开放在中国走不通，容易导致两极分化，使中国成为资本主义国家的附庸。我们可以有计划、有选择地引进资本主义国家的先进技术和其他对我们有益的东西，但是绝不学习和消除引进资本主义制度，绝不学习和引进各种丑恶颓废的东西。为了反对资产阶级自由化对改革的干扰，必须始终重视反对资产阶级自由化。

---

①《邓小平文选》（第三卷），人民出版社，1993年，第229页。
②《邓小平文选》（第三卷），人民出版社，1993年，第297页。
③《邓小平文选》（第二卷），人民出版社，1994年，第262页。
④《邓小平文选》（第三卷），人民出版社，1993年，第64页。
⑤《邓小平文选》（第三卷），人民出版社，1993年，第206页。

对于两种改革开放观，江泽民也有深刻地阐述。江泽民指出："许多事实告诉我们，在改革开放问题上，实际上存在着两种截然不同的主张。一种是党中央和邓小平同志一贯主张的坚持社会主义道路，坚持人民民主专政，坚持共产党的领导，坚持马列主义、毛泽东思想的改革开放，即作为社会主义制度自我完善的改革开放。另一种是坚持资产阶级自由化立场、要求中国'全盘西化'的人所主张的同四项基本原则相割裂、相背离、相对立的'改革开放'。这种所谓的'改革开放'的实质，就是资本主义化，就是把中国纳入西方资本主义体系。我们必须划清两者的根本界限。"[①]"要划清两种改革开放观，即坚持四项基本原则的改革开放，同资产阶级自由化主张的实质上是资本主义的'改革开放'的根本界限。"[②]

党的十八大以来，习近平对两种改革开放观也有着清醒的认识。一要坚守政治原则和底线，保持政治定力。习近平指出："改革是社会主义制度自我完善和发展，怎么改、改什么，有我们的政治原则和底线，要有政治定力。"[③]二要明确改革实质和步骤，不能邯郸学步。习近平指出："我们党领导的改革历来是全面改革。问题的实质是改什么、不改什么，有些不能改的，再过多长时间也是不改，不能把这说成是不改革。"[④]"始终坚持以我为主，应该改又能够改的坚决改，不应改的坚决守住；应该改而不具备条件的创造条件改，该快的一定要快、不能快的则循序渐进。"[⑤]三要厘清改革舆论和视

---

① 中共中央文献研究室编：《十三大以来重要文献选编》（中），人民出版社，1991年，第618页。

② 中共中央文献研究室编：《十三大以来重要文献选编》（下），人民出版社，1993年，第1649页。

③ 中共中央文献研究室编：《习近平关于全面深化改革论述摘编》，中央文献出版社，2014年，第49页。

④ 中共中央文献研究室编：《习近平关于全面深化改革论述摘编》，中央文献出版社，2014年，第20页。

⑤ 中共中央文献研究室编：《习近平关于全面深化改革论述摘编》，中央文献出版社，2014年，第19~20页。

听，增强战略定力。习近平指出："一些敌对势力和别有用心的人也在那里摇旗呐喊、制造舆论、混淆视听，把改革定义为往西方政治制度的方向改，否则就是不改革。他们是醉翁之意不在酒，'项庄舞剑，意在沛公'。对此，我们要洞若观火，保持政治坚定性，明确政治站位。"[①]"我们不仅要防止落入'中等收入陷阱'，也要防止落入'西化分化陷阱'。"[②]

习近平总书记关于两种改革开放观的重要论述具有很强的针对性，在我国改革开放的历史中随处可见，有的可以说是触目惊心。比如，在改革方向问题上，一些人简单地重复"不改革就是死路一条"，不讲或者淡化四项基本原则，不讲或者淡化、歪曲社会主义；不讲或者淡化改善人民生活，而只讲"不改革开放只能是死路一条"，有意识地或无意识地把改革开放引向封闭僵化的老路或改旗易帜的邪路。更有甚者，一些人提出只有"坚定不移地推进市场化的经济改革和法治化、民主化的政治改革才是唯一的出路"。又如，在经济体制改革上，我国在改革中从单一公有制到公有制为主体、多种所有制经济共同发展和坚持"两个毫不动摇"，强调必须毫不动摇地巩固和发展公有制经济，毫不动摇地鼓励、支持、引导非公有制经济发展。而有的人却只讲非公有制经济的发展，有意识地或无意识地淡化巩固和发展公有制经济，甚至把公有制经济当成非公有制经济发展的最大阻碍。更有甚者，一些地区把公有制经济的比重从改革开放初期的95.9%降为2018年的4.2%作为改革开放的最大成就而加以吹捧。再如，在政府和市场关系问题上，我国在改革中从传统的计划经济体制到前无古人的社会主义市场经济体制再到使市场在资源配置中起决定性作用和更好发挥政府作用，强调充分发挥市场在资源配置中的决定性作用，更好发挥政府作用，激发各类市场主体活力。而有的人却只讲发挥市场的决定性作用，主张从"政府主导型市场经济"向更加自由开放

---

① 中共中央文献研究室编：《习近平关于全面深化改革论述摘编》，中央文献出版社，2014年，第19页。

② 中共中央文献研究室编：《习近平关于全面深化改革论述摘编》，中央文献出版社，2014年，第22页。

的市场经济转变，认为中国“深层次市场化改革滞后”，应当选择新自由主义的鼻祖哈耶克主张的“市场最优型经济”，不要政府的主导作用，靠“无为之手”让财富更多地流向百姓，以最大化社会经济福利。这些学者的观点概括起来就是“西方教条，市场迷信，私化宗旨，宪政模式”，是与改革开放的方向、立场、原则格格不入的。

与国内这些学者的观点相呼应，国际社会也对中国的改革开放指手画脚。比如，2012年春在我国访问的世界银行行长罗伯特·佐利克发表了一份题为“2030年的中国”联合研究报告，审视了中国到2030年之前的战略抉择，针对中国增长模式的未来结构提出了六条建议。建议之一便是“推进结构性改革以强固市场经济的基础，即重新界定政府职能，改革和重组国有企业与国有银行，发展民营部门，促进竞争，深化土地、劳动力与金融市场改革”。该报告建议中国采取的措施还包括银行私有化并减少监管、国企私有化、要求国有企业上缴更多的税金和利润以减少私有企业在社会支出方面的负担、夸大城乡二元结构对中国收入差距拉大的作用等。全面地分析世界银行报告关于改革和重组国有企业的建议后可以看出，它与一些新自由主义领军人物散布的“尽快消灭国有制”战略如出一辙。一些学者散布国企“冰棍效应”（即自然融化，赶快卖掉或送出去），宣判“国有企业的财务利润基本上是围绕着零而波动”，“唯一的方式是寄托于企业的民营改制”（即“私有化”）。散布新自由主义的领军人物要实施“尽快消灭国有制”的战略这股风吹偏了一些地方政府的改革思路，刮乱了企业运行和发展的正常秩序，传染了企业管理者化公为私的瘾癖，助长了一些官员“权钱交易”的贪欲，冷冻了广大职工主人翁的地位和权益，提供了让一些人短期暴富的机会。一言以蔽之，就是让人们看到公有制经济特别是国有企业已经毫无效率、只能被私有经济取代才行。

对此，我们可以从东欧国家放弃社会主义制度的改革中吸取教训。美国学者卡齐米耶日·Z.波兹南斯基在《全球化的负面影响：东欧国家的民族资本被剥夺》[①]中分析：东欧国家与中国间经济发展的巨大反差表明，两者的改革模式存在着质的差异，即两者的改革纲领有本质性不同。东欧国家“改革”的深刻教训有：其一，东欧国家“休克疗法”改革的代价惨痛。东欧国家在刚刚开始进行以市场为导向的改革之后，马上就于1990—1991年期间出现了生产的急剧下降，其经济下滑的严重程度比20世纪30年代发生的资本主义世界的大萧条还要严重。其中，波兰的国内生产总值损失率为20%，保加利亚、罗马尼亚的国内生产总值下跌了40%，俄罗斯的损失接近50%（由世界经济中第2位降为第16位），乌克兰达到60%。其二，东欧国家私有化造成巨大的财产损失。东欧国家在进行私有化时，当地的政府几乎分文不取地将国有资产送给了外国人和私人，认为社会主义所遗留下来的东西只不过是一些毫无价值的破烂而已。1990—1999年间，波兰政府向外国人出售的工业部门和银行业所得的预算收入为90亿至115亿美元，占其原值的1/2。1998年，匈牙利私有化完成时，向外国人出售国有资产所得的全部财政收入在100亿至120亿美元之间。总体而言，波兰和匈牙利的国有资产只卖到了其真正价格的1/10。其三，东欧国家怪异的所有制结构——民族资产转归外国人所有。东欧与中国在改革中的差异不是在于改革的速度与广度，而是主要在于所有制的变化上。东欧国家在过去的若干年里让其所有制构成发生了本质性的变化，在私有化的进程中，他们允许外国投资者接收本国绝大多数的资本，如工厂和银行，放弃了自己的民族资本。同时，东欧国家出现严重的两极分化，一些国家出现了严重的社会动荡和分裂。

综上所述，改革开放是党的一次伟大觉醒，正是这个伟大觉醒孕育了党从理论到实践的伟大创造。改革开放是中国人民和中华民族发展史上一次伟大革命，正是这个伟大革命推动了中国特色社会主义事业的伟大飞跃！在伟大觉醒、伟大创造、伟大革命、伟大飞跃中，我们必须明确改革开放初心和使命的政治前提和制度基础是社会主义，在改革开放中坚持社会主义的方向，

① ［美］卡齐米耶日·Z. 波兹南斯基：《全球化的负面影响：东欧国家的民族资本被剥夺》，佟宪国译，经济管理出版社，2004年。

坚持人民立场，坚持四项基本原则，在两种不同的改革开放观的斗争中保持清醒的头脑，高举中国特色社会主义伟大旗帜，不忘初心、牢记使命，将改革开放进行到底，不断实现人民对美好生活的向往，在新时代创造中华民族新的更大奇迹！

第二部分

全面深化改革的实践与经验

第五章

全面深化改革的发生、历程与成就

到2023年，党的十八届三中全会启动的全面深化改革，已经整整十年。习近平指出："党的十一届三中全会是划时代的，开启了改革开放和社会主义现代化建设历史新时期；党的十八届三中全会也是划时代的，开启了全面深化改革、系统整体设计推进改革的新时代。"[①]全面深化改革"是全方位、深层次、根本性的，取得的成就是历史性、革命性、开创性的"[②]。全面深化改革推动改革开放"实现由局部探索、破冰突围到系统协调、全面深化的历史性转变"[③]。全面深化改革已经取得了历史性伟大成就，完成了阶段性目标，进入推动新发展阶段改革的时期。在这个历史节点上，回眸全面深化改革发生的历史背景、推进历程，总结阶段性特点与成就，对于开启全面深化改革新阶段具有重要的理论与实践意义。

一、全面深化改革的发生：时代要求对改革进行改革

历史往往被笼罩在迷雾之中，只有经过时间的沉淀，才能发现历史的真相。站在今天的时代高度回眸十年前开启全面深化改革的历史背景，从发生学的角度分析全面深化改革决策的形成和展开的逻辑，可以对全面深化改革的发生获得许多新的认识。

全面深化改革是中国改革开放历程中具有鲜明时代特点的一个新阶段。为什么要将改革开放推向全面深化改革？党的十八大以后，中国特色社会主

①《习近平谈治国理政》（第三卷），外文出版社，2020年，第111页。

②《习近平主持召开二十届中央全面深化改革委员会第一次会议强调 守正创新真抓实干 在新征程上谱写改革开放新篇章》，《人民日报》，2023年4月22日。

③《习近平著作选读》（第二卷），人民出版社，2023年，第395页。

义进入新时代，改革开放也进入新时代。新时代的改革开放面临新的时代背景，要求对改革进行改革，将改革开放推进到全面深化改革阶段。

（一）从历史维度来看，发展和完善中国特色社会主义，需要在新的历史起点上全面深化改革开放

党的十一届三中全会到党的十八大，改革开放最主要的成果是开创和发展了中国特色社会主义。到党的十八大，中国特色社会主义确立了经济建设、政治建设、文化建设、社会建设、生态文明建设“五位一体”总体布局，形成了中国特色社会主义道路、理论、制度三维格局，明确了中国特色社会主义总依据、总布局、总任务。这是中国特色社会主义进入新时代的历史基础。新时代坚持和发展中国特色社会主义，根本靠改革开放。同时，在新的历史起点坚持和发展中国特色社会主义，制度建设的地位更加凸显。实际上，邓小平提出和开创中国特色社会主义，一开始就是把制度建设放在基础性、根本性地位考虑的，强调“制度问题更带有根本性、全局性、稳定性和长期性”①，强调坚持和发展社会主义制度，“这个任务，我们这一代人也许不能全部完成，但是，至少我们有责任为它的完成奠定巩固的基础，确立正确的方向”②。邓小平在1992年南方谈话时提出一个重要战略思想，即“恐怕再有三十年的时间，我们才会在各方面形成一整套更加成熟、更加定型的制度。在这个制度下的方针、政策，也将更加定型化”③。正是基于这一战略思想，全面深化改革“不是推进一个领域改革，也不是推进几个领域改革，而是推进所有领域改革，就是从国家治理体系和治理能力的总体角度考虑的”④。推进国家治理体系和治理能力现代化，是完善和发展中国特色社会主义的必然要求。推进国家治理体系和治理能力现代化，必须推进制度建设。零散的改

---

①《邓小平文选》（第二卷），人民出版社，1994年，第333页。

②《邓小平文选》（第二卷），人民出版社，1994年，第343页。

③《邓小平文选》（第三卷），人民出版社，1993年，第372页。

④《习近平著作选读》（第一卷），人民出版社，2023年，第178~179页。

革、碎片化的改革已经不能满足制度建设的需求，也就不能满足完善和发展中国特色社会主义的要求。所谓更加定型，就是确立包括根本制度、基本制度、重要制度在内的各种制度相互融通的制度体系。所谓更加成熟，就是制度体系系统完备、科学规范、运行有效。按照这个要求推进制度建设，必须通过全面深化改革。中国特色社会主义进入新时代，改革也必须进入全面深化改革新时代。改革开放开创和发展了中国特色社会主义，完善和发展中国特色社会主义则要靠全面深化改革。

（二）从现实维度来看，深层次体制机制问题和利益固化藩篱日益显现，需要将改革推进到全面深化改革阶段

党的十八大主要从经济发展方式、科技创新能力、资源环境约束、城乡发展差距、民生发展与社会矛盾等方面概括当时存在的问题与困难。十年后，党的二十大站在新的历史高度，对十年前面临的矛盾和问题有了新的认识和概括。报告指出，一系列长期积累及新出现的突出矛盾和问题亟待解决。在上述问题和困难的基础上，特别强调了经济结构性体制性矛盾突出，发展不平衡、不协调、不可持续，传统发展模式难以为继，一些深层次体制机制问题和利益固化藩篱日益显现等。

改革开放初期阶段面临的主要任务是解放和发展生产力，使党和国家从危难中重新奋起。改革开放是在党和国家面临何去何从的重大历史关头，基于对党和国家前途命运的深刻把握的重大抉择。邓小平指出，“如果现在再不实行改革，我们的现代化事业和社会主义事业就会被葬送”①，“我们要赶上时代，这是改革要达到的目的”②。这一阶段改革的主要任务，是破除传统计划经济体制，建立和完善社会主义市场经济体制，解放和发展生产力；改革的主要对象，是传统计划经济体制及其与之相配套的政府管理体制和社会体

① 《邓小平文选》（第二卷），人民出版社，1994年，第150页。
② 《邓小平文选》（第三卷），人民出版社，1993年，第242页。

制；改革的主要领域，是经济领域以及相关宏观管理领域；改革的基本路径，是增量改革；改革带来的成就与获得感，总体上属于“帕累托改进”。整体上看，改革开放初期阶段虽然出现了诸多问题和矛盾，但这些问题是发展和前进中的问题，是局部与领域性的问题，是结构及差异性的问题。

世纪之交到党的十八大召开前，伴随经济社会发展和改革开放的深化，改革面临的经济社会环境发生深刻变化。第一，改革极大地解放和发展了生产力，推动经济社会发展和民生改善，同时，经济领域、社会领域、文化领域、生态领域、党风政风等方面长期存在的问题日益积累和凸显，部分抵消、扭曲了改革发展的成果，降低了人民群众的获得感、幸福感、安全感。第二，改革推动利益结构的深刻调整，带来经济、政治、社会、文化、生态文明等方面的重大结构性深刻变化，不同群体利益感受和利益诉求差异扩大，扩大了维护社会和谐稳定与增强社会活力的压力。第三，伴随生产力的发展，社会主要矛盾深刻演变，人民群众对共同富裕的需求日益强烈，对高质量消费品和服务、教育、就业、收入、社会保障、住房、医疗卫生服务、文化、生态环境以及良好党风政风的需求日益增强，提升了统筹推进改革发展稳定的紧迫性。第四，中国加入世界贸易组织以后，对外开放度迅速提升，国内国际两个局面深刻交汇，世界百年未有之大变局和中华民族伟大复兴战略全局深度交汇，伴随而来的是内部风险和外部风险的交汇互动，增强了统筹改革、发展、稳定与安全的压力。

经济社会环境的深刻变化带来了矛盾与问题形态和性质的深刻变化。首先，矛盾与问题的存在领域具有全面性，发生在方方面面、各个领域。除了经济发展方式、社会民生发展等方面的问题日益积累，生态环境约束、地区差距扩大、收入差距扩大等经济社会问题日益突出之外，对中国特色社会主义政治制度自信不足，部分党员干部政治信仰动摇，贪腐现象触目惊心等政治性问题，有法不依、执法不严等法治性问题，拜金主义、享乐主义、极端个人主义和历史虚无主义等意识形态问题不时出现。其次，矛盾与问题的程度具有深刻性，这些问题的发生，已经主要不是源于政策层面和工作层面的原因，而是根植于深层次体制机制和思想理念。例如，发展不平衡、不协调、不可持续，传统发展模式难以为继，从根本上讲是社会主义市场经济体制还不完善，科学的经济发展理念尚未确立。再次，矛盾与问题的作用具有交互性，经济发展的结构性问题、社会运行的扭曲性问题、意识形态领域的思想性问题交互作用，政策性问题、工作性问题、体制性问题、机制性问题累积叠加。最后，矛盾与问题的存在具有顽固性，这些问题与特定的利益格局交织在一起，形成了利益固化的藩篱。矛盾与问题形态与性质的深刻变化，已经影响党长期执政、国家长治久安、人民幸福安康，以至于“党内和社会上不少人对党和国家前途忧心忡忡”①。显然，破解这些深层次体制机制问题和利益固化藩篱问题，必须立足国家整体利益、根本利益、长远利益推进全面改革、深化改革，将改革开放进行到底，将改革开放推向全面深化改革阶段。

（三）从实践维度来看，改革已经进入深水区，朝什么目标改革、如何改革的问题成为改革的主要时代课题，需要对改革本身进行改革，以新的改革组织方式蹚出改革新路

到党的十八大前，中国的改革开放形势发生深刻变化，即要不要改革的问题已经基本解决，改革是决定当代中国命运的关键一招，不改革死路一条，已经成为社会共识。但是朝什么目标改革、如何改革成为新的亟待解决的时代问题。

一方面，经过三十多年的改革开放，改革已经进入深水区，要改变改革推进方式。“同过去相比，中国改革的广度和深度都大大拓展了。要把改革推向前进，必须加强顶层设计”，“胆子要大，步子要稳。胆子要大，就是改革再难也要向前推进，敢于担当，敢于啃硬骨头，敢于涉险滩。步子要稳，就是方向一定要准，行驶一定要稳，尤其是不能犯颠覆性错误”。②另一方面，

①《习近平著作选读》（第一卷），人民出版社，2023年，第5页。

②《习近平著作选读》（第一卷），人民出版社，2023年，第221页。

矛盾与问题形态与性质的变化，要求改变改革组织方式。改革首先是问题导向的行动。改革的问题导向，不仅体现在改革要针对问题，奔着问题去，更重要的是矛盾与问题的形态和性质变了，改革的方式方法也要跟着变化。

全面深化改革的决策从一开始就包含着改革方式的变革。2012年11月8日，党的十八大提出全面建成小康社会和全面深化改革开放的目标，强调“不失时机深化重要领域改革，坚决破除一切妨碍科学发展的思想观念和体制机制弊端，构建系统完备、科学规范、运行有效的制度体系，使各方面制度更加成熟更加定型”①。这就将改革的目标指向从体制机制引向制度体系。2012年12月31日，习近平总书记在主持十八届中央政治局第二次集体学习时的讲话中，除了强调“不失时机深化重要领域改革”“把党的十八大确立的改革开放重大部署落实好”以外，重点阐述了把握改革开放规律性，坚持正确方法论问题，特别强调“要加强宏观思考和顶层设计，更加注重改革的系统性、整体性、协同性”“更加注重各项改革的相互促进、良性互动，整体推进，重点突破”“协调推进各领域各环节改革”。②这就将改革方式的变革纳入改革的内容。2013年4月，中共中央政治局决定党的十八届三中全会研究全面深化改革问题并作出决定，将“全面深化改革开放”的提法改变为“全面深化改革”，2013年11月，党的十八届三中全会讨论通过《中共中央关于全面深化改革若干重大问题的决定》（以下简称《决定》）。《决定》除了阐明全面深化改革的重大意义和未来走向，提出全面深化改革的指导思想、目标任务、重大原则，布局全面深化改革的战略重点、优先顺序、主攻方向、时间节点以外，决定成立中央全面深化改革领导小组，这就明确了改革新的领导体制、工作机制和推进方式。

---

①《胡锦涛文选》（第三卷），人民出版社，2016年，第627页。

②《习近平谈治国理政》（第一卷），外文出版社，2018年，第67~69页。

二、全面深化改革十年历程：蹄疾步稳的改革推进

《决定》提出，到2020年，在重要领域和关键环节取得决定性成果，完成本《决定》提出的改革任务，形成系统完备、科学规范、运行有效的制度体系，使各方面制度更加成熟更加定型。《决定》提出15个领域330多项重大改革举措。全面深化改革十年历程可以分为两个阶段：2014年至2020年，全面深化改革蹄疾步稳推进，实现改革阶段性目标；2021年至2023年，全面深化改革开启新发展阶段改革进程。全面深化改革十年历程，呈现蹄疾步稳的过程特征。

2014年是全面深化改革的“开局”之年。根据《决定》，中共中央成立由习近平任组长的中央全面深化改革领导小组（以下简称中央深改组）。中央深改组第四次会议强调，2014年是全面深化改革元年。中央深改组全年召开8次会议，推动全面深化改革开局起步。中央深改组第八次会议指出，2014年，改革形成了上下联动、主动作为、蹄疾步稳、狠抓落实的良好局面，呈现全面播种、次第开花的生动景象，在一些重要领域和关键环节取得重大进展和积极成效，有力促进了稳增长、调结构、惠民生、防风险等方面的工作。具体表现在，各地各部门成立全面深化改革领导小组和办公室，负责本地本部门全面深化改革的部署、方案、落实、督办、宣传等环节，全面深化改革成为各地各部门的中心任务；全年中央层面完成80个重大改革任务，中央有关部门完成108个改革任务，共出台370条改革方案文件，中央深改组确定的年度改革任务基本完成；初步构建了包括改革的决策机制、统筹协调机制、督办督察机制、宣传引导机制在内的改革推进机制体系。[①]

2015年是全面深化改革的“提质”之年。中央深改组第八次会议指出，

---

①《习近平主持召开中央全面深化改革领导小组第八次会议 强调巩固良好势头再接再厉乘势而上推动全面深化改革不断取得新成效》，《人民日报》，2014年12月31日。

2015年是全面深化改革关键之年，要把提高改革质量放在重要位置，坚持速度服务质量。第九次会议指出，全面深化改革既要取势，又要取实，即要在2014年形成的改革推进态势的基础上争取更好的改革实效。在改革推进的初期阶段，重点在制定和出台改革方案，改革推进节奏很快，难免出现一些改革方案质量不够高、一些改革举措不够实、一些改革措施穿透力不够强、一些改革举措触动既得利益不够的问题。根据公开报道，2014年中央深改组审议的重大改革方案中，有4项需要进一步修改完善。2015年，中央深改组召开会议11次，研究出台60多项改革方案，在自上而下、上下联动全面推进改革的同时，把改革方案质量和实效放在第一位，推动每一条改革举措都做到内涵清晰、指向明确、解决问题，改革方案的指向性、协同性和联动性明显提升。同时，强调通过试点提升改革整体质量，将试点探路纳入顶层设计框架。当年启动了一批改革试点，如海南省就统筹经济社会发展规划、城乡规划、土地利用规划等开展的省域“多规合一”改革试点、一些省份开展领导干部自然资源资产离任审计试点、工会改革试点、群团改革试点，取得了一些可复制的改革经验。2015年改革方案质量、改革效果整体提升，推动改革向纵深推进。

2016年是全面深化改革“立柱架梁”之年。中央深改组第二十次会议要求，全面深化改革头三年是夯基垒台、立柱架梁的三年。2016年要力争把改革的主体框架搭建起来。经过2014、2015年两年改革，一些重要领域和关键环节的改革取得了突破性进展，各个领域标志性、支柱性改革任务逐步推出，构建全面深化改革主体框架的基本条件已经具备。“十三五”规划纲要明确将制度建设纳入五年规划，对各个领域的制度建设提出明确目标要求，全面深化改革要把制度建设放在突出重要地位。特别是2016年是供给侧结构性改革全面推进之年，供给侧结构性改革和全面深化改革相辅相成，其核心是发展体制机制创新，目标是形成经济增长新机制，迫切要求围绕供给侧结构性改革除旧布新、立柱架梁。2016年，中央深改组召开12次会议，审议通过146个重大改革文件，领导小组确定的97个重点改革任务和128个其他改革任务基本完成，中央和国家有关部门还完成194个改革任务，各方面出台改革方案419个。通过这些举措，2016年，推出了一批具有标志性、基础性、关键性重大改革方案和举措，一批重要领域关键环节改革取得突破，一批重要理论创新制度创新实践创新成果初步形成，全面深化改革主体框架初步确立。

2017年是全面深化改革“提高整体效能”之年。2017年是党的十九大召开之年，全面深化改革要配合这个大局。中央深改组第三十次会议强调，2017年的改革要突出重点、提高改革整体效能。经过4年的改革，全面深化改革主体框架基本确立，改革需要向制度集成纵深推进，需要提高推动发展、维护公平、改善民生、汇聚力量等方面的改革整体效能。伴随改革进入深水区，部门利益固化的藩篱日益突出，在解决旧的公平和效率问题的同时，新的问题开始显现，一些关系群众现实利益的问题尚未解决，干部队伍推动和落实改革的激励保障机制还不健全，这些问题制约改革整体效能的提升。2017年中央深改组召开8次会议（其中十八届中央深改组召开7次，十九届中央深改组召开1次），审议通过各类改革工作文件37份。在改革的推进过程中，要求党政主要负责人做到重要改革亲自部署、重大方案亲自把关、关键环节亲自协调、落实情况亲自督察。特别是针对一些地方和部门改革不实、抓落实不力、改革实效性不强的问题，强调不做“华而不实的表面文章”。中央深改组第三十三次会议还围绕主要负责人亲力亲为抓改革听取11位全面深化改革专项领导小组组长、重大专项改革领导小组组长、地方和部门主要负责人的汇报，起到了促进各地区各部门主要负责人亲力亲为抓改革的示范作用，有效提升了改革的整体效能。

2018年是全面深化改革“在新起点上实现新突破”之年。到2017年，经过五年的推进，全面深化改革基本完成五年阶段性目标，为继续推进改革构建了新的起点、坚实基础和有利条件。首先，在健全全面深化改革领导工作体制上采取了新举措。为了进一步加强对全面深化改革的统筹领导，中央全面深化改革领导小组升格为中央全面深化改革委员会（以下简称“中央深改委”），相对于领导小组而言，委员会具有更大的决策、统筹、协调、落实权力以及对地方和部门的领导权力。2018年，中央深改委（中央深改组）召开

6次会议（其中中央深改组召开1次，中央深改委召开5次），审议通过71项各类改革方案，审议13份改革工作文件。其次，全面启动党和国家机构改革及其涉及的改革任务。党和国家机构改革是党和国家组织机构和管理体制的一次系统性、整体性重构，是全面深化改革的重要组成部分，标志着全面深化改革进入新阶段。一方面，机构改革与职能调整要解决多头分散、条块分割问题，还涉及机构内部的职能调整和整合，势必推进深层次利益格局调整和制度体系变革，改革的复杂性、敏感性和艰巨性更加突出。另一方面，党和国家机构改革与全面深化改革紧密联系，需要通过机构改革推动各个领域改革，在深化改革中优化机构职能配置，将机构改革与各部门改革统筹起来。2018年上半年，中央层面的机构改革取得重大进展，下半年启动地方层面的机构改革，地方机构改革按照确保上下贯通、执行有力、因地制宜原则推进，逐步构建了符合基层事务特点、简约高效的基层管理体制。最后，推出一批重大全局性改革和战略性改革，进一步夯实制度体系基础。如在区域协调发展制度体系方面，出台和实施《中共中央国务院关于建立更加有效的区域协调发展新机制的意见》；在推动高质量发展方面，出台和实施《关于推动高质量发展的意见》；在宏观规划管理方面，出台《关于统一规划体系更好发挥国家发展规划战略导向作用的意见》。这些改革措施的出台，一方面为重大领域制度体系奠定基础，另一方面为下一步推进制度集成创造条件。

2019年是全面深化改革“打决定性基础、出决定性成果”之年。2018年最后一次中央深改委会议（中央深改委第五次会议）作出一个重要判断，即“党的十八大以来，我们站在新的历史起点上部署推动全面深化改革，既取得了很多重大历史性成就，也创造和积累了很多改革的新鲜经验”，强调以更大决心、更大勇气、更大力度把改革开放引向深入。2019年中央深改委第一次会议（即中央深改委第六次会议）在“取得了很多历史性成就”判断的基础上，提出“对标到2020年在重要领域和关键环节上取得决定性成果……为全面完成党的十八届三中全会部署的改革任务打下决定性基础”的改革目标。2019年，“中央深改委”召开6次会议，研究通过58个改革方案，讨论通过6

个改革工作文件。2019年的改革围绕上述“两个决定性”，全面对标《决定》部署，推出一批根本性、全局性、制度性重大改革举措，一批有利于保持经济健康发展和社会大局稳定的改革举措，一批有利于增强人民群众获得感、幸福感、安全感的改革举措，取得了一系列决定性改革成果。

2020年是全面深化改革开启“系统集成”之年。2020年是落实《决定》部署的重要节点。中央深改委第十次会议提出，落实《决定》部署，“前期重点是夯基垒台、立柱架梁，中期重点在全面推进、积厚成势，现在要把着力点放到加强系统集成、协同高效上来”。六年来，全面深化改革注重解决体制性深层次障碍，许多领域实现了政策性创新、系统性重塑、整体性重构。在此基础上推进系统集成，就是巩固和深化全面深化改革在解决体制性障碍、机制性梗阻、政策性创新方面取得的改革成果，推动各方面制度更加成熟更加定型。推进协同高效，就是统筹制度改革与制度运行，处理好顶层设计和分层对接的关系，搞好上下左右、方方面面的配套，注重各项改革协同推进，使各项改革相得益彰，发生“化学反应”，把制度优势转化为治理效能。全年中央深改委召开6次会议，审议通过39个改革工作文件。首先，以公共卫生应急管理体系为突破口推进卫生健康治理体系改革与制度系统集成。突如其来的新冠疫情暴露出公共卫生体系存在的短板与不足。2020年中央深改委第一次会议（中央深改委第十二次会议）要求从体制机制上创新和完善重大疫情防控举措，健全国家公共卫生应急管理体系。2020年，卫生健康领域改革以加快建设公共卫生领域相关法律法规建设、改革完善疾病预防控制体系、健全重大疾病保险和救助体系、健全统一的应急物资保障体系为重点，加快推进健全分级诊疗制度、深化公立医院改革、深化医保支付方式改革、加强医保基金监管、加强基层医疗卫生机构能力建设，初步实现围绕卫生健康治理体系的改革与制度系统集成。其次，围绕落实党的十九届四中全会重要改革举措，推进国家治理体系和治理能力现代化，一体推进坚持和巩固制度、完善和发展制度、遵守和执行制度，促进制度建设与治理效能转化融合，初步实现围绕国家治理体系和治理能力现代化的改革与制度系统集成，为应对各类风险挑战冲击奠定制度基础。最后，围绕以改革应对变局、开拓新局，把推动党的十八届三中全会以来改革部署的落实与完成“十三五”规划的目标任务、决胜全面建成小康社会、决战脱贫攻坚、谋划“十四五”规划紧密结合起来，把防风险、打基础、惠民生、利长远各项改革有机统一起来，形成推动发展的改革与制度系统集成，为发挥改革的突破和先导作用奠定坚实制度基础。

2021年是全面深化改革开始“向更深层次挺进”之年。2021年中央深改委第一次会议（中央深改委第十八次会议）提出，扭住构建新发展格局目标任务，推动改革向更深层次挺进。向更深层次挺进，就是整体推进、督促落实已经形成的改革顶层设计，以落实“十四五”时期重大发展战略为牵引，以战略性战役性改革抓纲带目。2021年，改革到了一个新的关头。一方面，2020年，全面深化改革的各项目标任务全面推进，各领域基础性制度框架基本确立，已经形成比较清晰的改革顶层设计“大盘子”，许多领域实现历史性变革、系统性重塑、整体性重构，为推动形成系统完备、科学规范、运行有效的制度体系，使各方面制度更加成熟、更加定型奠定了坚实基础。全面深化改革具备了向更深层次挺进的基础，需要加快推动重要领域和关键环节改革攻坚突破。另一方面，2021年是实施“十四五”规划开局之年，也是把握新发展阶段、贯彻新发展理念、构建新发展格局的开局之年，改革进入新发展格局的重要阶段，需要向更深层次推进。2021年，中央深改委召开6次会议，研究出台30项重大改革方案，讨论通过2项改革工作文件，推动全面深化改革向深层次推进。2021年，重点围绕新发展阶段的重大战略任务推进改革，在构建新发展格局、完善要素市场化配置、完善公平竞争制度、创新链产业链融合发展、激发市场主体活力、完善收入分配制度、促进经济社会发展全面绿色转型、建设开放型经济新体制等方面，推出了一批创造性、引领性改革，围绕推动生态文明建设、构建新发展格局、自由贸易试验区、污染防治攻坚战、科技体制改革三年攻坚、建设全国统一大市场等领域推出一批战略性、战役性改革。

2022年是全面深化改革开启“制度集成”之年。制度集成，就是在总结制度创新成果的基础上，聚焦基础性和牵引性改革举措，加强制度创新联动和衔接配套，形成制度体系，提升改革综合效能。经过43年的改革开放特别是党的十八届三中全会以来的全面深化改革，到2021年，实现了“中国共产党成立一百年时各方面制度更加成熟更加定型上取得明显成效”的目标，推进制度集成并在此基础上开创改革新气象新面貌的条件已经具备。2022年，中央深改委召开4次会议，研究出台17个重大改革方案，通过2个改革工作文件。中央深改委第十八次会议全面总结了全面深化改革取得的制度成果，从第十九次会议开始，先后分领域总结全面深化改革的制度成果，包括科技成果评价体系改革、重点区域生态保护修复、自由贸易试验区、完善公平竞争制度、深化储备管理体制机制改革、完善统计监督、科技体制改革、科技伦理治理、保护支持企业发展、国有企业改革、网络强国建设、财税体制改革、领导干部自然资源资产离任审计、全国行政区划设置与调整、完善院士遴选评审机制、乡村医疗卫生体系建设等领域改革成就。

2023年是全面深化改革开始“聚焦全面建设社会主义现代化国家”推进改革之年。二十届中央深改委第一次会议指出，2023年是贯彻党的二十大精神的开局之年，要把全面深化改革作为推进中国式现代化的根本动力，聚焦全面建设社会主义现代化国家的重大问题谋划推进改革。中央深改委全年召开3次会议，研究出台14个改革方案，讨论通过4个改革工作文件。这些改革方案聚焦中国式现代化重大战略问题，例如第一次会议通过的《关于加强和改进国有经济管理支持中国式现代化建设的意见》《关于强化企业科技创新主体地位的意见》，第二次会议通过的《关于深化农村改革实施方案》《关于推动能耗双控逐步转向碳排放双控的意见》，指向面向现代化的长远战略问题。同时，2023年的改革进一步推动制度集成，例如第二次会议通过的《关于建设更高水平开放型经济新体制促进构建新发展格局的意见》，第三次会议通过的《关于健全自然垄断环节监管体制机制的实施意见》等，在前期改革的基础上，构建相关领域系统全面的制度体系和体制机制体系。

2014到2020年，全面深化改革经过夯基垒台、立柱架梁，全面推进、积厚成势，系统集成、协同高效三个阶段的接续推进，基本完成了《决定》部署的任务。2020年，重要领域和关键环节改革取得了决定性成果，完成了《决定》提出的改革任务，达到了形成系统完备、科学规范、运行有效的制度体系，实现了各方面制度更加成熟更加定型这一阶段性目标。2021—2023年间，全面深化改革进入推动新发展阶段改革时期，在新的历史起点上向更深层次推进。十年来，全面深化改革坚持完善和发展中国特色社会主义制度，推进国家治理体系和治理能力现代化总目标，坚持目标导向、问题导向、效果导向结合，一步一个脚印，一年一个台阶，呈现蹄疾步稳的时间性特征和上下联动的空间特征。在中国改革开放史上，这十年已经具有完整的历史阶段属性。

三、全面深化改革的革命性突破与成就：改革开放的历史性转变

与此前局部探索、破冰突围的改革相比，全面深化改革是系统整体设计、协调推进的改革，是全方位、深层次、根本性、全面深化的改革，其范围之大、规模之大、力度之大在中国前所未有，在世界上绝无仅有。“新时代10年，我们推动的改革是全方位、深层次、根本性的，取得的成就是历史性、革命性、开创性的。”①笔者曾从改革目标、改革领域与对象、改革程度和手段、改革难度与价值追求、改革推进方式五个方面探讨了全面深化改革的特征。②十年来，全面深化改革已经取得了一系列“革命性的”突破，取得历史性伟大成就，是一场思想理论的深刻变革、一场改革组织方式的深刻变革、一场国家制度和治理体系的深刻变革、一场人民广泛参与的深刻变革。改革

---

①《习近平主持召开二十届中央全面深化改革委员会第一次会议强调守正创新真抓实干在新征程上谱写改革开放新篇章》，《人民日报》，2023年4月22日。

② 赵凌云、岳仁崇：《论全面深化改革开放的阶段性特征》，《江汉论坛》，2014年第8期。

开放实现了由局部探索、破冰突围到系统协调、全面深化的历史性转变。[①]

（一）思想理论的深刻变革

改革开放作为突破既有体制机制、破除既有利益格局、重构制度体系的创新实践，必然伴随着思想的解放和理论的发展。与局部探索、破冰突围的改革开放相比，全面深化改革是思想理论创新引领的，实践创新经验反过来推动思想理论创新和深刻变革。《决定》初步回答了什么是全面深化改革、为什么要全面深化改革、如何全面深化改革的问题，初步构建了全面深化改革思想理论体系。全面深化改革十年实践创新及其理论总结，丰富和发展了这一思想理论体系。

其一，实践创新发展了全面深化改革的内涵，深化了对什么是全面深化改革的思想认识。《决定》提出了15个领域330多项重大改革举措。在实践中，全面深化改革的内涵不断扩展。2014年10月，党的十八届四中全会通过的《中共中央关于全面推进依法治国若干重大问题的决定》围绕全面推进依法治国，建设中国特色社会主义法治体系，建设社会主义法治国家提出了190项重大改革举措。2015年10月召开的党的十八届五中全会通过的《中共中央关于制定国民经济和社会发展第十三个五年规划的建议》围绕贯彻创新、协调、绿色、开放、共享的新发展理念，提出一系列新的改革要求。党的十九大围绕决胜全面建成小康社会、党的二十大围绕以中国式现代化全面推进强国建设、民族复兴伟业作出了一系列新的改革部署。此外，党的十九届三中全会审议通过的《中共中央关于深化党和国家机构改革的决定》和《深化党和国家机构改革方案》、党的十九届四中全会审议通过的《中共中央关于坚持和完善中国特色社会主义制度 推进国家治理体系和治理能力现代化若干重大问题的决定》、党的十九届五中全会审议通过的《中共中央关于制定国民经济和社会发展第十四个五年规划和二〇三五年远景目标的建议》、党的十九届六

---

①《习近平著作选读》（第二卷），人民出版社，2023年，第394~395页。

中全会通过的《中共中央关于党的百年奋斗重大成就和历史经验的决议》都内含着新的改革部署和要求，是党的十八届三中全会《决定》关于全面深化改革部署的延伸和发展。将这些新部署新要求纳入全面深化改革，将民主法治建设、高质量发展、小康社会建设、中国式现代化、党和国家机构改革、国家治理体系、经济社会发展、党的建设纳入全面深化改革，从理论上拓展了全面深化改革内涵的认识。

其二，实践创新丰富了全面深化改革的依据，深化了对为什么要全面深化改革问题的认识。《决定》指出，改革开放是决定当代中国命运的关键抉择，是党和人民事业大踏步赶上时代的重要法宝。“改革开放是当代中国大踏步赶上时代的重要法宝，是决定中国式现代化成败的关键一招”，“推进中国式现代化，必须进一步全面深化改革开放”，“坚决破除一切制约中国式现代化顺利推进的体制机制障碍”。[①]这些重要观点是全面深化改革进程中形成的新认识。新时代十年来，全面深化改革推动一系列战略性举措、变革性实践、突破性进展，取得一系列标志性成果，战胜一系列重大风险挑战，成功推进和拓展了中国式现代化。中国式现代化是在全面深化改革进程中推进和拓展的。没有全面深化改革，就不可能成功推进和拓展中国式现代化。2023年全面深化改革开始聚焦全面建设社会主义现代化国家整体推进。全面深化改革成为推进中国式现代化的根本动力，全面深化改革不仅是决定当代中国命运的关键一招，也是决定未来中国式现代化成败的关键一招。

其三，实践创新拓展了全面深化改革的路径，深化了对如何全面深化改革问题的认识。全面深化改革，根本在改革、关键在深化、重点在全面。新时代如何改革、改革如何全面推进、如何深入推进，是全面深化改革路径探索的主要问题。全面深化改革实践回答了这些问题，形成了一整套全新的改革话语体系。关于新时代如何“改革”，实践中形成了一系列新观点和新举

---

① 习近平：《在纪念毛泽东同志诞辰130周年座谈会上的讲话》，《人民日报》，2023年12月27日。

措，例如，新时代推进全面深化改革必须勇于自我革命，党政主要负责人必须亲力亲为抓改革。关于如何做到“全面”，实践中形成一系列新思想新方法，例如，围绕形成系统完备、科学规范、运行有效的制度体系，使各方面制度更加成熟、更加定型目标，以各方面制度体系建设为重点，全面改革、协调推进，系统改革、形成合力，让各方面改革和制度成果形成“化学反应”。关于改革如何“深化”，在实践中形成了一系列新观点新举措，例如，在改革对象方面，强调啃硬骨头，闯难关；在改革展开方面，强调通过优先顺序逐步深化，初期重点推出基础性、牵引性改革，中期突出创造性、引领性改革，后期重点出台战略性、战役性改革；在改革集成方面，将系统集成作为改革的基本理念和原则，通过构建改革主体框架推进改革系统集成、制度集成，全面提升制度效能。

（二）改革组织方式的深刻变革

改革开放是一个系统工程，全面深化改革是一个复杂的系统工程，是一个有组织的过程，需要有与之相适应的组织方式。《决定》提出了“更加注重改革的系统性、整体性、协同性”的要求，明确中央深改组负责改革总体设计、统筹协调、整体推进、督促落实。十年来，中央深改委（中央深改组）全面落实上述四项职能，全面深化改革围绕“系统性、整体性、协同性”展开，在组织方式上形成一系列新的时代特点，实现组织方式的深刻变革。

其一，更加突出集中统一领导。相对于党的十八大以前的改革而言，成立中央深改组意味着全面深化改革集中统一领导体制的确立，是改革领导体制的创新。这一体制确保改革高位推进、集中推进、统一推进、协同推进、一体推进，保证全面深化改革“系统性、整体性、协同性”的落实。在实践进程中，这一领导体制不断完善。首先，权力位阶不断提高。如前所述，从中央深改组到中央深改委，伴随着决策权、统筹力与落实力的扩大。其次，权能不断扩大。逐步将党的十八届四中、五中全会，十九届三中、四中、五中全会以及党的十九大、二十大部署的改革事项纳入推进落实权限。最后，职能不断增强。中央深改委（中央深改组）初期主要研究出台改革方案，从2017年开始，除了研究部署改革以外，还全面推进改革督察、改革评估、改革总结，实际上成为集全面深化改革设计、决策、落实于一体的领导机关与执行机关。

其二，更加突出顶层设计。与党的十八大前的摸着石头过河的渐进式改革相比，全面深化改革一开始就是顶层设计的改革。《决定》是改革方案的顶层设计，中央深改委（中央深改组）则就改革过程进行顶层设计。首先，从时间上看，从对改革方案的顶层设计进行接续展开和延伸，这就是如前所述的将中共中央历次重大会议的改革部署跟进接续纳入改革方案的顶层设计，确保了顶层设计的发展性和延续性。其次，从空间上看，处理好顶层设计与部门、地方分层对接的关系，推进各项改革实现上下左右、方方面面的衔接，发生“化学反应”，确保顶层设计的实效性和具体性。最后，从实践上看，将地方试点纳入顶层设计。2015年开始，强调通过试点提升改革整体质量，将地方试点探路纳入顶层设计框架。当年启动了一批改革试点，如三江源国家公园体制试点、司法体制改革试点。此后，中央批准的地方改革试点逐年增多，如“多规合一”改革试点、承担行政职能事业单位改革试点、省以下环保机构监测监察执法垂直管理制度改革试点等。实践证明，顶层设计与试点探路相辅相成。顶层设计为地方试点明确方向，地方试点充分发挥了地方积极性、取得了可复制的改革经验、提升了顶层设计质量和改革整体质量。

其三，更加突出目标导向。相对于党的十八大前的改革而言，全面深化改革从一开始就有明确而具体的总目标，即完善和发展中国特色社会主义制度，推进国家治理体系和治理能力现代化。为达成这一目标，改革第一阶段重点推出基础性、牵引性改革，为制度体系夯基垒台、立柱架梁；第二阶段全面推进、积厚成势，重点推出创造性、引领性改革，拓展制度体系建设基础；第三阶段重点出台战略性改革、战役性改革，促进改革和制度体系系统集成、协同高效。与此同时，改革过程中强调问题导向和效果导向，强调将目标、问题、效果三个导向有机结合起来。特别是在民生改善、高质量发展等方面，陆续推出一批问题导向的改革，同时，以实效性为基准考量改革推出的顺序。实践证明，以问题和效果为导向的改革，不仅与以目标导向的改革不矛盾，相反，通过及时解决制度体系暴露的问题，提升改革的成效，本身就是完善制度体系的过程。

（三）国家制度和治理体系的深刻变革

全面深化改革进程中的改革组织方式变革本身就是国家制度变革和治理体系深刻变革的具体体现，同时推动国家制度和治理体系的深刻变革。全面深化改革，既注重保持中国特色社会主义制度和国家治理体系的稳定性和延续性，又注重通过改革建设国家治理体系和治理能力现代化急需的制度、满足人民对美好生活新期待必备的制度，推动中国特色社会主义制度不断自我完善和发展，促进制度建设与治理效能转化融合。

其一，从国家制度视角来看，全面深化改革推进国家制度体系更加成熟、更加定型。全面深化改革以推进到中国共产党成立100周年时各方面制度更加成熟、更加定型取得明显成效为阶段性目标，以制度建设为主线，推进各个领域根本制度、基本制度和重要制度建设。党的十九届四中全会通过的《中共中央关于坚持和完善中国特色社会主义制度 推进国家治理体系和治理能力现代化若干重大问题的决定》提出坚持和完善中国特色社会主义制度、推进国家治理体系和治理能力现代化的总体目标，即到中国共产党成立100周年，在各方面制度更加成熟更加定型上取得明显成效，到2035年，各方面制度更加完善，到新中国成立100周年，使中国特色社会主义制度更加巩固，提出了党的领导、人民民主、法治体系、行政体制、基本经济制度、先进文化制度、民生保障制度等十二个方面的制度体系，提出这个总体目标和各方面制度体系，正是基于改革开放特别是全面深化改革实践。例如，经过十年改革，到2023年，生态文明建设制度体系已经基本形成，包括最严格的生态环境保护制度、资源高效利用制度、生态保护和修复制度和生态环境保护责任制度等四个基本制度和领导干部自然资源资产离任审计制度、生态环境保护综合行政执法制度、中央生态环境保护督察制度、生态环境监测和评价制度、生态补偿和生态环境损害赔偿制度、生态环境损害责任终身追究制等一系列重要制度，这些基本制度和重要制度都是通过全面深化改革建立的。

其二，从治理体系视角来看，全面深化改革促进公共政策过程创新。习近平指出："国家治理体系和治理能力是一个国家制度和制度执行能力的集中体现。"[①]国家制度是国家治理体系的根本依据，法治是国家治理体系的重要依托，党和国家机构是国家治理体系的基本载体，而公共政策过程则是国家治理体系的具体运行。全面深化改革本身是改革政策过程的全面创新，也推动了国家公共政策过程的全面创新。首先，相对于党的十八大前的改革而言，全面深化改革是政策议程、政策制定、政策执行、政策督察、政策评估全链条的创新过程，特别是强调一分部署、九分落实，构建改革督察体系和评估体系，确保改革方案落实。其次，全面深化改革推动国家公共政策过程创新。一是推动形成党中央集中统一领导政策过程的格局，破解了以往政府甚至部门主导政策过程、决策与执行脱节、政策执行走样等问题，提升了政策执行力和政策效能。二是推动构建了党委、人大、政府、政协共抓政策落实的体系。党委主要通过集中动员、主题教育、巡视巡察等方式主导政策落实；人大主要通过执法检查方式督促政策落实；政府主要通过"大督查"方式推动政策落实；政协主要通过调研、协商方式促进政策落实。"四大机关"自上而下，职责同构，形成了全链条全领域政策落实体系，将政策执行分解为政策执行与政策落实二元并立的两个体系，这是公共政策过程的中国实践和中国特色，也是国家治理、公共管理、公共政策过程的中国智慧和中国创新。

其三，从党和国家各项事业发展来看，全面深化改革关键一招作用充分彰显。全面深化改革开创了以改革开放推动党和国家各项事业取得历史性成

① 中共中央文献研究室编：《习近平关于全面深化改革论述摘编》，中央文献出版社，2024年，第24页。

就、发生历史性变革的新局面。首先，全面深化改革在“四个全面”战略布局中发挥动力作用，全面深化改革和全面依法治国，如鸟之两翼、车之双轮，是“四个全面”战略布局的动力系统。其次，全面深化改革推动改革与发展高度融合，与引领经济新常态、供给侧结构性改革、三大攻坚战[①]、高质量发展、中国式现代化等一系列发展战略布局接续衔接，推动经济实力实现历史性跃升，历史性地解决绝对贫困问题，推动中国发展站在更高历史起点上。最后，全面深化改革将经济体制改革和完善对外开放体制机制有机结合，推动高水平对外开放。从“全面深化改革开放”到“全面深化改革”，没有降低对外开放的地位，而是将对外开放纳入改革的范围。通过全面深化改革构建面向全球的高标准自由贸易区网络，推进共建“一带一路”，夯实了对外开放的制度基础，强化了对外开放的动力，推进形成更大范围、更宽领域、更深层次、更高水平的对外开放格局。

（四）人民群众广泛参与的深刻变革

全面深化改革是以人民为中心的改革。《决定》提出“解放和增强社会活力”“让一切劳动、知识、技术、管理、资本的活力竞相迸发，让一切创造社会财富的源泉充分涌流，让发展成果更多更公平惠及全体人民”。全面深化改革尊重群众首创精神，注重解决人民群众关心的利益问题，增强人民群众获得感、幸福感、安全感，促进人的全面发展，形成了全社会改革创新活力迸发的生动局面。

其一，全面深化改革突破利益固化的藩篱，推动实现社会公平正义。实现公平正义是全面深化改革的重要目标。利益固化是阻碍社会公平正义的主要因素，全面深化改革在方案设计和实践推进上强调突破利益固化的藩篱。例如，出台强化反垄断深入推进公平竞争制度，出台领导干部干预司法活动、

---

① 党的十九大报告提出的决胜全面建成小康社会必须完成防范化解重大风险、精准脱贫、污染防治三大任务。

插手具体案件处理的记录、通报和责任追究制度，制定和实施合理确定并严格规范中央企业负责人履职待遇、业务支出制度，保护、鼓励职务犯罪举报人，推进行政执法公示制度、执法全过程记录制度、重大执法决定法制审核制度，这些改革和制度建设对于破除既得利益格局、突破利益固化的藩篱、实现社会公平正义具有极大的针对性和“穿透力”。

其二，全面深化改革促进民生改善和人的全面发展。全面深化改革深度切入民生各个领域，改革方案和举措具有“含金量”和获得感。改革按照“急难愁盼”确定优先顺序。例如，在医疗领域，先后出台深化医疗服务价格改革、完善医疗卫生行业综合监管、治理高值医用耗材、国家组织药品集中采购、完善短缺药品供应保障、推进医疗保障基金监管制度体系改革、推进区域医疗中心建设等重大举措，这些措施有效推动了“看病难、看病贵”问题的破解。在教育领域，推出减轻义务教育阶段学生作业负担和校外培训负担、规范校外培训机构发展、学前教育规范发展、托幼服务健康发展、改善贫困地区义务教育薄弱学校基本办学条件等改革，有效推动教育资源均衡配置和保障教育公平。

其三，全面深化改革增强了中国式现代化的活力。现代化的推进需要社会秩序，更需要社会活力。全面深化改革把解放和增强社会活力作为重要目标。首先，推出一批增强群众办事便捷性的改革，如政务公开改革、整合城乡居民基本医疗保险、户籍制度改革、招生制度改革、建立居民身份证异地受理挂失申报和丢失招领制度、推进企业职工基本养老保险全国统筹和中央调剂、推广群众办事“最多跑一次”改革、统筹推进城乡义务教育一体化改革发展、推动个人养老金发展、推进公共法律服务体系建设等，这些改革举措降低了人民群众的办事成本、提升了社会流动性。其次，开展人民群众参与的第三方评估，如对争议较大的立法事项引入第三方评估，对政府购买服务进行第三方评估，对改革成效进行第三方评估，这些措施提升了人民群众的改革参与度、积极性和主动性。最后，兜住经济社会和民生发展底线，如改进生活无着的流浪乞讨人员救助管理、解决无户籍人员的户口登记问题、开展农村人居环境三年整治等，这些改革措施补齐了社会发展短板，夯实了社会稳定与增强社会活力的基础。

全面深化改革十年取得了两个方面的历史性成就：一是完成了《决定》提出的阶段性改革任务，在制度建设上取得了一系列革命性突破和历史性成就，接续开启了新发展阶段聚焦中国式现代化的改革开放；二是实现了改革思想理论、改革组织方式、改革“关键一招”作用发挥、改革广泛参与等一系列深刻变革，实现了改革开放由局部探索、破冰突围到系统协调、全面深化的历史性转变。这两个方面的成就，为推动改革在新发展阶段打开新局面，积累了宝贵经验，奠定了坚实基础。

第六章

改革开放的光辉历程与经济学说的学理创新

2023年适逢改革开放45周年，回顾改革开放经济学说的演进及其理论创新，对于深刻理解这一时期马克思主义政治经济学中国化时代化的学理成就，深刻把握中国特色“系统化的经济学说”的体系创新都有着重要意义。

一、改革开放经济学说与社会主义市场经济理论主题演进

坚持社会主义市场经济改革方向、不断推进社会主义市场经济体制的发展和完善，是经济体制改革45年历程的基本路向，是贯穿改革开放45年经济学说演进的理论主题。改革开放45年来社会主义市场经济从机制、体制到制度探索的演进过程，清晰展示了社会主义市场经济的“经济学规律最先以怎样的历史上具有决定意义的形式被揭示出来并得到进一步发展”[①]的特点，全面体现了中国共产党对当代马克思主义政治经济学的伟大理论创新。

第一，党的十一届三中全会以重新认识价值规律作用为起点，以经济机制调整为切入点，对市场机制和计划机制、市场调节和计划调节关系作出探索。1978年12月召开的党的十一届三中全会，对中国原有的高度集中的计划经济体制存在的“严重缺点”进行深入分析，针对这一体制中权力过于集中的弊端，提出“重视价值规律的作用”[②]为导引的改革措施。价值规律是以价格机制、供求机制和竞争机制为作用过程的商品经济运行的基本规律。这一改革导引凸显了市场和市场调节机制在经济运行中的作用。

党的十一届三中全会召开后不久的1979年3月，面对当时经济改革的实

① 《马克思恩格斯全集》（第三十三卷），人民出版社，2004年，第417页。

② 中共中央文献研究室编：《改革开放三十年重要文献选编》（上），中央文献出版社，2008年，第16页。

际，在对“计划与市场问题”的探讨中，陈云指出：“今后经济的调整和体制的改革中，实际上计划与市场这两种经济的比例的调整将占很大的比重。”[①]对陈云的这一观点，邓小平不仅表示赞同，而且还把市场机制和计划机制层面的关系，前瞻性地提升到市场经济体制和计划经济体制关系的层面上来，认为“说市场经济只存在于资本主义社会，只有资本主义的市场经济，这肯定是不正确的”，强调“我们是计划经济为主，也结合市场经济”。[②]1981年6月，党的十一届六中全会通过的《关于建国以来党的若干历史问题的决议》肯定了这一改革取向，提出“必须在公有制基础上实行计划经济，同时发挥市场调节的辅助作用”，强调“要大力发展社会主义的商品生产和商品交换”。[③]该决议还提出“要根据我国生产力发展的要求，在每一个阶段上创造出与之相适应和便于继续前进的生产关系的具体形式”[④]的宝贵思想，凸显了在经济体制改革及其具体形式抉择中，生产力的阶段性“创造”同生产关系“继续前进变化的关系”。1982年9月，党的十二大提出“计划经济为主、市场调节为辅”的基本构架，成为当时经济体制改革的“一个根本性的问题”。[⑤]

第二，以正确处理计划与市场关系为经济体制改革的核心问题，推进计划经济和商品经济体制层面上的改革，推进以体制“定位”为主要特征的改革进程。1984年10月，党的十二届三中全会通过的《中共中央关于经济体制改革的决定》明确提出：经济体制改革“先要突破把计划经济同商品经济对

① 中共中央文献研究室编：《改革开放三十年重要文献选编》（上），中央文献出版社，2008年，第27页。

②《邓小平文选》（第二卷），人民出版社，1994年，第236页。

③ 中共中央文献研究室编：《改革开放三十年重要文献选编》（上），中央文献出版社，2008年，第213页。

④ 中共中央文献研究室编：《改革开放三十年重要文献选编》（上），中央文献出版社，2008年，第213页。

⑤ 中共中央文献研究室编：《改革开放三十年重要文献选编》（上），中央文献出版社，2008年，第272页。

立起来的传统观念”，社会主义计划经济是“在公有制基础上的有计划的商品经济”；“商品经济的充分发展，是社会经济发展的不可逾越的阶段，是实现我国经济现代化的必要条件”。[①]该决定提出经济改革是经济机制、经济体制和经济制度全面改革的理念，走出了经济体制层面改革的关键一步。1987年10月，党的十三大正式提出具有体制层面改革特征的“国家调节市场，市场引导企业”运行机制，凸显了“计划与市场内在统一的体制”的理念。[②]

1992年，邓小平在南方谈话中强调：“计划经济不等于社会主义，资本主义也有计划；市场经济不等于资本主义，社会主义也有市场。计划和市场都是经济手段。”[③]这一言简意赅的阐释，廓清了计划经济和市场经济之间体制性规定与制度性规定的关系，初步形成了同社会主义基本经济制度相结合的“社会主义市场经济体制”的新概念、新术语。1992年10月，党的十四大正式提出社会主义市场经济体制的改革目标，提出正确处理计划和市场关系是这一体制改革的核心问题。1993年11月，党的十四届三中全会通过的《中共中央关于建立社会主义市场经济体制若干问题的决定》，对涵盖建立现代企业制度，培育和发展市场体系，转变政府职能、建立健全宏观经济调控体系，以及建立合理的个人收入分配和社会保障制度等在内的社会主义市场经济体制基本框架作出了系统阐释，对建设什么样的社会主义市场经济、怎样建设社会主义市场经济问题作出了初步回答。

第三，以正确处理政府与市场关系为核心问题，着力推进治理结构和制度创新，在社会主义经济关系上，形成以制度“定型”为主要特征的改革，生成社会主义市场经济的制度性规定。党的十四大在规划社会主义市场经济发展进程时提出：“到建党一百周年的时候，我们将在各方面形成一整套更加

① 中共中央文献研究室编：《改革开放三十年重要文献选编》（上），中央文献出版社，2008年，第350页。

② 中共中央文献研究室编：《改革开放三十年重要文献选编》（上），中央文献出版社，2008年，第484页。

③《邓小平文选》（第三卷），人民出版社，1993年，第373页。

成熟更加定型的制度。”[①]党的十四至十八大这一时期，在积极推进形成“定型的制度”的改革中，社会主义市场经济体制改革的核心问题由正确处理计划与市场的关系转变为正确处理政府与市场的关系。习近平把这一“定型的制度”的转变概括为“一直在根据实践拓展和认识深化寻找新的科学定位”的改革过程，得出“从理论上对政府和市场关系进一步作出定位，这对全面深化改革具有十分重大的作用”的结论。[②]

党的十八大以来，坚持社会主义市场经济的改革方向，成为中国特色社会主义政治经济学的重大原则。习近平从辩证法、两点论的角度，对社会主义基本经济制度和市场经济体制关系问题作出多方面阐释。在这一探讨中，习近平提出了三个重要观点：一是中国的社会主义市场经济体制是在社会主义制度基础上发展起来的，深受社会主义制度的规制和影响，“要坚持发挥我国社会主义制度的优越性、发挥党和政府的积极作用”[③]。二是从根本上来看，“实行公有制为主体、多种所有制经济共同发展的基本经济制度，是中国共产党确立的一项大政方针，是中国特色社会主义制度的重要组成部分，也是完善社会主义市场经济体制的必然要求”[④]。这说明，社会主义市场经济是在与社会主义基本经济制度“合起来”的过程中不断发展的。三是要把“看不见的手”和“看得见的手”都用好。政府和市场的作用是相辅相成的，要统筹把握、优势互补、有机结合、协同发力。更好发挥政府作用，不仅包括通常对“市场不经济”“市场失败”所作的“事后”调节和规范，也有国家对经济社会长期发展的“事前”规划和擘画，还有“事中”的年度中央经济工作会议，对经济改革思路、政策和措施作出年度调整和完善。这些是中国社会主义市场经济的显著特色，更是中国市场经济制度性特征的集中体现。

---

① 中共中央文献研究室编：《改革开放三十年重要文献选编》（上），中央文献出版社，2008年，第676页。

②《习近平著作选读》（第一卷），人民出版社，2023年，第163、164页。

③《习近平著作选读》（第一卷），人民出版社，2023年，第165页。

④《习近平著作选读》（第一卷），人民出版社，2023年，第461页。

第四，在全面深化经济体制改革实践中，社会主义基本经济制度进一步与市场经济体制相结合、相融合，推进了市场经济体制中制度性规定的生成。党的十九届四中全会对社会主义市场经济的制度性规定的探索，是对改革开放经济学说的具有独特意义的创新。习近平概括的“从传统的计划经济体制到前无古人的社会主义市场经济体制再到使市场在资源配置中起决定性作用和更好发挥政府作用”①的演进轨迹，揭示了中国经济体制改革披荆斩棘、砥砺奋进之路，彰显了中国特色社会主义政治经济学与时俱进、求实创新之路，昭示了改革开放经济学说中市场经济理论和实践演进的基本路向与学理规定。

二、改革开放经济学说与新发展理念的根本导向

以“发展”为主导理论和根本理念的演进过程，集中体现了改革开放经济学说的理论主线，新发展理念是这一演进过程及主题最为辉煌的理论结晶和思想智慧。

第一，改革开放经济学说始终以“发展”为主导，在对“实现什么样的发展、怎样发展”问题的接续探索中，形成了新发展理念这一最为显著的理论创新。从邓小平提出“中国解决所有问题的关键是要靠自己的发展”“发展才是硬道理”②，到江泽民强调“发展是硬道理，这是我们必须始终坚持的一个战略思想”③，再到胡锦涛提出“以经济建设为中心是兴国之要，发展仍是解决我国所有问题的关键”④，直到习近平提出新发展理念，对发展目标、发展动力、发展方式、发展路径、发展观念、发展道路、发展战略等问题作出

---

① 中共中央党史和文献研究院编：《十九大以来重要文献选编》（上），中央文献出版社，2019年，第724页。

② 《邓小平文选》（第三卷），人民出版社，1993年，第265、377页。

③ 《江泽民文选》（第三卷），人民出版社，2006年，第118页。

④ 《胡锦涛文选》（第三卷），人民出版社，2016年，第628页。

系统阐释，这一以“发展”为根本理念的演进过程，集中体现了改革开放经济学说的主线。习近平指出：“党的十八大以来我们对经济社会发展提出了许多重大理论和理念，其中新发展理念是最重要、最主要的。”①

2015年，中国经济社会发展处于“十三五”规划制定的重要节点，习近平首次对新发展理念作出阐释，提出“发展理念是发展行动的先导，是管全局、管根本、管方向、管长远的东西，是发展思路、发展方向、发展着力点的集中体现”②。“理者，物之固然，事之所以然也。”新发展理念成为引导和主导中国经济社会发展谋篇布局之“然”和“所以然”。在创新、协调、绿色、开放、共享的新发展理念中，创新发展注重的是解决发展动力问题，是引领发展的第一动力；协调发展注重的是解决发展不平衡问题，是持续健康发展的内在要求；绿色发展注重的是解决人与自然关系问题，是永续发展的必要条件和人民对美好生活追求的重要体现；开放发展注重的是解决发展中内外联动问题，是国家繁荣发展的必由之路；共享发展注重的是解决社会公平正义问题，是中国特色社会主义的本质要求。这五个理念既各有侧重，又相互支撑、紧密相连、协同作用，形成了“崇尚创新、注重协调、倡导绿色、厚植开放、推进共享”③的有机整体。在制定“十四五”规划时，习近平多次强调“新发展理念是一个系统的理论体系”④。

第二，新发展理念是改革开放经济学说理论创新的集中体现。新发展理念蕴含着改革开放经济学说的主题思想和根本特征。新发展理念是以解放和发展生产力的本质规定为前提的，展示了改革开放经济学说中对发展问题回答的根本要求。改革开放的宝贵经验就在于“解放和发展社会生产力，增强

①《习近平著作选读》（第二卷），人民出版社，2023年，第406页。

② 中共中央文献研究室编：《十八大以来重要文献选编》（中），中央文献出版社，2016年，第774页。

③ 中共中央党史和文献研究院编：《十八大以来重要文献选编》（下），中央文献出版社，2018年，第351页。

④《习近平著作选读》（第二卷），人民出版社，2023年，第406页。

社会主义国家的综合国力，是社会主义的本质要求和根本任务”[①]。45年经济体制改革的历史事实证明，解放生产力和发展生产力是改革开放的最显著成果，也是新发展理念的根本要求。

新发展理念是坚持以人民为中心的根本目标和基本立场为遵循的。习近平强调：“让广大人民群众共享改革发展成果，是社会主义的本质要求，……是我们党坚持全心全意为人民服务根本宗旨的重要体现。”[②]新发展理念在根本上就是要坚持以人民为中心的发展思想，坚持发展为了人民、发展依靠人民、发展成果由人民共享，使全体人民在共建共享发展中有更多获得感。在新发展阶段，“完整、准确、全面贯彻新发展理念，必须更加注重共同富裕问题”[③]。

新发展理念以改革为核心问题。习近平指出：“完整、准确、全面贯彻新发展理念，既要以新发展理念指导引领全面深化改革，又要通过深化改革为完整、准确、全面贯彻新发展理念提供体制机制保障。我国改革和发展实践告诉我们，唯有全面深化改革，才能更好践行新发展理念，破解发展难题、增强发展活力、厚植发展优势。”[④]开放是新发展理念的重要内涵，是开放型经济的根本导向和核心要义。

第三，新发展理念坚持问题意识。问题导向、问题倒逼是发展理念“对头”、取得“成效”的根本方法。习近平指出：“理念是行动的先导，一定的发展实践都是由一定的发展理念来引领的。发展理念是否对头，从根本上决定着发展成效乃至成败。”[⑤]坚持问题导向、问题倒逼，是新发展理念的基本观点和根本方法，也是新发展阶段贯彻落实新发展理念的内在需要和根本要

---

①《习近平著作选读》（第二卷），人民出版社，2023年，第227页。

② 习近平：《论把握新发展阶段、贯彻新发展理念、构建新发展格局》，中央文献出版社，2021年，第42页。

③ 习近平：《论把握新发展阶段、贯彻新发展理念、构建新发展格局》，中央文献出版社，2021年，第502页。

④ 习近平：《论把握新发展阶段、贯彻新发展理念、构建新发展格局》，中央文献出版社，2021年，第503页。

⑤《习近平著作选读》（第二卷），人民出版社，2023年，第403页。

求。中国发展已经站在新的历史起点上，根据新发展阶段的新要求，举措要更加精准务实，切实解决好发展不平衡不充分的问题，真正实现高质量发展。2020年12月，习近平提出了发展不平衡不充分中存在的若干突出问题，主要体现在以下几个方面：一是作为决定中国生存和发展的基础能力的科技自立自强中存在诸多“卡脖子”问题；二是城乡、区域发展差距较大，特别是区域板块分化重组、人口跨区域转移加快、农民落户城市意愿下降问题严峻；三是中国能源体系高度依赖煤炭等化石能源，生产和生活体系向绿色低碳转型压力很大；四是面对经济全球化出现逆流、外部环境越来越复杂多变的局面，处理好自立自强和开放合作的关系、积极参与国际分工和保障国家安全的关系、利用外资和安全审查的关系以及在确保安全前提下扩大开放问题愈加复杂。习近平指出：“进入新发展阶段，新发展理念的理解要不断深化，举措要更加精准务实，真正实现高质量发展。”[①]

第四，在新发展阶段，把握好新发展理念的主导作用，要增强忧患意识，从发展和安全的统筹中，提升新发展理念的新境界。安全是发展的前提，发展是安全的保障。既保证安全又实现发展，成为新发展阶段对新发展理念提出的新要求和新目标。党的十九届五中全会在擘画“十四五”规划时，对统筹发展和安全问题作出新的部署，“强调要坚持总体国家安全观，加强国家安全体系和能力建设，筑牢国家安全屏障”[②]，提升了发展理念的视界。

在中国社会主要矛盾深刻变化和国际经济政治文化力量对比急剧变化中，中国发展面临的内部风险空前上升，必须增强忧患意识、坚持底线思维，随时准备应对更加复杂困难的局面。“十四五”及其之后的很长时期是中国各类矛盾和风险易发期，各种可以预见和难以预见的风险因素显著增多。习近平指出：“要坚持政治安全、人民安全、国家利益至上有机统一，既要敢于斗

---

①《习近平著作选读》（第二卷），人民出版社，2023年，第408页。

② 中共中央党史和文献研究室编：《十九大以来重要文献选编》（中），中央文献出版社，2021年，第785页。

争，也要善于斗争，全面做强自己，特别是要增强威慑的实力。”[①]增强忧患意识，要求完整、准确、全面贯彻新发展理念：一是在宏观经济方面要防止大起大落；二是在资本市场上要防止外资大进大出；三在粮食、能源、重要资源上要确保供给安全；四要确保产业链供应链稳定安全；五是要防止资本无序扩张、野蛮生长；六是要确保生态环境安全；等等。“我们在谋划和推进发展的时候，要善于预见和预判各种风险挑战，做好应对各种‘黑天鹅’、‘灰犀牛’事件的预案，不断增强发展的安全性。”[②]

三、改革开放经济学说与中国式现代化理论体系的升华

中国的改革开放一开始就是同实现现代化不可分割地联系在一起的。党的十二大是改革开放和社会主义现代化建设新时期召开的第一次党的全国代表大会，此次会议就是以“全面开创社会主义现代化建设的新局面”为主题的。

首先，中国式现代化理论体系是对改革开放经济学说的最突出的理论创新。早在1979年3月，邓小平就提出：“能否实现四个现代化，决定着我们国家的命运、民族的命运。社会主义现代化建设是我们当前最大的政治。现在搞建设，也要适合中国情况，走出一条中国式的现代化道路。”[③]1982年9月，邓小平在党的十二大上第一次提出“建设有中国特色的社会主义”命题，这一命题同“中国式的现代化道路”的发展路向、同“小康”“小康社会”的发展目标相结合，构成新时期中国现代化道路的战略规划、发展步骤和阶段目标的基本思想。

1997年9月党的十五大，是20世纪中国共产党召开的最后一次党的全国代表大会。这次大会在对21世纪中国现代化道路新的规划进行谋划时提出：

---

①《习近平著作选读》（第二卷），人民出版社，2023年，第409页。

② 习近平：《论把握新发展阶段、贯彻新发展理念、构建新发展格局》，中央文献出版社，2021年，第505页。

③《邓小平年谱（一九七五—一九九七）》（上卷），中央文献出版社，2004年，第502页。

“到建党一百年时，使国民经济更加发展，各项制度更加完善；到世纪中叶建国一百年时，基本实现现代化，建成富强民主文明的社会主义国家。”[①]2002年11月召开的党的十六大，是21世纪中国共产党首次党的全国代表大会。这次大会在邓小平“中国式的现代化道路”战略和基本实现“小康”目标基础上，提出“全面建设小康社会”这一现代化建设新的战略和目标。

2012年11月召开的党的十八大，接续全面建设小康社会的战略和目标，进一步提出“全面建成小康社会”这一现代化建设新的奋斗目标。2021年7月，在庆祝中国共产党成立100周年大会上，习近平庄严宣告：“经过全党全国各族人民持续奋斗，我们实现了第一个百年奋斗目标，在中华大地上全面建成了小康社会，历史性地解决了绝对贫困问题，正在意气风发向着全面建成社会主义现代化强国的第二个百年奋斗目标迈进。”[②]全面建成小康社会目标的胜利达成，是第一个百年奋斗目标中最具标志性的成果，也是中国现代化历史进程中最为辉煌的成果。

中国式现代化成为第二个百年奋斗目标的挈要。2020年10月，党的十九届五中全会在绘制第二个百年发展蓝图时，习近平提出：“我国要坚定不移推进中国式现代化，以中国式现代化推进中华民族伟大复兴，不断为人类作出新的更大贡献”[③]，这是对中国式现代化的主要内涵和基本特征作出的最初阐释。在党的二十大上，习近平提出：“从现在起，中国共产党的中心任务就是团结带领全国各族人民全面建成社会主义现代化强国、实现第二个百年奋斗目标，以中国式现代化全面推进中华民族伟大复兴。”[④]2023年2月，在新进中央委员会的委员、候补委员和省部级主要领导干部学习贯彻习近平新时代中国特色社会主义思想和党的二十大精神研讨班开班式上，习近平首次作出

---

① 中共中央文献研究室编：《十五大以来重要文献选编》（上），人民出版社，2000年，第4页。

② 《习近平著作选读》（第二卷），人民出版社，2023年，第476页。

③ 《习近平著作选读》（第二卷），人民出版社，2023年，第368页。

④ 《习近平著作选读》（第一卷），人民出版社，2023年，第18页。

“初步构建中国式现代化的理论体系”①的论断。这一论断以中国共产党百余年的奋斗为历史主题，对中国式现代化的百余年奋斗历程和中国人民不懈砥砺奋进作出了深刻阐释；以理论内涵和科学体系为学理导引，对中国式现代化的实践逻辑和理论逻辑作出了深入分析；以习近平新时代中国特色社会主义思想为主旨，对中国式现代化的思想境界和时代意蕴作出了深邃论证；以世界观和方法论为基础，对中国式现代化与全面推进中华民族伟大复兴的重大关系和战略布局作出了深透探索。

其次，中国式现代化理论体系集中体现了改革开放经济学说的要领，由此而呈现的一系列创新性理论，开拓了中国特色社会主义政治经济学的新境界。作为理论体系的中国式现代化，拓展了改革开放经济学说的理论视野，成为全面建成社会主义现代化强国的理论指导和实践指南。

第一，从“以中国式现代化全面推进中华民族伟大复兴”到“中国共产党的中心任务”的思想脉络，阐明了中国式现代化的“中心任务”和“奋斗目标”，明晰了第二个百年奋斗目标的根本路向和发展旨要，赋予了改革开放经济学说以新时代的内涵。

第二，在对中国式现代化的主要内涵、基本特征和鲜明特色的整体阐释中，凸显了人口规模巨大的现代化、全体人民共同富裕的现代化、物质文明和精神文明相协调的现代化、人与自然和谐共生的现代化和走和平发展道路的现代化等方面的时代特质与理论特性；彰显了引领时代进步、坚守人民至上、把握历史主动、弘扬中华文明、坚持永续发展、维护世界和平等方面的创造性理念。中国式现代化赋予改革开放经济学说以崭新的学理内涵和思想智慧。

第三，中国式现代化彰显了“坚持中国共产党领导，坚持中国特色社会主义，实现高质量发展，发展全过程人民民主，丰富人民精神世界，实现全

① 中共中央党史和文献研究院编：《习近平关于中国式现代化论述摘编》，中央文献出版社，2023年，第30页。

体人民共同富裕，促进人与自然和谐共生，推动构建人类命运共同体，创造人类文明新形态”[①]的本质要求，揭示了中国式现代化与其本质特征的内在联系，赋予了改革开放经济学说以新的理论意蕴和时代意境。

第四，在对中国式现代化的重大原则的全面阐释中，提出必须牢牢把握坚持和加强党的全面领导、坚持中国特色社会主义道路、坚持以人民为中心的发展思想、坚持深化改革开放、坚持发扬斗争精神五项重大原则。这些重大原则是“十四五”时期乃至社会主义现代化强国建设时期要始终坚持的原则，也是改革开放经济学说要秉持的基本原则。

第五，中国式现代化显示的诸如“民惟邦本”“天人合一”“和而不同”“大道之行也，天下为公”“扶贫济困”等理念，生动地体现了“中国式现代化赋予中华文明以现代力量，中华文明赋予中国式现代化以深厚底蕴”[②]的根本特征。“中国式现代化的文化形态”[③]凝聚了改革开放经济学说的精粹。

第六，“世界观、价值观、历史观、文明观、民主观、生态观”[④]这六大观念，是对中国式现代化蕴含的学理和哲理的深刻阐释。这六个观念从多方面丰富了改革开放经济学说的理念和观念。

第七，从人类文明新形态发展的高度，彰显了中国式现代化道路的中国风格和中国智慧。习近平提出：“我们坚持和发展中国特色社会主义，推动物质文明、政治文明、精神文明、社会文明、生态文明协调发展，创造了中国式现代化新道路，创造了人类文明新形态。”[⑤]人类文明新形态是中国式现代化在全面建成社会主义现代化强国过程中中国道路的新形态。人类文明新形态不只是基于新时代中国社会发展形态鲜明特征的概括，也是对人类社会发

---

①《习近平著作选读》（第一卷），人民出版社，2023年，第20页。

② 习近平：《在文化传承发展座谈会上的讲话》，《求是》，2023年第17期。

③ 习近平：《在文化传承发展座谈会上的讲话》，《求是》，2023年第17期。

④ 中共中央党史和文献研究院编：《习近平关于中国式现代化论述摘编》，中央文献出版社，2023年，第294页。

⑤《习近平著作选读》（第二卷），人民出版社，2023年，第483页。

展形态本质规定的理解，彰显了人类文明形态探索的中国智慧，也展现了改革开放经济学说的新课题。

习近平指出："党的二十大报告明确概括了中国式现代化五个方面的中国特色，深刻揭示了中国式现代化的科学内涵。这既是理论概括，也是实践要求，为全面建成社会主义现代化强国、实现中华民族伟大复兴指明了一条康庄大道。"[①]对中国式现代化理论体系的开创性探索，是当代中国马克思主义政治经济学的重大创新，也是改革开放经济学说最突出的创新性成果。

四、改革开放经济学说与基本经济制度理论的拓新

改革开放以来社会主义基本经济制度理论探讨，始终是以社会主义初级阶段生产关系和分配关系及相应的经济体制改革实践为基础的，是以中国社会主义初级阶段生产方式本质特征的探索为前提的。

第一，守正创新是改革开放经济学说中社会主义基本经济制度理论发展的根本原则和基本方法。马克思在《资本论》中提出，对资本主义生产方式"特殊的、具有独特历史规定性"的理解突出体现在三个方面：一是对"把社会生产力及其发展形式的一个既定的阶段作为自己的历史条件，这个条件又是一个先行过程的历史结果和产物，并且是新的生产方式由以产生的既定基础"的理解；二是对"这种独特的、历史地规定的生产方式相适应的生产关系"，即"人们在他们的社会生活过程中、在他们的社会生活的生产中所处的各种关系"的理解；三是对与生产关系相联系的分配关系的理解，这时"分配关系本质上和这些生产关系是同一的，是生产关系的反面，所以二者共有同样的历史的暂时的性质"。[②]这三个方面包含了对基本经济制度中生产关系、分配关系和经济运行体制三个规定性的理解。

---

① 中共中央党史和文献研究院编：《习近平关于中国式现代化论述摘编》，中央文献出版社，2023年，第70页。

②《马克思恩格斯文集》（第七卷），人民出版社，2009年，第994页。

1982年12月，第五届全国人大第五次会议通过的《中华人民共和国宪法》，已经作出“国家在社会主义初级阶段，坚持公有制为主体、多种所有制经济共同发展的基本经济制度，坚持按劳分配为主体、多种分配方式并存的分配制度”[①]的规定，对社会主义初级阶段基本经济制度中生产关系和分配关系特征作出了概括。1985年3月，邓小平提出的“一个公有制占主体，一个共同富裕，这是我们所必须坚持的社会主义的根本原则”[②]，主要是从生产关系和分配关系基本性质上对这一基本经济制度作出的阐释。党的十四大提出社会主义市场经济体制改革目标，对以计划和市场关系为核心问题的经济体制改革作出阶段性概括。邓小平在这一年年初提出：“恐怕再有三十年的时间，我们才会在各方面形成一整套更加成熟、更加定型的制度”[③]，凸显了对基本经济制度认识上的战略思考。

党的十五大提出社会主义初级阶段基本纲领，从“坚持和完善社会主义公有制为主体、多种所有制经济共同发展的基本经济制度；坚持和完善社会主义市场经济体制，使市场在国家宏观调控下对资源配置起基础性作用；坚持和完善按劳分配为主体的多种分配方式，允许一部分地区一部分人先富起来，带动和帮助后富，逐步走向共同富裕；坚持和完善对外开放，积极参与国际经济合作和竞争。保证国民经济持续快速健康发展，人民共享经济繁荣成果”[④]等四个方面，提出了社会主义初级阶段基本经济纲领的基本内容，从所有制结构、分配制度格局以及社会主义市场经济体制特征上作出了新的探索。

第二，突出社会主义基本经济制度中生产关系和分配关系基本规定在基本经济制度探索中的重要地位。2015年11月，习近平在回顾改革开放以来中

---

① 中共中央文献研究室编：《改革开放三十年重要文献选编》（上），中央文献出版社，2008年，第301页。

②《邓小平文选》（第三卷），人民出版社，1993年，第111页。

③《邓小平文选》（第三卷），人民出版社，1993年，第372页。

④ 中共中央文献研究室编：《改革开放三十年重要文献选编》（下），中央文献出版社，2008年，第899页。

国特色社会主义政治经济学发展进程时提道，“马克思主义政治经济学认为，生产资料所有制是生产关系的核心，决定着社会的基本性质和发展方向”[①]。改革开放以来，在对社会主义初级阶段基本经济制度的理解上，中国共产党不仅强调坚持公有制为主体、多种所有制经济共同发展，还明确了公有制经济和非公有制经济都是社会主义市场经济的重要组成部分，都是中国经济社会发展的重要基础，树立了“要毫不动摇巩固和发展公有制经济，毫不动摇鼓励、支持、引导非公有制经济发展，推动各种所有制取长补短、相互促进、共同发展”[②]的理念。在社会主义初级阶段基本经济制度的视界内，同样要坚持和完善社会主义基本分配制度，这不仅因为马克思主义政治经济学认为，分配决定于生产又反作用于生产，“最能促进生产的是能使一切社会成员尽可能全面地发展、保持和施展自己能力的那种分配方式”[③]；还因为按劳分配为主体、多种分配方式并存的分配制度是最适合中国实际的分配制度，“实践证明，这一制度安排有利于调动各方面积极性，有利于实现效率和公平有机统一”[④]。这里提到的“制度安排”，实际上就是对按劳分配为主体、多种分配方式并存的分配制度所作的基本经济制度意义上的肯定。党的十八大以来，结合新时代中国特色社会主义发展新的实际，因时而进、因势而新，习近平经济思想对社会主义初级阶段基本经济制度规定性的探索取得了突破性进展。

在对国家治理体系和治理能力现代化的探索中，社会主义初级阶段基本经济制度的认识得到进一步深化。党的十九届四中全会从中国国家制度和国家治理体系角度，作出“坚持公有制为主体、多种所有制经济共同发展和按

---

① 中共中央党史和文献研究院编：《十八大以来重要文献选编》（下），中央文献出版社，2018年，第4~5页。

② 中共中央党史和文献研究院编：《十八大以来重要文献选编》（下），中央文献出版社，2018年，第5页。

③《马克思恩格斯文集》（第九卷），人民出版社，2009年，第209页。

④ 中共中央党史和文献研究院编：《十八大以来重要文献选编》（下），中央文献出版社，2018年，第5页。

劳分配为主体、多种分配方式并存，把社会主义制度和市场经济有机结合起来，不断解放和发展社会生产力”[①]，中国特色社会主义经济制度的“显著优势”的判断。这一判断，突出了生产关系中所有制结构和分配关系中分配制度格局的基本特征，强调了经济运行机制上社会主义制度规定和市场经济体制规定有机结合、融为一体的基本特征，并且从解放生产力和发展生产力这一社会主义基本经济制度的“既定基础”上，凸显了中国特色社会主义基本经济制度的坚实基础和本质规定。

第三，社会主义基本经济制度的新概括，深刻体现于中国特色社会主义政治经济学的主要理论之中。公有制为主体、多种所有制经济共同发展的基本经济制度概括，强调了毫不动摇巩固和发展公有制经济，毫不动摇鼓励、支持、引导非公有制经济发展的理论和实践意义；强调了探索公有制多种实现形式，推进国有经济布局优化和结构调整，发展混合所有制经济，增强国有经济竞争力、创新力、控制力、影响力、抗风险能力，做强做优做大国有资本。

按劳分配为主体、多种分配方式并存的基本经济制度概括，强调了坚持多劳多得，着重保护劳动所得，增加劳动者特别是一线劳动者的劳动报酬，提高劳动报酬在初次分配中的比重的重要意义；强化了健全劳动、资本、土地、知识、技术、管理、数据等生产要素由市场评价贡献、按贡献决定报酬的机制的重要作用，使发展成果更多更公平惠及全体人民，使社会朝着共同富裕的方向稳步前进。

社会主义市场经济体制作为基本经济制度的新概括，突出了加快完善社会主义市场经济体制重要的实践和理论意义在根本上解决好政府与市场的关系这一核心问题，就要以公有制为主、多种所有制经济共同发展的基本经济制度为“根基”，就要在同基本经济制度结合起来和融合起来的过程中体现市

---

① 中共中央党史和文献研究院编：《十九大以来重要文献选编》（中），中央文献出版社，2021年，第270~271页。

场经济的“社会主义”的根本性质，就要在扫除经济发展的体制机制障碍中推进国家治理体系和治理能力现代化。

社会主义基本经济制度的新概括，同坚持党对经济工作的领导和坚持以人民为中心的发展思想，无论在经济发展的核心问题还是在根本立场上都具有内在的统一性。这种统一性集中体现于规划发展战略、统筹发展全局、制定经济政策和推动经济运行之中，集中体现在牢牢坚持核心问题和根本立场、全面贯彻新发展理念、以深化供给侧结构性改革为主线、加快建设现代化经济体系之中。

党的十九届四中全会对中国特色社会主义基本经济制度的探索，是中国共产党在坚持中国特色社会主义道路、完善中国特色社会主义制度实践探索中的理性概括和理论结晶，是改革开放经济学说最重要的理论创新。

五、改革开放经济学说“系统化”的学理要义和理论要旨

不断开拓中国特色“系统化的经济学说”，是习近平2015年11月在十八届中共中央政治局以“马克思主义政治经济学基本原理和方法论”为主题的集体学习时的讲话中首次提出的重要观点。“系统化的经济学说”的要义在于：立足中国国情和经济改革发展的实际，以世界经济和中国经济面临的新情况新问题为对象，着力揭示和把握中国经济发展的新特点，提炼和总结其中的规律性特征，“把实践经验上升为系统化的经济学说，不断开拓当代中国马克思主义政治经济学新境界，为马克思主义政治经济学创新发展贡献中国智慧”①。2020年8月，习近平在经济社会领域专家座谈会上，对开拓中国特色“系统化的经济学说”方法论的四个问题作出了深刻阐释。对开拓什么样的中国特色“系统化的经济学说”和怎样开拓中国特色“系统化的经济学说”

① 中共中央党史和文献研究院编：《十八大以来重要文献选编》（下），中央文献出版社，2018年，第7页。

的探索，深刻地包含着对改革开放45年来经济学说演进的规律性问题的理解，对提升改革开放经济学说遵循的学理和方法的概括有着深刻启示。

首先，要遵循的学理和方法是："从国情出发，从中国实践中来、到中国实践中去，把论文写在祖国大地上，使理论和政策创新符合中国实际、具有中国特色。"①改革开放45年的实践波澜壮阔，经济学说的演进风云起伏，无论从搞好国营大中小企业、发展个体私营经济到深化国企改革、发展混合所有制经济，从单一公有制到公有制为主体、多种所有制经济共同发展和坚持"两个毫不动摇"，从坚持社会主义市场经济体制发展方向到积极推进构建高水平社会主义市场经济体制；是从实行家庭联产承包责任制到乡镇企业异军突起，从取消农业税、牧业税和特产税到农村承包地"三权"分置的改革，再到打赢脱贫攻坚战、实施乡村振兴战略和全面建成小康社会目标的实现，都是从社会主义初级阶段的国情出发的，都是从实践中来又经过实践检验而不断推向前进的过程，其中的理论创新也都是符合中国实际、富有中国特色的。

改革开放经济学说立足中国国情和经济改革发展实践，是对这一实践中经验积累和理性认识的升华。这里的经验积累，最根本的就是坚持党对一切工作的领导，并不断加强和改善党的领导；这里达成的理性认识的升华，最重要的就是中国共产党的领导是中国特色社会主义最本质的特征，是中国特色社会主义制度的最大优势，也是改革开放经济学说不断取得新成就的根本所在。在改革开放的新的进程中，只有坚持党的集中统一领导，才能成功应对一系列重大风险挑战、克服各种艰难险阻，才能既不走封闭僵化的老路也不走改旗易帜的邪路、坚定不移地走中国特色社会主义道路，才能实现全面建成社会主义现代化强国伟大目标、实现中华民族伟大复兴的新的辉煌。

其次，要遵循的学理和方法是："深入调研，察实情、出实招，充分反映

①《习近平著作选读》（第二卷），人民出版社，2023年，第334页。

实际情况，使理论和政策创新有根有据、合情合理。”[①]改革开放45年经济学说的演进，给我们的最深刻的启示就是：创新是改革开放的生命活力所在。这一生命活力根源于坚持理论联系实际，在充分反映实际情况的基础上实现理论和实践创新。

正确认识和把握资本的特性和行为规律，是在改革开放实践到一定阶段后出现的新问题。这既是一个重大经济问题，也是一个重大政治问题。社会主义经济学说史上，马克思、恩格斯没有设想过社会主义可以搞市场经济，当然就不可能提出社会主义国家如何对待资本的问题；苏联长期实行的是高度集中的计划经济体制，没有遇到过资本大规模发展的问题。搞社会主义市场经济是中国共产党的一个伟大创造，如何从中国基本国情出发，在社会主义初级阶段市场经济条件下，规范和引导资本健康发展，就成为改革开放经济学说必须研究、解决的重大理论和实践问题。解决这一问题，特别需要深入调研，察实情、出实招，使理论和政策创新有根有据、合情合理。不能回避的问题在于，近年来，由于认识不足、监管缺位，一些领域出现资本无序扩张、肆意操纵、牟取暴利的现象。习近平指出：“这就要求规范资本行为，趋利避害，既不让‘资本大鳄’恣意妄为，又要发挥资本作为生产要素的功能。这是一个不容回避的重大政治和经济问题。”[②]这一问题的核心在于：“遏制资本无序扩张，不是不要资本，而是要资本有序发展”，特别是“要坚持和完善社会主义基本经济制度，毫不动摇巩固和发展公有制经济，毫不动摇鼓励、支持、引导非公有制经济发展，促进非公有制经济健康发展和非公有制经济人士健康成长”。[③]在新发展阶段，规范和引导资本健康发展，“关系坚持社会主义基本经济制度，关系改革开放基本国策，关系高质量发展和共同富裕，关系国家安全和社会稳定”[④]。

---

①《习近平著作选读》（第二卷），人民出版社，2023年，第334页。
② 习近平：《正确认识和把握我国发展重大理论和实践问题》，《求是》，2022年第10期。
③《习近平著作选读》（第二卷），人民出版社，2023年，第577页。
④《习近平谈治国理政》（第四卷），外文出版社，2022年，第217页。

再次，要遵循的学理和方法是："把握规律，坚持马克思主义立场、观点、方法，透过现象看本质，从短期波动中探究长期趋势，使理论和政策创新充分体现先进性和科学性。"[1]党的十一届六中全会提出："社会主义改造基本完成以后，我国所要解决的主要矛盾，是人民日益增长的物质文化需要同落后的社会生产之间的矛盾。"[2]这一社会主要矛盾，对改革开放和社会主义现代化建设新时期改革开放经济实践和理论发展产生了重要影响。党的十九大在对新时代改革开放新变化的深刻把握和科学分析中，作出中国社会主要矛盾是人民日益增长的美好生活需要和不平衡不充分的发展之间矛盾的新判断。习近平指出："我国社会主要矛盾的变化是关系全局的历史性变化，对党和国家工作提出了许多新要求。我们要在继续推动发展的基础上，着力解决好发展不平衡不充分问题，大力提升发展质量和效益，更好满足人民在经济、政治、文化、社会、生态等方面日益增长的需要，更好推动人的全面发展、社会全面发展进步。"[3]正确理解和处理好社会主要矛盾成为从短期波动中探究长期趋势的学理依据和内在根据。

最后，要遵循的学理和方法是："树立国际视野，从中国和世界的联系互动中探讨人类面临的共同课题，为构建人类命运共同体贡献中国智慧、中国方案。"[4]改革开放四十多年的实践，从兴办深圳等经济特区、沿海沿边沿江沿线和内陆中心城市对外开放，到加入世界贸易组织、从"引进来"到"走出去"，再到共建"一带一路"、设立自由贸易试验区、谋划中国特色自由贸易港，是具有鲜明中国特色的对外开放的历史进程。习近平在对改革开放四十多年实践启示的论述中指出："开放带来进步，封闭必然落后。中国的发展离不开世界，世界的繁荣也需要中国。我们统筹国内国际两个大局，

---

①《习近平著作选读》（第二卷），人民出版社，2023年，第334页。

② 中共中央文献研究室编：《改革开放三十年重要文献选编》（上），中央文献出版社，2008年，第212页。

③《习近平著作选读》（第二卷），人民出版社，2023年，第10页。

④《习近平著作选读》（第二卷），人民出版社，2023年，第334页。

坚持对外开放的基本国策，实行积极主动的开放政策，形成全方位、多层次、宽领域的全面开放新格局，为我国创造了良好国际环境、开拓了广阔发展空间。”①

国际经济的交流和交往是世界经济发展的必然趋势，各国分工合作、互利共赢是人类休戚与共的命运共同体的内在要求。我们要发挥负责任大国作用，支持广大发展中国家发展，积极参与全球治理体系改革和建设，共同为建设持久和平、普遍安全、共同繁荣、开放包容、清洁美丽的世界而奋斗。要支持开放、透明、包容、非歧视性的多边贸易体制，促进贸易投资自由化、便利化，推动经济全球化朝着更加开放、包容、普惠、平衡、共赢的方向发展。要以共建“一带一路”为重点，同各方一道打造国际合作新平台，为世界共同发展增添新动力。在改革开放经济学说新的发展中，要坚持从国内经济和世界经济相互联系的方面，拓展中国特色“系统化的经济学说”的研究视界。

① 《习近平著作选读》（第二卷），人民出版社，2023年，第228页。

第七章

社会主义改造和改革：中国式现代化的基本经济制度逻辑

中国共产党的初心和使命就是为中国人民谋幸福、为中华民族谋复兴。为此，必须在推进工业化的基础上实现现代化。党的二十大明确提出："以中国式现代化全面推进中华民族伟大复兴。"[①]从根本上讲，就是要不断解放和发展生产力，建立、发展、完善具有中国特色的社会主义基本经济制度。从大历史观来看，中国式现代化背后有一条从改造到改革的基本经济制度的历史逻辑。中华人民共和国成立后，我们在社会主义探索中逐步建立了纯粹公有制、单一按劳分配制度和高度集中的计划经济体制，社会主义工业化开始起步，为中国现代化提供了制度基础和物质起点。但是由于底子薄、基础差、生产力水平低，初步工业化后的现代化进程缓慢。改革开放后，党和国家对什么是社会主义、怎样推进社会主义现代化的认识有了很大变化，通过市场取向的改革探索了中国特色社会主义基本经济制度，调整了所有制结构和收入分配制度，并确立了社会主义市场经济体制。由此加快了工业化进程，迅速推进了中国式现代化。不过，有人提出疑问：既然通过市场经济解放和发展了生产力，推进中国工业化和现代化，那么，社会主义改造是否必要？本章从社会主义建设和经济发展七十多年历史的角度，分析社会主义改造和改革与中国工业化、现代化的内在关系及其历史演进，改造和改革都是解放和发展生产力，改造是改革的基础，改革是改造的继续，目的就是加快推进中国在工业化基础上的社会主义现代化。

① 习近平：《高举中国特色社会主义伟大旗帜　为全面建设社会主义现代化国家而团结奋斗——在中国共产党第二十次全国代表大会上的报告》，人民出版社，2022年，第21页。

一、社会主义改造确立社会主义经济制度、开启中国式现代化进程

实现中国式现代化必须走社会主义道路、建立社会主义制度，这是经过理论论证和实践检验的正确路径。社会主义改造通过“一化三改”的整体布局确立了中国社会主义的政治制度和公有制的经济制度，建立了工业化体系，初步解放了社会生产力，为中国式现代化提供了制度起点和工业基础。

（一）在生产资料社会主义改造基础上确立社会主义公有制

建立社会主义公有制是确立社会主义基本制度的要求。实现生产关系革命、建立符合国体和政体的全民所有制，不仅有利于巩固新生政权，而且能够推动生产力较快发展，尽早摆脱一穷二白的经济状况。“新制度所以应该采取，就是因为比旧制度有利得多，不是只对少数人有益处，而是对全国人民都有益处”[①]，这种益处使生产资料私人占有制过渡到社会主义公有制具有历史必然性。

生产资料的社会主义改造从农业、手工业和资本主义工商业三个方面展开。在农业方面，通过建立互助组、成立初级组、发展高级社，循序渐进地将农民个体经济转变为社会主义集体经济。1956年底中国基本完成农业合作化，96.3%的农户参加了农业生产合作社，87.8%的农户参加了高级社，不仅成功抵御了1953年和1955年较为严重的自然灾害，还在1952—1956年实现了农业总产值累计34.4%的增速。在手工业方面，通过供销小组、供销合作社、生产合作社这种由低级到高级的组织方式，将个体手工业融入集体所有制当中，到1956年底参加合作社的手工业人员占全体手工业人数的91.7%。在资本主义工商业方面，通过“和平赎买”方式将资本家转化为社会主义劳动者，基本确立了生产资料社会主义公有制。至1956年底，99%的原有私营工业单

①《毛泽东文集》（第六卷），人民出版社，1999年，第499页。

位实现改造，82.2%的私营商业单位实现改造，基本实现全行业公私合营。

表1　农业总产值变动及干旱情况

	农业总产值(亿元)	增速(%)	重旱省数(个)	极旱省数(个)
1949年	325.9			
1950年	383.6	17.7		
1951年	419.7	9.4	4	
1952年	483.9	15.3		
1953年	499.1	3.1	3	3
1954年	515.7	3.3		
1955年	555.4	7.7	4	
1956年	582.9	5.0	2	

数据来源：国家统计局：《伟大的十年：中华人民共和国经济和文化建设成就的统计》，人民出版社，1959年，第14页；国家防汛抗旱总指挥部办公室、水利部南京水文水资源研究所：《中国水旱灾害》，中国水利水电出版社，1997年，第289页。

1952—1956年国民经济结构发生显著变化，为公有制经济制度的初步确立提供了有力支撑。改造期间，国营经济占比由19.1%升至32.2%，合作社经济和公私合营经济取得长足进步，个体经济占比由71.8%降至7.1%。至此，集体所有制和全民所有制的公有制经济在国民经济中占据主导地位，中国基本确立了生产资料公有制的经济制度，也从根本上消灭了存在于中国数千年的封建剥削压迫制度。随公有制发展而来的按劳分配将劳动作为个人收入的主要依据，也从根本上消除了剥削制度产生的基础，为社会主义共同富裕创造了制度条件。

表2　社会主义经济在国民经济中的成分比重

(单位：%)

	国营经济	合作社经济	公私合营经济	资本主义经济	个体经济
1952年	19.1	1.5	0.7	6.9	71.8
1953年	23.9	2.5	0.9	7.9	64.8
1954年	26.8	4.8	2.1	5.3	61.0
1955年	28.0	14.1	2.8	3.5	51.6

续表

	国营经济	合作社经济	公私合营经济	资本主义经济	个体经济
1956年	32.2	53.4	7.3	0.0	7.1

数据来源：国家统计局：《伟大的十年：中华人民共和国经济和文化建设成就的统计》，人民出版社，1959年，第36页。

社会主义改造在较短时间内确立的生产资料公有制并不意味着中国不允许存在一定程度的资本主义私有制。社会生产力发展水平的多层次性决定了中国在一定历史时期内彻底消灭资本主义私有制不利于民族经济的整体发展。马克思指出，将分散的私有制转化为社会所有制“自然是一个长久得多、艰苦得多、困难得多的过程”①，中国在对私有制改造取得伟大胜利的同时，私人所有的“地下工厂”时有出现。为此，毛泽东于1956年提出“因为社会有需要，就发展起来。要使它成为地上，合法化，可以雇工”以及“可以消灭了资本主义，又搞资本主义”。②可见，在社会主义公有制已经建立和国营经济居于主导地位的前提下，允许包括资本主义私有制在内的非公有制的生产资料所有制形式的存在，是对社会主义改造的完善和补充，并非否定社会主义改造奠定了公有制的经济制度基础。

（二）初步解放社会生产力、开启工业化基础上的现代化进程

社会主义改造确立的生产资料公有制的经济制度，不仅为中国工业化提供了制度基础，更“使生产力大大地获得解放”③，也使“集中力量办大事”成为现实。对于中国的工业化道路，毛泽东曾有过深刻论述：在必要性方面，“中国民族和人民要彻底解放，必须实现国家工业化”④；在路径方面，实现

①《马克思恩格斯全集》（第四十四卷），人民出版社，2001年，第874页。

② 中共中央文献研究室编：《毛泽东年谱（1949—1976）》（第三卷），人民出版社，2013年，第47页。

③《毛泽东文集》（第七卷），人民出版社，1999年，第1页。

④《毛泽东文集》（第六卷），人民出版社，1999年，第223页。

工业化与社会主义改造密切相关，“为了完成国家工业化，必须发展农业，并逐步完成农业社会化”[①]；在方向指引上，“重工业是我国建设的重点”[②]，“发展工农业生产，又是加强国防建设的物质基础”[③]。同时，将社会主义改造和工业化并举作为过渡时期总路线，为国家工业化和初步解放发展生产力提供了必要理论支撑。在此基础上，社会主义改造赋予国家工业化长足进步，社会生产力得到初步解放。

一是工业发展与国民经济水平显著提高，中国工业实力稳步增强。按照1952年不变价，工业总产值由1952年的343.3亿元增长到1956年的703.6亿元，累计增幅105%；其中，现代工业总产值由220.5亿元增长到503.4亿元，占比升至71.6%，[④]工业结构明显优化。社会主义改造不仅为国家工业化提供了驱动力，也成为民富的先决条件。全国职工年均工资由1952年的446元增长到1956年的610元，增幅36.8%，同期农民收入也增长了24.3%；城镇居民储蓄在1950—1956年增长了约16倍，[⑤]人民生活水平显著提高。

在社会主义改造的同时，中国开始实施“一五”计划，集中力量建设苏联援助的156个项目以及限额以上的694个项目，初步奠定了中国社会主义工业化的基础，而以农业发展反哺工业的举措保障了工业化的迅速推进。受益于国家工业化进程，社会生产力得到较快提升，1953—1956年改造期间，中国国内生产总值平均增速达10.5%，较高的经济增长率解放了社会生产力，为推进中国式现代化提供了前提。

二是国家基础设施不断完善，软实力快速增强，为中国式现代化的纵深发展提供了前进保障。在水利建设方面，社会主义改造期间新建主要大型水

---

①《毛泽东文集》（第六卷），人民出版社，1999年，第207页。

②《毛泽东文集》（第七卷），人民出版社，1999年，第24页。

③《毛泽东文集》（第六卷），人民出版社，1999年，第223页。

④ 国家统计局：《伟大的十年：中华人民共和国经济和文化建设成就的统计》，人民出版社，1959年，第80页。

⑤ 国家统计局：《伟大的十年：中华人民共和国经济和文化建设成就的统计》，人民出版社，1959年，第191~194页。

库容量合计64.85亿立方米，1949—1956年新增灌溉面积2.4亿亩，[①]为抗击水旱灾害、确保农业生产提供了技术和设施支撑，解决了初级产品供给安全的问题。在医疗卫生方面，人口自然增长率由中华人民共和国成立之初的16‰升至1957年的23.2‰，人均预期寿命由35岁延长至57岁，[②]为中国人口红利的积累提供了保障，使劳动力驱动经济增长成为现实。在教育方面，全国高等学校在校生人数由1952年的19.1万人增至1956年的40.3万人，[③]人才红利的积累为社会主义建设提供了大量知识分子和技术人员，为现代化发展中生产力的进一步解放提供了支撑。

（三）从中国式现代化的历史进程思考社会主义改造

如前所述，社会主义改造实现了中国社会从新民主主义向社会主义的过渡、从私有制向公有制的转变，社会生产力得到解放，开启了工业化基础上的现代化进程，这是几千年来中国最为深刻的社会变革。马克思主义揭示了人类社会发展中生产力与生产关系相互适应的基本经济规律，生产关系落后或者超前于生产力水平都不利于其发展。20世纪70年代末，中国开始了改革开放，调整、改革超越实际生产力的生产关系，在毫不动摇地巩固和发展公有制经济的同时，鼓励、支持和引导非公有制经济发展。也正因为此，有人对社会主义改造提出“质疑”。

“质疑”论的主要依据是，社会主义改造之前的中国处于新民主主义革命胜利后的过渡阶段，已经是多种所有制经济并存格局。1952年国民经济成分中，国营经济占19.1%，合作社经济占1.5%，公私合营经济占0.7%，资本主

① 国家统计局：《伟大的十年：中华人民共和国经济和文化建设成就的统计》，人民出版社，1959年，第59、115页。

②《人口总量平稳增长人口素质显著提升——新中国成立70周年经济社会发展成就系列报告之二十》，中国政府网，http：//www.gov.cn/xinwen/2019-08/22/content_5423308.htm。

③ 国家统计局：《伟大的十年：中华人民共和国经济和文化建设成就的统计》，人民出版社，1959年，第170页。

义经济占6.9%，个体经济占71.8%，这在一定程度上与社会主义改革后多种所有制经济共同发展的格局吻合，由此衍生了“跨越阶段论”“退回到新民主主义论”等错误观点。[①]由于混淆了中国社会两个不同发展阶段，上述观点也就难以认识到表象相似的多种所有制经济格局背后的基本经济制度在根源上的本质区别。社会主义经济体制改革后形成的多种所有制经济共同发展是建立在社会主义改造完成的基础上，以公有制为主体的多种所有制经济，是基于社会主义制度下的共同发展，目的是解放和发展社会生产力，推动工业化基础上的中国式现代化进程；而过渡阶段的多种经济成分几乎是依托旧社会私有经济基础上的共存，目的是追求个人私利和财富的积累，完全不同于社会主义本质要求。所以，社会主义改革并非“倒退”“决不是退回到建国初期那种社会主义公有制尚未在城乡占绝对优势的新民主主义经济”[②]。

社会主义改造是针对刚刚脱胎于半殖民地半封建社会的中国，为改变当时一穷二白的社会现实的战略举措，是中国从新民主主义向社会主义过渡的必由之路，是中国革命“两步走”的题中之义，是应对和解决国民经济运行中出现的新矛盾、新问题，以及推动国家工业化、实现国家现代化的必然选择。中国共产党在实践中把马克思主义基本原理同中国社会主义革命的具体实际相结合，开辟了一条适合中国的社会主义改造道路。

其实，社会主义改造和改革具有内在逻辑的统一性，统一于中国共产党领导下的中国式现代化。所谓现代化，是指发达国家自18世纪工业革命以来经历地从传统到现代、从不发达到发达的过程，也是指人类社会从传统农业社会向现代工业社会转变的历史过程。在中国，现代化道路是近代以来中国人民和无数仁人志士坚持不懈追求的目标。孙中山在《建国大纲》中最早提出国家现代化目标，但旧中国生产力水平极不发达，资本主义经济力量极其

---

① 许洪位：《对中国社会主义改造“早产论”的批判》，《当代世界与社会主义》，2022年第2期。

② 中共中央文献研究室编：《改革开放三十年重要文献选编》（上），人民出版社，2008年，第357页。

弱小，不可能成为中国工业起飞的基础，也就决定了对现代化的探索不可能取得成功。中华人民共和国成立后，中国共产党人明确提出并长期实践社会主义现代化。1956年社会主义改造基本完成后，毛泽东提出了社会主义现代化目标。通过生产资料社会主义改造确立了社会主义经济制度，社会经济结构发生了根本变化，具有社会主义性质的国营经济得到迅速发展，社会主义因素在经济领域位居主导地位。在实行社会主义改造的同时，国家开始有计划地开展经济建设，并且坚持社会主义改造与工业化并举。社会主义性质的国营经济是实现国家工业化的基础，社会主义工业化是国家独立和富强的必然要求和必要条件。在资金紧缺、物资匮乏、工业部门构成相对简单的工业化起始阶段，采取集中统一的计划体制，对于合理配置有限资源、迅速启动以重点工业项目为标志的工业化发挥了重要作用。否则，不可能快速有效地建立起中国工业化的初步基础。不过，由于缺乏对经济发展规律和生产力发展水平的深刻认识，在公有制实现形式上过于追求纯粹，在经济模式的选择上过于简单，加上当时在科学技术、重大创新等经济增长内生动力尚不具备的情况下难以实现现代化的跃升。现代化是一个发展的概念，是随着时代的变化和新技术革命的发展而发展的，是一个不断向前、不断创新的社会运动。[①]因此，我们需要通过社会主义改革来调整生产关系、创新体制机制、解放和发展生产力，实现中国式现代化的内生增长。

从中国社会主义发展历史来看，社会主义改造和改革是中国式现代化的制度逻辑，二者内在统一，改造是改革的基础，改革是改造的继续，不能用改革否定改造。改造和改革都是在中国共产党领导下进行的所有制的深刻变革，改造是所有制的根本性变革，改革是在所有制根本性质不变的情况下根据生产力发展对所有制结构和实现形式的调整和完善。所以，改造和改革统一于中国式现代化发展历程中，是实现中国式现代化的基本经济制度保障。

---

① 洪银兴：《中国式现代化论纲》，江苏人民出版社，2023年，第28页。

二、社会主义改革解放和发展生产力、加快中国式现代化进程

社会主义改造奠定了国家工业化的经济制度基础，开启了工业化基础上的中国式现代化的进程。不过，单一公有制、高度集中的计划经济等超越了中国生产力发展水平，逐步成为社会生产力进一步解放和发展的阻碍力量。因此，推动中国式现代化必须建立有利于解放和发展生产力、有利于工业化发展的经济制度和资源配置方式，这就必须进行经济改革尤其是经济体制改革，调整不适应生产力发展的生产关系，形成、完善社会主义基本经济制度。

（一）公有制为主体、多种所有制经济共同发展的所有制形式加快推进了中国式现代化

社会主义改造完成后确立的生产资料公有制逐步发展形成单一公有制，并通过高度集中的计划经济体制来具体实施。计划经济体制虽然将各行各业有序组织起来，发挥了“集中力量办大事”的优势，对推动工业化发展起到积极作用，但单一公有制与生产力发展不适应的问题日渐暴露，完全凭借和依靠政府指令性计划导致生产效率低下、人民群众生产积极性受挫，严重制约了现代化建设的纵深发展。为此，有必要通过改革突破单一公有制的局限性，突破高度集中的计划经济体制，对社会主义所有制结构和实现形式进行改革。

党的十二届三中全会确认了个体经济的合法性和发展多种经济形式的必要性，1988年《中华人民共和国宪法修正案》将私营经济作为社会主义公有制经济的补充。党的十四届三中全会提出坚持以公有制为主体、多种经济成分共同发展的方针；党的十五大将公有制为主体、多种所有制经济共同发展上升为社会主义初级阶段的基本经济制度；党的十六大首次提出“两个毫不动摇、一个统一”的思想，把坚持公有制为主体，促进非公有制经济发展，统一于社会主义现代化建设的进程中；党的十八届三中全会将公有制和非公

有制经济均作为社会主义市场经济的重要组成部分，非公有制经济地位得到提升；党的十九届四中全会根据新时代中国社会主义市场经济发展的新特点，重新概括基本经济制度，把按劳分配为主体、多种分配方式并存和社会主义市场经济体制纳入基本经济制度范畴。中国基本确立了多种所有制经济共同发展的格局，公有制与非公有制在解放和发展现代化生产力方面的优势得到释放。

公有制为主体，多种所有制经济共同发展，是中国社会主义初级阶段的所有制形式。生产资料公有制是社会主义的根本经济特征，是社会主义经济制度的基础，是中国特色社会主义制度的重要支柱，也是社会主义市场经济体制的根基。公有制和非公有制经济都是社会主义市场经济的重要组成部分，都是中国经济社会发展的重要基础。一方面，必须保持公有制的主体地位，但要转向注重国有经济的质量，也就是各项能力的提升。要在国家经济发展的关键领域和核心环节发挥战略支撑作用，实现社会生产力的整体性突破。随着多种所有制经济的共同发展，公有制的主体地位、国有经济的主导作用并非简单的“数量”问题，更是“质量”问题。在改革初期，非公有制经济力量比较薄弱，公有制经济占社会总资产的比重即“数量”标准上依旧占据主导地位；但随着改革的不断深入，非公有制经济在国民经济中的比重快速上升，党的十六大后，“数量”标准再也未在中央文件中明确出现，相关表述多为“发挥国有经济主导作用，不断增强国有经济活力、控制力、影响力”①，“增强国有经济竞争力、创新力、控制力、影响力、抗风险能力”②等。因此，社会主义改革应赋予公有制经济“质量”提升，而非传统“数量”或比重指标，“国有资本投资运营要服务于国家战略目标，更多投向关系国家安全、国民经济命脉的重要行业和关键领域，重点提供公共服务、发展重要

① 中共中央文献研究室编：《十八大以来重要文献选编》（上），中央文献出版社，2014年，第515页。

② 中共中央党史和文献研究院编：《十九大以来重要文献选编》（中），中央文献出版社，2021年，第281页。

前瞻性战略性产业、保护生态环境、支持科技进步、保障国家安全”[①]，发挥公有制经济在中国式现代化道路的攻关环节、关键节点上的战略引领作用。另一方面，引入非公有制经济参与发展，以社会主义市场经济中平等竞争为原则释放非公有制经济主体的活力和创造力。非公有制经济产权明晰、自负盈亏、自担风险，具有和社会主义市场经济相适应的属性特征，对于推动市场发展、健全市场机制、完善社会主义市场经济体系具有积极作用；而且，非公有制经济符合现阶段中国生产力发展的要求，通过将生产资料和劳动力结合进行简单原始积累，为进一步解放生产力准备了条件。保证公有制与非公有制经济共同发展，有利于保持和增强社会主义市场经济的凝聚力和活力，各有侧重地为中国式现代化提供生产力支撑。

（二）按劳分配为主体、多种分配方式并存的分配制度加快推进了中国式现代化

社会主义改造基本完成至改革开放前，中国收入分配制度表现为计划经济下的平均主义特征。虽然公有制经济发展决定了按劳分配的分配制度，但具体实施形式还处于早期探索阶段，社会分配仍以平均主义为主。这一阶段社会收入差距逐步缩小，1978年中国城市基尼系数仅为0.16，处于绝对平等水平，[②]似乎实现了社会主义共同富裕的本质目标，但其实是一种共同贫穷。究其原因，在当时农业基础薄弱、轻工业比重不足、市场经济缺失的经济落后国家优先发展资本密集型重工业，必然要求采取一系列措施以超低价格将稀缺生产要素配置到重工业领域，保证社会主义建设所需要的资金积累，这一定程度损害了劳动群众的积极性，阻碍了社会生产力的可持续发展。即便到了有计划按步骤的脱贫攻坚和全面建设小康社会的新阶段，人民收入和生活水平得到本质改变，但依旧表现为较大的相对收入差距和贫富分化，基尼

① 中共中央文献研究室编：《十八大以来重要文献选编》（上），中央文献出版社，2014年，第515~516页。

② 蔡昉、杨涛：《城乡收入差距的政治经济学》，《中国社会科学》，2000年第4期。

系数普遍位于0.4以上。脱贫攻坚、全面小康和共同富裕三者梯次推进、循序渐进，前两者主要解决绝对贫困和生活普遍改善问题，是实现共同富裕的重要基础，而共同富裕既是物质上的富有，更是精神上的富足，需要进一步提升全要素生产率以“做大做优蛋糕”和兼顾效率与公平以“切好分好蛋糕”。为此，有必要通过渐进性改革来持续拓宽劳动群众的增收渠道，对社会主义分配制度进行调整优化和内涵拓展，以人民为中心推动中国式现代化的实现。

改革开放初期，农村地区率先探索实行家庭联产承包责任制，以农户享有农业剩余索取权的分配方式解放了农业生产力。党的十二届三中全会将收入分配改革转向城市，在企业建立以承包为主的经济责任制。随后，党的十三大首次提出以其他分配方式作为按劳分配补充的原则，允许合法的非劳动收入。党的十四届三中全会把多种分配方式作为与按劳分配长期并存的制度确定下来，并提出效率优先、兼顾公平的原则。党的十五大在此基础上确定了以按劳分配为主体、多种分配方式并存的制度，把按劳分配与按生产要素分配相结合，允许和鼓励资本、技术等生产要素参与分配。党的十六大至十八大进一步拓展了要素按贡献参与分配的初次分配机制。党的十九大及十九届四中全会继续丰富按要素分配的内涵，形成由市场评价劳动、资本、土地、知识、技术、管理、数据等生产要素的贡献、按贡献决定报酬的机制。至此，基本形成了多种分配方式并存的分配格局，按劳分配与按要素分配相结合的分配制度在激发劳动者生产积极性、提高劳动生产率方面起到关键作用。

根据马克思主义政治经济学原理，分配关系是生产关系的另一面，二者在本质上是同一的。在社会主义初级阶段，中国实行的是公有制为主体、多种所有制经济共同发展的所有制，这就决定了分配制度必然是按劳分配为主体、多种分配方式并存。其中按劳分配为主体是公有制为主体在分配上的体现，多种分配方式并存体现了多种所有制经济共同发展。坚持按劳分配为主体、多种分配方式并存的分配制度，有利于把社会主义制度和市场经济有机结合，不断解放和发展社会生产力。一方面，继续保持按劳分配的主体地位，有助于统筹兼顾效率与公平，以分配结果的公平合理驱动劳动生产率提升，将共同富裕与社会生产力有机结合，发挥劳动者勤劳致富的能动作用。生产资料的占有形式和物质资料的生产方式对中国式现代化进程具有决定性作用，按劳分配是提升社会生产力的重要驱动力，有利于“做大做优蛋糕”，为实现现代化奠定物质基础。当按劳分配符合社会生产关系并统筹兼顾效率和公平时，劳动者生产积极性得到提升，社会生产力普遍提高；相反，不公平的劳动分配形式将催生道德风险和搭便车行为，难以提升社会生产力。另一方面，完善按要素参与分配的机制，使各种要素参与者按贡献获得报酬，在按劳分配的前提下进一步释放不同要素的生产贡献，推动创新及创新成果落地应用，实现关键领域或核心环节的生产力跃升，有利于夯实中国式现代化的物质基础。按要素分配是通过社会主义市场经济的价格决定机制以及宏观调控机制将知识、技术、管理、数据等稀缺资源引导和配置到对突破社会生产力瓶颈有重要作用的领域和环节，赋予了要素贡献者应得的报酬，更为中国经济高质量发展提供内生动力。而且，知识、技术、管理和数据等要素在马克思理论中均属于复杂劳动范畴，通过要素贡献和报酬决定机制实现的收入依旧是勤劳致富的体现。但是中国要素市场化改革明显滞后于商品市场，存在市场决定要素配置的范围有限、要素流动的体制机制存在障碍、要素的价格传导机制不畅等问题，影响了市场对要素资源配置的决定性作用，一定程度上阻碍了社会生产力的跃升。因此，完善按劳分配和按要素分配相结合的分配制度，有利于从局部和整体角度解放和发展社会生产力，并通过公平合理的分配制度推动中国式现代化。

（三）发展社会主义市场经济加快推进了中国式现代化

中国社会主义改造基本完成后确立的高度集中的计划经济体制和资源配置中的指令性计划，对于优先发展重工业及在短期实现由落后农业国转向先进工业国发挥了重要作用。但计划经济的僵化形成的弊端（如宏观经济供需脱轨、中观产业比例失调、微观主体利益不清等）不利于生产力的提高，对实现中国式现代化产生了明显的制约效应，并且在计划经济体制下劳动者生产积极性不高，导致推动现代化进程的内生动力匮乏。因此，有必要通过市场化改革变更传统计划经济体制，建立和完善社会主义市场经济制度。

中国经济体制改革采取了计划与市场双轨渐进的方式，由计划经济分阶段逐步转向社会主义市场经济。党的十一届六中全会提出以计划经济为主，市场调节为辅的经济体制改革基本思路。党的十二大继续贯彻这一思路，突破了完全排斥市场调节的百分之百计划经济体制。随后，党的十三大提出必须以公有制为主体，大力发展有计划的商品经济的概念，以及国家调节市场、市场引导企业的经济运行机制。党的十四大则提出中国经济体制改革的目标是建立社会主义市场经济体制，进一步解放和发展生产力，同时提出市场在资源配置中发挥基础性作用。随着中国改革开放的不断深入，党对经济体制改革核心问题的认识从正确处理计划经济与市场的关系逐步深化到正确处理政府与市场的关系。党的十八届三中全会首次提出“使市场在资源配置中起决定性作用和更好发挥政府作用”以及“市场决定资源配置是市场经济的一般规律，健全社会主义市场经济体制必须遵循这条规律”。[①]经过一系列改革，中国社会主义市场经济体制臻于完善，市场和政府的双重作用在国民经济运行和社会生产力发展中愈发重要。

社会主义市场经济体制是中国特色社会主义经济发展的重大理论和实践创新，是社会主义基本经济制度的重要组成部分，是中国式现代化道路探索中的伟大创举。社会主义市场经济体制从探索到建立再到不断完善的过程，其核心是理顺政府与市场的关系。一方面，毫不动摇发挥市场这只“看不见的手”在资源配置中的决定性作用，以资源的高效配置促进社会生产力的有序提升。资源配置通常包括两层含义：一是在微观层面的配置，即各类市场参与主体利用各种资源进行生产经营活动；二是在宏观层面的配置，诸如政府对总体供需进行调控、保证区域经济协调发展、产业结构合理优化等。市

① 中共中央文献研究室编：《十八大以来重要文献选编》（上），中央文献出版社，2014年，第513页。

场在资源配置中起决定性作用是指市场在微观层面的资源配置中起决定性作用，市场参与主体的生产经营活动遵循价格机制、供求机制、竞争机制，以利润为导向引导生产要素流动方向，以市场竞争为手段决定商品价格，并以价格为杠杆调节供求关系。市场参与主体在激励约束的作用下提高创新能力、发挥能动作用，以生产效率的提升和获得最大报酬为目标，提高总体生产力。另一方面，毫不动摇且更好发挥政府这只“看得见的手”的作用，以资源配置的查缺补漏促进社会生产力的全面提高。政府要主动为市场在资源配置中发挥决定性作用创造便捷条件，提供制度保障，不能放任市场失灵和无序竞争。如健全和完善相关法律法规和政策体系、保障市场参与主体利用资源的自主性和有效性、建设统一开放和竞争有序的社会主义市场经济体系、为市场在资源配置中发挥决定性作用创造条件等，并且要正确把握政府在资源配置中的力度和效益，通过制定合理的经济社会发展规划、产业政策等手段进行有效调控，且在发生重大外生事件、进行重大科技领域攻关等背景下发挥社会主义“集中力量办大事”的制度优势，将稀缺资源进行行政性调配，以弥补因盈利不足导致的市场配置资源的缺位，保证社会生产力的全方位进步。所以，通过市场决定资源配置和政府更好的宏观调控，促进有限资源的高效配置，能够加快推动中国式现代化的进程。

三、社会主义改造和改革内在统一于中国式现代化进程

社会主义改造为中国式现代化提供了社会主义的制度起点，而改造和改革分阶段、分层次解放和发展了中国社会生产力，为中国式现代化提供了前进动力。二者内在统一于中国式现代化的伟大实践，并从所有制形式、分配制度和市场体制三个角度诠释了中国式现代化的路径特征。

（一）所有制改造和改革为推动中国式现代化提供动力机制

马克思主义政治经济学认为，生产力决定生产关系，有什么样的生产力，

就要有与之相适应的生产关系；同时生产关系对生产力具有反作用，当生产关系适应生产力发展要求时就会促进生产力发展，反之就会阻碍生产力发展。中华人民共和国成立之初的生产关系是新民主主义社会的生产关系，经济成分中的个体经济和私营经济是旧社会所有制形式的呈现，这显然不符合中国社会主义经济发展和社会化大生产的要求，所以必须进行生产资料社会主义改造以调整生产关系。随着"一化三改"的基本完成，中国建立了社会主义公有制和工业体系，生产力得到初步解放。这是中国现代化道路上的第一次所有制变革，是革命性转变，建立了社会主义经济制度，为社会生产力发展提供了广阔前景。

中国式现代化道路上所有制的第二次变革，是改革性转变，是改革开放后以建立社会主义市场经济体制、进一步解放和发展生产力为目标，通过对计划经济的市场化改革为中国式现代化提供内生动力。改革开放前的生产力极不发达，以单一公有制为特征的生产关系并没有持续推动生产力的快速发展，发展结果与马克思主义经典作家所设想的在较高社会生产力水平上实现社会主义的理论逻辑存在较大差距，再加上对社会主义经济建设规律缺乏科学和全面认识，中国社会生产力发展陷入瓶颈。"虽说我们也在搞社会主义，但事实上不够格"[①]，没有达到马克思所讲的社会生产力发展水平。为此，需要积极推动社会主义改革，在社会主义生产关系改革的基础上进一步解放和发展生产力，赋予其新的生机和活力；同时，这也是对社会主义改造的继续和发展，是社会主义制度的自我完善。通过改革逐步确立的社会主义市场经济体制，将市场在资源配置中起决定性作用作为根本依据，基本实现了经济体制的市场化转型。

中国式现代化的根本驱动力是生产力的发展，这就需要进一步改革和完善所有制结构。改革开放的成功经验表明，进一步解放和发展生产力，推动经济高质量发展，必须坚持"两个毫不动摇"，通过体制机制创新释放发展活

①《邓小平文选》（第三卷），人民出版社，1993年，第225页。

力，增强中国式现代化建设的新动力。党的十九大明确提出开启全面建设社会主义现代化国家新征程，并把“两个毫不动摇”写入新时代坚持和发展中国特色社会主义的基本方略；党的二十大报告强调在“两个毫不动摇”基础上进一步“深化国资国企改革，加快国有经济布局优化和结构调整，推动国有资本和国有企业做强做优做大，提升企业核心竞争力。优化民营企业发展环境，依法保护民营企业产权和企业家权益，促进民营经济发展壮大”①。“两个毫不动摇”是中国特色社会主义制度的内生因素，更是以中国式现代化全面推进中华民族伟大复兴的基本制度支撑。要充分调动公有制和非公有制经济两方面的积极性，凝聚实现中国式现代化的磅礴力量。一方面，必须把坚持和完善公有制主体地位、毫不动摇巩固和发展公有制经济放在首要地位，把国有经济作为扎实推动共同富裕的主导力量，做强做优做大国有企业，重视发挥集体经济的重要作用。另一方面，必须深刻认识到非公有制经济在推动中国式现代化中不可或缺的作用，毫不动摇地鼓励、支持、引导非公有制经济发展壮大，使其成为稳定国民经济的重要基础、国家税收的重要来源、技术创新的重要载体、金融发展的重要依托、推动高质量发展的重要力量。

（二）分配制度改造和改革为推动中国式现代化提供激励机制

社会主义改造和改革在中国现代化的道路中都是以共同富裕为奋斗目标，都是为了使全体人民生活富裕，与中国式现代化的要求一致。1955年毛泽东在《关于农业合作化问题》一文中指出，在实现对手工业和资本主义工商业的社会主义改造的同时，要“逐步地实现对于整个农业的社会主义的改造，即实行合作化，在农村中消灭富农经济制度和个体经济制度，使全体农村人民共同富裕起来”②。共同富裕理念在社会主义改造背景下被提出，不仅体现了社会主义的本质要求，而且体现了社会主义原则的广度和深度，凸显了全

① 习近平：《高举中国特色社会主义伟大旗帜　为全面建设社会主义现代化国家而团结奋斗——在中国共产党第二十次全国代表大会上的报告》，人民出版社，2022年，第29页。
②《毛泽东文集》（第六卷），人民出版社，1999年，第437页。

民共享的特征。这一表述也揭示了当时实现共同富裕的重要路径，即通过合作化发展生产，走合作化的共同富裕之路。但将农民置于单一集体经济模式下严重挫伤了其生产积极性，城市居民收入分配的单一化、平均化也影响着其积极性的发挥，阻碍了社会生产力进一步发展。结果，单一按劳分配在发展过程中变味、走形，使人民群众陷入共同贫穷的困境。

在认识到同等富裕和同步富裕均不是共同富裕，共同贫穷更不是社会主义后，中国共产党开启了社会主义改革的伟大实践，赋予共同富裕更多科学解读和可实施性。为此，邓小平设计了非均衡发展的动态共同富裕路径，提出允许一部分人和一部分地区先富起来，逐步实现共同富裕。但是非均衡发展战略在实践中产生的负面效应彰显了进一步改革的必要性，“如果搞两极分化，情况就不同了，民族矛盾、区域间矛盾、阶级矛盾都会发展，相应地中央和地方的矛盾也会发展，就可能出乱子”①，因此，需要尽快调整以符合共同富裕的内在要求。“两个大局”战略部署、西部大开发战略、区域协调发展战略等为高质量发展的共同富裕指明了方向，救济式扶贫、开发式扶贫等扶贫攻坚方式为消灭贫困牢固根基，效率与公平的辩证关系得到有效处理。当然，中国在解决绝对贫困问题后，依然存在相对贫困，一旦处理不当就可能产生西方现代化过程中的社会冲突和撕裂问题。

党的二十大报告把全体人民共同富裕作为中国式现代化的特色之一，要“坚持把实现人民对美好生活的向往作为现代化建设的出发点和落脚点，着力维护和促进社会公平正义，着力促进全体人民共同富裕，坚决防止两极分化”②。实现全体人民共同富裕的中国式现代化，是在消除绝对贫困后解决相对贫困基础上的共同富裕，是更高水平的共同富裕。这就要进一步完善中国社会主义的分配制度，必须“坚持按劳分配为主体、多种分配方式并存，构

---

①《邓小平文选》（第三卷），人民出版社，1993年，第364页。

② 习近平：《高举中国特色社会主义伟大旗帜 为全面建设社会主义现代化国家而团结奋斗——在中国共产党第二十次全国代表大会上的报告》，人民出版社，2022年，第23页。

建初次分配、再分配、第三次分配协调配套的制度体系”[①]。首先，要发挥好初次分配的基础性作用，提高居民收入在国民收入分配中的比重，提高劳动报酬在初次分配中的比重。劳动报酬是城乡居民收入的最主要途径，有利于树立多劳多得、勤劳致富的观念。同时，按生产要素分配坚持了市场在资源配置中起决定性作用，激发了市场活力，拓宽了居民财产性收入渠道。初次分配在重视效率的同时，要兼顾公平。其次，要发挥再分配的均衡作用。再分配需要政府参与，加大政府在税收、社会保障、转移支付中的调节功能，发挥“提低、扩中、限高”的作用。最后，要重视第三次分配的积极作用。第三次分配是在政府引导下鼓励非政府主体以募集、捐赠和资助等方式无偿进行公益慈善事业，对社会资源和社会财富进行分配，是对初次分配和再分配的有益补充，以完善分配制度、系统解决贫富分化等相对贫困问题，实现更合理的收入分配。因此，分配制度的进一步改革完善必须围绕共同富裕来进行，坚持在发展中保障和改善民生，给人民群众带来更多获得感，把满足人民对美好生活的新期待作为发展的出发点和落脚点，不仅要解决人民群众在物质生活方面的美好需要，还要解决在文化、健康、精神、生态等方面的美好需求，在更高水平共同富裕中实现中国式现代化。

（三）经济体制改造和改革为推动中国式现代化提供效率机制

社会主义改造和改革都是为了解放和发展社会生产力，推进中国式现代化。不过，二者面对的时代背景、主要矛盾和发展阶段存在差异，必然导致在具体实践中解放和发展社会生产力的方式存在差别。社会主义改造侧重于改变生产资料所有制关系，将旧社会中私有制占主体地位的经济体制转变为社会主义公有制，以推动社会生产力快速发展，实现国家工业化和现代化目标。当时中国国内主要矛盾是人民对于建立先进的工业国的要求同落后的农

① 习近平：《高举中国特色社会主义伟大旗帜　为全面建设社会主义现代化国家而团结奋斗——在中国共产党第二十次全国代表大会上的报告》，人民出版社，2022年，第46~47页。

业国的现实之间的矛盾，这就要求国家通过高度集中的计划经济体制、利用较为单一的公有制形式、效法苏联发展大中型企业，将资源集中配置于重工业领域，在较短时间内从落后农业国转变为先进工业国，以实现国家工业化。这是中国在特定时代背景下开启工业化道路的必然选择，也是中国式现代化路径的唯一选择。国家对经济和社会进行强制整合发展了生产力，方法上虽然具备一定历史局限，但不可否认其取得的历史成就。

社会主义改革侧重于改善国民经济运行方式，核心在于经济体制改革，国家通过放权来增强经济和社会主体的力量，利用市场经济体制来发展生产力，这符合当时面临的主要矛盾，即人民日益增长的物质文化需要同落后的社会生产之间的矛盾。在改革所有制方面，坚持社会主义公有制的基础不动摇，通过改革提升国有企业活力，并与非公有制企业共同参与市场竞争，逐步形成公有制与非公有制经济在社会主义市场经济体制下平等竞争、共同发展的格局。在解放和发展社会生产力的实现路径方面，依托传统工业化推进新型工业化建设，凭借市场经济体制内在要求的公平竞争、资源流动、优胜劣汰等机制，使各市场参与主体竞相转型，加快社会生产力发展。改革开放四十多年的重要经验就是始终坚持在社会主义制度下发展市场经济，不断加深对市场和政府关系的认识并在实践中更好地处理二者之间的关系。

在迈向中国式现代化新征程中，中国社会主要矛盾转化为人民日益增长的美好生活需要和不平衡不充分的发展之间的矛盾。这就需要构建一个能够最大程度激发市场潜力、释放制度活力、保持社会创造力的市场经济体制。党的二十大报告指出，要“构建高水平社会主义市场经济体制”“充分发挥市场在资源配置中的决定性作用，更好发挥政府作用”。[①]因此，必须在高水平社会主义市场经济体制构建中将有效市场和有为政府有机结合，发挥市场配置资源的决定性作用和政府调控的关键性作用，弥补粗放型发展遗留的区域

① 习近平：《高举中国特色社会主义伟大旗帜 为全面建设社会主义现代化国家而团结奋斗——在中国共产党第二十次全国代表大会上的报告》，人民出版社，2022年，第29页。

及城乡发展失衡、资源分配不公、关键领域技术缺失等问题，以信息化、智能化和体制机制转型加快新型工业化建设。推动有效市场和有为政府更好结合，对激发市场活力、制度活力和社会创造力，促进经济高质量发展、推动中国式现代化具有重要作用。理论和实践证明，市场经济本质上是市场决定资源配置的经济，市场配置资源是最有效率的形式，构建高水平社会主义市场经济体制必须遵循这条规律，但同时要认识到，市场在资源配置中起决定性作用不等于起全部作用，更好发挥政府作用也不等于更多发挥政府作用。

中华人民共和国成立七十多年的社会主义建设和经济发展的历程表明，社会主义改造和改革两种不同的制度变革，是中国式现代化的基本经济制度逻辑。社会主义改造确立了社会主义经济制度并开启了中国工业化基础上的现代化进程，为中国式现代化提供了社会主义经济制度起点；社会主义改革进一步解放和发展了生产力，并加快推进了中国工业化基础上的现代化进程，为中国式现代化提供基本经济制度保障。改造和改革是中国共产党领导下的两次所有制的深刻变革，目的都是解放和发展生产力，推进中国工业化、现代化的历史进程。改造是对所有制的根本性变革，改革是在所有制根本性质不变的前提下根据生产力发展实际对所有制结构和实现形式进行的调整和完善，二者是逻辑递进的、具有内在传承性和统一性。社会主义改造和改革内在统一于中国式现代化的进程中，改革以改造为基础，没有改造也就没有这之后的改革，二者均从所有制形式、分配制度和经济体制三个层面的变革中推进中国式现代化。经过从改造到改革的长期探索，成功推进了中国式现代化。我们要在全面深化改革的基础上构建高水平社会主义市场经济体制，为全面建设社会主义现代化国家提供更加完善的基本经济制度。

第八章

在比较中把握社会主义改革规律

在当代中国，改革一词是构建中国哲学社会科学话语体系、理论体系的核心词。改革开放与中国式现代化道路及人类文明新形态有不可分割的联系，我们需要在不同的视域下以多维视角对此进行深入研究。在本章中，中国改革具体指中国共产党领导的四十多年的改革；苏联改革具体指戈尔巴乔夫时期的改革（以下简称苏联改革）。从历史背景和改革的对象来看，中国改革与苏联改革是最具可比性的两个案例。对比研究这两个改革，对于认识中国四十多年改革成功的原因及重大意义，对于吸收历史经验，把握社会主义改革的规律，对于我们实现下一个百年的奋斗目标无疑都具有重要意义。

一、苏联改革的特点及失败的逻辑

就社会主义改革史而言，苏联改革模式也是一个“独创”，其独特之处在于以西方式的自由民主为社会主义改革开辟道路。苏联改革模式，简单地概括，就是以政治的西化为根本路径推动经济社会改革。其特点和失败的逻辑机理可以概括为以下几点。

第一，以政治改革为重点，以民主化、自由化、公开化为改革开辟道路，从否定自己的历史到抛弃社会主义，导致改革迷失了方向。

应该说，苏联改革的失败并不在于政治改革与经济改革的先后顺序，关键是如何进行政治改革，以及如何处理好政治改革与经济改革的关系。苏联改革也是以解决经济发展困境为目的的。戈尔巴乔夫最初从六个方面对改革加以阐述，其中放在首位的“就是坚决克服停滞现象和打破障碍机制，建立加快社会经济发展的可靠而有效的机制，使它具有更大的活力”[①]。但其结果是政治改革不仅未能打破阻碍经济发展的机制，反而压倒了经济改革。

应该说，戈尔巴乔夫将改革对象聚焦在斯大林模式的弊端上没有错，但从其全部理论与实践来看，作为社会主义改革，他既没有搞清楚什么是真正的社会主义，又没有掌握马克思主义的辩证法，只是以极端的方式，简单地与斯大林模式切割，与斯大林以来苏联的社会主义历史切割。戈尔巴乔夫说，改革就是“同列宁逝世后国内建立的制度告别的过程”。因为他“不认为这个制度是社会主义”。[②]那么，什么是社会主义呢？戈尔巴乔夫明确地说：“我在党内走过的路是一条逐渐向社会民主主义观点过渡的道路。”[③]他的所谓社会民主主义，就“是人道的民主的社会主义”[④]。显然，尽管戈尔巴乔夫声称对社会主义的新看法不是否定社会主义和社会主义思想，但事实上他的思想理论已经完全偏离了真正的社会主义。也正由于以民主的、人道的社会主义取代了科学社会主义，其民主也就彻底变质了。

从戈尔巴乔夫所追求的民主社会主义及所采取的公开化、自由化的民主路径来看，他的所谓民主已经成为西方式的和无序化的民主的大杂烩。戈尔巴乔夫说：“我们的改革在自己的旗帜上写下了‘公正’、‘民主’、‘公开性’这些著名的词句并在许多方面加以实践。”[⑤]其政治改革就是使社会生活的一切领域都具有更多公开性，发挥党、国家、各种社会组织、报刊的批评与自我批评的创造力，自由、公开地揭露和批判斯大林及苏联社会主义历史上的

① ［苏］米·谢·戈尔巴乔夫：《改革与新思维》，苏群译，新华出版社，1987年，第34页。
② ［俄］戈尔巴乔夫、斯拉文：《尚未结束的历史：戈尔巴乔夫访谈录》，孙凌齐、李京洲译，中央编译出版社，2003年，第41页。
③ ［俄］戈尔巴乔夫、斯拉文：《尚未结束的历史：戈尔巴乔夫访谈录》，孙凌齐、李京洲译，中央编译出版社，2003年，第41页。
④ ［俄］戈尔巴乔夫、斯拉文：《尚未结束的历史：戈尔巴乔夫访谈录》，孙凌齐、李京洲译，中央编译出版社，2003年，第38页。
⑤ ［俄］戈尔巴乔夫、斯拉文：《尚未结束的历史：戈尔巴乔夫访谈录》，孙凌齐、李京洲译，中央编译出版社，2003年，第230页。

种种问题。在戈尔巴乔夫看来，苏联改革的政治保证既不是社会主义道路，也不是共产党的领导，只有民主才“是改革不可逆转的基本保证”[①]。于是，改革的重点完全转向政治领域，民主化的狂潮席卷全国。由于错误地运用民主工具，加之对社会主义认识的混乱，改革彻底失去了正确的方向，最后的结果恰恰是戈尔巴乔夫所批判的那种历史的重演，即“汽车不是驶向掌握方向盘的人想去的地方”[②]。随着人们政治价值观的混乱，进而是多党制、全盘西化、经济自由化，社会主义改革就走向了与社会主义完全相反的方向。

第二，未能形成改革的坚强领导核心。改革任务的艰巨与党的领导力量薄弱之间的矛盾是改革失败的又一内在逻辑。如前所述，对于斯大林模式的弊端，苏联几代领导集体，从赫鲁晓夫开始都尝试通过改革加以解决，但始终未能实现根本性的突破。到戈尔巴乔夫时期问题更加突出。特别是经济领域的诸多问题日益积累得不到解决，致使共产党执政的合法性已经严重不足，因而“党的领导削弱了，某些重大社会活动中的创举被忽视了”[③]。而改革实施后，一方面，未能取得显著成效；另一方面，在改革的难题面前全党又未能形成统一意志。尽管戈尔巴乔夫也力图改变党的现状，但正如他自己所说，“改组首先需要统一的思想基础，也就是统一的纲领。但当时没有这个基础。党只能分化”[④]。从1985年以来苏共中央的文件，特别是1990年苏共中央全会的内容来看，“党内有若干派别：有丘利金派，尼娜·安德烈耶娃派、民主纲领派、克留奇科夫纲领派等等”[⑤]。在对待戈尔巴乔夫改革的策略路线上，中央内部始终存在严重分歧，以至存在改革的反对派。这就使改革失去了政治保障。再加之实施公开性原则，彻底否定斯大林以来的社会主义历史，使

① [苏] 米·谢·戈尔巴乔夫：《改革与新思维》，苏群译，新华出版社，1987年，第73页。
② [苏] 米·谢·戈尔巴乔夫：《改革与新思维》，苏群译，新华出版社，1987年，第19页。
③ [苏] 米·谢·戈尔巴乔夫：《改革与新思维》，苏群译，新华出版社，1987年，第18页。
④ [俄] 戈尔巴乔夫、斯拉文：《尚未结束的历史：戈尔巴乔夫访谈录》，孙凌齐、李京洲译，中央编译出版社，2003年，第118页。
⑤ [俄] 戈尔巴乔夫、斯拉文：《尚未结束的历史：戈尔巴乔夫访谈录》，孙凌齐、李京洲译，中央编译出版社，2003年，第40页。

党在人民中的威信逐步丧失。由此决定，改革的领导力量与改革的任务极不相称，改革的失败在所难免。

第三，以休克疗法解决多年积弊，未能给改革留下总结经验、修正错误的余地，在复杂与简单之间失去了平衡，这是改革失败的又一个原因。苏联改革的方式被称为休克疗法，突出表现在两个方面：一是以激进的手段快速推进改革；二是在失去正确方向的情况下走向全盘西化，致使社会主义和共产党的领导伴随改革的失败一起被葬送。

历史经验表明，改革对象越复杂、阻力越大，越不宜采取极端手段。苏联改革一开始就提出“必须使社会政治思维发生急剧的转折”[①]。戈尔巴乔夫激励人民的话就是“不必害怕采取坚决、果断和革新的行动”[②]。为打破一切妨碍迅速前进的东西已经不容迟缓。“用胆小怕事的、爬行式的改良是办不到的。”[③]然而，戈尔巴乔夫这种急于求成的改革思维在遭遇多年形成的历史积弊时却显得行事鲁莽。事实是：由政治改革引发的社会民主运动迅猛发展及其表现出来的毁灭性破坏力量，使苏共中央进退失据、左右为难，被反对派牵着走。在外部势力的影响下，以叶利钦为代表的国内反对派左右了改革，实施西方经济学家开出的改革药方，即所谓稳定化、私有化和自由化的“休克式”经济转轨战略。这样，以简单方式对待复杂的改革课题，将改革推向了失败的深渊。

第四，人民未能享受改革的成果。改革结果与改革初衷相背离，这是改革必败的逻辑。客观地说，苏联改革的初衷也是要扭转经济落后状况，也强调要“关心人民的福利——改善千百万人的生活和劳动条件”[④]。但其改革的

---

① ［苏］米·谢·戈尔巴乔夫：《改革与新思维》，苏群译，新华出版社，1987年，第53页。

② ［苏］戈尔巴乔夫：《戈尔巴乔夫言论选集》（1984—1986年），苏群译，人民出版社，1987年，第403页。

③ ［苏］米·谢·戈尔巴乔夫：《改革与新思维》，苏群译，新华出版社，1987年，第57页。

④ ［苏］戈尔巴乔夫：《戈尔巴乔夫言论选集》（1984—1986年），苏群译，人民出版社，1987年，第20页。

逻辑决定这一初衷必然落空。戈尔巴乔夫在改革目标的阐释上，“民主”和“社会公正”始终是关键词。他说：“发挥人的能力和才干，越来越全面地实现社会公正原则——过去和现在都是党的活动的最高目标。”[①]其改革的基本逻辑是：改革的迫切性在于社会生活中出现了停滞现象和阻碍社会经济发展的机制，这种机制主要来自斯大林以来社会主义公正原则和民主的破坏。因此，解决问题的途径就是“加强苏联社会的民主原则，发展自治，扩大我们整个体制的工作的公开性和开放性”[②]。综观戈尔巴乔夫在党的历次会议上的讲话可见，经济改革实质上成了政治改革的配角。事实也恰恰如此，在苏联改革中民主化、公开化、自由化的浪潮吞噬了经济社会改革。所以改革三年后“国内几乎所有地方都对肉、糖、油、米，甚至牛奶都实行凭票限额供应体制”[③]，“在不到5年时间里把国家推向危机的深渊、使我们（苏联）面临无政府主义泛滥、经济衰退、道德全面崩溃和堕落等丑恶现象边缘”[④]。到1992年，大规模私有化后，经济极度恶化。仅在1992年一年时间内，一些商品的价格上涨100倍。事实表明，民众不仅未能在改革中受益，反而成了改革的牺牲品。正如戈尔巴乔夫自己所说，“人民一直在等待，可我们却没能抛弃陈旧的观点”，因而，未能解决人民的需求问题。否则，“人民就会理解叶利钦以及激进民主派的做法，也就不会发生叛乱了”。[⑤]总之，改革结果与改革初衷相背离，是苏联共产党最后被人民抛弃，改革失去根基的根本原因。

---

① [苏] 戈尔巴乔夫：《戈尔巴乔夫言论选集》（1984—1986年），苏群译，人民出版社，1987年，第20页。

② [苏] 米·谢·戈尔巴乔夫：《改革与新思维》，苏群译，新华出版社，1987年，第32页。

③ [俄] 罗伊·麦德维杰夫：《苏联的最后一年》，王晓玉、姚强译，社会科学文献出版社，2005年，第6页。

④ 中共中央对外联络部资料编辑中心编：《苏共中央二月全会文件选编（1990年2月5—7日）》，世界知识出版社，1990年，第95页。

⑤ [俄] 戈尔巴乔夫、斯拉文：《尚未结束的历史：戈尔巴乔夫访谈录》，孙凌齐、李京洲译，中央编译出版社，2003年，第116页。

二、中国改革的特点及对苏联改革的超越

中国改革模式的简单概括，就是始终坚持以经济体制改革为重点和牵引力；以政治体制改革为经济社会改革保驾护航；以改革成果为人民共享，实现共同富裕为根本目标；以渐进方式推进改革。在政治稳定的前提下推进经济发展是贯穿改革全部进程中的硬道理。这个概括既包含中国改革的特点，也内含中国改革对苏联改革超越之所在。

（一）正确处理政治改革与经济改革的关系，以政治稳定保证经济改革的顺利推进

在政治改革与经济改革的关系上，中国共产党认为“改革、发展、稳定三者存在着不可分割的内在联系”[①]。“改革和开放是手段，目标是分三步走发展我们的经济。”[②]政治稳定是实现经济发展的根本保证。这样，在中国共产党看来，政治改革与经济改革两者关系的核心要义，就是正确处理改革、发展、稳定三者的关系。

第一，以“四项基本原则”作为改革的压舱石，为改革、发展提供稳定的政治环境。中国共产党清醒地认识到，“没有安定的政治环境，什么事都干不成”[③]。为此，选择“四项基本原则”作为改革的政治遵循，即规定中国共产党是改革的领导核心；以坚持社会主义道路，坚持人民民主专政规约改革的性质；以坚持马克思列宁主义、毛泽东思想规定改革的旗帜和指导思想。

中国共产党始终明确“改革是社会主义制度的自我完善”[④]，是“赋予社

---

①《江泽民文选》（第一卷），人民出版社，2006年，第461页。
②《邓小平文选》（第三卷），人民出版社，1993年，第266页。
③《邓小平文选》（第三卷），人民出版社，1993年，第244页。
④《邓小平文选》（第三卷），人民出版社，1993年，第142页。

会主义新的生机活力”[①]，因而，一定范围内发生的某种程度的革命性变革，不会割断自己的历史，不会动摇社会主义制度的根基。中国的改革是几代人的接力赛跑，而几代人在改革的原则问题上是一致的，那就是认定“我们治国理政的本根，就是中国共产党的领导和我国社会主义制度”[②]。所以，中国改革开放的指导思想不是别的，始终是马克思主义。这决定了中国改革的一个突出特点就是坚持中国特色社会主义不动摇，保证了改革不脱离社会主义轨道。这是中国共产党人与苏联改革者对待社会主义的根本不同，也是中国改革超越苏联改革的根本所在。

正因如此，“在世界社会主义遭受严重挫折的时候，我们党能够继续执政和发展，社会主义在中国能够充满新的生机”[③]。从而使改革获得了长期稳定的政治环境，而稳定的政治环境又与改革、发展形成了良好的互动关系，保证了改革的持续推进。

第二，在改革战略上，中国共产党始终以经济体制改革为重点，以经济建设为中心。改革开放之初，邓小平就提出：“经济工作是当前最大的政治，经济问题是压倒一切的政治问题。不只是当前，恐怕今后长期的工作重点都要放在经济工作上面。”[④]这是中国共产党人处理经济改革与政治改革关系的又一重要逻辑。

中国共产党对于改革战略的选择是建立在对什么是社会主义、怎样建设社会主义这一重大课题作出冷静思考前提下的。邓小平说：“我们搞改革开放，把工作重心放在经济建设上，没有丢马克思，没有丢列宁，也没有丢毛泽东。……问题是要把什么叫社会主义搞清楚，把怎么样建设和发展社会主义搞清楚。”[⑤]以经济建设为中心处于改革方略的核心地位，因为中国改革

---

①《胡锦涛文选》（第三卷），人民出版社，2016年，第150页。
②《习近平谈治国理政》（第三卷），外文出版社，2020年，第165页。
③《江泽民文选》（第三卷），人民出版社，2006年，第47页。
④《邓小平文选》（第二卷），人民出版社，1994年，第194页。
⑤《邓小平文选》（第三卷），人民出版社，1993年，第369页。

的目标就是实现现代化，给人民以幸福。改革初期，中国共产党确定的经济建设目标是到20世纪末工农业年总产值翻两番，国民生产总值按人口平均达到八百美元，人民生活达到小康。为此，把发展经济、搞现代化视为压倒一切的任务。党的十三大提出了在社会主义初级阶段的基本路线，从此，坚持“一个中心、两个基本点”不动摇，是几代共产党人处理政治改革与经济改革关系的根本遵循；推动经济社会又快又好发展一直是全党工作的重点；“围绕解决好人民群众反映强烈的问题，回应人民群众呼声和期待，突出重要领域和关键环节，突出经济体制改革牵引作用”[①]。正是经济体制改革释放的活力，才使改革有了持续发展的动力。这也是中国改革的一个突出特点及超越苏联改革的一个突出表现。

第三，以政治体制改革为经济改革保驾护航。如果说中国先经济改革后政治改革，或者说政治改革次之都是不准确的。以经济体制改革为重点，并不意味着忽视或者丢掉政治改革，恰恰相反，“我们提出改革时，就包括政治体制改革”[②]。事实上，在改革开启之时，就伴随有党和国家领导制度、干部制度的改革。特别是在经济体制改革的实践中，中国共产党深感政治体制改革的必要性，并明确提出不改革政治体制，经济体制改革的成果也无法保持。因而随着改革的深入，政治体制改革也不断推进，从党的领导体制改革，到政府管理体制、机制改革，再到各项民主制度的建设，中国政治改革也取得了诸多重大突破。但与苏联改革不同，那就是政治改革始终把握一个关键，即以加强党的领导、保证社会政治稳定为前提。

如果将扩大人民民主权利视为政治改革的组成部分，中国改革也可以说是政治改革先行。从中国改革的历程来看，改革的开启同样依靠的是发扬民主的途径。众所周知，为了从过去对社会主义僵化认识的思维中走出来，20世纪70年代末，中国经历了一场深刻的思想解放运动。不论是关于真理标

---

①《习近平谈治国理政》（第一卷），外文出版社，2018年，第74页。

②《邓小平文选》（第三卷），人民出版社，1993年，第176页。

准问题的大讨论，还是拨乱反正，首先都是发扬民主的过程。党的十一届三中全会召开前夕，邓小平就指出，要调动一切积极因素，就必须坚决发扬民主，并提出发扬民主是全党今后一个长期的、坚定不移的目标。但同时，他也明确指出，“我们讲民主，不能搬用资产阶级的民主，不能搞三权鼎立那一套”[①]。更不是资产阶级自由化。我们坚持的民主不是抽象民主，不是把民主同党的领导对立起来，我们所说的民主是中国式的民主。所以，中国改革所经历的发扬民主的过程，只是摒弃了自己过去的错误，而没有丢掉社会主义。不仅如此，随着改革开放的发展，中国共产党人还明确没有民主就没有社会主义，把发展社会主义民主政治，坚持党的领导、人民当家作主和依法办事有机统一起来，推动全过程民主的实现。这也是中国改革区别于苏联改革的地方。

（二）始终把实现人民利益放在改革的首位，做到了改革成果由人民共享，建立起人民对改革的信心，不断巩固改革的根基

坚持以人民为中心的发展思想是贯穿中国改革全过程的一条鲜明主线。

第一，把保证最广大人民的根本利益作为改革的出发点和落脚点，把人民拥护不拥护、赞成不赞成、高兴不高兴作为制定改革具体政策的依据。中国共产党对改革初衷最直接的回答是：“让老百姓过上好日子，是我们一切工作的出发点和落脚点。”[②]中国改革之初确定的目标就是要使人民生活达到小康水平，而改革的一切工作都是围绕这个目标展开的。从改革的历史来看，农村改革三年就见成效，城市改革五年见成效。1983年，邓小平视察江苏等地后说：“这次，我经江苏到浙江，再从浙江到上海，一路上看到情况很好，人们喜气洋洋，新房子盖得很多，市场物资丰富，干部信心很足。”“我们现在的路子走对了，人民高兴，我们也有信心。”[③]这可谓是共产党人对改革初

①《邓小平文选》（第三卷），人民出版社，1993年，第195页。
②《习近平谈治国理政》（第三卷），外文出版社，2020年，第173页。
③《邓小平文选》（第三卷），人民出版社，1993年，第29页。

衷的一种诠释。

发展经济、改善人民生活的根本路径就是发展生产力。在中国共产党人看来，“社会主义经济政策对不对，归根到底要看生产力是否发展，人民收入是否增加。这是压倒一切的标准。空讲社会主义不行，人民不相信”[①]。因此，在改革过程中，始终坚持把发展生产力作为检验工作成败的根本标准，扭住经济建设这个中心任务不放。“把不断改善人民生活作为处理改革发展稳定关系的重要结合点。”[②]党的十九大将坚持以人民为中心直接写进了党章。

改革开放以来，中国经济发展隔几年上一个台阶，人民生活水平逐步提高。由此激励全体人民积极投身到改革中，使改革获得了深厚的群众基础和不竭力量。

第二，改革成果为人民共享，保障改革不脱离社会主义轨道。以人民为中心的内涵除了不断改善人民的生活外，更为重要的是改革的成果为全体人民所共享，实现共同富裕。中国共产党坚定认为，“社会主义有两个非常重要的方面，一是以公有制为主体，二是不搞两极分化”[③]。中国特色社会主义的根本原则是共同富裕，改革“如果导致两极分化，改革就算失败了”[④]。所以，在领导改革中始终盯牢这条底线。我们虽然搞市场经济和实施多种所有制经济共同发展，但坚持以公有制为主体始终不变，因为这是实现共同富裕的一个重要保障。经过四十多年的奋斗，中国全面建成了小康社会，创造了整体脱贫的奇迹，这都是改革成果由人民共享的有力证明，也是中国改革超越苏联改革最鲜明的标志。

---

①《邓小平文选》（第二卷），人民出版社，1994年，第314页。
②《胡锦涛文选》（第二卷），人民出版社，2016年，第143~144页。
③《邓小平文选》（第三卷），人民出版社，1993年，第138页
④《邓小平文选》（第三卷），人民出版社，1993年，第139页。

（三）在渐进性改革中适时调适，及时化解矛盾，避免了改革的颠覆性。中国改革作为一场深刻的革命，没有发生像苏联改革那样的颠覆性，其中的奥秘之一在于中国共产党拥有领导改革的科学思维和政治智慧

第一，中国共产党人清醒地认识到改革开放是很大的试验，充分地估计了改革的风险性。对于改革，中国共产党一方面表明坚定不移，毫不动摇，要一直干下去；另一方面又清楚地指出，“改革开放作为一场新的伟大革命，不可能一帆风顺，也不可能一蹴而就”①，改革涉及人民的切身利益，每一步都会影响上亿人，一定会有来自各方面的干扰，甚至我们还会犯错误。因此，改革方案是建立在对改革风险自觉意识的基础上的，贯穿改革历史中一条清晰的思维主线就是渐进式、台阶式，不搞休克疗法。这为应对改革中出现的事先未预料到的各种棘手问题留有了余地。

第二，以智慧的思维方法应对改革的风险。中国共产党清醒地认识到，“我们是一个大国，决不能在根本性问题上出现颠覆性失误，一旦出现就无可挽回、无法弥补”②。因此，在改革的实践中，充分考虑国家、企业、群众等各方面对改革的承受能力，由此创造性地提出“摸着石头过河”的改革方法，其中包括坚持试点先行和全面推进相促进；既鼓励大胆试、大胆闯，又坚持实事求是。强调“我们的方针是，胆子要大，步子要稳，走一步，看一步”。其中“关键是要善于总结经验，哪一步走得不妥当，就赶快改”③。以免使小错误变成大错误。这就为改革方略的及时调适留下空间。

中国改革经历了思想解放、理论先行；由点到面，由农村改革到城市改革这样一个逐步展开和不断调整的过程。由于遵循摸着石头过河的改革思路，遇到问题及时调整，避免了改革问题的积累。例如，城市国有企业改革经历

---

①《胡锦涛文选》（第二卷），人民出版社，2016年，第619页。

②中共中央文献研究室编：《习近平关于全面深化改革论述摘编》，中央文献出版社，2014年，第35页。

③《邓小平文选》（第三卷），人民出版社，1993年，第113页。

了工人下岗失业的阵痛，政治改革在精简机构、突破旧的体制机制过程中发生的阵痛，以至于一度在思想上出现了“姓资姓社”的困惑等，但这都没有让我们迷失方向和出现颠覆性问题，关键就在于不断总结正反两个方面的经验，在探索和调适中推进改革。例如，经济体制改革经历了从计划为主，市场调节为辅，到建立社会主义市场经济体制，再到完善社会主义市场经济体制的过程，这就是摸着石头过河的表现。摸着石头过河的改革方式，是中国改革持续发展及超越苏联改革的奥秘所在。

三、比较的启示：社会主义改革有不可违背的规律

就改革的性质、对象、目标而言，中国改革与苏联改革有其共性：这两个改革都是在社会主义国度里展开的；都是要解决在经济文化落后条件下建立社会主义制度后，如何经过改革建成理想的社会主义国家的问题；改革聚焦的问题也同出一辙。可以说，苏联的社会主义改革到戈尔巴乔夫时期，依然是解决斯大林以来在经济、政治、文化领域形成的积弊。用戈尔巴乔夫的话说，就是结束斯大林及其追随者强加给自己的模式。[①]而中国改革在一定程度上说，则是解决受斯大林模式影响的问题。如，经济体制僵化，实施单一的公有制，排斥商品经济，高度集中的管理体制；政治上阶级斗争扩大化等。从这几个方面看，似乎两种改革有一定的相同之处。然而，两种改革的结局却完全不同。苏联改革以失败而告终；中国改革不仅标识时代特征，而且以承载重大转折、国家富强、社会发展的特质让历史闪光，它开创了世界社会主义改革史上少有的成功范例。比较两种改革，从中可获得诸多历史启示。

---

①［俄］戈尔巴乔夫、斯拉文：《尚未结束的历史：戈尔巴乔夫访谈录》，孙凌齐、李京洲译，中央编译出版社，2003年，第37页。

从中国改革成功的经验和苏联改革失败的教训中，我们可以得出这样的结论：改革有规律，而社会主义改革更是有不可违背的规律。

第一，社会主义改革不能脱离社会主义轨道。社会主义国家的改革，目的是通过适当的途径激活和发挥社会主义制度的优越性，由此使国家得到快速发展，以实现对资本主义的超越。因而，改革的大前提是不能脱离社会主义轨道，改革的过程是巩固和完善社会主义制度的过程。中国改革完全遵循了这一规律。改革开放之初，邓小平就明确地说："在改革中坚持社会主义方向，这是一个很重要的问题。我们要实现工业、农业、国防和科技现代化，但在四个现代化前面有'社会主义'四个字，叫'社会主义四个现代化'。"[①]在改革的过程中，中国共产党虽经历了解放思想和纠正错误的过程，但并没有像苏联改革那样，因为解放思想走向资产阶级自由化；没有因为反思和纠正错误而否定自己的历史。特别是在对待毛泽东和毛泽东思想问题上，中国共产党人以高超的政治智慧，既纠正了毛泽东晚年的错误，又捍卫了毛泽东思想的旗帜，避免了反思和纠正错误而带来政治混乱；中国改革虽然以经济体制改革为重点，但并没有忽视政治改革，而政治体制改革也没有走西化的道路；中国改革的过程虽然伴随重新思考和回答什么是社会主义、怎样建设社会主义这一重大课题，但其中始终贯穿一条主线，那就是坚持把马克思主义与中国实际相结合，探索中国特色社会主义道路。旗帜决定方向，由于中国共产党坚定不移地高举马列主义、毛泽东思想的旗帜，中国改革始终沿着社会主义的轨道前进。这一点，是决定中国改革成功与苏联改革失败的根本点。

第二，社会主义改革的性质决定，改革过程中只能加强和改善党的领导，而不能削弱党的领导。中国改革的全部历史表明，中国共产党始终以领导核心的角色担当改革的组织者、领导者。早在1979年邓小平就明确地说："中国由共产党领导，中国的社会主义现代化建设事业由共产党领导，这个原则

---

①《邓小平文选》(第三卷)，人民出版社，1993年，第138页。

是不能动摇的；动摇了中国就要倒退到分裂和混乱，就不可能实现现代化。”①因此，改革开放以来，中国共产党始终不放松加强和巩固其核心领导地位。中国政治体制改革虽然是一个不断解放思想、突破旧体制的过程，但“改革党和国家的领导制度，不是要削弱党的领导，涣散党的纪律，而正是为了坚持和加强党的领导”②。在四十多年的改革历史进程中，为适应改革、发展、稳定的要求，中国共产党形成了一系列自我革命的制度和机制，循着“治国必先治党，治党务必从严”③的政治逻辑，提升自身的先进性和执政能力，从而真正成了改革的坚强领导核心，这是中国改革经受住了各种考验得以顺利推进的根本前提。

第三，改革成果应由人民共享，改革过程必须防止两极分化，实现共同富裕。否则，改革必然会因为失去合法性而走向失败。这是被古今中外改革历史所证实的经验，它既符合一般改革的规律，更是社会主义改革的一条根本规律。因为，离开共同富裕，就没有人民普遍的幸福，就意味着改革离开了社会主义，离开人民的支持，也就失去了改革的基础。正是遵循这一根本规律，一方面中国共产党把在政治稳定的前提下推动经济社会发展视为硬道理，大力发展生产力，改善人民生活。另一方面则是实施均衡与非均衡发展战略的有机统一。那就是虽然在一定时期内鼓励一部分人、一部分地区先富，但其根本点在于实现先富带动后富，以达到共同富裕。正是全国人民的共同富裕，才可以说改革获得了成功。这也是中国改革与苏联改革相区别的主要之处。

第四，改革的领导者需要具备科学思维和政治智慧，渐进式的改革可以避免改革的颠覆性。与苏联改革采休克疗法不同，中国改革体现了中国共产党解决历史积弊的独特政治智慧，形象地说，就是摸着石头过河。摸着石头过河是富有中国特色、符合中国国情的改革方式。例如，由点到面、台阶式

①《邓小平文选》（第二卷），人民出版社，1994年，第267~268页。

②《邓小平文选》（第二卷），人民出版社，1994年，第341页。

③《江泽民文选》（第二卷），人民出版社，2006年，第496页。

发展、分步走的战略等，都是针对改革的复杂性、艰巨性提出的，渐进式改革的思维方式和路径是中国共产党改革智慧的展现，是中国改革持续发展的奥秘所在，也是中国共产党人为世界社会主义改革提供的一条重要的历史经验。

综上所述，中国改革的成功就在于经受住了社会主义改革规律的检验；而苏联改革的失败就在于违背了这些规律。

第三部分

全面深化改革与中国式现代化

第九章 中国式现代化的理论形态

中国共产党提出了“中国式现代化的文化形态”[①]这一命题，自然，也必然有一个“中国式现代化的理论形态”问题。党的二十大报告从政治维度已经初步地建构起中国式现代化的理论体系，基于这一理论体系，当然还需要从学理上进一步建构中国式现代化的理论形态。习近平指出：“推进理论的体系化学理化，是理论创新的内在要求和重要途径。”[②]纵观人类社会发展史和思想史，凡是具有历史意义和时代价值的重要思想理论，均具有体系化、学理化特质。体系化、学理化，既是重要思想理论形成发展的一般规律，也是重要思想理论科学性的基本标准。因此，学理化建构，既是揭示和阐释思想理论体系科学内涵的基本方法，也是昭示和体现思想理论体系时代价值的内在要求。[③]

从历史发生学角度来看，基于中国特色社会主义建设道路的探索和社会主义现代化建设的历史演进，中国式现代化的理论形态沿着“中国式现代化的实践探索—中国式现代化命题的正式提出—中国式现代化理论体系的形成发展—中国式现代化的理论形态的初步建构”这一历史逻辑出场。从中国思想理论建构和意识形态建设演进角度来看，基于西方先行开启和推动现代化的理论谱系，中国式现代化的理论形态，从学理上正是在西方现代化的理论体系占据中心和统治地位的背景下，在与西方现代化的理论体系的较量和比较中，所作出的历史自觉和自主选择。[④]在一定意义上，中国式现代化的理论

① 习近平：《在文化传承发展座谈会上的讲话》，《求是》，2023年第17期。

② 习近平：《开辟马克思主义中国化时代化新境界》，《求是》，2023年第20期。

③ 学理化，就是从理论上提炼概括出“理论要素”；体系化，就是建构起各个理论要素之间的内在逻辑，使其成为一个有机的“理论整体”。

④ 不可否认，西方开启的现代化对推动人类文明进步和世界历史发展，发挥过积极作用。

形态，正是针对“西方中心论”的理论体系而出场并建构起来的，它区别于又超越“西方中心论”的理论体系，是解构“西方中心论”的一把利剑。总体来讲，“西方中心论”是扩大了的欧洲中心主义，是欧洲中心主义自身逻辑与权力体系的放大[①]，它既与资本主义的全球性扩展具有同构关系，又将非西方视为西方扩展和殖民的对象，因而具有强烈而鲜明的霸权意识。黑格尔对欧洲中心主义乃至“西方中心论”作出了最为系统、深入和精致的哲学论证。“西方中心论”，是由“线性道路”“单数文明”“种族优越”“为我人性”“社会进化”“唯一哲学”“普世价值”“开化使命”“美丽神话”（或“上帝神话”）、“理性标准”（或“万能理性”）等基本要素所建构起来的理论体系与意识形态。马克思晚年的东方发展道路理论、列宁晚年对经济文化落后的俄国向社会主义过渡道路的探索，中国共产党人提出的走自己的路、中国特色社会主义道路、中国式现代化新道路、中国式现代化，就是批判和超越“西方中心论”的历史成果。中国式现代化，就是拒斥“西方中心论”的叙事逻辑而向人类实现现代化展现出的文明图景。中国式现代化的理论形态，以思想的力量，不仅打破了“西方中心论”的话语霸权，而且在实践上引领中国式现代化的发展，为人类实现现代化提供新的选择。基于上述理解，从学理上建构中国式现代化的理论形态，就成为进一步提升中国式现代化理论体系的基本进路。

从学理上来讲，中国式现代化的理论形态是基于以下十大要素及其内在逻辑建构起来的。

一、本质特征：中国式现代化内蕴发展道路的多样性

“西方中心论”认为，西方现代化道路是世界实现现代化的普遍的、唯一的道路，世界各国要实现现代化，必须走西方现代化道路。用我们中国的话

① 邹诗鹏：《马克思对欧洲中心主义的批判与超越》，《哲学研究》，2018年第9期。

来讲，似乎“自古华山只有一条路”。这种理论只看到现代化的普遍性而忽视其特殊性。

实际上，任何样式的现代化都是普遍性和特殊性的统一。毫无疑问，中国式现代化与世界各国现代化具有共同特征。从横向一般要素来讲，在从农业社会向工业社会转变的社会结构之历史变迁进程中，任何国家搞现代化都必然注重工业化、城市化、经济全球化，注重市场经济、科学技术，注重民主法治、公平正义、自由平等。自改革开放以来，我国社会主义现代化建设从总体上也注重这些一般性要素。[①]从纵向发展规律来看，任何国家搞现代化也必须遵循现代化发展的一般规律。如何揭示现代化发展的一般规律呢？这是学术界还需要进一步深究的一个重要理论问题。窃以为，世界各国现代化发展的一般规律，简要来说，就是现代化起飞阶段相对注重发展动力，持续运行阶段相对注重发展的平衡和谐，当发展动能不足、发展失衡时，就要注重治理。中国式现代化也遵循这条一般规律。

习近平指出：“每个国家和民族的历史传统、文化积淀、基本国情不同，其发展道路必然有着自己的特色。”[②]他把发展道路问题置于“四个讲清楚”的首位，彰显了走什么样的发展道路之于现代化的前提性意义。各个国家搞现代化，也必然具有本国特色。中国式现代化的发展道路集中体现为“多样性”。用中国的话来讲，就是“条条大路通罗马”。当今世界，最具世界影响的现代化，是西方现代化和中国式现代化。针对西方“以资本为中心、两极分化、物质主义膨胀、对外扩张掠夺，并以其他落后国家为代价”的资本主义现代化，为解构西方现代化的“线性史观”及其“线性道路”，中国式现代化的本质特征集中体现为“中国特色”。这是中国式现代化的“多样性生成”逻辑，它从“生成路径”上回答中国式现代化“是什么”的问题。

---

① 20世纪初，中国许多学者把现代化看作工业化（industrialization），参见罗荣渠主编：《从“西化”到现代化》，北京大学出版社，1990年，第233页。

② 《习近平著作选读》（第一卷），人民出版社，2023年，第150页。

“一般只能在个别中存在，只能通过个别而存在。”“任何个别都不能完全地包括在一般之中，如此等等。”[①]在理论上，中国式现代化坚持历史发展道路的多线性和走向社会主义道路的多样性，认为任何国家最终都要走向现代化，但都要根据本国的国情、历史、文化、传统和实际，选择适合本国国情、解决本国问题的自主发展道路，决不能“用西方的鞋套中国的脚”，“用西方的公式剪裁中国的现实”，“耕了西方地荒了中国田”。否则，就会适得其反。在实践上，中国式现代化强调要符合中国具体实际，坚持走自己的路，具有中国特色，这就是中国共产党领导的社会主义现代化，“是人口规模巨大的现代化，是全体人民共同富裕的现代化，是物质文明和精神文明相协调的现代化，是人与自然和谐共生的现代化，是走和平发展道路的现代化”[②]。这就深刻揭示了中国式现代化的科学内涵及其本质特征，揭示了中国式现代化的本和源、根和魂。在历史上，回溯中国现代化历程的艰辛探索，探析中国现代化实践生成的坚实足迹，盘点中国现代化的人类文明意蕴，我们不难发现，中国式现代化在定义或规定其现代化发展道路的选择上，在定义或规定其本质要求和重大原则上，具有强烈的历史规律意识和历史主体意识，内蕴历史发展的普遍性和特殊性统一、连续性和阶段性统一、进步性和曲折性统一，以及历史发展道路的多线性。

中国式现代化道路的特殊性，主要体现在政治基础的特殊性，即历史和人民选择的中国共产党领导的社会主义现代化；历史和文化基础的特殊性，即中国式现代化有深厚的文化根基和历史传统；现实基础的特殊性，即人口规模巨大的现代化；本质特征的特殊性，即本质上不同于西方那种“以资本为中心、两极分化、物质主义膨胀、对外扩张掠夺，并以其他落后国家为代价”的资本主义现代化；理论基础的特殊性，即“两个结合”所形成的中国化时代化的马克思主义；哲学基础的特殊性，即“主主平等普惠”（对此，后

---

①《列宁专题文集 论辩证唯物主义和历史唯物主义》，人民出版社，2009年，第150页。
②《习近平著作选读》（第二卷），人民出版社，2023年，第401页。

面还详加分析)；实践愿景的特殊性，即牢牢把握五个重大原则[①]，致力于全面建成富强民主文明和谐美丽的社会主义现代化强国。

在学理上，可从五大逻辑进一步深化对中国式现代化本质特征的理解：①政治逻辑是中国共产党领导的社会主义现代化，它体现了社会主义的本质要求。这就在性质和方向上与西方现代化区别开来。②时代逻辑是“强国时代”。这是我国发展起来以后走向强起来的时代，亦即全面建成社会主义现代化强国、实现中华民族伟大复兴的时代（或强国建设、民族复兴），中国式现代化的五大本质特征，就是对接新时代大国成为强国的“强国时代”的，它是大国成为强国即实现强起来的现代化。③现实逻辑是人口规模巨大。这意味着中国式现代化与西方现代化不同，其艰巨性和复杂性前所未有，其发展途径和推进方式也不同于西方现代化，因而整体迈进现代化社会不能急于求成，要保持历史耐心，坚持稳中求进、循序渐进、持续推进。④理论基础是新发展理念。以创新发展、协调发展、绿色发展、开放发展、共享发展为核心内容的新发展理念，是我国发展壮大的必由之路，这是我们在长期实践中得出的至关紧要的规律性认识。[②]全体人民共同富裕的现代化与“共享发展”本质相同，物质文明和精神文明相协调的现代化与“协调发展”本质相通，人与自然和谐共生的现代化与“绿色发展”本质相关，走和平发展道路的现代化与“开放发展”本质对接，人口规模巨大的现代化内在要求充分发挥亿万人民的创造伟力与“创新发展”本质相连。

中国式现代化道路，蕴含现代化发展道路的多样性、创新性、独特性和自主性，它是“世界现代化道路”的一种新的范式和类型，具有世界意义。中国式现代化深深根植于中华优秀传统文化、历史传统与中国国情，体现了科学社会主义的先进本质，借鉴吸收人类文明一切优秀成果，代表人类文明

① 五个重大原则：坚持和加强党的全面领导，坚持中国特色社会主义道路，坚持以人民为中心的发展思想，坚持深化改革开放，坚持发扬斗争精神。

② 习近平：《高举中国特色社会主义伟大旗帜　为全面建设社会主义现代化国家而团结奋斗——在中国共产党第二十次全国代表大会上的报告》，人民出版社，2022年，第70页。

进步的发展方向，展现了不同于西方现代化模式的新图景，打破了似乎“自古华山只有一条路”的对“现代化=西方化”的迷思，强调“条条大路通罗马”，创新性地走出一条不同于西方现代化道路的新型现代化道路，拓展了发展中国家走向现代化的路径选择，也为人类实现现代化提供了新的选择。

这在实质上是倡导非线性史观和现代化观，区别于“西方中心论”的线性史观和“西方现代化道路是唯一现代化道路”的道路观，是中国式现代化的“道路存在”。

二、文明形态：中国式现代化创造中华民族现代文明、人类文明新形态

审察长期以来普遍流行甚至根深蒂固的关于文明形态的理论，以社会形态作为论据的“五形态”说，技术形态作为论据的渔猎、农业、工业文明“三形态”说，传统—现代二分作为论据的“二形态”说，均认为文明具有唯一性、同一性、单线性、确定性、规范性，文明形态具有一元性、单数性，进而认为文明只属于欧洲或西方，拥有先发现代化的“高尚民族”就站在了人类文明发展的制高点上，在价值上具有了解释世界如何运转、历史如何进步的话语权，而非西方的“非文明民族”则属于需要文明开化的“野蛮、愚昧民族”，这在实质上奉行的是鲍登所谓的“单数”一元文明。

针对这种臆造出来的“单数”一元文明的神话，中国式现代化作为一种基于人类文明在中国的具体实现形式，主张文明是从“真善美”上对社会和人的发展进步的总体性描述，本质上是一个“事实判断”，因而主张文明具有多样性，应当互学互鉴，这可称为“复数”文明观。这是中国式现代化的“文明”逻辑，主要回答中国式现代化如何彰显“人类文明”问题。

“建设中华民族现代文明，是推进中国式现代化的必然要求”[①]，是中国式现代化的本质要求之一，是一种人类文明新形态。这是对中国式现代化的文明形态的明确宣示和集中表达。结合上述理解，我们尝试从本源、关系、过程、结构、功能五个方面，展开对中国式现代化的文明形态之科学内涵及其深层逻辑的学理阐释。

本源意义上的中华民族现代文明，揭示的是其本体性存在。文明的本体论基点是“人”之真善美，而不是“物”，是基于“为他”的整体人类社会和人的发展的进步亦即普惠。我们不能因为文明进程的推进而忘却和忽视“人”这个原点，忘却和忽视文明是对愚昧、野蛮、丑恶的摒弃，是对“真善美”坚持不懈的“元”追求及其累积起来的积极成果。为此，中国式现代化所秉持的文明观具有四大要素：对创新动力、创新能力、创新活力的不懈追求及其积累起的积极成果；对平衡、和谐的不懈追求及其积累起的积极成果；以德治和法治的协同使世界与国家、社会得到有效治理；对人类、群体、个人与世界、国家或民族、社会等发展进步的追求且达至共生、共进、共享进而井然有序，使人人过上美好生活。

关系意义上的中华民族现代文明，揭示的是其关系性存在。任何事物都处在各种关系构成的系统之中，文明主要是通过与文化关系的辨析而加以把握的。文明和文化都是难以释清的概念，二者有着直接和复杂的关系，人们时常将二者等同，时而也把二者对立。其实，在作为“人化”的产物及均具有“化人”的功能这两大方面，二者具有相通之处。然而，当务之急是厘清文化和文明的区别。厘清二者的区别，不仅能深化对文化和文明问题的理解，而且也会推进文化和文明理论上的创新突破。

哲学是文明活的灵魂。过去笔者曾认为现在更加强调，我们不仅可以从考古学、文字学方面推进文明探源工程，也可以从哲学入手推进文明探源工

①《在推进中国式现代化中走在前做示范 谱写“强富美高”新江苏现代化建设新篇章》，《人民日报》，2023年7月8日。

程。从哲学意义上讲，文明和文化具有重要的区别。

一是相对性不同。文化主要是相对于未经人的活动外化的“原始自然”而言说的，讲的是“人化自然”“人化事物”，是人的内在本质力量的对象化。就此而言，它定义了文化含义的基本走向。文明则是相对于未经开化的“野蛮”“丑恶”而言说的，说的是人类追求真善美的“发展进步”过程和结果。就此而言，它定义了文明含义的基本走向。正像鲍登在《文明的帝国：帝国观念的演化》一书中所说的，传统上，文明的对立面是野蛮。①

二是哲学基础相对不同。文化的哲学基础是知识论，主要与认识世界相关。它相对侧重于人和物的关系框架中的“人化”事物或“人化为物”，相对注重运用文化知识、技术技能做事化事，注重外化于事物，主要坚持事物尺度。“理性”“知识”“技艺”“科学技术”“社会财富”，是其常用范畴。文化也有“化人”之义，即注重使“自然人”掌握文化知识和技术技能进而适应社会，把“自然人”化为“社会人”。然而文化之“化人”和“人化”有积极和消极两个方面，积极的方面是通过把文化转化为文明而化人和化物。教育的功能在于“化人”，既化为“文化人”，又化为“文明人”，然而当今我们的教育重“文化人”有余而重“文明人”不足。文明的哲学基础主要是价值哲学和道德哲学，主要与改造世界和教化人相关。它相对侧重于人和人关系框架中的“化人”，即使人成其为“人”的积极成果（由自然人到社会人再到具有健全人格的人），是一种人类“开化”“教化”性的自我约束、自我完善、自我进步，相对注重化人做人且为他，注重内化于人、化人为善，主要坚持人的尺度。“德性”“德行天下”“善治”“伦理道德”“民主法治”“公平正义”，是其常用范畴。它也有“人化”因素，但它是人化过程中因人性进步而注重“为他”的发展进步的积极成果。这里，文化不完全等于文明，文明也不完全等于文化，文化中蕴含文明但不都是文明，文明中有文化但不等于所

① ［澳］布雷特·鲍登：《文明的帝国——帝国观念的演化》，杜富祥等译，社会科学文献出版社，2020年，第16页。

有的文化，即文明是“文化之善”，是文化成果中有益于人性进步且化人为“善”的进步方面；文化是文明的前提，文明是对文化的升华；文明高于文化，因为西方文化在一定意义上会异化为野蛮，而文明特指化人为善、利他进步的事实。福泽谕吉就指出：“在未开化的野蛮时代，支配人们关系的，唯有道德。”①

三是侧重点相对不同。文化是基于民族性和地域性的一个概念，相对强调民族自我、民族特质、民族差异和民族认同，它看重传统，注重边界。人们常说的欧洲文化、中国文化、印度文化便是如此。文明当然也会呈现民族特色及其独特性，但从整个人类发展进步来讲，它更加注重民族之间的统一性、交融性、互鉴性，注重民族或地域文明所具有的世界意义，它超越边界，看重人性进步和人类进步，一定意义上所讲的农业文明、工业文明、生态文明，就是如此。

四是作用相对不同。文化有先进落后、好坏优劣之分，落后的坏劣的文化会阻碍人类与国家、社会的发展进步包括文明进步。我们过去讲的“代表中国先进文化的前进方向”，就表明文化有“先进”和“落后”之分。基于事实且作为描述性概念的文明，是人类发展和文化发展之演进中沉淀下来的有助于人性进步、人类进步、国家进步、社会进步的积极成果，是文化中的先进方面和状态，适合整个人类共用，它只有特色不同，没有优劣之分。习近平指出：各种文明也各有不足，世界上不存在十全十美的文明，也不存在一无是处的文明②，但“文明没有高下、优劣之分，只有特色、地域之别”③。

五是所在方式相对不同。文化之本，是一定地域的人的生产方式、生活方式、行为方式、思维方式的呈现，是一个国家、民族的存在样式，不可复制，如中华文化等。文明之本，则是一个国家、民族之生产方式、生活方式、行为方式、思维方式，以及存在样式的“形象”呈现，是一个国家、民族发

---

①［日］福泽谕吉：《文明论概略》，北京编译社译，商务印书馆，1995年，第108页。

②《习近平著作选读》（第一卷），人民出版社，2023年，第229页。

③《习近平著作选读》（第一卷），人民出版社，2023年，第568页。

展进步事实的积极呈现状态，如政治文明。

过程意义上的中华民族现代文明，揭示的是其过程性存在。哲学层面的文明演进过程，侧重于人类交往范式的历史变迁。[①]依据马克思社会发展和人的发展“三形态”理论，可以把这一过程描述为基于“人的依赖”的“主客混体”文明范式—基于“物的依赖”的“主客二分”文明范式—基于“每个人自由全面发展”的“主主平等”文明范式。

结构意义上的中华民族现代文明，揭示的是其结构性存在，即可以也应当将文明置于人与世界的关系结构中来理解。中华民族现代文明，亦即中国式现代化的文明观，在人和物的关系上就是大力发展物质文明，进而实现共同富裕；在人和人关系上就是人际文明，把人当作目的；在人的身心关系上就是精神文明，实现精神充盈富足；在人和自然关系上就是生态文明，走向人与自然和谐共生；在人和社会关系上就是社会文明，注重公平正义、善治良序；在人和国家关系上就是政治文明，注重德法并治、人民民主。

功能意义上的中华民族现代文明，揭示的是其功能性存在。中华民族现代文明亦即中国式现代化的文明观倡导文明进步评价标准的同一化（不是“双标”）、评价主体的公正化（避免话语垄断）、评价方式的正义化（利于人类进步）、评价话语的共识化（不是唯我独尊），防止借话语权而把文明异化为野蛮，反对借主导“文明标准”的制定而演化为帝国殖民扩张。[②]鲍登指出，文明“是一个既可以描述现实又能塑造现实的概念”，文明“这一术语的力量相当之大，既可以用于赞扬，亦可用于谴责”。[③]

---

① ［澳］布雷特·鲍登：《文明的帝国：帝国观念的演化》，杜富祥等译，社会科学文献出版社，2020年，第233页。

② ［澳］布雷特·鲍登：《文明的帝国：帝国观念的演化》，杜富祥等译，社会科学文献出版社，2020年，第15页。

③ ［澳］布雷特·鲍登：《文明的帝国：帝国观念的演化》，杜富祥等译，社会科学文献出版社，2020年，第9~10页。

中国式现代化立足人类社会，创造出了中华民族现代文明，这是一种人类文明新形态。这在实质上推崇的是复数多元文明观，区别于又高于“西方中心论”的“单数文明观”，是中国式现代化的“文明存在”。

三、民族特质：中国式现代化彰显中华民族的鲜明特质

西方所强调的现代化的一般样态、共性特点，或者剥离现代化的民族属性且强调现代性，或者如鲍登所谓的“种族优越论”，其实质是为“西方中心论”辩护的。针对“西方中心论”中的“种族优越论”，我们强调中国式现代化的民族特质，就是强调中华文明最能体现中华民族的突出特性。这是中国式现代化的“民族性”逻辑，主要回答中国式现代化的“根脉”问题。

马克斯·韦伯强调：“民族国家是国家与民族的结合。”[①]在一般意义上，不同民族都具有各自特点的自然条件如地理环境，历史传承如语言文字、文化传统、道德习俗，社会状况如经济实力、文化实力、政治影响等，这些因素的内在联系和综合作用，必然造就不同的民族特性。作为“两个结合”的理论创新最新成果，中国式现代化及其理论形态根植于中华民族深厚的文明沃土，引领谱写中华民族现代文明，致力社会主义现代化强国建设和实现中华民族伟大复兴，从而赋予自身深刻而鲜明的中华民族文化特质和中华民族突出特性，成为中华文化和中国精神的时代精华的现代化篇章。中华优秀传统文化有很多重要元素，共同塑造出中华文明的突出特性。[②]习近平在文化传承发展座谈会上的重要讲话，首次系统而深刻地阐明了中华文明具有突出的连续性、创新性、统一性、包容性、和平性等五大突出特性。这既是对中华文明突出特性的最新阐发，也是我们理解和把握中国式现代化之民族特质、民族底蕴的根本遵循。

---

① Hans-Rudolf Wicker，*Rethinking Nationalism and Ethnicity：The Struggle for Meaning and Order in Europe*，Berg，1997，p.61.

② 习近平：《在文化传承发展座谈会上的讲话》，《求是》，2023年第17期。

生生不息的生命基因彰显中华民族突出的连续性。这是在历史进程意义上，将中国式现代化置于人类发展的历史长河，在与其他现代化形态比较的意义上揭示中国式现代化所具有的强大生命力的民族之源。中国式现代化的生命源头和历史根基发祥于中华民族的生产和生活实践，这不仅体现在天然造就的封闭性的地理环境所提供的防御外敌入侵屏障，多子多福观念生成的规模化的人口资源所提供的维系社会生产的基本资源，与大自然和平共处形成的自然经济所提供的生存和生活资料，也体现在延绵不绝的礼教和宗法所维系的大一统政治社会及其超稳定的社会结构。中国式现代化的生命养分和现实根基，来源于中华民族创造的丰厚充盈的文明成果，一脉相承的优秀文化基因，接续创造的博大文明成果，特别是在近代以来历代仁人志士探索基础上，中国共产党带领全国人民创造的巨大物质财富和精神谱系，为中国式现代化提供了最为厚重的坚实支撑。因而，“中国式现代化是赓续古老文明的现代化，而不是消灭古老文明的现代化；是从中华大地长出来的现代化，不是照搬照抄其他国家的现代化；是文明更新的结果，不是文明断裂的产物”①。中国式现代化的生命精神和价值根基来源于马克思主义，根植于中华优秀传统文化。这主要体现在中华民族始终是一个自强不息、奋斗进取的文化生命体，“生于忧患、死于安乐”的民族忧患意识、“走自己的路”的民族自信精神、“自强不息”的民族奋斗意志等，是其鲜明表达和集中体现。因而，中华优秀传统文化的宇宙观、天下观、社会观、道德观，是中国式现代化的重要思想资源，滋养了中国式现代化独特的世界观、价值观、历史观、文明观、民主观、生态观，赋予了中国式现代化以强大的历史自信和文化自信。②

兼容并蓄的体系结构彰显中华民族突出的包容性。这是在体系性意义上，将中国式现代化置于人类思想演变的历史长河中，在与其他现代化形态之比较意义上揭示中国式现代化所具有的鲜明体系性的民族之源。中国式现代化

① 习近平：《在文化传承发展座谈会上的讲话》，《求是》，2023年第17期。

② 汪信砚：《从中华大地长出来的现代化》，《人民日报》，2023年8月28日。

的理论形态的相对独立性及其与中国特色社会主义理论体系、习近平新时代中国特色社会主义思想之间的内在联系性，中国式现代化的理论形态在学科上贯通哲学、政治经济学、科学社会主义，在领域上覆盖经济、政治、文化、社会、生态、科技、军事、外交、党建等，在立场观点方法上相互支撑，从而形成科学的理论体系，都与中华民族以儒家思想为主、以道释法等为辅的兼容并蓄的文化基因和特质，与“多元民族文化”“一体中华文化”并存共处的中华民族文化历史，是一脉相承的。习近平强调：“要不断深化理论研究阐释，重点研究阐释我们党提出的新理念新论断中原理性理论成果，把握相互的内在联系，教育引导全党全国更好学习把握新时代中国特色社会主义思想的理论体系。”①当前最为迫切的一个重大课题，就是揭示和阐释中国式现代化的理论形态与中国特色社会主义理论体系、习近平新时代中国特色社会主义思想的内在联系，澄明认识和思想上的困惑。

返本开新的进步理念彰显中华民族突出的创新性。这是在创造性意义上，把中国式现代化置于人类社会发展的理论图谱中，在与其他现代化形态之比较意义上揭示中国式现代化所具有的巨大创新性的民族之源。中国式现代化之所以能够取得巨大成就，能够成为人类实现现代化的新的选择，能够开创中华民族现代文明，其中最为根本的，就是中国共产党始终传承“返本开新”的优秀文化传统，坚持“两个结合”，大力推进实践创新和理论创新，不断推进和实现现代化理论的与时俱进。中华文化传承下来的神话传说、寓言故事、成语典故等，蕴含的就是中华民族的优秀品质和创新精神，如女娲补天、愚公移山、火正祝融、金睛无支祁、燧人取火、大禹治水、伏羲画卦、神农尝百草、盘古开天、精卫填海、夸父逐日、女娲造人、后羿射日、鹿女降龙、神笔马良、灶王爷救百姓，等等。这就“从根本上决定了中华民族守正不守旧、尊古不复古的进取精神，决定了中华民族不惧新挑战、勇于接受新事物

① 习近平：《开辟马克思主义中国化时代化新境界》，《求是》，2023年第20期。

的无畏品格”[①]。

整体发展的价值追求彰显中华民族突出的统一性。中国式现代化的理论形态之价值取向的一个鲜明特点，就是十分注重差异格局中的统一性和共同性。在新时代，各个民族在实现社会主义现代化进程中共同走向物质生活共同富裕和精神生活共同富裕[②]，就呼应了“我们致力于共同富裕，让每一个中国人都过上美好生活。摆脱贫困，是中华民族的千年梦想。共同富裕，是中国人民的共同期盼”[③]。这种精神，也决定了中国式现代化必然得到中华大家庭各个民族的拥护和支持。

和平发展的道路选择彰显中华民族突出的和平性。这不仅表达了中华民族自古就倡导的“协和万邦、兼济天下、美美与共、世界大同”的天下胸襟和情怀，也“从根本上决定了中国始终是世界和平的建设者、全球发展的贡献者、国际秩序的维护者”[④]。中国式现代化是走和平发展道路的现代化，就充分体现了这一点。

中华文明的突出特性表达了中华民族的鲜明特质，这种突出特性和鲜明特质又使中华民族进而使中国式现代化具有显著的民族优势。中国式现代化，是从新中国成立以来的中国伟大实践进程中走出来的，具有连续性；它区别并高于西方现代化，具有创新性；它是中国共产党领导的社会主义现代化，也与各国现代化具有共同特征，具有统一性；它不忘本来、吸收外来、面向未来，具有包容性；它走和平发展道路，具有和平性。

它区别于又高于西方中心论的“种族优越论”，是中国式现代化的“民族性存在”。

---

① 习近平：《在文化传承发展座谈会上的讲话》，《求是》，2023年第17期。

② 吴艳东、廖小丹：《精神利益与精神富裕：中国式现代化道路的文明特征》，《西南大学学报》（社会科学版），2023年第2期。

③ 习近平：《汇聚两国人民力量 推进中美友好事业——在美国友好团体联合欢迎宴会上的演讲》，《人民日报》，2023年11月17日。

④ 习近平：《在文化传承发展座谈会上的讲话》，《求是》，2023年第17期。

四、为他人性：中国式现代化在社会性的群己关系中注重他者

针对“西方中心论”“以物的依赖性为基础的人的独立性”，且在群己关系中注重自我、为我的人性逻辑，中国式现代化实现了对西方现代化对人性理解的本质性超越，这集中体现为在社会性的群己关系中定义人性和人的本质，认为人的现实本质就是社会关系的总和，是在社会性的群己关系中注重他者。这是中国式现代化的“人性”逻辑，主要回答中国式现代化的“人性基础”问题。

习近平明确指出：“现代化的本质是人的现代化。”[①]这一论断的深层理据，源于中国哲学对人的本质的理解。

中国哲学对人的理解区别又高于西方哲学对人的理解。西方哲学相对注重从自然本性理解人，把人理解为单个个体，强调人之实体就是个人，较为注重作为自然人的自然属性（或生物本能）和精神属性，将个人对物质、利益与自由、民主、人权的追求视为天经地义的，属于天赋人权，符合自然秩序，切合人的本性，进而把占有私有财产视作神圣不可侵犯，把追逐物质财富视作至高无上，把个人自由、民主视作天然权利，把实现自我价值视作人生的全部意义。于是，关于人的本性是“自私”“自保”“人和人的关系像狼”等理论就纷纷出场。这里的“自我”“为我”，实质上是西方的化身，是西方的人格化表达，是放大了的“西方自我、西方为我”。

中国哲学不否认人的自然属性，但更加注重人的社会性，注重人的社会关系，主张在整体性视阈即在群体、社会、关系中理解人的本质，坚持社会性、社会关系在人的本质规定中处于根本地位和首要位置，认为单纯将自然

---

① 中共中央文献研究室编：《十八大以来重要文献选编》（上），中央文献出版社，2014年，第594页。

本性视为人的全部本性，势必将人等同于动物。人只有在一定的社会关系总和中才能成其为人，这意味着人的社会关系也是一种实体，要从人的社会关系总和中去理解和把握人的社会性，从人的社会性和整体性中理解和把握人及其本质。由此，中国哲学就往往从“伦理关系”“群体关系”“他者”“为他之仁”去理解和把握人及其本质，强调人是“大写的人”，是在社会性的群体性关系中成其为人的，是在创造社会价值中实现自我价值的，是在关怀他者中使其成为善者的。由此，人首先应注重其集体性，注重在群己关怀他者。这样来理解和把握人，显然比西方对人的理解要文明得多。

中国式现代化的本质特征，就是在各种关系及其“为他”关系中来定义和理解的。人口规模巨大的现代化，主要讲的是在迈进现代化社会进程中，中国人口规模和发达国家总人口的比较关系；全体人民共同富裕的现代化，主要讲的是所有中国人民在创造和分配财富上的关系；物质文明和精神文明相协调的现代化，主要讲的是物质文明和精神文明的关系；人与自然和谐共生的现代化，主要讲的是人与自然的关系；走和平发展道路的现代化，主要讲的是与世界其他国家之间的关系。

总之，中国式现代化不是“西方中心论”那种以自我为中心的利己主义、损人利己的现代化，而是奉献自我、服务社会、关怀他者的现代化。这可称为“人的为他本质观”，是中国式现代化的“人性存在”。

五、社会治理：中国式现代化坚持动力、平衡和治理相统一

针对“西方中心论”伸张“社会进化”所导致的“西方之乱”与“世界困局”（如世界的对立、冲突、分裂等），中国式现代化运用马克思主义社会基本矛盾理论，吸收发展哲学的社会发展机制理论，强调治理现代化是现代化的题中之义，强调建设社会主义现代化要坚持动力、平衡和治理有机统一。这是中国式现代化的“治理”逻辑，主要回答中国式现代化的“社会治理”问题。

作为共性与个性内在统一的中国式现代化，必然要求构建中国式社会治理现代化的维度。这一维度强调现代化既是一个多线性的系统治理，也是一个有规律可循的社会历史发展过程：从横向静态来讲，基于历史发展道路的多线性，注重对现代化系统各要素的战略性思考、全局性谋划、整体性推进，亦即注重全面协调、统筹兼顾、平等普惠，其中，最主要的就是必须体现中国式现代化的本质要求和重大原则；从动态纵向来说，这种规律坚持现代化发展的动力、平衡和治理相统一。就是说，它把中国式现代化的本质要求和重大原则所蕴含的注重战略性思考、全局性谋划、整体性推进，注重全面协调、统筹兼顾、平等普惠，聚焦于坚持动力、平衡和治理相统一，并将其作为社会治理原则，全面贯彻到现代化建设的一切领域和现实进程中。坚持动力、平衡和治理相统一，蕴含着坚持效率和公平有机统一、动力和平衡有机统一，它体现了中国式现代化的本质要求和重大原则，区别又高于"西方中心论"的"社会进化论"。

中国式现代化的动力机制，是指现代化建设中的基础性、核心性要素的相互联系和作用所构成的动力系统及其作用机理，它试图解决现代化的动力、活力和效力，从而使现代化各要素、各方面和各领域充满发展动力和创新活力。依据马克思主义基本原理，生产力和生产关系的矛盾运动是人类社会发展的根本动力，科学技术、制度机制、阶级斗争等，是社会发展的重要动力。构建和完善中国式现代化的动力机制，主要解决的是解放和发展社会生产力，从而实现高质量发展。

中国式现代化的平衡机制，是指现代化各要素、各方面和各领域之间在系统上的协调、平衡、和谐，在运行上的稳定、有序及其作用机理。马克思主义科学描绘了未来理想社会的美好蓝图："这种共产主义……是人和自然界之间、人和人之间的矛盾的真正解决，是存在和本质、对象化和自我确证、自由和必然、个体和类之间的斗争的真正解决。"[①]构建和完善中国式现代化

①《马克思恩格斯文集》（第一卷），人民出版社，2009年，第185页。

的平衡机制，主要解决的是社会各要素的全面协调、统筹兼顾、公正和谐、稳定有序，使发展成果更多更公平惠及全体人民，最终达至团结奋斗、合作共赢、共同富裕。

中国式现代化的治理机制，是指现代化各要素、各方面和各领域之间的优化、配合及其作用机理。构建和完善中国式现代化的治理机制，主要解决的是生产关系和生产力、上层建筑和经济基础之间的不相适应，以及经济、政治、文化、社会、生态文明等领域体制不够完善问题，既为现代化建设注入强大动力和创新活力，又促进现代化建设的平衡和谐稳定。

改革开放以来，我国之所以能够创造经济快速发展奇迹和社会长期稳定奇迹，就是因为不断推进国家治理体系和治理能力现代化，妥善处理现代化建设中改革发展稳定的关系。正确处理改革发展稳定的关系，既是我国改革开放和社会主义现代化建设的一条基本经验，也是改革开放和社会主义现代化建设所遵循的一个基本方法。“发展”与动力机制有关，“稳定”与平衡机制有关，“改革”本质上是一种治理机制，目的就是致力于解决好动力和平衡的有机统一问题。习近平在学习贯彻党的二十大精神研讨班开班式上发表重要讲话强调，推进中国式现代化必须正确处理好效率与公平、活力与秩序等一系列重大关系。这正是中国共产党对于正确处理改革发展稳定之间关系的深化和拓展。

中国式现代化注重动力、平衡、治理相统一，区别又高于“西方中心论”的“社会进化论”，可称为“社会治理观”，是中国式现代化的“社会性存在”。

六、人民标准：中国式现代化坚持以人民为中心的发展思想

针对“西方中心论”的“理性尺度”或“理性标准”观，中国式现代化在本质要求和重大原则上坚持人民至上、坚持以人民为中心的发展思想，强

调检验中国式现代化成败得失的根本标准，是人民标准。离开人民标准，其他都无从实现，也无从谈起。这是中国式现代化的“人本”或“民本”逻辑，主要回答中国式现代化的“人民性”问题。

“西方中心论”强调理性万能，理性具有唯一性、主体性、裁定性和统治性，认为理性是万事万物的最高尺度和评判标准，一切都要拿到理性的审判台前加以评判。这种万能理性，实质上就是“西方至上”“西方标准至上”的本质体现，认为西方就是那种万能理性的化身。

中国式现代化首先遵循现代化发展的一般逻辑和普遍规律，它没有脱离世界现代化进程、人类文明进程的进步轨道，这是中国式现代化的“真理性”方面，否则，就没有资格称为现代化。然而在此基础上，中国式现代化又是由中国人民能动创造和自主建构的，它在深化和发展现代化普遍规律的基础上，更注重坚持人民至上、坚持以人民为中心的发展思想，把实现人民对美好生活的向往作为现代化建设的出发点和落脚点。中国式现代化固然重视发挥资本的作用，但其遵循的根本逻辑并非资本逻辑，而是坚持人民至上、坚持以人民为中心的人本逻辑、民本逻辑。这种逻辑的核心内容就是：把人民当作主体，一切依靠人民；把人民当作目的，一切为了人民；把人民当作标准，坚持人民至上；把人民当作根基，牢牢扎根于人民。由此，中国式现代化把发展全过程人民民主、丰富人民精神世界、实现全体人民共同富裕、促进人与自然和谐共生，作为中国式现代化的本质要求，把坚持以人民为中心的发展思想作为一个重大原则。中国式现代化理论形态的真理性和人民性在其显著成效中得到了充分验证：中国式现代化的伟大实践，使党和国家事业取得了历史性成就，发生了历史性变革，也建构起行之有效的现代化的中国范式。这才是其之所以打破“现代化=西方化”迷思的理论凭依和现实支撑，也是对西方现代化的根本性超越。

中国式现代化把坚持真理性和人民性相统一的人民标准看作最高尺度，它具有本质性、判别性、主体性，强调一切都要拿到人民标准的评判台加以评判，认为只有坚持人民标准，才能真正实现中国式现代化。因而，可基于人民标准来引领中国式现代化，用人民标准检验中国式现代化的推进和拓展的实效。

人民标准观区别又高于“西方中心论”的理性尺度观或理性标准观，可称为“人民标准观”，是中国式现代化的“人民性存在”。

七、共同价值：中国式现代化倡导弘扬全人类共同价值

全人类共同价值与西方“普世价值”有本质区别。“普世价值”既是一种哲学价值观，又是“西方中心论”所主张的一种资产阶级意识形态。

“普世价值”是一种“主客二元对立”的思维方式，它在本质上以“我”为“主”，把“他者”当作纯粹的“客”，而且是与“我”不平等的“客”，甚至是与“我”根本对立的“客”。因而，“普世价值”时常在一种以“我”（西方）为“主”、以“我”（西方）为“中心”的“自我优越感”中，不加掩饰，甚至毫无遮掩地利用强制手段推行自己的价值理念。显然，这种“主客二元对立”的思维方式奉行的是“双重标准”“单边主义”。

“普世价值”的底层逻辑是，西方是“普世价值”的确定者；“普世价值”的具体内容是依据资本家、资产阶级的根本利益设置的；它凭借抽象普遍性的外表，向全世界输出和推广“普世价值”；在输出和推广过程中，掌握着定义和解释“普世价值”的话语权、裁定权；如果西方认为其他国家“违背”了“普世价值”，就会凭借“抽象的道义”或“美丽的神话”对其围堵打压，甚至发动战争；其意图就是凭借所谓抽象的“普遍性”而获取其特殊利益。

“普世价值”实质上是资产阶级的意识形态，是为“西方中心论”服务的。其实质，就是打着“普遍性”的旗号获取其“特殊性”利益，用“普世”价值掩盖其价值“观”的本质。

中国式现代化倡导弘扬“和平、发展、公平、正义、民主、自由”的全

人类共同价值。①

全人类共同价值的提出，有其深厚的时代背景和依据。一是就世界而言，是经济全球化的深入发展。在经济全球化、信息化高度发展的今天，各个国家之间形成了“你中有我、我中有你”的不可分割的生存与发展格局，人类命运已经不可抗拒地交织在一起。虽然各个国家在道路、理论、制度和文化等方面存在差异，但是合作、共赢、互利、互惠已成为大多数国家对外交往的目标与追求。二是就国内来说，中国特色社会主义进入新时代，中国站在了实现“强起来”新的历史起点上。党的十八大以来，以习近平同志为核心的党中央勇立时代潮头，清醒认识党情、世情、国情，深刻把握世界发展趋势，明确提出“中国共产党是为中国人民谋幸福的政党，也是为人类进步事业而奋斗的政党”。

全人类共同价值的哲学基础，是人类社会而不是市民社会。市民社会强调的是个体、个人及其物质利益，人类社会则强调的是类。全人类共同价值，是人类社会处理人与自然、人与社会、人与人、人与自我等关系的共同价值准则，也是人类共同努力的方向。

全人类共同价值是关系概念，是在当今经济全球化不断深入发展的时代，各国在处理国内外，尤其是处理国家与国家之间关系时所应遵循的根本价值观念。全人类共同价值在中国对外关系、国家与国家之间关系上，体现在中国共产党不仅“是为中国人民谋幸福的政党，也是为人类进步事业而奋斗的政党”。其实，这也是中国共产党作为马克思主义政党必然具有的品质。为人类谋进步，是中国共产党及其领导下的中华民族的伟大志向，为世界和平与发展、为人类进步事业提供了中国经验和中国方案，贡献了中国智慧和中国力量，它不但是中国共产党伟大使命与责任担当的鲜明彰显，也是全人类共同价值的重要体现。

---

①《中共中央关于党的百年奋斗重大成就和历史经验的决议》，人民出版社，2021年，第60页。

全人类共同价值作为一种价值理念，区别且高于西方的“普世价值”。第一是哲学根基不同。“普世价值”的哲学根基是“主客对立”“你输我赢”，全人类共同价值的哲学根基则是“主主平等”“普惠共赢”。第二是思维方式不同。“普世价值”是一种“主客对立”的思维方式，全人类共同价值则是一种主体际的思维方式，它强调“主主平等”。即这种思维方式在把自己当作“主体”的同时，也把对方和他者当作“主体”，强调“主体”间是平等的，双方在坚持自己主体性的同时，也应当彼此尊重，寻求合作共赢的基础。因而，全人类共同价值是一种注重平等、强调对话、尊重“人”权的价值理念，是一种真正的“主体间性”思维方式。第三是理论实质不同。“普世价值”实质上是资产阶级意识形态，是为“西方中心论”服务的，而全人类共同价值不否认文明差异和道路多样，它是中国人民甚至是世界各国人民追求发展进步、走向互利共赢与和谐共生的精神支柱。第四是理论基础不同。“普世价值”的理论基础是“西方中心论”，认为西方文明是人类文明发展的制高点，从而“唯我独尊”、排斥多元，强调其他“落后”国家或民族都应该走西方现代化的发展道路。全人类共同价值的理论基础则是文明互鉴论，认为每个国家或民族都有自己的发展历史，都有自己的独特文明，都有选择适合自己发展的道路或制度的权利和自由，各国之间应该求同存异、优势互补，在相互借鉴中求得共同进步。第五是理论特点不同。“普世价值”具有很强的意识形态性，它虽然在历史上起过一定的积极作用，但后来被宣扬成甚至自诩为适合全人类的、具有普世性的“永恒”理论。甚至，它还企图垄断国际话语权，强迫其他国家或民族接受其价值观，否定其他文明之价值存在的正当权利，因而“普世价值”带有强烈的独断论和话语霸权倾向。全人类共同价值则以其多样、统一、平等、共同、包容、互鉴等主张而彰显这样的道理：没有离开特殊的普遍，并不存在抽象的适合全人类的永恒价值，一切价值观念都是具体的、历史的，都必有其现实的文化载体，因而应当在充分尊重特殊性和差异性的基础上寻求“共同”或“普遍”，应当客观认识并充分尊重每一种文明样态和价值观念存在的现实与必然。一句话，全人类共同价值“更强调价值在实质内容、实现方式和实际效果上的普惠性”。第六是认识路线不同。“普世价值”注重用一般规约特殊，把一般作为前提，然后规范特殊，全人类共同价值则注重从特殊到一般，以特殊为前提，从特殊中抽象概括出一般；“普世价值”所讲的普遍是“抽象的普遍”，是外在的普遍，只强调共性而否定个性，全人类共同价值也讲普遍，然而讲的是“具体的普遍”。第七是实践导向不同。“普世价值”在实践上导致了西方的霸权主义和强权政治，导致了西方某些强国的殖民主义，导致了西方一些国家的掠夺性扩张行为，给世界许多国家的人民带来了灾难性后果，而全人类共同价值则在实践上形成的是和平共处五项原则，是负责任大国外交，是互利共赢的开放战略，是构建人类命运共同体的伟大构想与实践行动，是共赢普惠。

中国式现代化的本质特征，是全体人民共同富裕的现代化、人与自然和谐共生的现代化、走和平发展道路的现代化，其本质要求，是推动构建人类命运共同体、创造人类文明新形态，体现了全人类共同价值。全人类共同价值区别又高于西方的“普世价值观”，可称为“全人类共同价值观”，是中国式现代化的“价值存在”。

八、人类命运：中国式现代化致力于构建人类命运共同体

针对西方现代化靠殖民掠夺起家，认为扩张霸权天经地义且是行使上帝旨意的“文明开化使命”的逻辑，中国式现代化明确宣示坚定不移走和平发展、合作共赢道路，积极构建人类命运共同体，且将其作为中国式现代化的本质要求之一。这既是摒弃“西方中心论”困局的内在要求，也是走出“西方中心论”框架的必由之路，是中国式现代化的“合作共赢”逻辑，主要回答中国式现代化的“普惠性”问题。

不可否认西方现代化的历史性贡献，在人类社会发展的历史长河中，“资产阶级在它的不到一百年的阶级统治中所创造的生产力，比过去一切世代创

造的全部生产力还要多，还要大”[①]。进入21世纪，整个世界陷入“发展赤字、和平赤字、治理赤字和信任赤字”的巨大困局之中。深究其根源，如果说作为“西方中心论”和西方文明哲学根基的“主客对立”是其哲学根源，作为西方文明精神源头的自由主义是其人性根源，那么，作为西方文明行动指南的对外扩张，则是导致世界困局的制度根源。要言之，是西方文明的哲学逻辑、人性逻辑、制度逻辑出了问题。如何寻求世界发展的再生之路呢？人类进步的取向、世界发展的呼声、国际秩序的重建，呼唤新的现代化理论和新的人类文明形态。

作为中国式现代化本质要求之一的“推动构建人类命运共同体”，能为破解人类发展难题、重建世界秩序提供科学理论指导。构建人类命运共同体，一是以利益共同体为首要内容。它倡导和践行正确义利观，致力于破除“社会达尔文主义”的世界秩序法则，积极参与全球治理体系改革和建设，改变不公正不合理的现行国际秩序，注重构建和平共处、均衡发展的新型大国关系，强化维护发展中国家的共同利益。二是以价值共同体为价值追求。倡导和践行和平、发展、公平、正义、民主、自由全人类共同价值，着力打通不同社会形态在制度和价值理念上的隔膜，合理管控意识形态分歧，凝聚价值共识、夯实价值认同。三是以发展共同体为实践路径。倡导和践行共建、共享、共赢，在现代化建设实践上注重以协调与合作的方式共同将全人类“蛋糕”做大，在现代化成果分配上注重以权利平等、机会平等、规则平等的方式，让现代化成果更多更公平惠及各国人民，在现代化思维方式上注重以双赢、多赢、共赢的方式摒弃和超越零和博弈，走出一条在开放中实现共同发展的新路。四是以安全共同体为行动保障。倡导和践行共治、共商、共处，在现代化建设环境上超越和避免“修昔底德陷阱”，这是和平发展的题中之义。它通过建立化解矛盾、消弭冲突的机制和手段，努力构建相互尊重、合作共赢的新型伙伴关系。

---

①《马克思恩格斯选集》（第一卷），人民出版社，2012年，第405页。

构建人类命运共同体作为超越“西方中心论”的世界秩序且重建世界新格局的重大理念，内在蕴含追求多样性、平等性、包容性、普惠性的中华民族现代文明的基本旨趣，展示了中国式现代化的世界愿景。中国古代的“华夏中心论”不可取，西方近代流变至今的“西方中心论”也不符合时代潮流。中国式现代化是中国共产党领导的社会主义现代化，作为为中国人民谋幸福、为中华民族谋复兴的中国共产党，也是为人类谋进步、为世界谋大同的党，构建人类命运共同体，是中国共产党初心和使命的生动体现；中国式现代化是社会主义现代化，科学社会主义主张站在人民、人类的立场上，坚持走全人类自由解放的社会发展道路，构建人类命运共同体是科学社会主义的崇高追求的生动彰显；中国式现代化是从中华大地生长出来的现代化，中华优秀传统文化是中国式现代化的思想源头和精神基因，构建人类命运共同体是中华民族现代文明独特世界观、文明观的生动实践。

构建人类命运共同体站在人类真理和道义制高点上，是化解世界冲突、管控国家分歧的“定海神针”，是引导经济全球化走向、构建人类命运共同体的中国方案，它从根本上区别于“西方中心论”的“文明开化使命论”，是中国式现代化的“普惠性存在”。

九、世界贡献：中国式现代化为人类实现现代化提供新的选择

“西方中心论”为给西方现代化所导致的世界困局作辩护，竭力制造并贩卖许多“美丽的神话”，认为西方现代化是为了实现人类的普遍利益。

中国式现代化不仅揭露了西方现代化通过战争、殖民、掠夺等方式实现现代化的“野蛮”基因和逻辑，认为那是一种损人利己、充满血腥罪恶的老路，给广大发展中国家人民带来深重苦难，因而破除了“西方中心论”这种美丽的神话，而且为人类实现现代化作出了中国贡献。

中国能为世界贡献什么？这是中国的梁漱溟、英国历史学家汤因比之间，

也是毛泽东最为关切的一个重大问题。梁漱溟、汤因比曾问：中国以什么贡献给世界？毛泽东说，中国应当对人类有较大贡献。这个新时代，是不断为人类作出更大贡献的时代。[①]今天我们可以自信地说：新时代中国从实践上为人类实现现代化贡献了中国式现代化这一典型的“中国样本”。

中国式现代化为人类实现现代化提供了新的选择。过去认为，只要搞现代化就必须走西方现代化这条唯一的道路。中国式现代化在世界上的成功，破除了对“自古华山只有一条路”的迷思，使人们看到人类实现现代化是“条条大路通罗马”，即通向现代化的道路是多条的，中国式现代化是其中最为重要的一条。

中国式现代化创造了人类文明新形态。近代西方文明曾在世界历史上发挥过积极推动作用，它使民族历史成为世界历史。然而，自从西方把西方文明演变为一元“帝国文明”，就蕴含着异化为“野蛮”的基因和逻辑，这种“帝国文明”因哲学根基为“主客对立”，从而把整个人类带入了歧途乃至深渊。中国式现代化创造的人类文明新形态，是一种以“主主平等普惠”为哲学根基的“人本文明”“民本文明”“全要素文明”“和合普惠文明”，这样的文明为人类实现现代化指明了光明前景。

中国式现代化要使14亿多人口整体迈进现代化社会。它不仅解决了占世界总人口五分之一的贫困问题，也为世界提供了广阔的市场发展空间，这是对世界的生存性贡献和经济贡献；中国式现代化是实现全体人民共同富裕的现代化，不仅为发展中国家走向现代化提供新的途径，也为人类实现以人为本的现代化提供了新的选择，这是对世界的道义性贡献和稳定性贡献；中国式现代化是物质文明和精神文明相协调的现代化，不仅推进整个社会全面协调发展，而且彰显社会主义制度的优越性，这是对世界的发展性贡献和制度性贡献；中国式现代化是人与自然和谐共生的现代化，不仅能使人们在美丽

---

① 习近平：《决胜全面建成小康社会 夺取新时代中国特色社会主义伟大胜利——在中国共产党第十九次全国代表大会上的报告》，人民出版社，2017年，第11页。

的环境中工作和生活，而且也保护了人类的生存家园，这是对世界的绿色性贡献和文明性贡献；中国式现代化是走和平发展道路的现代化，不仅有助于维护广大发展中国家人民的生存权利和发展权利，而且有利于维护世界和平，这是对世界的人类性贡献与和平性贡献；中国式现代化还为创新发展21世纪马克思主义奠定了基础、提供了基石，它是创新发展21世纪马克思主义的立足点，这是对世界的理论性贡献。

这些贡献蕴含着包容、利他、平等、统一、和谐、普惠的基因和逻辑，因此，中国式现代化能真正创造人类文明及其人类文明新形态。由此，我们一定要讲好中国式现代化为人类实现现代化提供新的选择的叙事和故事。

这可称为“世界贡献论”，区别于“西方中心论”的“美丽神话论”，是中国式现代化的“世界性存在”。

十、哲学根基：中国式现代化倡导“主主平等”的普惠哲学

西方现代化宣称该模式具有“唯一性”“普遍性”“普适性”，它凭依的是西方形而上学特别是近代西方哲学“万能理性”或“绝对精神”生长出来的“主客对立”的思维逻辑。中国式现代化针对西方现代化、“西方中心论”“主客对立”的哲学基础，强调主体发展、平等发展、和谐发展、全面发展、共同发展，凭依的是中华优秀传统文化“天下大同”“大同社会”与马克思的“真正的共同体”“自由人联合体”生长出来的“主主平等”“共建共享”的思维逻辑。因此，中国式现代化的哲学根基，集中体现为矢志追求的“主主平等普惠”。这是中国式现代化的“哲学”逻辑，主要回答中国式现代化的“哲学根基”问题。

哲学是时代精神的精华。考察西方现代化时代、实践和理论三大逻辑的历史演进可以看出，它注重用“一”的理性思维法则为现实物质世界建构“同质性”的秩序。在世界历史进程和全球版图中，世界现代化的核心理念和实践运动肇始于西方特别是欧美是个不争的事实，现代化成为文明标识和经

典话语，也与西方现代化所创造的历史贡献、文明成果密不可分，现代化成为世界潮流与各国的共同命运乃至首要选择更是不容否认的。然而“先发”并不意味着唯一正确，更不意味着绝对真理；“先天优势”也不代表不需要反思，更不代表人间正道。伴随人类社会走进21世纪，特别是西方现代化模式带来的“西方之乱”与中国式现代化带来“中国之治”的鲜明对比，中国式现代化已经逐渐成为世界现代化体系和格局的新锐力量、新的趋向和新的话语。

基于对人类文明历史演进和现实语境的深刻洞悉，围绕正确理解、系统把握中国现代化的理论形态所蕴含的世界观和方法论，习近平强调：“中国式现代化，深深植根于中华优秀传统文化，体现科学社会主义的先进本质，借鉴吸收一切人类优秀文明成果，代表人类文明进步的发展方向，展现了不同于西方现代化模式的新图景，是一种全新的人类文明形态。”[①]这表明，在哲学根基上，中华优秀传统文化特别是中国哲学，可以称为一种“有机整体主义”，它认为宇宙的一切都是相互依存，相互联系的，每一事物都是在与他物的关系中显现其存在和价值，因而，人与自然、人与人、文化与文化之间应当建立起和谐共生关系。[②]在中国式现代化的魂脉层面，科学社会主义的先进本质在于其马克思主义的哲学基础。马克思主义哲学在对西方现代化、“西方中心论”的“主客对立”哲学根基及其思维逻辑展开深刻批判的同时进行革命性改造，致力于构建“真正的共同体”或“自由人联合体”。其崇高的历史使命和价值追求，就是批判和颠覆理性形而上学而走向唯物主义历史观，批判和破除资本逻辑而走向人本逻辑，促进人在精神和物质上的双重解放，将全人类解放、无产阶级解放和每个人自由而全面发展写在自己的旗帜上。从马克思主义哲学到当代中国马克思主义哲学，都注重为中国现实社会建构一种良性秩序，为其确定作为根基的哲学基础。在中国式现代化的文明层面，

---

① 《正确理解和大力推进中国式现代化》，《人民日报》，2023年2月8日。

② 陈来：《中国文明的哲学根基》，《中国民族博览》，2021年第24期。

西方文明固然对推进人类进步和人类文明产生重大影响、作出历史贡献，但奠基于“西方中心论”理论体系和话语体系之上的西方现代化，必然遵循“主客对立”“主统治客”的思维逻辑和行动逻辑，进而它往往以“文明”之名对他者所谓“不文明”的民族或国家堂而皇之地进行殖民扩张，或武装干涉，或颠覆政权。中国式现代化以开放包容的文明心态、共建共享的行动姿态，注重借鉴吸收人类文明一切优秀成果。在本质要求上，全体人民共同富裕的现代化彰显着“发展成果上的主主平等”，应当从权利和制度上保证每个人都能享有发展成果；物质文明和精神文明相协调的现代化意味着二者“发展机会和内容上的主主平等”，应当从布局上保证人的身心和谐；人与自然和谐共生的现代化昭示着人与自然在“物质、信息、能量交换上的主主平等”，应当从交换上保证人与自然的和谐共生；走和平发展道路的现代化标志着世界各国不论强弱大小，应在“发展权利、机会和规则上的主主平等”，应当从规则上保证每个国家和民族都享有发展主权和机会。

哲学根基或哲学范式不同，不仅决定了现代化的理论形态和理论体系的本质差别，也决定了两种现代化模式的现实运动、实践道路及其历史命运之别。“主主平等普惠”之哲学范式，既反映了中国特色社会主义发展的历史逻辑，又体现了中国式现代化注重主体性、平等性、普惠性的现实逻辑，还彰显了习近平新时代中国特色社会主义思想的理论逻辑，这一理论逻辑之哲学根基，就是以系统为基的“主主平等普惠”之哲学范式。

这可称为“哲学根基论”，区别又高于“西方中心论”的“主客对立论”，是中国式现代化的“哲学存在”。

总之，上述所阐述的“本质特征”“文明形态”“民族特质”“为他人性”“社会治理”“人民标准”“共同价值”“人类命运”“世界贡献”“哲学根基”等十大要素，是中国式现代化理论形态的十大标识性范畴，也是一个环环相扣、步步深入、逻辑严密的系统整体。它不仅系统建构起了中国式现代化的理论形态，而且彰显了既区别又超越西方现代化及其“西方中心论”的显著优势。马克思指出：“当我们把目光从资产阶级文明的故乡转向殖民地的时候，资产阶级文明的极端伪善和它的野蛮本性就赤裸裸地呈现在我们面前，它在故乡还装出一副体面的样子，而在殖民地它就丝毫不加掩饰了。”[①]中国式现代化及其理论形态，不仅彰显出既区别又超越西方现代化、“西方中心论”的显著优势，走出了“东方从属于西方”的框架，而且还以思想的力量，在实践上引领中国式现代化发展，为人类实现现代化提供新的选择，在思想理论建设上进一步巩固中华民族的文化主体性。

① 《马克思恩格斯选集》（第一卷），人民出版社，2012年，第861~862页。

第十章

改革开放与中国式现代化新道路

中国共产党成立一百多年来，团结带领中国人民所进行的一切奋斗，就是为了把中国建设成为现代化强国，实现中华民族伟大复兴。新中国成立以来，党孜孜以求，带领人民进行了现代化建设的艰辛探索，提出了实现农业、工业、国防和科学技术四个现代化的目标，在旧中国一穷二白的基础上建立起比较完整的工业体系和国民经济体系。“文化大革命”阻碍了当时提出的四个现代化建设的完全展开。改革开放开创了中国特色社会主义，也打开了社会主义现代化建设的崭新局面。改革开放之初，邓小平就提出了“中国式的现代化”概念，为现代化发展指明了方向。经过四十多年的不懈奋斗和探索，中国的改革开放和社会主义现代化建设取得举世瞩目的成就，创造了中国式现代化新道路，创造了人类文明新形态。一路走来，既波澜壮阔，又成就辉煌。

一、改革开放起步与中国式现代化的提出

粉碎“四人帮”后，广大干部群众强烈要求纠正“文化大革命”错误理论和实践，彻底扭转十年内乱造成的严重局面，使中国社会主义建设事业重新奋起。与此同时，世界经济快速发展，科技进步日新月异。国内外发展大势都要求党尽快就关系党和国家前途命运的大政方针作出政治决断和战略抉择。顺应时代潮流和人民愿望，1978年召开的党的十一届三中全会实现了新中国成立以来党的历史上具有深远意义的伟大转折，开启了改革开放和社会主义现代化建设新时期。

党的十一届三中全会召开不久，1979年3月21日，邓小平在会见外宾时就提出：“我们的概念与西方不同，我姑且用个新说法，叫作中国式的四个现

代化。”[1]同年3月30日，在党的理论工作务虚会上，邓小平第一次正式提出了“中国式的现代化”的命题。他强调：“过去搞民主革命，要适合中国情况，走毛泽东同志开辟的农村包围城市的道路。现在搞建设，也要适合中国情况，走出一条中国式的现代化道路……中国式的现代化，必须从中国的特点出发。……中央认为，我们要在中国实现四个现代化，必须在思想政治上坚持四项基本原则。这是实现四个现代化的根本前提。”[2]同年10月4日，在出席中央召开的各省、市、自治区第一书记座谈会时，邓小平讲话指出：“我们开了大口，本世纪末实现四个现代化。后来改了个口，叫中国式的现代化，就是把标准放低一点。特别是国民生产总值，按人口平均来说不会很高。我们到本世纪末国民生产总值能不能达到人均上千美元？等到人均达到上千美元的时候，我们的日子可能就比较好过了。就是降低原来的设想，完成低的目标，也得很好地抓紧工作，要全力以赴，抓得很细，很具体，很有效。”[3]同年12月6日，在会见日本首相大平正芳时，邓小平进一步指出：“我们的四个现代化的概念，不是像你们那样的现代化的概念，而是‘小康之家’。”[4]

由上可见，改革开放之初，邓小平就提出了中国式的现代化的命题，并进行了阐释，强调实现中国式现代化必须从中国实际出发，必须把坚持四项基本原则作为根本前提。邓小平提出的中国式的现代化，内涵丰富、意义深远。

第一，提出中国式现代化是基于科学有效引领改革开放和社会主义现代化建设的需要。为了实现长远目标，我们党在领导革命、建设和改革的进程中，往往先提出一个时期内的目标任务和实现路径，然后实行渐进策略，一

① 中共中央文献研究室编：《邓小平年谱（1975—1997）》（上卷），中央文献出版社，2004年，第496页。

②《邓小平文选》（第二卷），人民出版社，1994年，第163~164页。

③ 中共中央文献研究室编：《邓小平年谱（1975—1997）》（上卷），中央文献出版社，2004年，第563~564页。

④《邓小平文选》（第二卷），人民出版社，1994年，第237页。

步步推进，积小胜为大胜。但确定什么样的目标很重要，目标的确定要科学合理、实事求是。实践证明，过高的目标，如果不能实现，就会挫伤积极性。党的十一届三中全会将工作中心转移到经济建设上来、作出改革开放决策，开启改革开放和社会主义现代化建设新时期，也重新确立了解放思想、实事求是的思想路线。提出中国式的现代化目标，适当降低现代化标准，符合实事求是的精神，适应开启改革开放和社会主义现代化建设的需要。

第二，提出中国式现代化是基于总结历史经验得出的重要结论。近代以来，为了寻求救国救民的正确道路，先进的中国人进行了不懈奋斗。正如毛泽东指出的，要救国，只有维新；要维新，只有学外国。那时的外国只有西方资本主义是进步的。然而，学习西方的道路很不平坦，经过近百年的努力，到1949年我国现代工业总产值也不过79.1亿元，占工农业总产值的17%。[①]国家的半殖民地半封建社会性质没有变，人民处于水深火热境地没有变。正如毛泽东指出的："没有一个独立、自由、民主和统一的中国，不可能发展工业。"[②]在这样的形势下，先进的中国人重新进行探索，"走俄国人的路——这就是结论"[③]。俄国人的路，就是通过闹革命建立起独立、自主、民主和统一的国家，在社会主义制度下实现国家工业化、现代化。这一结论的大方向是正确的，但必须紧密结合中国实际，进行探索和创新。在经历一系列挫折失败后，我们党带领人民找到以农村包围城市、武装夺取政权的正确道路，领导中国革命取得成功。新中国成立后，党一开始也注重学习苏联，但后来发现苏联模式存在问题，毛泽东强调把马克思列宁主义基本原理同中国实际进行"第二次结合"。但是这些探索没有很好地坚持下去，而且"有时是自己太性急了，还搞了'文化大革命'"[④]。这些问题，导致新中国成立近30年，

① 吴承明：《中国资本主义与国内市场》，中国社会科学出版社，1985年，第129~134页。
② 《毛泽东选集》(第三卷)，人民出版社，1991年，第1080页。
③ 《毛泽东选集》(第四卷)，人民出版社，1991年，第1471页。
④ 中共中央文献研究室编：《邓小平年谱(1975—1997)》(下卷)，中央文献出版社，2004年，第1121页。

国家建设虽有进步，但人民生活改善较少，中国仍是世界上较贫穷的国家之一。很显然，实现国家现代化同样不能照抄照搬别国模式，需要党带领人民继续探索、继续奋斗。

第三，提出中国式现代化是基于对世界各国现代化发展的了解和把握。新中国成立以后，国际上反对中国的势力，迫使我们处于隔绝、孤立状态。恰在此时，国际形势发生深刻变化，和平与发展逐渐成为世界潮流和时代主题。世界经济快速发展，科技进步日新月异，我国发展同国际先进水平的差距明显拉大。“文化大革命”结束后，党和国家领导人及一大批省部级干部纷纷出国考察，开阔了眼界，增长了现代化知识，发现了差距。正如邓小平指出的：“最近我们的同志出去看了一下，越看越感到我们落后。什么叫现代化？五十年代一个样，六十年代不一样了，七十年代就更不一样了。”[①]

第四，提出中国式现代化是基于对中国国情的深入把握。当全党工作重点向社会主义现代化建设转移的时候，国民经济发展中重大比例关系失调的情况日益显露出来。1979年4月5日至28日，党中央召开工作会议正式确立了对国民经济实行“调整、改革、整顿、提高”的方针。贯彻调整方针，是调整经济关系的重要步骤，也是深化把握我国国情的过程。经济调整之初，邓小平就强调，要使中国现代化，至少有两个主要特点是要注意的。一个是底子薄；一个是人口多、耕地少。[②]陈云也指出，我们搞四个现代化，建设社会主义强国，是在什么情况下进行的？讲实事求是，先要把“实事”搞清楚。这个问题不搞清楚，什么事情也搞不好。我国九亿多人口，百分之八十在农村，革命胜利三十年了还有要饭的，需要改善生活。我们是在这种情况下搞四个现代化的。[③]

---

① 中共中央文献研究室编：《邓小平年谱（1975—1997）》（上卷），中央文献出版社，2004年版，第372~373页。

② 中共中央文献研究室编：《邓小平年谱（1975—1997）》（上卷），中央文献出版社，2004年版，第502页。

③《陈云文选》（第三卷），人民出版社，1995年，第250~251页。

邓小平提出搞中国式现代化，既实事求是地确定了我国现代化的发展目标，又明确指出了现代化建设所应遵循的路径，规定了现代化发展的方向。沿着这样的方向，在改革开放的进程中，党团结带领全国各族人民不断探索中国特色社会主义道路，不断推进中国式现代化的理论探索和实践探索。

二、全面改革开放与对中国式现代化的探索

在新的历史时期，中国共产党领导推进改革开放，目的是解放和发展生产力，建设中国特色社会主义。它的实质和目标，就是要从根本上改变束缚我国生产力发展的经济体制，建立充满生机和活力的社会主义市场经济体制，同时相应地改革政治体制和其他方面，实现社会主义现代化。改革开放之初，党提出了中国式的现代化概念，提出了一些原则性意见，但到底应该怎么搞，需要通过改革开放和现代化建设的实践加以回答。

第一，建设高度文明、高度民主的社会主义国家，到20世纪末人民物质文化生活达到小康水平。

在邓小平提出中国式的现代化概念前后，通过1977年至1978年大规模出国访问和对外交往，党的许多干部实际上已经对西方发达国家的现代化水平有了新认识，开始意识到现代化绝不限于工业、农业、国防和科学技术四个方面，还包括其他许多方面内容。

在1979年3月邓小平提出中国式的现代化概念后不久，同年9月29日叶剑英代表中央在庆祝中华人民共和国成立30周年大会上的讲话中，对现代化作了这样的阐述："我们所说的四个现代化，是实现现代化的四个主要方面，并不是说现代化事业只以这四个方面为限。我们要在改革和完善社会主义经济制度的同时，改革和完善社会主义政治制度，发展高度的社会主义民主和完备的社会主义法制。我们要在建设高度物质文明的同时，提高全民族的教育科学文化水平和健康水平，树立崇高的革命理想和革命道德风尚，发展高尚的丰富多彩的文化生活，建设高度的社会主义精神文明。这些都是我们社

会主义现代化的重要目标，也是实现四个现代化的必要条件。”[①]这就表明，我们的现代化不仅包括农业、工业、国防和科学技术这些物质层面、技术层面，而且还包括民主法制、精神文明层面。由此可见，此时党对现代化的认识就由20世纪五六十年代强调的“四个现代化”，向更广的领域拓展。

在上述精神指引下，党领导人民进行改革开放，开创中国特色社会主义，逐步打开现代化建设崭新局面。

党的十一届三中全会后，改革首先抓住农业这一环，着重克服过去指导思想上长期存在的“左”倾错误，使农业面貌很快发生显著变化，由原来的停滞不前变得欣欣向荣。农村改革的突破，带动了整个经济形势以至政治形势的好转，使党更加坚定了通过改革开放发展社会主义的决心和信心。城市经济体制改革则围绕企业扩权、试行经济责任制等方面展开，对外开放通过兴办经济特区打开了突破口。政治体制改革也在反思党和国家领导体制现存弊端中启动并形成思路。与此同时，为把全党全国人民的精力集中到社会主义现代化建设上来，党还以巨大政治勇气，澄清重大理论是非，全面平反冤假错案，完成党在指导思想上的拨乱反正。党和国家充满希望、充满活力地踏上建设中国特色社会主义的伟大征程。

在这样的形势下，1981年6月，党的十一届六中全会通过《关于建国以来党的若干历史问题的决议》，提出：“三中全会以来，我们党已经逐步确立了一条适合我国情况的社会主义现代化建设的正确道路。”[②]该决议将这条道路概括为十个方面，其中包括，逐步建设高度民主的社会主义制度、社会主义必须有高度的精神文明，等等。

1982年9月召开的党的十二大继续这一探索，提出新时期的总任务：团结全国各族人民，自力更生、艰苦奋斗，逐步实现工业、农业、国防和科学

① 中共中央文献研究室编：《改革开放三十年重要文献选编》（上册），中央文献出版社，2008年，第71页。

② 中共中央文献研究室编：《改革开放三十年重要文献选编》（上册），中央文献出版社，2008年，第212页。

技术现代化，把我国建设成为高度文明、高度民主的社会主义国家。这一总任务，既包括逐步实现工业、农业、国防和科学技术的现代化，也包括努力建设高度的社会主义精神文明和高度的社会主义民主。

在四个现代化之外，为什么要加上建设社会主义民主和社会主义精神文明呢？党的十二大作了这样的解释：社会主义精神文明是社会主义的重要特征，是社会主义制度优越性的重要表现。如果忽视在共产主义思想指导下在全社会建设社会主义精神文明这个伟大的任务，人们对社会主义的理解就会陷入片面性，就会使人们的注意力仅仅限于物质文明的建设，甚至仅仅限于物质利益的追求。那样，我们的现代化建设就不能保证社会主义方向。大会指出，建设社会主义的物质文明和精神文明，都要靠继续发展社会主义民主来保障和支持。社会主义民主建设必须同社会主义法制建设紧密地结合起来，使社会主义民主制度化、法律化。[①]

围绕新时期总任务，大会对开创社会主义现代化建设新局面作出部署。大会把继续推进经济建设作为全面开创新局面的首要任务，确定从1981年到20世纪末的20年，我国经济建设的总的奋斗目标，是在不断提高经济效益的前提下，力争使全国工农业总产值翻两番，使人民生活达到小康水平。把20世纪末的奋斗目标由先前的实现四个现代化改为实现小康，这符合我国经济落后和发展很不平衡的实际情况，充分考虑了我国实现现代化的长期性和艰巨性，从指导思想上解决长期存在的急于求成、急躁冒进的问题。

党的十二大以后，城乡经济体制改革继续深入，改革重点由农村转向城市，并从经济领域逐渐向科技、教育、精神文明等领域拓展，对外开放进一步扩大。各领域改革全面展开，推动社会主义现代化建设和中国特色社会主义事业发展出现前所未有的活跃局面。

第二，建设富强、民主、文明的社会主义现代化国家，分三步走基本实

---

① 中共中央文献研究室编：《改革开放三十年重要文献选编》（上册），中央文献出版社，2008年，第274~278页。

现现代化。

改革开放促进各方面建设实现快速发展。从党的十一届三中全会召开到党的十三大的九年间，国民生产总值、国家财政收入和城乡居民收入大体上都翻了一番。随着生产发展，绝大多数人民群众过上温饱生活，城乡就业规模不断扩大，基本扭转了消费品长期严重匮乏的局面。在物质生活得到改善的同时，民族精神获得新的解放，积极变革、勇于开拓、讲求实效开始形成潮流。

在这样的形势下，1987年召开的党的十三大，在深入分析基本国情、总结实践经验的基础上，对什么是社会主义、怎样建设社会主义，对改革开放和现代化建设的一系列重大问题，进一步作出回答。大会系统阐述了社会主义初级阶段理论，指出在社会主义初级阶段，我们要去实现别的许多国家在资本主义条件下实现的工业化和生产的商品化、社会化、现代化。在社会主义初级阶段，社会主要矛盾是人民日益增长的物质文化需要同落后的社会生产之间的矛盾，党和国家的主要任务是发展生产力，推进社会主义现代化建设。

从社会主义初级阶段理论出发，大会把党在社会主义初级阶段的基本路线概括为，领导和团结全国各族人民，以经济建设为中心，坚持四项基本原则，坚持改革开放，自力更生，艰苦创业，为把我国建设成为富强、民主、文明的社会主义现代化国家而奋斗。在社会主义现代化国家之前，明确提出了富强、民主、文明“三位一体”的要求。这一要求，使得社会主义现代化国家的目标更加精练、更加鲜明，内涵也更加丰富。

与上述要求相一致，大会制定到21世纪中叶分三步走、实现现代化的发展战略。即第一步，实现国民生产总值比1980年翻一番，解决人民温饱问题。这个任务此时已基本实现。第二步，到20世纪末，使国民生产总值再增长一倍，人民生活达到小康水平。第三步，到21世纪中叶，人均国民生产总值达到中等发达国家水平，人民生活比较富裕，基本实现现代化。然后，在这个基础上继续前进。

“三步走”发展战略，将建设富强、民主、文明的社会主义现代化国家的目标首先落实到国民生产总值的快速增长上，落实到人民生活的不断改善方面。它对中华民族百年图强的宏伟目标作了积极而稳妥的规划，既体现了党和人民勇于进取的雄心壮志，又反映了从实际出发、遵循客观规律的科学精神。但是此时制定的这一战略目标仍主要聚焦于物质层面，显然有待丰富和发展。

党的十三大以后，在领导推进改革开放和现代化建设实践过程中，根据对改革开放和现代化实践发展的思考，邓小平对社会主义现代化作了一系列新的阐述。他指出，关于现代化的性质，我们要实现工业、农业、国防和科技现代化，但在四个现代化前面有“社会主义”四个字，叫“社会主义四个现代化”。“我们现在讲的对内搞活经济、对外开放是在坚持社会主义原则下开展的。社会主义有两个非常重要的方面，一是以公有制为主体，二是不搞两极分化。……如果导致两极分化，改革就算失败了。”[①]关于现代化的目的，“我们进行社会主义现代化建设，是要在经济上赶上发达的资本主义国家，在政治上创造比资本主义国家的民主更高更切实的民主，并且造就比这些国家更多更优秀的人才”[②]。我们集中力量搞四个现代化，着眼于振兴中华民族。没有四个现代化，中国在世界上就没有应有的地位。[③]关于现代化的方式方法，我们搞的现代化，是中国式的现代化。我们建设的社会主义，是有中国特色的社会主义。我们主要是根据自己的实际情况和自己的条件，以自力更生为主。我们实行开放政策，吸收资本主义社会的一些有益的东西，是作为发展社会主义社会生产力的一个补充。[④]关于现代化取得成功的条件，他指出，搞四个现代化一定要有两手，只有一手是不行的。所谓两手，即一手抓建设，一手抓法制。搞四个现代化，使中国发展起来，就要有纪律、有秩序

---

①《邓小平文选》（第三卷），人民出版社，1993年，第138~139页。
②《邓小平文选》（第二卷），人民出版社，1994年，第322页。
③《邓小平文选》（第三卷），人民出版社，1993年，第357页。
④《邓小平文选》（第三卷），人民出版社，1993年，第29、181页。

地进行建设。一个是国内条件，就是坚持现行的改革开放政策。还有一个是国际条件，就是持久的和平环境。①

邓小平上述重要论述，是中国共产党人探索中国式现代化道路的智慧结晶，具有重要的现实意义和深远的历史意义，指引着中国的现代化建设沿着正确方向不断前进。

第三，建设富强民主文明和谐的社会主义现代化国家，全面建设小康社会。

到20世纪80年代中后期，伴随着改革开放的深入，在从计划经济体制向社会主义市场经济体制转轨过程中，历史上长期积累的一系列深层次矛盾和问题集中暴露，经济形势日趋严峻，加上国内政治风波和国际上苏联解体、东欧剧变等重大事件，给中国的改革开放带来严重冲击。在这个决定党和国家前途命运的重要历史关头，以江泽民同志为主要代表的中国共产党人，紧紧依靠全党全国各族人民，坚持党的十一届三中全会以来的路线不动摇，成功稳住了改革发展和现代化建设大局，捍卫了中国特色社会主义伟大事业。

80年代末90年代初，随着苏联解体、东欧剧变，世界社会主义陷入低潮。冷战结束，世界开始走向多极化，经济全球化进程加快。能否抓住机遇、加快发展，把改革开放和现代化建设继续推向前进，成为中国共产党人必须回答和解决的重大时代课题。

在党和国家历史发展的紧要关头，1992年初邓小平视察南方并发表重要谈话，明确回答了长期困扰和束缚人们思想的许多重大问题，对坚定推进改革开放和现代化建设产生了重大而深远的影响。同年召开的党的十四大作出三项重大决策：确立邓小平建设有中国特色社会主义理论在全党的指导地位，确定我国经济体制改革的目标是建立社会主义市场经济体制，强调必须抓住机遇，加快我国经济社会的发展。以邓小平南方谈话和党的十四大为标志，我国改革开放和社会主义现代化建设事业进入新的发展阶段。

---

①《邓小平文选》（第三卷），人民出版社，1993年，第154、209、156页。

在此基础上，1997年召开的党的十五大，高举邓小平理论伟大旗帜，作出把建设中国特色社会主义事业全面推向21世纪的战略规划，并就社会主义初级阶段的所有制结构和公有制实现形式，推进政治体制改革、依法治国、建设社会主义法治国家等重大问题作出新阐述。大会在我国经济发展“三步走”战略第二步目标即将实现之际，对如何实现第三步战略目标作出进一步规划，提出新的“三步走”发展战略，即21世纪的第一个十年实现国民生产总值比2000年翻一番，使人民的小康生活更加宽裕，形成比较完善的社会主义市场经济体制；再经过十年的努力，到中国共产党成立100年时，国民经济更加发展，各项制度更加完善；到21世纪中叶中华人民共和国成立100年时，基本实现现代化，建成富强、民主、文明的社会主义国家。这一系列新的决策，继续为改革开放和现代化建设提供新的理论指导。

与此同时，党中央根据当代世界经济、科技的发展潮流和我国现代化建设的需要，及时提出并实施科教兴国、可持续发展、西部大开发、对外开放“走出去”等多项战略，推进党的建设新的伟大工程，形成“三个代表”重要思想，继续引领改革开放和现代化建设的航船破浪前进。

世纪之交，经过20多年改革开放和发展，我国的现代化建设取得重大成就。我国主要工农业产品产量位居世界前列，商品短缺状况基本结束，市场供求关系发生重大变化；社会主义市场经济体制初步建立，市场在资源配置中日益明显地发挥基础性作用，经济发展的体制环境发生了重大变化；全方位对外开放格局基本形成，对外经济关系发生重大变化。实现了现代化建设的前两步战略目标，经济和社会全面发展，人民生活总体上达到小康水平。但是，当时我国所达到的还是低水平的、不全面的、发展很不平衡的小康。

进入21世纪，国际局势加速演变，世情、国情、党情发生深刻变化。根据这样的实际，2002年11月党的十六大作出集中力量、全面建设惠及十几亿人口的更高水平的小康社会，使经济更加发展、民主更加健全、科教更加进步、文化更加繁荣、社会更加和谐、人民生活更加殷实的战略决策。大会提出了全面建设小康社会的具体目标：在优化结构和提高效益的基础上，国内生产总值到2020年力争比2000年翻两番；社会主义民主更加完善，社会主义法制更加完备；全民族的思想道德素质、科学文化素质和健康素质明显提高；可持续发展能力不断增强，生态环境得到改善。全面建设小康社会纲领的制定，是对党的十三大“三步走”战略、党的十五大新的“三步走”战略的丰富发展，内涵更加丰富，不仅包括经济、政治、文化方面的要求，还首次将生态环境改善的要求纳入其中。这意味着现代化的内容得到进一步拓展。

党的十六大以后，各地区各部门按照部署，推进改革开放和现代化建设事业向前发展。然而，2003年春天，一场突如其来的非典型性肺炎疫情给改革开放带来严峻挑战。非典的发生和蔓延，引起党和政府对影响经济社会发展的突出矛盾和问题进行深入思考和探索。在此基础上，以胡锦涛同志为主要代表的中国共产党人提出科学发展观重大战略思想，在实践中贯彻落实并丰富发展。

2007年10月召开的党的十七大，首次对中国特色社会主义道路和中国特色社会主义理论体系作了精辟概括，将中国特色社会主义道路的奋斗目标表述为，“把我国建设成为富强民主文明和谐的社会主义现代化国家”。将现代化发展的奋斗目标由富强、民主、文明“三位一体”扩展为富强、民主、文明、和谐“四位一体”，适应了经济体制深刻变革、社会结构深刻变动、利益格局深刻调整、思想观念深刻变化的新要求。大会首次提出，“坚持中国特色社会主义经济建设、政治建设、文化建设、社会建设的基本目标和基本政策构成的基本纲领”。根据这个基本纲领，按照“四位一体”的总体布局，大会对全面建设小康社会奋斗目标提出了新要求，对经济建设、政治建设、文化建设、社会建设的内容作了全面部署。

根据上述部署，党中央立足社会主义初级阶段基本国情和新的阶段性特征，科学分析国际国内形势的新变化，深刻把握我国发展面临的新课题、新矛盾，在全面建设小康社会的进程中更加坚定地推动经济社会走上科学发展的道路，成功在新的历史起点上坚定不移把改革开放和现代化建设伟大事业继续推向前进。

三、全面深化改革开放与中国式现代化新道路的创造

进入21世纪第二个十年，国内外形势发生深刻复杂变化。从国际看，世界正处于大发展、大变革、大调整时期，和平与发展仍然是时代主题。世界多极化、经济全球化、社会信息化、文化多样化深入发展，新一轮科技革命和产业变革蓬勃兴起，全球治理体系和国际秩序变革加速推进。同时，世界面临的不稳定性、不确定性突出。从国内看，我国正处于实现中华民族伟大复兴的关键时期。我国发展站到了新的历史起点上，社会生产力水平总体显著提高，长期为世界第二大经济体，国家经济实力、科技实力、国防实力、综合国力、国际影响力显著提升。党面临的执政考验、改革开放考验、市场经济考验、外部环境考验是长期的、复杂的、严峻的，精神懈怠危险、能力不足危险、脱离群众危险、消极腐败危险更加尖锐地摆在全党面前。我们具备过去难以想象的良好条件，但也面临着各种可以预见和难以预见的困难和问题。我国发展仍然处于重要战略机遇期，前景十分光明，挑战十分严峻。

党的十八大以来，中国特色社会主义进入新时代。以习近平同志为主要代表的中国共产党人统揽伟大斗争、伟大工程、伟大事业、伟大梦想，坚持和加强党的全面领导，统筹推进“五位一体”总体布局、协调推进“四个全面”战略布局，坚持和完善中国特色社会主义制度、推进国家治理体系和治理能力现代化，战胜一系列重大风险挑战和考验，党和国家事业取得历史性成就、发生历史性变革，为实现社会主义现代化和中华民族伟大复兴提供了更为完善的制度保证、更为坚实的物质基础、更为主动的精神力量。

第一，建设富强民主文明和谐美丽的社会主义现代化强国，作出分两个阶段推进的战略安排。

适应新形势新任务，2012年11月召开的党的十八大围绕坚持和发展中国特色社会主义作出一系列部署。强调建设中国特色社会主义，总依据是社会主义初级阶段，总布局是“五位一体”，总任务是实现社会主义现代化和中华

民族伟大复兴。大会提出，全面落实经济建设、政治建设、文化建设、社会建设、生态文明建设“五位一体”总体布局。要求把生态文明建设放在突出地位，融入经济建设、政治建设、文化建设、社会建设各方面和全过程，努力建设美丽中国，实现中华民族永续发展。大会提出“两个一百年”奋斗目标：在中国共产党成立100年时全面建成小康社会，在新中国成立100年时建成富强民主文明和谐的社会主义现代化国家。大会根据我国经济社会发展的实际确定了全面建成小康社会的目标。根据“五位一体”总体布局和全面建成小康社会目标要求，对推进中国特色社会主义建设作出全面部署，并提出了一系列改革创新举措。

在此基础上，2017年10月召开的党的十九大就决胜全面建成小康社会、开启全面建设社会主义现代化国家新征程作出安排和部署。大会作出中国特色社会主义进入新时代的重大政治判断，提出我国社会主要矛盾已经转化为人民日益增长的美好生活需要和不平衡不充分的发展之间的矛盾，这是关系全局的历史性变化，对党和国家工作提出了许多新要求。

大会结合“两个一百年”奋斗目标，鲜明指出从党的十九大到二十大是“两个一百年”奋斗目标的历史交汇期，既要全面建成小康社会、实现第一个百年奋斗目标，又要乘势而上开启全面建设社会主义现代化国家新征程，向第二个百年奋斗目标进军。大会在对党的十九大到2020年决胜全面建成小康社会作出部署的基础上，综合分析国际国内形势和我国发展条件，从2020年到21世纪中叶分两阶段安排。

第一个阶段，从2020年到2035年，在全面建成小康社会的基础上，再奋斗15年，基本实现社会主义现代化。到那时我国经济实力、科技实力、综合国力将大幅跃升，跻身创新型国家前列；人民平等参与、平等发展权利得到充分保障，法治国家、法治政府、法治社会基本建成，各方面制度更加完善，国家治理体系和治理能力现代化基本实现；社会文明程度达到新的高度，国家文化软实力显著增强，中华文化影响更加广泛深入；人民生活更为宽裕，中等收入群体比例明显提高，城乡区域发展差距和居民生活水平差距显著缩小，基本公共服务均等化基本实现，全体人民共同富裕迈出坚实步伐；现代社会治理格局基本形成，社会充满活力又和谐有序；生态环境根本好转，美丽中国目标基本实现。

第二个阶段，从2035年到21世纪中叶，在基本实现现代化的基础上，再奋斗15年，把我国建设成富强民主文明和谐美丽的社会主义现代化强国。到那时，我国物质文明、政治文明、精神文明、社会文明、生态文明将全面提升，实现国家治理体系和治理能力现代化，成为综合国力和国际影响力领先的国家，全体人民共同富裕基本实现，我国人民将享有更加幸福安康的生活，中华民族将以更加昂扬的姿态屹立于世界民族之林。

党的十九大的这一部署，实际远远超过党的十三大提出的分阶段实现现代化"三步走"战略目标的要求。一是时间提前，将基本实现现代化的时间由原来的21世纪中叶提前到2035年；二是标准提高，到21世纪中叶由原来的基本实现现代化提高到建成富强、民主、文明、和谐、美丽的社会主义现代化强国；三是内涵更加丰富，对两个阶段的奋斗目标，在经济、政治、文化、社会、生态文明建设方面提出更高、更丰富的要求。

按照上述部署，以习近平同志为主要代表的中国共产党人团结带领全党全国各族人民，立足中国特色社会主义新时代，决胜全面建成小康社会，开启全面建设社会主义现代化国家新征程。

坚定不移推进全面深化改革开放。许多领域实现历史性变革、系统性重塑、整体性重构，为推动形成系统完备、科学规范、运行有效的制度体系奠定坚实基础。以供给侧结构性改革为主线推动经济高质量发展。深入贯彻创新、协调、绿色、开放、共享发展理念，开启经济发展方式向更高级形态转变。推动中国特色社会主义政治建设深入发展。加强各级人大及其常委会机关建设，推进人民政协逐步走向制度化、规范化、科学化，坚持和完善民族区域自治制度，健全充满活力的基层群众自治制度，不断推进法治政府建设和司法体制改革。创造性繁荣社会主义文化。马克思主义在我国社会主义意识形态中的指导地位进一步巩固，各级党组织和政府把深入学习习近平新时代中国特色社会主义思想作为重中之重，全党全社会思想上团结统一更加巩固。完善中国特色社会主义社会治理体系，完善正确处理新形势下人民内部矛盾有效机制，抗击新冠肺炎疫情取得重大战略成果，开创生态文明建设新局面。党和国家谋划开展了一系列根本性、开创性、长远性工作，推动生态环境保护从认识到实践发生历史性、转折性、全局性变化。

在推动各方面改革发展的同时，我们党倡导和推动构建人类命运共同体。随着“一带一路”倡议等全球合作不断推进，也随着中国统筹新冠病毒感染和经济建设卓越表现，世界各国人民更加深刻认识到，人类是一个休戚与共的命运共同体，这一理念正在转化为行动，成为引领时代潮流和人类文明进步的鲜明旗帜。

第二，对基本实现现代化提出更高要求，提出中国式现代化五个特点。

进入21世纪第三个十年，我国经济社会发展取得新的重大成就。经过党的十八大以来以习近平同志为核心的党中央团结带领全党全国各族人民持续奋斗，特别是“十三五”时期决胜全面建成小康社会的努力奋斗，我国经济实力、科技实力、综合国力跃上新的大台阶。

此时，国际国内形势继续发生深刻变化。我国发展仍处于重要战略机遇期，但机遇和挑战都有新的发展变化。当今世界正经历百年未有之大变局，新一轮科技革命和产业变革深入发展，国际力量对比深刻调整，和平与发展仍然是时代主题，人类命运共同体理念深入人心，同时国际环境日趋复杂，不稳定不确定性明显增加，新冠肺炎疫情影响广泛深远，经济全球化遭遇逆流，世界进入动荡变革期，单边主义、保护主义、霸权主义对世界和平与发展构成威胁。我国已转向高质量发展阶段，制度优势显著，治理效能提升，经济长期向好，物质基础雄厚，人力资源丰富，市场空间广阔，发展韧性强劲，社会大局稳定，继续发展具有多方面优势和条件，同时我国发展不平衡不充分问题仍然突出，重点领域关键环节改革任务艰巨，创新能力不适应高质量发展要求，农业基础还不稳固，城乡区域发展和收入分配差距较大，生态环保任重道远，民生保障存在短板，社会治理还有弱项。

据此党中央强调，全党要统筹中华民族伟大复兴战略全局和世界百年未有之大变局，深刻认识我国社会主要矛盾变化带来的新特征、新要求，深刻认识错综复杂的国际环境带来的新矛盾、新挑战，增强机遇意识和风险意识，立足社会主义初级阶段基本国情，保持战略定力，办好自己的事，认识和把握发展规律，发扬斗争精神，树立底线思维，准确识变、科学应变、主动求变，善于在危机中育先机、于变局中开新局，抓住机遇，应对挑战，趋利避害，奋勇前进。

在这样的形势下，党的十九届五中全会审议通过了《中共中央关于制定国民经济和社会发展第十四个五年规划和二〇三五年远景目标的建议》，对到2035年基本实现社会主义现代化进行部署，对“十四五”时期经济社会发展作出安排。全会提出九个方面具体要求：①我国经济实力、科技实力、综合国力将大幅跃升，经济总量和城乡居民人均收入将再迈上新的大台阶，关键核心技术实现重大突破，进入创新型国家前列；②基本实现新型工业化、信息化、城镇化、农业现代化，建成现代化经济体系；③基本实现国家治理体系和治理能力现代化，人民平等参与、平等发展权利得到充分保障，基本建成法治国家、法治政府、法治社会；④建成文化强国、教育强国、人才强国、体育强国、健康中国，国民素质和社会文明程度达到新高度，国家文化软实力显著增强；⑤广泛形成绿色生产生活方式，碳排放达峰后稳中有降，生态环境根本好转，美丽中国建设目标基本实现；⑥形成对外开放新格局，参与国际合作与竞争新优势明显增强；⑦人均国民生产总值达到中等发达国家水平，中等收入群体显著扩大，基本公共服务实现均等化，城乡区域发展差距和居民生活水平差距显著缩小；⑧平安中国建设达到更高水平，基本实现国防和军队现代化；⑨人民生活更加美好，人的全面发展、全体人民共同富裕取得更为明显的实质性进展。

这九个方面要求是对党的十九大提出的基本实现现代化六个方面要求的扩展和深化，新增的第2条经济建设内容表明，在实现社会主义现代化建设中，经济建设仍是中心任务。新型工业化、信息化、城镇化、农业现代化“新四化”同步发展是基本路径，也是重要目标。新增的第6条对外开放内容表明，中国对外开放的大门不会关闭，只会越开越大。新增的第8条社会治理和国防军队建设内容表明，社会治理是国家治理的重要方面。国家安全至关重要，要实现富国和强军相统一。原有的六条也都新增了内容、提升了要求。以上修改准确反映了人民群众的愿望和国家发展的实际，也准确反映了世界发展的趋势。与此相适应，建议明确了“十四五”时期经济社会发展的指导方针和主要目标。强调坚定不移贯彻创新、协调、绿色、开放、共享的新发展理念，坚持稳中求进工作总基调，以推动高质量发展为主题，以深化供给侧结构性改革为主线，以改革创新为根本动力，以满足人民日益增长的美好生活需要为根本目的，统筹发展和安全，加快建设现代化经济体系，加快构建以国内大循环为主体、国内国际双循环相互促进的新发展格局，推进国家治理体系和治理能力现代化，实现经济行稳致远、社会安定和谐，为全面建设社会主义现代化国家开好局、起好步。

特别需要强调的是，在党的十九届五中全会上，习近平专门对中国式现代化的特点进行了概括。他指出，我们所推进的现代化，既有各国现代化的共同特征，更有基于国情的中国特色。第一，我国现代化是人口规模巨大的现代化。我国十四亿多人口要整体迈入现代化社会，其规模超过现有发达国家的总和，将彻底改写现代化的世界版图。第二，我国现代化是全体人民共同富裕的现代化。共同富裕是中国特色社会主义的本质要求，我们坚持以人民为中心的发展思想，自觉主动解决地区差距、城乡差距、收入分配差距，促进社会公平正义，逐步实现全体人民共同富裕，坚决防止两极分化。第三，我国现代化是物质文明和精神文明相协调的现代化。我们坚持社会主义核心价值观，加强理想信念教育，弘扬中华优秀传统文化，增强人民精神力量，促进物的全面丰富和人的全面发展。第四，我国现代化是人与自然和谐共生的现代化。我们注重同步推进物质文明建设和生态文明建设，走生产发展、生活富裕、生态良好的文明发展道路。第五，我国现代化是走和平发展道路的现代化。一些老牌资本主义国家走的是暴力掠夺殖民地的道路，是以其他国家的落后为代价的现代化。我国现代化强调同世界各国互利共赢，推动构建人类命运共同体，努力为人类和平与发展作出贡献。

党的十九届五中全会对党的十九大关于到2035年基本实现社会主义现代化六条要求的修改、“十四五”规划的安排，特别是习近平对中国式现代化特点的概括，是党对中国现代化建设的最新认识和最新理论概括，是现代化建设的重大理论成果，为我国现代化建设进一步前进指明方向，必将对开启社会主义现代化强国建设新征程发挥重要引领作用。

第三，创造中国式现代化新道路、创造人类文明新形态，为现代化发展进一步指引方向。

实践发展没有止境，理论创新也没有止境。随着中国不断发展，世界上越来越多的人开始谈论“北京共识”“中国道路”“中国模式”。广大发展中国家对中国投以羡慕的目光，纷纷表示要向中国学习治国理政的经验。为适应这一形势，党一方面大力推进改革开放和现代化建设实践，另一方面也在深入地进行理论概括、理论总结、理论创新。

在庆祝中国共产党成立100周年大会上的讲话中，习近平明确指出：“我们坚持和发展中国特色社会主义，推动物质文明、政治文明、精神文明、社会文明、生态文明协调发展，创造了中国式现代化新道路，创造了人类文明新形态。”[①]2021年11月，党的十九届六中全会通过的《中共中央关于党的百年奋斗重大成就和历史经验的决议》进一步指出：“党领导人民成功走出中国式现代化道路，创造了人类文明新形态，拓展了发展中国家走向现代化的途径，给世界上那些既希望加快发展又希望保持自身独立性的国家和民族提供了全新选择。”[②]这些重要论述说明，中国式现代化新道路、人类文明新形态，是在坚持和发展中国特色社会主义中创造的。中国特色社会主义道路，是在

① 习近平：《在庆祝中国共产党成立100周年大会上的讲话》，人民出版社，2021年，第13~14页。

② 《中国共产党第十九届中央委员会第六次全体会议文件汇编》，人民出版社，2021年，第93页。

改革开放四十多年的伟大实践中走出来的，是在中华人民共和国成立七十多年的持续探索中走出来的，是在对近代以来一百七十多年中华民族发展历程的深刻总结中走出来的，是在对中华民族五千多年悠久文明的传承中走出来的，具有深厚的历史底蕴和广泛的现实基础。我们仅用几十年时间就走完了发达国家几百年走过的工业化历程，创造了经济快速发展和社会长期稳定两大奇迹，中华民族向世界展现一派欣欣向荣的气象。

创造中国式现代化新道路、人类文明新形态，在中华人民共和国历史上、中华民族发展史上具有重大意义。近代以来，在外国列强入侵和封建腐朽统治下，我国错失了工业革命机遇，大幅落后于时代，中华民族遭受了前所未有的苦难。鸦片战争后，中国人民和无数仁人志士不屈不挠，苦苦寻求中国现代化之路，但在半殖民地半封建社会条件下，中国现代化不可能取得成功。中华人民共和国成立，才真正开启现代化建设进程。但由于经验不足，走过许多弯路。党的十一届三中全会以后，党和国家的工作中心转移到现代化建设上来，实行改革开放，旗帜鲜明提出，“走自己的道路，建设有中国特色的社会主义”，提出“三步走”战略，逐步开辟、创造了中国式现代化新道路。道路决定命运。找到一条实现现代化的正确道路十分不易，必须倍加珍惜。

创造中国式现代化新道路、人类文明新形态，在世界社会主义发展史上、人类社会发展史上具有重大意义。人类社会发展至今，在世界各国出现过多种现代化发展模式，各国基于本国国情有着不同的选择，比较有代表性的是工业革命以来老牌资本主义的英法模式，二战后兴起的美日模式、德国模式、苏联模式，以及后来的“亚洲四小龙”赶超模式和正在崛起的中国式现代化模式。总体上讲，从发展路径来看，是实现从农业社会向工业社会、从工业社会向知识社会的大跃迁；从社会制度来看，主要是在资本主义和社会主义两种社会制度下进行，由此带来深刻的社会形态和世界政治经济格局的变化。中国式现代化道路的创立，拓展了发展中国家走向现代化的途径，给世界上那些既希望加快发展又希望保持自身独立性的国家和民族提供了全新的选择，为解决人类问题贡献了中国智慧和中国方案。

习近平明确提出创造中国式现代化新道路、人类文明新形态，意义重大。这意味着，中国式现代化既切合中国实际，体现社会主义建设规律，也体现了人类社会发展规律。中国式现代化是我国现代化建设必须坚持的方向，要在党和国家的方针政策、战略战术、工作部署中得到体现和贯彻落实，全党全国各族人民都要共同努力为之奋斗；我们要坚定不移推进中国式现代化，以中国式现代化全面推进中华民族伟大复兴，不断为人类作出新的更大贡献。习近平指出，我国是世界上最大的社会主义国家，当我国建成社会主义现代化强国、成为世界上第一个不是走资本主义道路而是走社会主义道路成功建成现代化强国时，党领导人民在中国进行的伟大社会革命将更加充分地展示其世界历史意义。

新中国成立后，从第一个五年计划到第十四个五年规划，一以贯之的主题是把我国建设成为社会主义现代化国家。我们走过弯路，也遭遇过一些意想不到的困难和挫折，但建设社会主义现代化国家的意志和决心始终没有动摇。在这个过程中，我们党对建设社会主义现代化国家在认识上不断深入、在战略上不断成熟、在实践上不断丰富，加速了我国现代化发展进程，为全面建设社会主义现代化强国奠定了实践基础、理论基础、制度基础。①

现在，我们已经创造了中国式现代化新道路、人类文明新形态，中国人民和中华民族在历史进程中积累的强大能量已经充分爆发，为实现社会主义现代化和中华民族伟大复兴提供了势不可挡的磅礴力量。我们要倍加珍惜近代以来先进中国人不断为之接续奋斗、最终由中国共产党带领人民开创的中国特色社会主义道路，进一步坚定道路自信、理论自信、制度自信和文化自信，万众一心，乘势而上，为建设社会主义现代化强国、实现中华民族伟大复兴努力奋斗。

---

① 习近平：《论把握新发展阶段、贯彻新发展理念、构建新发展格局》，中央文献出版社，2021年，第8页。

60多年前，毛泽东在展望新中国的发展时指出，事物总是发展的。“一九一一年的革命，即辛亥革命，到今年，不过四十五年，中国的面目完全变了。再过四十五年，就是二千零一年，也就是进到二十一世纪的时候，中国的面目更要大变。中国将变为一个强大的社会主义工业国。中国应当这样。因为中国是一个具有九百六十万平方公里土地和六万万人口的国家，中国应当对于人类有较大的贡献。”[①]60多年过去了，毛泽东的畅想已经变成现实。为着更加崇高的理想，中国共产党人带领人民继续前进。习近平进一步强调指出，中国特色社会主义正成为21世纪科学社会主义发展的旗帜，成为振兴世界社会主义的中流砥柱，我们党有责任、有信心、有能力为科学社会主义新发展作出更大历史贡献。我们应该牢记总书记指示，不忘初心、牢记使命，勿忘昨天的苦难辉煌，无愧今天的使命担当，不负明天的伟大梦想，在新时代建设社会主义现代化强国新征程中埋头苦干、勇毅前行、不懈奋斗，努力作出自己更大的贡献。

①《毛泽东文集》（第七卷），人民出版社，1999年，第156~157页。

第十一章

中国式现代化的改革开放观：方向抉择、重大使命与历史超越

改革开放作为决定中华民族前途命运的关键一招、党和人民事业大踏步赶上时代的重要法宝，其基本主题和重大使命始终围绕中国特色社会主义主要矛盾和主要使命的变化而变化，在不同阶段呈现不同的本质特点，贯穿于其中的一个重要特点就是改革开放在持续性深化的伟大实践中不断趋向于理性自觉，创造了中国特色改革开放观，而且在每一个发展阶段的重要转折关头创新改革开放观，以理性自觉和顶层谋定将改革开放伟大实践推向前进。改革开放伟大实践与理性自觉的改革开放观之间彼此契合、相互促进，日益构成谱写中国改革开放时代新篇的共进线。

2024年2月，习近平在中央全面深化改革委员会第四次会议上指出："今年是全面深化改革又一个重要年份，主要任务是谋划进一步全面深化改革，这既是党的十八届三中全会以来全面深化改革的实践续篇，也是新征程推进中国式现代化的时代新篇。"①紧紧围绕中国式现代化谋划改革开放的时代新篇，我们必须开辟理性自觉的新境界，创新改革开放观。为此，2024年4月30日，中央政治局会议用"六个必然要求"深刻阐明继续把改革推向前进的重大意义，要求全党必须自觉把改革摆在更加突出位置，紧紧围绕推进中国式现代化进一步全面深化改革。5月23日，习近平在山东考察期间，专门主持召开企业和专家座谈会，聚焦改革，开门问策，力图把最广大人民智慧和力量凝聚到改革上来，同人民一道把改革推向前进。习近平在座谈会上发表重要讲话，为进一步全面深化改革划重点、明方向，释放重要信号。中央决定在7月召开党的二十届三中全会，其中一项主要议程是自觉把改革摆在更加突出位置，紧紧围绕推进中国式现代化进一步全面深化改革，划重点，明

①《增强土地要素对优势地区高质量发展保障能力　进一步提升基层应急管理能力》，《人民日报》，2024年2月20日。

方向，布全局，施战略。

党在中国改革开放不断深化前行的每一个重要历史关头作出的方向性判定，都是关乎中国特色社会主义事业总体全局、关乎中华民族前途和命运、影响全球格局和走向的重大抉择，都是具有划时代意义的重大事件。进一步全面深化改革推进中国式现代化是一项系统的战略工程，完成这一战略工程需要有高度的理论自觉，其重要思想前提就是要创新和确立新征程即中国式现代化的改革开放观。为此，我们需要深度把握和准确解答以下几个关键问题：其一，何谓“中国式现代化的改革开放观”？其二，在何种意义上理解进一步全面深化改革推进中国式现代化是党的十八届三中全会以来全面深化改革的实践续篇？其三，在何种意义上理解进一步全面深化改革推进中国式现代化是新征程推进中国式现代化的时代新篇？

一、改革开放观：进一步全面深化改革推进中国式现代化的方法论自觉

从原初主要诉诸感性实践探索渐次上升到理论自觉的新境界，需要创造改革开放观。中国的改革开放伟大实践不断从感性探索趋向理性自觉，每一个阶段、每一个重大转折关头都需要有理性自觉，呼唤改革开放观的指引。所谓改革开放观，就是如何“观”改革开放。我们主张的改革开放观就是马克思主义中国化时代化的改革开放观，即依据马克思主义中国化时代化世界观和方法论对改革开放伟大实践的本质规律的总体认识和根本看法，着力解答为何改革、改革什么、怎样改革等一系列根本问题。以紧紧围绕中国式现代化进一步全面深化改革为主题的改革开放观，即新征程改革开放观，是引领和保障改革开放新实践的理论自觉。

党的十八届三中全会以来的改革开放观具有一系列创新发展的鲜明特点。其一就是改革开放伟大实践具有了理解和把握改革开放本质和规律、开辟新境界、超前谋划和思想指导的理性自觉。改革开放观的出场是由改革开放作

为决定中华民族前途命运的关键一招、党和人民事业大踏步赶上时代的重要法宝的性质和地位决定的，也是改革开放伟大实践经验的科学总结和必然旨归。改革开放观是从“摸着石头过河”的单纯感性实践探索及“走一步看一步”的短期“刺激—反馈”方式中摆脱出来，走向科学揭示改革开放本质和规律、把握大势、预判谋划未来的理性自觉。中国的改革开放是前无古人的事业。虽然有马克思主义基本原理的指导，但是我们既不能从马克思主义经典作家的著作中找到现成答案，也无法从前人那里找到现成经验。因此，在改革开放初期，我们只能依靠感性探索，在没有现成道路可走的情况下靠“摸着石头过河”“走一步看一步”“大胆试、大胆闯”“杀出一条血路”。显然，缺乏理性自觉的感性实践带有盲目性，我们在改革开放的实践持续推进中在所难免地付出了学费和代价。然而，四十余年来，以解放和发展生产力、为人民谋富裕、推动中华民族伟大复兴为宗旨的改革开放伟大实践之所以伟大，是因为实践不断反复证明改革开放实现了让人民富起来这一目标，是让党和人民事业大踏步赶上时代的重要法宝。在推进持续性改革开放的伟大实践中，党和人民不断积累和丰富经验，“摸石头就是摸规律”，不断趋向于理性自觉，在体制机制改革中开辟了中国道路，不断形成和完善中国特色社会主义制度体系。在此基础上，党的十八届三中全会以来全面深化改革的一个重大成果就是迈入了理性自觉新境界，创新了改革开放观。因此，改革开放观是总体把握了改革开放本质规律这一关乎中国特色社会主义事业前途命运、关乎中华民族伟大复兴战略全局的马克思主义中国化时代化的理性自觉形式。

其二是依据唯物史观的中国逻辑对“为何改革”这一“时代之问”作出了关键的方向性抉择。唯物史观揭示了人类社会发展的一般规律。唯物史观的中国逻辑旨在运用唯物史观基本原理深入阐释中国发展的具体特殊规律，其重要内容之一就是改革开放的具体进程和具体规律。改革开放打破不适合生产力发展的体制机制，解放和发展生产力，推动中华民族大踏步赶上时代，这是遵循唯物史观中国逻辑的客观要求。生产力是全部社会生活的物质前提，是推动社会进步的最活跃、最革命的因素，生产力标准是衡量社会发展的带有根本性的标准。马克思恩格斯指出，“人们所达到的生产力的总和决定着社会状况”[①]。社会主义的根本任务是解放和发展生产力，社会主义相对于资本主义的优越性就体现在能够更快、更好地发展生产力。改革开放四十多年来，我们不断面临全球科技革命带来的产业革命浪潮的冲击和挑战。因此，如何围绕迎接每一次科技革命和产业革命挑战而推动中国的生产力提档升级、加快发展，构成改革开放的强大动力和时代主题。然而，生产力发展如果脱离了人民，就会失去它的根本动力和价值旨归。作为生产力标准的价值旨归，“以人民为中心”就是规约改革开放根本方向性抉择的主要标准。“改革开放为了人民、依靠人民，改革开放成果让人民更多更好地公平共享”成为我们决定改革开放的方向性抉择的价值原则。我们的改革开放观主张衡量、规约改革开放的必须是“生产力标准”与“人民至上”价值标准的历史的和有机的统一。

其三是着眼于系统把握，即强调改革开放的整体性、全面性、持续性和长效性。由于缺乏经验，改革开放的初始阶段都是选择局部环节的改革和调整，依靠部分地区和部分人群先行先试，渐进式改革成效往往具有暂时性和探索性，没有可能整体推进、综合推进和全面深化改革。然而，改革开放的最终目的在于达成一个全面的整体性目标，推动中国特色社会主义的自我完善，以中国式现代化推动中华民族伟大复兴，建立一个社会主义现代化强国。经济建设是我们的中心使命，无论是价格改革还是市场培育、产权结构调整、收入分配制度创新、参与或开拓国际市场等都是改革重要的环节，“放手搞活市场”“参与国际大循环”都具有改革开放特定阶段的重要根据。但是改革开放的维度所指不可能是单向度、唯一的，而是涉及经济、政治、社会、文化和生态领域体制机制的全面深化改革。此外，改革开放在破除旧体制与建立新体制之间常常不连续，形成“脱节”和“真空”状态。强调“稳定压倒一

---

① 《马克思恩格斯文集》(第一卷)，人民出版社，2009年，第533页。

切”，渐进式改革开放的推进一旦受阻就可能暂时停顿，呈现不连续性。党的十八届三中全会以来的改革开放观着眼于全面深化改革，强调全局性谋划、整体性布展、持续性推进，要求在新发展理念指导下，以“五位一体”总体布局、“四个全面”战略布局、“改革只有进行时”“建立长效机制”“完善中国特色社会主义制度体系”的精神来推进改革开放，凸显新时代特征。

紧紧围绕推进中国式现代化进一步全面深化改革的时代主题和重大使命，决定了必须立足于时代主题进一步创新发展改革开放观，对如何谱写改革开放伟大实践时代新篇这一“时代之问”作出科学解答。新征程的改革开放观要在整体上重新对进一步全面深化改革的必要性（六个必然要求）、战略地位（把改革开放摆在更加突出位置）、根本主题（紧紧围绕推进中国式现代化这一主题）、时代使命和战略布局，以及作为党的十八届三中全会以来的实践续篇和时代新篇的核心要义，作出科学、深刻、全面的理解、阐释和把握，谋划和布展进一步全面深化改革的伟大战略实践。这就是中国式现代化的改革开放观。

建构中国式现代化的改革开放观，重新确立方向性抉择、明确时代主题和重大使命，实现历史性超越，就要进一步深入学习贯彻习近平总书记关于全面深化改革的一系列新思想、新观点、新论断，完整、准确、全面贯彻新发展理念，紧紧围绕推进中国式现代化这一主题，深度理解和把握“六个必然要求”，坚持稳中求进工作总基调，进一步解放思想、解放和发展社会生产力、解放和增强社会活力，统筹国内国际两个大局，统筹推进“五位一体”总体布局，协调推进“四个全面”战略布局，以经济体制改革为牵引，以促进社会公平正义、增进人民福祉为出发点和落脚点，更加注重系统集成，更加注重突出重点，更加注重改革实效，推动生产关系和生产力、上层建筑和经济基础、国家治理和社会发展更好相适应，为中国式现代化提供强大动力和制度保障。

二、实践续篇：守正创新全面深化改革观的重大意义和基本要求

改革开放观强调，在新时代、新征程必须继续将改革开放推向前进，进一步全面深化改革是新时期改革开放以来特别是党的十八届三中全会以来的实践续篇。围绕推进中国式现代化进一步全面深化改革是谱写“实践续篇”，即“接着讲、继续干”，具有方向性抉择的重大意义和久远深刻的历史意义。

第一，“实践续篇”之所以“续”，首先在于高度肯定、坚定继续改革开放的方向性抉择。这一方向性抉择，具体而论作出了三个关键性判断。一是作为方向性抉择的重大战略判断，在新征程中再一次明确肯定、高度评价改革开放作为决定中华民族前途命运的关键一招、党和人民事业大踏步赶上时代的重要法宝具有划时代意义。二是在历史走向的重要关口明确方向性抉择，坚定了在新征程中必须继续走好改革开放道路、赓续改革开放特别是党的十八届三中全会以来全面深化改革优秀传统和成功经验的道路自信、理论自信和历史自信。三是进一步强调在新征程中要自觉把改革摆在更加突出位置。

方向性抉择斩钉截铁地明确回答了在新征程中要不要继续将改革推向前进这一事关全局的重大战略性问题。改革开放伟大实践开创了中国特色社会主义道路，让中国经济腾飞并跻身世界第二大经济体，中国人民富了起来，全面建成小康社会之后开启了全面建设社会主义现代化国家的新征程，党和人民事业大踏步赶上时代。改革开放的成功经验表明：走改革开放道路的方向性抉择是正确的，经得起历史考验，受到大多数人民的坚定支持和拥护。中国坚定自信地走改革开放道路需要全体人民形成最广泛共识，需要凝心聚力的强力支持。然而，社会上却存在着某些怀疑，甚至否定改革开放的伟大实践必要性、必然性的民粹主义杂音。应当看到，改革开放是一项前无古人的事业，初期“摸着石头过河”的感性探索难免会有不全面、不协调、不持

续、不系统甚至方向性偏差的问题，利益结构调整也影响了一部分人的原初利益，客观上影响了社会动员效应和共识的形成。中国特色社会主义制度体系的探索、建立和完善必然要有一个实践过程，资本逻辑和市场经济也会导致人们的收入分配差异拉大，我国在发展进程中对以美国为首的西方世界挑衅的能力需要进一步培育和强化。国家治理体系和治理能力现代化在各个领域的培育成长过程尚不均衡，政府主导的资源配置权力相对统一集中也会诱惑一部分掌握公共资源配置权力的部门和公职人员被市场化逐利之风腐蚀而产生各种贪腐现象，全球化金钱至上的靡靡之风也会从日常生活底层腐蚀社会和文化，侵入各个领域、各个部门，成为"另类牵引"。上述因素在客观上影响着一部分大众的心理和认知。解决上述问题的关键在于，要不要明确继续将改革向前推进。"实践续篇"的方向性抉择对此作出了历史性的肯定回答。

继续向前推进改革，必须解决思想观念问题。在中国特色社会主义基本经济制度、多样化日常社会生活方式和文化包容诸多条件的氛围支撑下，我们进入一个差异性社会。人民群众在根本利益、长远利益、全局利益和整体利益趋于一致、追求共同富裕的前提下，在收入分配、局部利益、眼前利益、分层利益等方面又出现明显较大的差异，但这与阶级对抗的阶级社会及利益完全同构的同质性社会又有原则性的区别。利益相互差异的利益群体在对待改革开放道路问题上不可避免地出现差异性认知。民粹主义、新自由主义、新保守主义甚至后现代等思潮都有干扰杂音。党的十八届三中全会以来全面深化改革观作为理性自觉，极大化解了差异性认知，推进全体人民凝心聚力支持改革开放。这一成功经验需要在新征程中进一步发扬光大。以实现全体中国人民共同富裕、追求美好生活共同愿景的中国式现代化为核心，以解放和发展自主可控、安全可靠、全球竞争力强的新质生产力为动力，以"人民至上"为宗旨，锚定完善和发展中国特色社会主义制度、推进国家治理体系和治理能力现代化这一总目标，中国式现代化的改革开放观必将得到全体中国人民的共同拥护。因此，明确方向、坚定自信，推进全体人民对于改革开放重大意义的认同和支持形成最大“公约数”，是排除一切干扰、化差异为统一的方向性、战略性抉择。

第二，“实践续篇”之所以“续”，还在于强调改革开放的连续性、历史性、发展性。中国式现代化的改革开放观将全面秉承党的十八届三中全会以来全面深化改革所体现的社会主义条件下继续革命的精神，拒斥将渐进改革成果和利益固化的新保守主义，排除差异性社会的各种错误思潮的干扰，保证改革开放沿着完善和发展中国特色社会主义制度、推进国家治理体系和治理能力现代化这一总目标的正确方向稳步前进。中国的改革开放是持续性的，渐进式改革开放是改革开放几十年的一贯方略。改革开放之所以选择此种方式，其主要原因有三：一是感性探索性历史限制使然。受前无古人、无现成经验的限制，“走一步看一步”，“摸着石头过河”必然不可能在改革开放之初就有透彻的理性自觉能力将改革开放全过程一张蓝图绘到底。二是支撑改革的主客观配套条件供给先天难以充分满足，因此，只能在创造条件、培育条件甚至等待条件成熟之后才能展开，在条件不充分情况下强力推行必然会造成社会不稳定。为协调好改革、发展、稳定三者之间关系，改革必然需要渐进式推进、渐次展开。三是每一阶段改革开放都是社会利益结构调整的过程，必然形成一个与之相适应的利益结构，客观需要得利者作为稳定支持这一阶段改革成果的主体条件。然而，渐进式改革也必然产生新矛盾、带来新阻力。体制机制对于特定阶段的生产力的适应是相对的，当生产力发展到更高阶段，则这一阶段性选择的体制机制必然成为新的阻滞力。渐进式改革带来的短期化、局部化效应所释放的动力一旦衰竭，就必然成为新一轮改革开放需要加以解决的痛点问题。在渐进式改革特定阶段上的获利者所催生的利益结构或格局一旦形成，利益相关者总是希望将其固化。一旦利益格局固化，又必然成为进一步深化改革的阻力，在观念上的表现则是为辩护固化利益结构发声的新保守主义。针对这一态势，党的十八届三中全会以来全面深化改革倡导“改革只有进行时没有完成时”的新观念。为了大力推进中国特色社会主义事业发展，不仅必须不断深化改革，打破渐进改革某些阶段形成的并不完全公平合理的利益格局，而且要着眼于全局性和系统性，在“五位一体”和“四个全面”中把握全面深化改革具体进程和战略选择，坚持改革开放的持续性、全面性。紧紧围绕推进中国式现代化这一主题进一步全面深化改革，就是这一改革开放观的当代继续。

第三，“实践续篇”之所以“续”，还在于进一步全面深化改革紧紧围绕中国式现代化这一主题，必定产生“六个必然要求”。2024年4月30日，中央政治局会议指出：“面对纷繁复杂的国际国内形势，面对新一轮科技革命和产业变革，面对人民群众新期待，必须继续把改革推向前进。这是坚持和完善中国特色社会主义制度、推进国家治理体系和治理能力现代化的必然要求，是贯彻新发展理念、更好适应我国社会主要矛盾变化的必然要求，是坚持以人民为中心、让现代化建设成果更多更公平惠及全体人民的必然要求，是应对重大风险挑战、推动党和国家事业行稳致远的必然要求，是推动构建人类命运共同体、在日趋激烈的国际竞争中赢得战略主动的必然要求，是解决大党独有难题、建设更加坚强有力的马克思主义政党的必然要求。全党必须自觉把改革摆在更加突出位置，紧紧围绕推进中国式现代化进一步全面深化改革。”[①]“六个必然要求”在重大历史关头郑重作出党和人民必须继续把改革推向前进的方向性抉择，深刻阐明了以进一步全面深化改革推进中国式现代化的必然性依据，明确了这一方向性抉择的目标导向、问题导向、重大使命、全球意义的战略思考，从而以“接着讲、继续干”的主动姿态，以创新的改革开放观为进一步全面深化改革开放伟大战略的布展和实施提供了坚定的立场和坚实的理论依据。

---

①《中共中央政治局召开会议 决定召开二十届三中全会 分析研究当前经济形势和经济工作 审议〈关于持续深入推进长三角一体化高质量发展若干政策措施的意见〉》，《人民日报》，2024年5月1日。

三、时代新篇：进一步全面深化改革推进中国式现代化的方向抉择与创新使命

紧紧围绕推进中国式现代化进一步全面深化改革之所以是改革开放伟大实践的“时代新篇”，其“新”在何处？作为这一“时代新篇”的中国式现代化的改革开放观的方向抉择和创新使命何在？概言之，主要体现在以下七个方面。

第一，推进中国式现代化成为进一步全面深化改革的主题，主题新、方向明。习近平强调，进一步全面深化改革，“要紧扣推进中国式现代化这个主题”，为此，要“坚决破除妨碍推进中国式现代化的思想观念和体制机制弊端，着力破解深层次体制机制障碍和结构性矛盾，不断为中国式现代化注入强劲动力、提供有力制度保障”。[①]改革开放作为推进中国特色社会主义事业的根本动力，其中心任务和时代使命都是紧紧围绕发展主题而确定并为主题服务的。从温饱、小康到现代化，主题平台渐进攀高，每一个时代的主题发生阶段性改变，需要解决的主要矛盾就会发生相应变化，因而作为推进实现这一主题根本动力的改革开放，其中心任务和时代使命、主要内容和改革方式就必须相应改变。主题不但是改革开放必须紧紧围绕为之服务的中心，指引改革开放深化前行方向的明灯，更是判断和评价改革开放成败的客观标准。中国式现代化超越西方式现代化的“本质之新”即中国特色和本质要求、战略安排和重大原则，都是进一步全面深化改革开放紧紧围绕、为之服务、需要着力解决的主题内容。推进中国式现代化这一主题要解决思想观念和体制机制一系列的阻点、难点和痛点。解决思想观念问题关键在于排除国内外一切民粹主义、新自由主义、新保守主义，以及“左”和右的各种思潮干扰，

---

① 本报评论员：《进一步全面深化改革要紧扣推进中国式现代化主题——论学习贯彻习近平总书记在企业和专家座谈会上重要讲话》，《人民日报》，2024年5月26日。

以中国式现代化的改革开放观赢得全体人民的高度认同。解决深层次矛盾和问题，就必须全面深化改革。中国式现代化建设的是“富强民主文明和谐美丽”的社会主义强国，目标全面、境界高端，所触及的阻点和难点领域广泛、关联性强，改革不全面、不综合就无以助力，非“五位一体”“四个全面”统筹协调推进不能奏效。矛盾问题存在的深层次与复杂性同在，非进一步全面深化改革难以化解。主题立于中国特色社会主义和中华民族伟大复兴事业的制高点上，不仅对于进一步全面深化改革开放伟大实践的要求达到前所未有的原则高度，更要求开辟改革开放观的新境界。

第二，目标导向和问题导向的有机结合，导向新、目标明。进一步全面深化改革，要锚定完善和发展中国特色社会主义制度、推进国家治理体系和治理能力现代化这个总目标，紧扣推进中国式现代化，坚持目标导向和问题导向相结合。总目标的确定既为“继续把改革推向前进”提供了现实根据，更明确了进一步全面深化改革开放的落脚点，也相应确定了改革开放观的中心任务和时代使命。如果说，进一步全面深化改革开放是推进中国式现代化的根本动力，那么其中心任务和时代使命就是根据推进中国式现代化这一主题要求，锚定完善和发展中国特色社会主义制度、推进国家治理体系和治理能力现代化这一总目标。在改革开放进程中形成的中国特色社会主义制度体系，是改革开放的最伟大成果，有力地推动和保障了中国特色社会主义事业的发展，而且其总体框架和主要体系还必将有益于推动中国式现代化的事业。然而站在推进中国式现代化新历史方位的高度反观，这些制度体系的某些内容和环节不再适应新时代、新征程的要求，某些制度不够系统、不尽完善，就必然需要通过全面深化改革进一步完善制度体系。中国式现代化的主要矛盾、主要问题不同于以往，人民对美好生活有了新期待，对高质量发展提出了更高要求，治理中国式现代化大国的难度也超乎以往，党和人民的事业发展也碰到若干难题需要国家治理体系和治理能力跟进式发展和完善来加以解决。明确了目标导向和问题导向的有机结合，进而就明确了全面深化改革的战略布局和实施导向。目标导向是根本，而问题导向是关键。问题源于目标与现实之间的差别、矛盾和不一致，关键在于如何以创新思维分析问题、解决问题，以求向目标顺利迈进。

第三，聚焦解放和发展新质生产力这一中国式现代化高质量发展的新动能，动能新、重点明。改革开放是解放和发展生产力的动力机制。在改革开放不同时期、不同阶段，改革开放所解放和发展的生产力水平不同，因而改革开放所要解决的思想观念和体制机制问题也不同。今天，推进中国式现代化需要从以往追求的高速度发展转向高质量发展，“高质量发展是全面建设社会主义现代化国家的首要任务”①，而高质量发展需要新动能，即新质生产力。大力解放和发展新质生产力、破除与新质生产力发展不相适应的思想观念和体制机制弊端，成为全面深化改革的时代使命。所谓新质生产力是指由创新起主导作用，具有高科技、高效能、高质量特征，充分运用21世纪新科技革命形成的颠覆式技术革新引发的产业革命来创造布展不同于传统产业质态的新工具、新材料、新制备、新链条、新劳动要素组合的先进生产力。聚焦解放和发展新质生产力，发明颠覆性技术和未来技术带动产业革命，这是中国式现代化高质量发展的新动能，更是在日益复杂的国际环境中增强全球竞争力的关键环节。为此，以全面深化改革开放解放和发展新质生产力，必须着力解决五个关键点。

一是建立和完善科技创新资源供给体系。要大力培育自主可控、安全可靠、全球竞争力强的科技创新体系，以改革打破各种区域性、行政性壁垒造成的碎片化的体制机制障碍，用政府和市场双重机制优化配置创新资源，重新规划和发展基础研究类、技术创新类和产业创新类大学，依托全国一流高科技园区组建国家级科研创新中心和创新型大学，大力推动产、学、研、政一体化全功能无障碍结合。构建国家实验室体系和国家产业革命实验体系，全力培育一批全球一流的科技创新团队、科技创新中心和科技创新企业，在

---

① 习近平：《高举中国特色社会主义伟大旗帜 为全面建设社会主义现代化国家而团结奋斗——在中国共产党第二十次全国代表大会上的报告》，人民出版社，2022年，第28页。

关键领域、关键技术环节上取得重大突破，在新兴产业竞争中形成敢争第一、敢创唯一的世界一流国家创新体系。

二是以改革推动完善城市创新环境的体制供给和机制保障，打造一批在科技创新和产业变革上走在前、做示范、具有强大竞争力的城市。虽然创新主体是企业，但是新质生产力的主要制度供给和营商环境塑造的主体在于各个城市。要大力提升城市竞争力，就要进一步放权，让各个城市主体在推动科技创新、培育和发展新质生产力方面有更大自主立法、立规、立制权限，在破除“一统就死、一放就乱”的两极困境上下大功夫。

三是因地制宜发展新质生产力，鼓励有厚实基础、有历史优势的地区充分发挥深厚的人文底蕴和高端人才聚集优势，聚焦中国式现代化高质量发展这一目标，以制度性改革推动人文经济学和新质生产力互动发力，以人文经济学所具有的“人文新目标”助力新质生产力创新谋划战略新目标、以“人文新范式”助力新质生产力提升全要素生产率的新动能、以“人文新赛道”助力新质生产力创新路径、以“人文新规则”助力新质生产力的制度保障、以“人文新样态”助力新质生产力发展的合理组态。人文经济学不仅助力自然科学奔向社会科学强大潮流促进新质生产力的发展，而且以“全球脑”和“文化基因工程”为标志创造人文社会科学奔向自然科学的强大潮流，以新文科颠覆性技术和未来技术带动新产业革命。

四是构建新发展格局全力支持新质生产力的快速发展。我国要依靠创新驱动造就战略性新兴产业和未来产业优势，以新质生产力形成全球竞争的战略性优势，就不能盲目跟从西方作“跨越发展”“加速推进”，而是要在战略上深刻反思和梳理西方式创新背后潜在的方向性问题和重大危机，重新思索自己的未来创新方向、设计自己的创新战略规划、布展自己的创新格局，从简单沿着西方之路“争第一”到自主设计领跑“创唯一”。打造自主可控、安全可靠、竞争力强的现代化产业体系，构建绿色低碳循环经济体系，实现依靠创新驱动的内涵型增长。

五是要利用好国际国内两个科技市场，在打破以美国为首的西方世界在科技创新领域对于我国的封锁、最大限度获取科技创新资源问题上赢得主动。一方面，必须以更加开放的姿态参与和引领全球科技创新市场，成为聚合科技革命成果的中心，以科技金融体系深度开放推动全球科技创新资源在中国产业化转型中落地生根；另一方面，充分发挥“一带一路”倡议的影响力，吸引世界赞成和支持我们发展的国家建立平等友好、合作共赢、成果共享的世界科技创新共同体。

第四，以全面深化改革推动建立和完善让全体中国人民实现共同富裕、共创共享中国式现代化成果的制度体系。与改革开放初期阶段实施“先让一部分地区、一部分人富起来，先富带动后富，最终达到共同富裕”的策略选择不同，坚定地让全体人民走共同富裕道路成为中国式现代化的中国特色与本质要求。满足人民美好生活需要成为解决新时代社会主要矛盾的根本追求，“以人民为中心”的发展思想要求“现代化为了人民、依靠人民、现代化成果更多更好地为全体人民共享”成为中国式现代化的根本宗旨。我们的新发展格局的基本前提，是要在人民不断富裕进程中创造日益庞大的消费市场，进而拉动国内经济大循环这一主体。进一步全面深化改革开放就是要紧紧围绕这一中心主题破除不相适应的思想观念和体制机制弊端，激发社会活力，创造更大蛋糕，让人民在改革开放中有越来越丰富的获得感。为此，要以目标导向和问题导向的结合为契机，着力解决三个人民群众高度关注的问题。

一是广大群众高就业、稳就业问题。通过人文经济和新质生产力协同发展开拓路径，既要大力推进科技创新和产业革命成效，又要避免数字化、AI和GAI的普及带来的失业率增加、转岗困难的问题。人文经济产业的大力推进，将在不断满足人民群众物质文明和精神文明相协调发展这一中国式现代化本质要求的同时，造就大量相关就业岗位。

二是随着新质生产力的大力发展，与全球科技链产业链加速重构相匹配，我们的产业要从全球价值链低端逐渐向高端攀升，因而需要放开政策，搞活经济，逐渐变革收入分配的“微笑曲线”，让人均收入在GDP中的占比从全球低端逐渐上浮到中高端（30%~40%），从而切实造就与中国式现代化发展相对应、能够支撑新发展格局、日益强盛的国内消费市场。

三是要以提高全要素生产率为导向大力激励全体相关人员，将创业激励、创新激励、发展激励、政府服务激励、人文激励等各种激励要素覆盖于所有部门和法人单位、所有相关人员，包括公职人员、企业和员工。只有让全体中国人的创新活力迸发，才能实现我们的创新目标。

第五，在进一步加强党中央集中统一领导体制的同时，完善依法治国、大力推进全过程人民民主制度体系。中国式现代化超越西方式现代化的本质特征之一，就在于有以马克思主义为指导的中国共产党作为现代化事业的坚强领导核心，科学把握现代化规律，带领全体中国人民共同奋斗，实现现代化梦想。坚持党中央集中统一领导体制，是中国式现代化的本质要求。依法治国是中国式现代化发展和完善中国特色社会主义制度体系、推进国家治理体系和治理能力现代化的内在要求和根本保障。全过程人民民主是中国式现代化政治文明超越西方式现代化民主政治的伟大创造和必然要求，也是作为后发现代化大国在推进中国式现代化进程新阶段的主要任务之一。纵观全球后发国家现代化历史，在强党领导、政府主导下实现工业化、经济现代化国家的案例或许有之，但是在自主推进民主化进程中获得成功的案例几乎没有。究其原因，没有马克思主义指导和共产党执政领导，非社会主义制度条件下的民主并不能真正实现人民的政治主体地位，而照抄照搬西方民主制度注定要失败。大力推进和完善全过程人民民主，也是解决大党独有难题、建设更加坚强有力的马克思主义政党的必然要求。

第六，围绕建设中华民族现代文明这一主题推进全面深化改革。具有五千多年文明历史是中华民族走向现代化的最大历史底蕴和最大文化优势。作为中国式现代化的“五位一体”文明表达，中华民族现代文明是综合的、全面的、发展的。文化和文明都具有基础性、历史性、贯通性、整体性和综合性的功能特点，在推进中国式现代化进程中必然要成为中华民族在政治独立和经济独立之后追求精神自主独立的重点关注项。由此而来，中华民族现代文明是中国式现代化的文明诉求，必然居于价值制高点而俯视全盘，成为居于“C位”的存在。因此，在推动中国式现代化进程中，我们面临的需要加以改革的思想观念和体制机制阻点、难点必然是最广泛、最复杂的。例如，人文经济强调文化与经济的双向转化、融合发展机制，就涉及文化、文明与经济的关系，触及的体制机制障碍就会来自各方。我们需要深度把握中华民族现代文明的基因图谱，将之转化为深度理解和把握中国式现代化的价值—文化—文明机理，使中华优秀传统文化经历“创造性转化、创新性发展”进而推进全方位的变革和改造。改革的精准程度、深入程度、境界之高都将超过历史。在改革中，我们既要反对主张“文化转型”、抛弃根脉传统的“文化激进主义”和“历史虚无主义”，也要反对一切复古、纯粹守旧的“文化保守主义”，甚至宗教激进主义。

第七，在新全球化时代主张从人类命运共同体的原则高度重新设计对外开放图景。随着中国发展步入世界舞台中央，以中国式现代化全面推进中华民族伟大复兴的战略全局正在加速推动世界百年未有之大变局正向发展。全球化趋势正在发生从以美国为首的西方集团单边主义、霸凌统治全球的旧全球化时代转向中国式现代化主张的多元主体、自主平等、合作共赢、文明互鉴的新全球化时代。中国与世界的关系也在发生根本转变，1840年以来“世界走向中国”的历史正在被“中国走向世界”的新时代所取代。如果说，改革开放初期我们政治独立然而经济文化“一穷二白”，还需要“招商引资”，大量从国外引进先进的技术、资本、人才、文化、管理等现代化因素来发展自己，谋求从产业低端和价值链低端起步“参与国际经济大循环”，从属于世界格局，呈现“自主输入型现代化”开放观，那么中国式现代化转向依托自主创新逐步积累起来的雄厚实力而走向世界，中国对外投资、影响世界发展必将成为新趋势，从而迈入“自主辐射型现代化”新阶段。这一阶段的对外开放、国际交往，就与原初改革开放的要求、内容和方式大相径庭。一方面，虽然“自主输入型现代化”还未完全褪尽，我们仍然需要在若干产业经济领域自主“招商引资”、引才、引资源；但另一方面，我们的发展主要依托新发展格局，立足于发展自主可控、安全可控、全球竞争力强的产业优势来走向世界，输出我们中国式现代化的先进产品、优势技术、文化主张和实践经验。作为世界上负责任的大国，我们需要努力扮演好21世纪走向舞台中央的现代化角色。因此，我们要通过“一带一路”、上海合作组织、亚投行和各种全球场景向世界发出强烈自主的中国声音，展示现代化的中国形象。这就是中国式现代化的对外开放观的创新旨趣。

第十二章 改革开放与中国式现代化的辩证关系论析

习近平在党的二十大报告中明确指出："从现在起，中国共产党的中心任务就是团结带领全国各族人民全面建成社会主义现代化强国、实现第二个百年奋斗目标，以中国式现代化全面推进中华民族伟大复兴"[①]，强调中国式现代化是一项复杂而艰巨的系统工程，必须牢牢把握坚持深化改革开放的重大原则。改革开放与中国式现代化既相互区别、各有侧重，又相互联系、相辅相成，都充分体现了党对探索中华民族伟大复兴的不懈追求和科学把握。深刻认识改革开放与中国式现代化的辩证关系，对于深化改革开放、以中国式现代化全面推进中华民族伟大复兴具有重要意义。

一、改革开放与中国式现代化相互区别、各有侧重

改革开放四十多年来，特别是党的十八大以来，党一方面在改革开放取得的伟大成就中大力推动了中国式现代化的历史进程，另一方面又在中国式现代化建设的历史演进中不断拓展了改革开放的广度和深度。改革开放与中国式现代化相伴同行，但两者所针对的问题和关注的重点却各不相同。相对来说，前者针对的是传统社会主义封闭僵化的"老路"，在动力和方法上强调以改革破除僵化、以开放摒弃封闭走社会主义发展"新路"的重要性；后者针对的则是改旗易帜走西方资本主义道路的"邪路"，在方向和内容上凸显独立自主走适合中国国情的社会主义发展"正路"的坚定性。

① 习近平：《高举中国特色社会主义伟大旗帜 为全面建设社会主义现代化国家而团结奋斗——在中国共产党第二十次全国代表大会上的报告》，人民出版社，2022年，第21页。

（一）改革开放侧重于以“新路”摒弃传统社会主义封闭僵化的“老路”

党的十一届三中全会作出了将工作重点从“以阶级斗争为纲”转移到社会主义现代化建设的战略性决策，开启了以改革开放为鲜明特征的历史新时期，被称为党的历史上一次具有深远意义的伟大转折。正如党的十九届六中全会所指出的：“‘文化大革命’结束以后，在党和国家面临何去何从的重大历史关头，党深刻认识到，只有实行改革开放才是唯一出路，否则我们的现代化事业和社会主义事业就会被葬送。”[①]历史证明，脱离社会现实条件、急于求成和实行关门主义的“左”的社会主义在中国行不通，必须破除过去僵化保守的政治经济体制，创造性地探索出一条适合中国国情的社会主义现代化建设新道路。

党作出改革开放决策的本意和初衷是要扬弃苏联社会主义模式，创新社会主义制度。所谓苏联模式，是对20世纪二三十年代苏联在社会主义建设过程中形成的政治、经济、文化和社会等方面管理体制的统称。这一模式在资本主义和社会主义“两大阵营”对峙与斗争的特定历史条件下产生，曾在巩固和发展社会主义制度、推动社会主义生产力高速发展中发挥过积极作用，但也造成了自我封闭与体制僵化的弊端，严重抑制了社会主义的生机和活力，最终成为阻碍苏联社会主义进一步发展和导致苏联解体的重要因素之一。苏联模式形成后一度被认为是社会主义建设唯一正确的模式，具有普遍性，其他社会主义国家都必须照抄照搬。中华人民共和国成立后，受此影响和西方资本主义国家对中国持续实行政治孤立、经济封锁、军事威胁等全方位遏制政策，我国在社会主义现代化建设初期借鉴了苏联模式。然而，1956年苏共二十大的召开，进一步暴露了苏联在社会主义现代化建设过程中的缺点和错误，党逐渐认识到苏联过分注重发展重工业，导致农业和轻工业长期落后，

---

①《中国共产党第十九届中央委员会第六次全体会议文件汇编》，人民出版社，2021年，第35页。

进而影响国民经济稳定发展的严重弊端，明确提出要以苏为鉴，处理好重工业与农业、轻工业的关系，加大农业、轻工业在国民经济发展中的比重。这表明，在向苏联学习社会主义现代化建设的过程中，党虽没有僵化、迷信地照搬苏联经验，但在现实中，中国并未完全走出高度集中、封闭僵化的苏联模式“老路”。正是如此，党需要以巨大的政治勇气和理论勇气，进一步探索打破苏联模式，自觉开启改革开放的伟大历史进程。

路线是一个政党进行组织工作的根本原则和根本方针。党的十一届三中全会实现了思想路线的拨乱反正。首先，这次全会冲破了“左”的错误的长期束缚，彻底否定了“两个凡是”的错误方针，高度评价真理标准问题大讨论，重新确立党的解放思想、实事求是的指导思想，实现了思想路线的拨乱反正。邓小平指出：“一个党，一个国家，一个民族，如果一切从本本出发，思想僵化，迷信盛行，那它就不能前进，它的生机就停止了，就要亡党亡国。”[①]正是思想解放造就了后来中国的一切发展与变革。其次，这次全会停止使用“以阶级斗争为纲”的口号，及时结束全国范围的揭露批判林彪、“四人帮”的群众运动，把全党的工作重点和全国人民的注意力转移到社会主义现代化建设上来，提出改革开放的任务，实现了政治路线的拨乱反正。最后，这次全会恢复党的民主集中制，增选了中央领导机构成员，为“文化大革命”时期造成的冤假错案进行了平反，审察解决了一批重大历史遗留问题，包括一些重要领导人的功过是非问题，实现了组织路线的拨乱反正。这些拨乱反正从思想、政治和组织等方面为中国实现历史性转折、走上改革开放新的发展道路提供了坚强保证。

改革开放从一开始就涉及社会主义现代化建设诸领域，比如，在思想领域强调解放思想以克服教条主义，在政治领域实行党政分开以避免权力过分集中，在经济领域发展社会主义商品经济以破除单一的计划经济体制。同时，改革开放也在对外战略上注重吸引和利用外资，创办经济特区，逐步推进对

---

①《邓小平文选》（第二卷），人民出版社，1994年，第143页。

外开放，与国内改革形成良性互动。由此可见，改革开放的“改革”，旨在破除传统社会主义的陈旧僵化，“开放”则意在摒弃传统社会主义的封闭隔离。党的十一届三中全会开启的历史新时期，就是要以改革开放“新路”摆脱以往社会主义发展封闭僵化的“老路”。

（二）中国式现代化侧重于以“正路”防止改旗易帜走西方资本主义“邪路”

现代化是人类文明发展的历史潮流，是世界一开始就注意到的马克思列宁主义的普遍真理与中国具体实际相结合的问题，应探索一条适合中国国情的社会主义现代化建设新道路。各国人民共同的追求。就其世界进程来说，各个国家、民族不是同时步入现代化的，而是有先有后。以英国、美国为主要代表的西方资本主义国家凭借科学技术创新的优势率先实现了现代化，而一些落后的发展中国家后来逐渐被迫卷入现代化的洪流。就其客观内容来说，现代化本身没有阶级性，无论何时进入现代化行列，现代化都是以农业手工劳动为基础的传统社会转变为以工业大机器生产为基础的现代社会的历史过程。但是任何国家的现代化进程都是在一定的生产关系形式下展开的，与各国的社会制度紧密相连，因此，在现实中产生了社会属性上的根本差异。当今世界上两种不同的社会制度形成了两条不同的现代化道路，即资本主义现代化道路和社会主义现代化道路。两条现代化道路不仅实现现代化的条件、方式和结果不同，而且它们之间的共存、合作与竞争也成为世界现代化进程中不可避免的主题。[①]特别是随着资本主义在全球扩张，西方资本主义现代化模式不断向其他发展中国家渗透、输出。一些发展中国家不顾本国国情和历史条件，全盘照搬西方现代化模式，结果陷入经济长期停滞、社会政治急剧动荡的困境。其中，苏联解体是改旗易帜走上西方资本主义“邪路”而造成严重后果的典型。

---

① 吴忠民：《中国现代化论》，商务印书馆，2019年，第22页。

中国共产党自诞生之日起，就肩负着探索中国现代化道路的历史使命，强调中国搞现代化，不是搞别的现代化，而是搞社会主义的现代化。[①]1921年，李达在讨论建党问题时就曾提出："采社会主义生产方法开发中国产业，努力设法避去欧美资本制产业社会所生之一切恶果。"[②]新中国成立前夕，毛泽东在党的七届二中全会上提出了把中国由农业国转变为工业国、由新民主主义社会转变为社会主义社会的总任务和主要途径。[③]新中国成立后，党明确提出："为国家的社会主义工业化而斗争。"[④]1954年，周恩来在一届全国人大一次会议上第一次提出建设现代化的工业、农业、交通运输业和国防的"四个现代化"目标[⑤]。1964年，周恩来在三届全国人大一次会议重新表述了"四个现代化"的历史任务，指出要"把我国建设成为一个具有现代农业、现代工业、现代国防和现代科学技术的社会主义强国"[⑥]。1975年，周恩来在四届全国人大一次会议上再次重申了"四个现代化"宏伟目标[⑦]。由此可以看出，党探索的现代化道路是社会主义制度基础上的现代化道路。

党的十一届三中全会明确提出把中国建设成为社会主义现代化强国。改革开放初期，面对有些人对"四个现代化"的质疑和国内逐渐出现的主张走资本主义道路的资产阶级自由化错误思潮，邓小平强调："我们搞的现代化，是中国式的现代化。我们建设的社会主义，是有中国特色的社会主义。"[⑧]对于中国为什么必须坚持现代化建设的社会主义道路问题，邓小平主要从两个方面作出了解释：一是整个西方世界企图把所有社会主义国家都纳入国际垄

---

①《邓小平文选》（第三卷），人民出版社，1993年，第110页。
②《建党以来重要文献选编1921—1949》（第1册），中央文献出版社，2011年，第531页。
③《毛泽东选集》（第四卷），人民出版社，1991年，第1424~1425页。
④《中共中央文件选集（一九四九年十月— 一九六六年五月）》（第14册），人民出版社，2013年，第501页。
⑤《周恩来选集》（下卷），人民出版社，1984年，第132页。
⑥《周恩来选集》（下卷），人民出版社，1984年，第439页。
⑦《周恩来选集》（下卷），人民出版社，1984年，第479页。
⑧《邓小平文选》（第三卷），人民出版社，1993年，第29页。

断资本的统治和资本主义的轨道。中国只有坚持社会主义，才能确保发展起来不成为资本主义的附庸国。二是中国贫困人口多，如果走资本主义道路，可能使局部地区的少数人富起来，但大量的人仍然贫穷。只有社会主义才能实现共同富裕，从根本上解决脱贫问题。①

改革开放四十多年来，特别是党的十八大以来，党不断推进理论与实践创新，加快了中国式现代化的历史进程，使社会生产力水平从相对落后到经济总量跃居世界第二的历史性突破，人民生活实现了从温饱不足、总体小康到全面小康的历史性跨越。这表明，中国式现代化仅仅用几十年的时间就走完了西方发达国家几百年才走过的工业化历程，是适合中国现代化建设的正确道路。由此可见，强调中国式现代化是中国现代化建设“正路”，就是要汲取苏联解体的深刻教训，警惕打着“改革”的旗号走上西方资本主义“邪路”。

诚然，“新路”与“老路”、“正路”与“邪路”的关系是相对的，而不是绝对的。改革开放以来，党多次强调，改革开放要坚持社会主义道路、无产阶级专政、中国共产党的领导和以马克思列宁主义、毛泽东思想为指导，决不能在方向、立场、原则等根本性问题上犯颠覆性错误。因此，改革开放不仅是摆脱传统社会主义封闭僵化“老路”的“新路”，也是为了警惕改旗易帜走上西方资本主义“邪路”而必须走的“正路”。中国式现代化既有世界各国现代化的共同特征，也有基于自己国情的中国特色，它不仅成为适合中国现代化建设的康庄“正路”，而且也为人类文明发展创造了一条“新路”。

二、改革开放与中国式现代化相互联系、相辅相成

改革开放和中国式现代化虽然所针对的问题不同，关注的重点也各有差异，但彼此紧密联系，且相互促进、相辅相成。改革开放是当代中国转型发展的必由之路和显著特征，是中国式现代化建设的根本动力；而中国式现代

① 《邓小平文选》（第三卷），人民出版社，1993年，第110~111页。

化则是当代中国发展进步的核心目标，是改革开放的方向指引。

（一）改革开放是推进中国式现代化的根本动力

改革开放是当代中国社会发展的强大动力。2023年4月，习近平在二十届中央全面深化改革委员会第一次会议上强调："实现新时代新征程的目标任务，要把全面深化改革作为推进中国式现代化的根本动力。"[①]这一论述深刻揭示了改革开放在中国式现代化建设中的重要地位和作用。

第一，改革开放为中国式现代化提供更加科学的思想理论指导。改革开放的过程也是党的思想理论不断创新的过程。"一切划时代的体系的真正的内容都是由于产生这些体系的那个时期的需要而形成起来的。"[②]时代需要是思想理论创新的起点。改革开放以来，党的一系列具有开创性意义的新理念新思想新战略，都是在回答"不发展""发展起来"和"发展起来以后"中国面临的重大现实课题中逐渐形成并丰富发展起来的。思想理论是实践行动的先导。党的各项事业取得辉煌成就、发生巨大变革的深层原因就在于思想理论"常创常新"。中国式现代化的持续推进，不仅离不开具有科学性的思想理论的支撑，而且还需要具有创新性的思想理论来引领。只有具备敢于推动思想理论创新的巨大勇气，党才能不断深化对现代化发展规律的科学认识，不断用新的思想理论来阐释中国式现代化的科学内涵，汇聚起团结奋斗的强大力量；只有掌握精于推动思想理论创新的科学方法，党才能彻底摆脱对西方资本主义和苏联社会主义现代化发展模式的路径依赖，用新的思想理论指导确立中国式现代化的战略目标和重要任务，应对好前进道路上的一切风险挑战；只有拥有善于推动思想理论创新的实践智慧，党才能使"历史终结论"终结、"中国崩溃论"崩溃、"社会主义失败论"失败，用新的思想理论概括总结中国式现代化的本质特征，开辟一条人类现代化发展的新道路。

---

①《习近平主持召开二十届中央全面深化改革委员会第一次会议强调 守正创新真抓实干 在新征程上谱写改革开放新篇章》，《人民日报》，2023年4月22日。

②《马克思恩格斯全集》（第三卷），人民出版社，1982年，第544页。

第二，改革开放为中国式现代化奠定更加坚实的物质基础。共同富裕是中国式现代化的重要特征，也是中国式现代化的本质要求。要实现14亿多人的共同富裕，彰显社会主义现代化的优势，就必须有坚实的物质基础，否则中国式现代化的实现就会成为无源之水、无本之木。改革开放以来，党一直坚持“发展是硬道理”，以发展为第一要务，牢牢把握经济建设这个中心，实行社会主义市场经济体制，国内生产总值从世界排名第11位跃升到世界第二，极大地增强了综合国力。尤其是2001年加入世界贸易组织后，中国经济深度融入世界经济，迅速成为货物进出口总额、外商直接投资和对外直接投资都位居世界前列的大国，夯实了中国式现代化快速发展的物质条件。党的十八大以来，党坚持精准扶贫方略，彻底消除了绝对贫困；提出并贯彻新发展理念，推动经济高质量发展，使中国从经济大国稳步迈向经济强国。据统计，从2012年到2022年，中国经济总量占世界经济的比重从11.3%提升到18.5%，稳居世界第二；人均国内生产总值从不到4万元增加到8万多元；谷物总产量、制造业规模、外汇储备稳居世界第一；现代基础设施建设领跑世界等。①

第三，改革开放为中国式现代化提供更为完善的制度保障。制度是现代化建设的根本保障。现代化建设的一切工作和活动都依照制度展开，制度的设计及其执行深刻影响着现代化建设的成效。邓小平指出：“改革是社会主义制度的自我完善”②，强调通过改革开放推动、创新制度建设，不断发展和完善社会主义制度，赋予社会主义新的生机活力。改革开放以来，党在人民民主、人民代表大会、社会主义公有制等根本政治前提和制度基础上，深刻总结出国内外社会主义现代化建设正反两方面的经验教训，不断改革和完善经济、政治、文化、社会、生态文明、国防、外交等各个领域的制度，建立了包括根本制度、基本制度、重要制度在内的中国特色社会主义制度体系。

---

① 习近平：《高举中国特色社会主义伟大旗帜 为全面建设社会主义现代化国家而团结奋斗——在中国共产党第二十次全国代表大会上的报告》，人民出版社，2022年，第8页。

②《邓小平文选》（第三卷），人民出版社，1993年，第142页。

中国制度基本成熟、定型，为中国式现代化提供了基本的制度保障。进入新时代，党继续深化制度改革，不断完善党的领导制度体系，推进协商民主广泛多层制度化发展，推动法治体系建设，深化国家机构改革，从制度上为中国式现代化提供了更加有力的政治保证、社会基础、法律保障和组织保障。随着各项制度更加成熟、定型，更加适应生产力发展要求，中国式现代化的潜能得以更好发挥。

第四，改革开放为中国式现代化激发更富朝气的社会活力。社会活力是社会有机体生命力的重要标志，也是社会健康有序高质量发展的关键。如果社会活力强，作为社会主体的广大人民群众的积极性主动性创造性得以充分激发，作为社会生产重要构成要素的资本、技术等的效用得以充分释放，作为社会制度的体制机制的功能得以充分发挥，社会就生机勃勃，不断向前发展。但如果社会缺乏活力，人的主体性受到抑制，生产渠道出现“梗阻”，体制机制僵化落后，社会就阴郁沉闷，现代化进程也会因此变缓，甚至停滞。因此，衡量改革开放的政策是否有成效，主要是看其实施后是否激发了社会活力。“改革就是搞活，对内搞活也就是对内开放。”[①]改革开放的直接目的，就是要通过冲破思想观念的束缚、破除体制机制的弊端、打破利益固化的藩篱，让社会各主体和各领域各方面各环节都活起来，从而以高质量发展推进中国式现代化。

（二）中国式现代化是改革开放的目标引领

从新中国成立到社会主义革命和建设时期的探索历史和实践证明，靠过去革命方式和群众运动等传统政治手段实现现代化是行不通的。中国要实现现代化，必须结合本国实际，把握时代特征，不断推进改革开放。可以说，改革开放是为中国式现代化建设而启动的，对社会主义现代化强国的目标追求催生了改革开放新的伟大革命。

---

①《邓小平文选》（第三卷），人民出版社，1993年，第98页。

中国式现代化作为当代中国发展的核心目标，直接影响和决定着改革开放的任务、内容、方法及进程。党的十一届三中全会明确提出，鉴于“全国范围的大规模的揭批林彪、‘四人帮’的群众运动已经基本上胜利完成，全党工作的着重点应该从一九七九年转移到社会主义现代化建设上来”[①]。党的十二大报告的主题就是“全面开创社会主义现代化建设的新局面”。1985年，邓小平指出，自党的十一届三中全会以来的7年里，党主要做了两项工作：一是拨乱反正，二是全面改革。[②]其中，改革解决了现代化建设实践中许多新出现的问题，引起经济生活、社会生活、工作方式、精神面貌等发生了一系列深刻变化，这“表明我们已经开始找到了一条建设有中国特色的社会主义的路子”[③]。从党的十三大开始在历届新修订的党章中，党的基本路线都把中国建设成为社会主义现代化国家或强国作为党的奋斗目标。由此可见，中国式现代化始终是党的事业的目标，改革开放正是为了实现中国式现代化而探索出的一条行之有效的“路子”，改革开放的各项方针政策举措都是面向中国式现代化而提出和制定的。

“中国式的现代化”命题的提出最初主要是为了适应和契合改革开放的实际需要。1979年3月21日，邓小平在会见外宾谈到中国现代化技术水平比西方发达国家落后几十年时，第一次提出了“中国式的现代化”命题。他说：“我们的概念与西方不同，我姑且用个新说法，叫做中国式的四个现代化。”[④]同年3月30日，他在党的理论工作务虚会上再次提出“中国式的现代化”命题，强调：“过去搞民主革命，要适合中国情况，走毛泽东同志开辟的农村包围城市的道路。现在搞建设，也要适合中国情况，走出一条中国式的现代化道路。”[⑤]

---

① 中共中央文献研究室编：《三中全会以来重要文献选编》（上卷），人民出版社，1982年，第1页。

②《邓小平文选》（第三卷），人民出版社，1993年，第141页。

③《邓小平文选》（第三卷），人民出版社，1993年，第142页。

④《邓小平年谱（一九七五—一九九七）》（上卷），中央文献出版社，2004年，第496页。

⑤《邓小平文选》（第二卷），人民出版社，1994年，第163页。

同年10月4日，在出席地方书记座谈会时，针对中国当时人均国民生产总值不到300美元，与美国8700多美元、科威特11000多美元等国人均国民生产总值存在巨大差距的问题，邓小平指出："我们开了大口，本世纪末实现四个现代化。后来改了个口，叫中国式的现代化，就是把标准放低一点。"[①]他设想到20世纪末人均国民生产总值达到1000美元，中国人民的日子会比较好过，认为降低现代化原来的标准，确立一个低的目标，可以有效地促进工作。同年12月6日，在会见日本首相大平正芳时，邓小平进一步阐释了"中国式的现代化"的内涵，指出："我们的四个现代化的概念，不是像你们那样的现代化的概念，而是'小康之家'。"[②]

目标是行动的航标灯。目标的确定要实事求是、合理可行。目标过高或过低，都会形同虚设，挫伤行动的积极性。党在领导改革开放的进程中，总是根据不同时期国内外发展实际提出一个时期内的目标任务和实现路径，实行渐进策略，逐步推进，以积小胜为大胜。改革开放初期，党主动降低中国式现代化标准，提出"小康之家"的具体目标，符合中国底子薄和人口多、耕地少的实际，让现代化为人民群众看得见、够得着，从而激发改革开放的热情。新时代以来，党加强对改革开放的顶层设计，提出了改革开放的总目标、分目标、根本目标和阶段性目标，形成了系统、完整的改革开放目标体系，在更高起点上推进更深层次改革、更高水平开放。

三、改革开放与中国式现代化统一于中华民族伟大复兴实践

2018年12月，习近平在庆祝改革开放40周年大会上的讲话中明确指出，改革开放是"实现中华民族伟大复兴的关键一招"[③]。2023年2月，在学习贯

---

① 《邓小平文选》（第二卷），人民出版社，1994年，第194页。
② 《邓小平文选》（第二卷），人民出版社，1994年，第237页。
③ 习近平：《在庆祝改革开放40周年大会上的讲话》，人民出版社，2018年，第21页。

彻党的二十大精神研讨班开班式上，习近平指出，中国式现代化是实现中华民族伟大复兴的康庄大道。[①]无论是改革开放，还是中国式现代化，都以中华民族伟大复兴为主题和牵引，属于中华民族伟大复兴同一历史过程中的两种不同叙事。两者同向相伴，互动耦合，在实践中遵循相同的原则，共同推动中华民族伟大复兴进入不可逆转的历史进程。

（一）两者都源于党对实现中华民族伟大复兴的艰辛探索

中华民族是世界上文明开发最早、文明程度最发达的四大文明古国之一，创造了光辉灿烂的中华文明，“为人类文明进步作出了不可磨灭的贡献”[②]。但是，近代中国由于实行闭关锁国政策，错失了与世界各国互通有无的机会，逐渐落后于世界发展的历史进程。率先进入现代化的西方发达国家发动侵略战争，迫使落后的传统农业国卷入世界现代化的潮流。正如马克思和恩格斯所指出的：“资产阶级，由于一切生产工具的迅速改进，由于交通的极其便利，把一切民族甚至最野蛮的民族都卷到文明中来了。”[③]中国就是在1840年鸦片战争时被迫卷入世界现代化进程，逐步陷入落后挨打的困境和衰落的深渊。也正是从那时开始，实现民族复兴就成为中国人民和中华民族的迫切愿望和伟大梦想。

为了再创中华文化的灿烂辉煌，一批批先进分子和广大人民秉承中华民族自古以来因时变法、自强不息、厚德载物等优秀文化传统，一直将改革开放和现代化发展与救亡图存、民族复兴紧密联系在一起，苦苦求索，进行了各种尝试。中国早期的先进分子对现代化的认识仅仅局限于器物层面，主张学习西方国家先进的军事和科学技术，以期达到富国强兵、抵御外敌侵略的目的。为此，洋务派在19世纪60年代至90年代开展了优先发展军事工业的

①《习近平在学习贯彻党的二十大精神研讨班开班式上发表重要讲话强调 正确理解和大力推进中国式现代化》，《人民日报》，2023年2月8日。

②《习近平谈治国理政》（第四卷），外文出版社，2022年，第4页。

③《马克思恩格斯文集》（第二卷），人民出版社，2009年，第35页。

洋务运动。但北洋舰队在1894年中日甲午战争中的全体覆灭，标志着停留在器物层面改革和现代化的救国尝试失败。洋务运动的失败使一些有识之士认识到，要救国，就必须把现代化拓展到制度层面，通过制度变革的方式建立资本主义制度。[①]1898年，康有为等改良派领导了戊戌变法，试图建立资本主义的君主立宪制度。而戊戌变法的失败表明，自上而下的改良救亡方案在中国也行不通。1911年，以孙中山为代表的革命党人发动了辛亥革命，结束了统治中国几千年的封建专制制度，建立了资产阶级共和国，但胜利果实最终被北洋军阀窃取，并没有改变中国半殖民地半封建的社会性质。这些救国方案均以失败而告终。究其根本原因，是由于这些探索在本质上都只是在某一层面对西方现代化进行形式上的模仿，并没有正确认识近代中国的社会性质和基本特征，也没有找到真正能够实现民族复兴的主体力量。直到中国共产党诞生，中华民族的命运才得以逐步扭转。

“一百年来，中国共产党团结带领中国人民进行的一切奋斗、一切牺牲、一切创造，归结起来就是一个主题：实现中华民族伟大复兴。”[②]早在1919年，毛泽东就曾指出：“他日中华民族的改革，将较任何民族为彻底。中华民族的社会，将较任何民族为光明。”[③]1945年，毛泽东又提出，如果没有工业，就不可能有国家的富强。[④]这表明，党已经深刻认识到改革和现代化是实现民族复兴的重要前提。党领导人民浴血奋战，取得新民主主义革命胜利，建立了新中国，为实现民族复兴创造了根本社会条件。新中国成立后，党带领人民继续进行社会主义革命和建设的初期探索，确立了社会主义基本制度，实现了历史上最深刻的社会变革，并把对现代化的认识从“工业化”拓展到“四个现代化”，将现代化的内涵由单一的经济领域扩大到科学技术领域，为

① 王习明：《“中国式现代化”与“中华民族伟大复兴”的关系辨析》，《学术界》，2023年第6期。

②《习近平谈治国理政》（第四卷），外文出版社，2022年，第4页。

③《毛泽东早期文稿（1912—1920）》，湖南人民出版社，2013年，第359页。

④《毛泽东选集》（第三卷），人民出版社，1991年，第1080页。

民族复兴奠定了根本政治前提和基本物质基础。党的十一届三中全会以后，党大力推进改革创新，经济持续快速发展，为民族复兴提供了充满新的活力的体制保证和较充裕的物质保障。1980年，邓小平提出，中国式现代化要在经济上赶上资本主义国家，也要在政治上创造更高更切实的民主，还要造就更多更优秀的人才。[①]这表明，党将现代化的内涵进一步扩大到政治和人才培养等领域。党的十三大指出，社会主义初级阶段就是通过改革逐步实现现代化的阶段，同时也是实现民族复兴的阶段。[②]党的十六大提出的“社会全面进步”“人的全面发展”[③]，以及党的十七大提出的“社会和谐”[④]等概念丰富了现代化的内涵。进入新时代，党提出“国家治理体系和治理能力现代化”“新发展理念”“中国式现代化”“人类文明新形态”等一系列新概念，进一步拓展了现代化和民族复兴的内涵，全面建成小康社会为民族复兴创造了良好条件。

（二）两者在推进中华民族伟大复兴的实践中具有共同的根本遵循

民族复兴是一项长期的、复杂的、艰巨的事业。无论是改革开放，还是中国式现代化，在推进民族复兴的伟大实践中都要坚持正确的方向、立场和原则。

第一，坚持党的领导。党的领导是改革开放和中国式现代化取得显著成就的关键。正是由于党充分发挥了领导核心作用，改革开放和中国式现代化才会在方向、方式、速度、效益等方面显现出巨大的综合优势。首先，党的领导确保两者始终朝着社会主义的方向前进。从“走自己的路，建设有中国

---

①《邓小平文选》（第三卷），人民出版社，1993年，第322页。

② 中共中央文献研究室编：《十三大以来重要文选选编》（上卷），人民出版社，1991年，第12~13页。

③ 中共中央文献研究室编：《十六大以来重要文献选编》（上卷），中央文献出版社，2005年，第11页。

④ 中共中央文献研究室编：《十七大以来重要文献选编》（上卷），中央文献出版社，2009年，第1页。

特色的社会主义”到“高举中国特色社会主义伟大旗帜”，党在十二大以来历次党代会的主题都始终锚定社会主义方向，使改革开放和中国式现代化得以绕开封闭僵化的“老路”和改旗易帜的“邪路”。其次，党的领导确保始终保持不断推进改革开放和中国式现代化的战略定力。面临国内外形势复杂多变、各种矛盾问题日益凸显、各种思想观念和利益诉求相互交织，党通过高瞻远瞩、统揽全局的战略自信、战略清醒、战略前瞻，准确把握、科学分析并妥善应对各种风险挑战，始终保持不断深化改革开放和推进中国式现代化建设的战略定力。最后，党的领导确保形成改革开放和中国式现代化的社会合力。从根本宗旨来看，作为最广大人民根本利益的代表，党不仅没有任何自己的特殊利益，而且也从来不代表任何利益集团、权势团体或特权阶层的利益。在中国，党是唯一能够统筹和协调社会各方面关系并形成推进改革开放和现代化最大合力的政党。

第二，坚持以人民为中心。以人民为中心是改革开放和中国式现代化的根本立场，是党团结人民群众实现民族复兴的保证。坚持以人民为中心，就是要坚持人民群众在改革开放和社会主义现代化建设中的主体地位。从实践主体来看，“改革开放是亿万人民自己的事业”[①]，中国式现代化也是由广大人民群众亲身参与和推动的。人民群众是中国从积贫积弱、僵化封闭迈向繁荣昌盛、充满活力的力量之源；从价值主体来看，为人民谋幸福、为民族谋复兴，是党的初心和使命，也是改革开放和现代化建设的初心和使命。顺应人民对美好生活的向往是党开展一切工作的价值追求；从评价主体来看，“人民是我们党的工作的最高裁决者和最终评判者”[②]，人民群众是否满意是衡量改革开放和现代化建设得失成败的唯一标准。

第三，坚持斗争精神。斗争精神是党在不同历史阶段攻坚克难、不断取得胜利的重要精神力量，也是防范化解风险挑战的重大政治优势。新民主主

①《习近平谈治国理政》（第一卷），外文出版社，2018年，第68页。
②《习近平谈治国理政》（第一卷），外文出版社，2018年，第28页。

义革命时期，党领导人民发扬大无畏革命斗争精神，“进行空前的伟大的斗争”[1]，建立了新中国。社会主义革命和建设时期，党带领人民乘胜追击肃清国民党残余势力，基本完成社会主义改造，建立了社会主义社会，还进行了抗美援朝等多次保卫国家主权和领土完整的战争。改革开放和社会主义现代化建设新时期，党带领人民顺利实现香港、澳门回归祖国，洗刷了中华民族百年屈辱；坚决打击遏制“台独”分裂活动，取得了中国西南边境战事等胜利。中国特色社会主义新时代，党领导人民打赢脱贫攻坚战，实现了第一个百年奋斗目标。民族复兴梦想越接近，面临的风险和挑战也将越大。改革开放和中国式现代化必须大力弘扬斗争精神，以滴水穿石的韧劲和逢山开路、遇水架桥的闯劲，迎难而上，把民族复兴事业不断推向前进。

总之，改革开放和中国式现代化是党的十一届三中全会以来中国的两个重要叙事，深刻影响着中华民族伟大复兴的历史进程。改革开放是实现中华民族伟大复兴的必由之路，中国式现代化是强国建设、民族复兴的康庄大道，两者统一于中华民族伟大复兴的实践。深刻认识和准确把握改革开放与中国式现代化的差异、联系及其内在统一性，有利于更加自觉、更加主动地坚持深化改革开放，以中国式现代化全面推进中华民族伟大复兴。

---

①《毛泽东选集》（第二卷），人民出版社，1991年，第533页。

第十三章

深化认识中国式现代化的发展要律——社会主义现代化百年进程镜鉴

习近平在党的二十大报告中强调："必须坚持问题导向。问题是时代的声音，回答并指导解决问题是理论的根本任务。"[①]党的十八大以来，习近平多次强调稳中求进工作总基调和高质量发展的首要任务。稳中求进与高质量发展互联互补、有机统一。实践证明，习近平提出的重要观点揭示了中国式现代化的发展要律，体现了经济规律的客观性，创新发展了马克思主义现代化理论。这个重要观点也具有很强的针对性，对于指导各级领导干部树立长期奋斗稳打稳扎的观念，排除境外反华敌对势力各种歪理邪说的干扰，以及增强全党全国各族人民更加紧密地团结在党中央周围，齐心协力、扎扎实实为实现中国式现代化而艰苦奋斗的决心具有重要意义。毛泽东深刻指出，"规律是在事物的运动中反复出现的东西"，"认识规律，必须经过实践，取得成绩，发生问题，遇到失败，在这样的过程中，才能使认识逐步推进"。[②]习近平正是在总结苏联、中国等国家上百年社会主义建设历史经验的基础上，强调新时代坚持和发展中国特色社会主义必须坚持稳中求进工作总基调，牢牢把握高质量发展这个首要任务。为深化认识中国式现代化的发展要律，澄清一些错误认识，首先要梳理世界上第一个领导社会主义建设的导师列宁的实践经验，在总结百余年来社会主义建设实践，特别是新中国七十多年历史经验的基础上，揭示和探知中国式现代化的实践进程，以便从规律的高度统一思想。

---

①《习近平著作选读》（第一卷），人民出版社，2023年，第17页。

②《毛泽东文集》（第八卷），人民出版社，1999年，第105、104页。

一、社会主义发展史的宝贵经验：列宁对经济发展规律的探索

马克思、恩格斯科学揭示了社会主义必胜的总趋势，然而社会主义现代化的路子怎么走？答案是只能在实践中不断探索总结。列宁曾经把社会主义实践比作“一座还没有勘察过的非常险峻的高山”[①]，生动说明了社会主义建设实践的艰巨性和曲折性。

俄国十月革命后，经过艰苦曲折的斗争实践，列宁对社会主义经济建设的认识有了新的飞跃。他指出：“在经济工作中，建设必定更加困难、更加缓慢、更要循序渐进。这是由于经济工作在性质上不同于军事、行政和一般政治工作。这是由于经济工作有特殊的困难和需要更深厚的根基（如果可以这样说的话）。”[②]经济任务与文化任务不能像政治事变和军事任务的解决那样迅速——危机尖锐时期几个星期便可以取得胜利，经济建设和文化建设在短时期内取得显著成效是不现实的。在十月革命取得胜利后，苏俄国内有一段发展较为顺利的短暂时期，但很快便发生了国内战争和国际武装干预。为战胜反动势力，苏俄实行战时共产主义政策（主要是余粮收集制），并很快取得了战争胜利。于是，“我们为热情的浪潮所激励，我们首先激发了人民的一般政治热情，然后又激发了他们的军事热情，我们曾计划依靠这种热情直接实现与一般政治任务和军事任务同样伟大的经济任务。我们计划（说我们计划欠周地设想也许较确切）用无产阶级国家直接下命令的办法在一个小农国家里按共产主义原则来调整国家的产品生产和分配。现实生活说明我们错了”[③]。在后来发生经济危机和政治危机的严重时刻，列宁力排众议，果断实行新经济政策，也就是他所说的“改良主义”。

---

①《列宁全集》（第四十二卷），人民出版社，2017年，第458页。
②《列宁全集》（第四十二卷），人民出版社，2017年，第122页。
③《列宁全集》（第四十二卷），人民出版社，2017年，第187页。

列宁在《论黄金在目前和在社会主义完全胜利后的作用》中深刻阐明新经济政策的一个重要特点："目前的新事物，就是我国革命在经济建设的一些根本问题上必须采取'改良主义的'、渐进主义的、审慎迂回的行动方式。"[①]这个提法，在马克思主义发展进程中是非常新颖、大胆的。世界无产阶级的伟大导师提出在取得政权和有效镇压敌对阶级的反抗后，实行以"改良主义"为主的方针，这不是要脱离革命的轨道吗？恰恰相反，这正是列宁的伟大之处，表明他对唯物辩证法的运用已达到纯熟程度。无产阶级只有在自身政权确立的前提下，善于正确处理突变与渐进、革命与改良的关系，才能顺利达到发展生产力和完善新制度的目的。

1921年3月以前列宁采取的是革命方法，即"最彻底、最根本地摧毁旧事物"；1921年3月之后，列宁采取的是"改良主义"方法，即"审慎地、缓慢地、逐渐地改造旧事物，力求尽可能少加以破坏"。[②]列宁坚持唯物辩证法的观点，认为一切事物的存在形态和解决矛盾的方法都以时间、地点、条件为转移。革命与改良的关系就是如此。无产阶级在夺取政权以前，革命手段一般是主要的，舍此就不能打碎旧的国家机器，建立新的政权。那时"改良始终是阶级斗争的副产品"[③]，是一种补充手段。

无产阶级在夺取政权、通过国有化掌握基本生产资料并逐渐巩固自己的统治后，革命与改良的关系就起了变化，处理经济问题应当更多地使用改良、渐进方法。按照列宁的思想，其原因可归纳为以下四个方面：一是革命条件发生了根本变化。无产阶级已经取得政权并在经济社会发展中起决定性作用，突变性革命降为次要形式，改良和渐进成为主要形式。二是生产资料所有制发生了根本变化。私有制经济大部分已被改造为公有制经济，对小生产者和农民只能采用引导的方法，逐步向公有制经济过渡，要"争取'以改良方式'过渡的可能性——或者换句话说，争取经过初步接近的道路、经过跳板、经

① 《列宁全集》（第四十二卷），人民出版社，2017年，第255页。
② 《列宁全集》（第四十二卷），人民出版社，2017年，第256页。
③ 《列宁全集》（第二十三卷），人民出版社，1958年，第216页。

过阶梯走向目标的可能性”[①]。三是需要处理好新旧社会经济结构之间的承继关系。虽然新的社会经济结构将要取代旧的社会经济结构，但是要有“经过一个旧经济适应社会主义经济的时期”[②]，因而要采用改良和渐进的形式，确保平衡过渡，避免生产力遭受大的破坏。这一思想符合马克思所说的“社会经济形态的发展是一种自然历史过程”[③]的原理。四是需要处理好社会主义条件下生产关系和生产力之间的矛盾。社会主义基本制度的确立，使得生产关系和生产力之间的矛盾不再是对抗性矛盾。列宁指出：“对抗和矛盾完全不是一回事。在社会主义下，对抗将会消失，矛盾仍将存在。”[④]在这样的条件下，变革生产关系不能主要采取“彻底革命”方式，而应以逐步过渡的“改良主义”方式化解诸多矛盾。

需要注意的是，在处理经济问题时采用改良、渐进方法，并不意味着放弃消灭资本主义的革命目标，而是实现目标的方法、手段发生了变化。这符合辩证唯物主义的基本观点，即以有利于发展社会主义生产力为尺度，采用适当、合理的方式方法实现革命目标。资本主义经过几百年发展，创造了巨大的社会财富，积累了发展生产力的丰富经验。新生的社会主义政权，要勇于向资本主义吸收有益的东西，为社会主义所用。列宁提出“聪明的共产党员也不会怕向资本家学习”[⑤]的口号，强调要向资本主义发达国家学习一切先进的科学、技术、经营管理方法等。

这就澄清了一种传统认识，区分了两种改良主义：一种是无产阶级取得政权前，不要彻底推翻反动政权的浅略改革，在一定程度上起到维护旧制度的作用，是马克思主义坚决摒弃的；另一种是无产阶级取得政权后，利用强大的新政权逐渐改革并大力发展经济。后一种改良主义可视为对传统改良主

---

①《列宁全集》（第四十二卷），人民出版社，2017年，第253页。
②《列宁全集》（第四十二卷），人民出版社，2017年，第232页。
③《马克思恩格斯全集》（第二十三卷），人民出版社，1972年，第12页。
④《列宁全集》（第六十卷），人民出版社，1990年，前言第Ⅶ页。
⑤《列宁全集》（第四十一卷），人民出版社，2017年，第230页。

义的扬弃。可见，列宁抓住了人民政权下经济改革和经济发展的特殊性：它与军事斗争、政治斗争迥然不同，不能幻想在短时期内依靠一两次突变就可以改变经济面貌。实现现代化也必然要经过稳步发展、循序渐进的过程，在此过程中要着力防范化解重大风险。因此，要正确发挥上层建筑在一定条件下的决定性作用，特别是执政党的核心作用。列宁一方面多次分析了上层建筑适应并服务于经济基础的原理，另一方面突出揭示了上层建筑在一定条件下的决定性作用。他着重指出从政治上看问题的重要原则，“政治是经济的集中表现”[①]“政治同经济相比不能不占首位。不肯定这一点，就是忘记了马克思主义的最起码的常识”[②]，“一个阶级如果不从政治上正确地看问题，就不能维持它的统治，因而也就不能完成它的生产任务”[③]。之后大量事实说明，在社会主义市场经济条件下，无产阶级政党也必须强调处理好经济和政治的关系，强调讲政治的统领功能。

从历史视域考察，列宁关于在人民政权下实行循序渐进的“改良主义”方略具有重要意义，概括起来说，就是实现社会主义现代化必须在稳扎稳打中谋求更高的生产力水平。“劳动生产率，归根到底是使新社会制度取得胜利的最重要最主要的东西。”[④]一句话，这种方略就是稳中求进和高质量发展。稳中求进是条件，高质量发展是坐标，目标都是发展社会主义生产力，以达到社会主义的本质要求。新经济政策时期，列宁对社会主义建设规律作出了积极探索，为后人认识社会主义和建设社会主义提供了历史借鉴。

---

①《列宁全集》（第四十卷），人民出版社，2017年，第282页。
②《列宁全集》（第四十卷），人民出版社，2017年，第282页。
③《列宁全集》（第四十卷），人民出版社，2017年，第283页。
④《列宁全集》（第三十七卷），人民出版社，2017年，第18页。

二、新中国的历史佐证：对稳中求进和高质量发展的规律性认识进程

中华人民共和国成立以来，历代中国共产党领导集体在领导中国人民建设社会主义现代化的征程上，始终面临正确处理好社会稳定和快速发展这一对重大关系。列宁的新经济政策为我们提供了很好的历史借鉴，稳中求进和高质量发展逐渐成为中国式现代化的发展要律。历史地看，我国现代化建设从至今大体经历了初始探索阶段、茁壮发展阶段和全面提升阶段，与中华民族迎来站起来、富起来到强起来的过程基本吻合。

一是初始探索阶段。在社会主义革命和建设时期，以毛泽东同志为主要代表的中国共产党人，及时提出实现工业、农业、国防和科学技术现代化的历史任务，在“一穷二白”基本国情的基础上着力于开启现代化建设。20世纪60年代初，毛泽东提出：“现在看来，搞社会主义建设不要那么十分急。十分急了办不成事，越急就越办不成，不如缓一点，波浪式地向前发展。”[①]在探索社会主义建设道路的过程中，毛泽东得出两条重要结论。一是老老实实地认识和尊重社会主义现代化建设的客观规律，即“对于建设社会主义的规律的认识，必须有一个过程。必须从实践出发，从没有经验到有经验，从有较少的经验，到有较多的经验，从建设社会主义这个未被认识的必然王国，到逐步地克服盲目性、认识客观规律、从而获得自由，在认识上出现一个飞跃，到达自由王国”[②]。二是认识社会主义建设的长期性，即“在中国，五十年不行，会要一百年，或者更多的时间……资本主义的发展，经过了好几百年……在我国，要建设起强大的社会主义经济，我估计要花一百多年”[③]。

①《毛泽东文集》（第八卷），人民出版社，1999年，第236页。
②《毛泽东文集》（第八卷），人民出版社，1999年，第300页。
③《毛泽东文集》（第八卷），人民出版社，1999年，第301页。

“我劝同志们宁肯把困难想得多一点，因而把时间设想得长一点。”[①]这两个观点告诉人们，搞现代化必须坚持稳中求进和高质量发展，遵循客观规律。经过改革开放前30年的发展，新中国建立起独立了的比较完整的工业体系和国民经济体系，特别是取得了以“两弹一星”为标志的科技成果，令国际社会刮目相看。

二是茁壮发展阶段。在改革开放和社会主义现代化建设新时期，以邓小平同志为主要代表的中国共产党人，敏锐意识到要正确处理稳定与发展的关系。1989年，邓小平在会见外宾时指出：“中国的问题，压倒一切的是需要稳定。没有稳定的环境，什么都搞不成，已经取得的成果也会失掉。”[②]1992年，邓小平在南方谈话中指出：“要注意经济稳定、协调地发展，但稳定和协调也是相对的，不是绝对的。发展才是硬道理。”[③]在这一时期，中国坚持社会主义基本经济制度不动摇并不断进行调整和改进，在短短30多年间跃升为世界第二大经济体，超越了除美国以外所有资本主义发达国家，成为制造业强国，充分发挥了基本经济制度的作用和优势。中国的世界级巨大工程陆续铸就人类奇迹，推行的经济发展战略保障经济发展沿着正确方向前行。中国农业连续20年增产，人民生活水平持续提升，加速向现代化目标迈进，为全面实现中国式现代化打下了坚实基础。中国通过改革开放政策赢得了国际社会关注与支持，逐步拓展了与世界各国经济、政治和文化等领域的交流与合作，大量外资和技术流入中国，有力促进了中国经济发展。

三是全面提升阶段。进入中国特色社会主义新时代以来，以习近平同志为主要代表的中国共产党人，及时提出稳中求进工作总基调、高质量发展的首要任务和新发展理念，以构建新发展格局推进中国式现代化。习近平指出，“稳中求进工作总基调是我们治国理政的重要原则，也是做好经济工作的方法

① 《毛泽东文集》（第八卷），人民出版社，1999年，第302页。
② 《邓小平文选》（第三卷），人民出版社，1993年，第284页。
③ 《邓小平文选》（第三卷），人民出版社，1993年，第377页。

论”[①]，“必须强调的是，新时代新阶段的发展必须贯彻新发展理念，必须是高质量发展”[②]。党的二十大报告科学阐发了中国式现代化的五大特点，开启了全面实现中国式现代化的新征程。全面实现中国式现代化的战略目标，彰显了习近平新时代中国特色社会主义思想的高超智慧，通过实践的反复比较，深化了对共产党执政规律、社会主义建设规律和人类社会发展规律的认识。中国式现代化发展过程有着内在的必然诉求，这就是必须处理好发展与风险的关系，以稳定作为保证条件，以高质量发展作为前行目标。在复杂多变的现代化发展环境下，稳中求进和高质量发展既是正确的方略，也体现了社会主义建设的客观法则。

新中国七十多年发展史表明，只有贯彻落实稳中求进的工作总基调和牢牢把握高质量发展这个首要任务，才能不断解放和发展社会生产力，加快推进中国式现代化。鉴于此，稳中求进和高质量发展要律是习近平对社会主义现代化建设成功经验作出的深刻总结。

三、新时代理性认识：揭示中国式现代化的发展要律

习近平指出：“改革开放是我们党的一次伟大觉醒，正是这个伟大觉醒孕育了我们党从理论到实践的伟大创造。”[③]这个“伟大觉醒”就是对社会主义现代化发展要律的深化认识。[④]中国式现代化建设为何要坚持稳中求进和高质量发展要律呢？我们可以从以下四个方面深化对该问题的理性认识。

---

① 中共中央文献研究室编：《习近平关于社会主义经济建设论述摘编》，中央文献出版社，2017年，第332页。

②《习近平谈治国理政》（第四卷），外文出版社，2022年，第113页。

③ 习近平：《在庆祝改革开放40周年大会上的讲话》，人民出版社，2018年，第4页。

④ 曲青山：《改革开放是党的一次伟大觉醒》，《人民日报》，2021年12月9日。

（一）社会主义现代化建设与以往任何社会形态的发展模式不同

以往以私有制为经济基础的社会形态都是在旧社会胚胎中自发生成的（当然，取得政权也要经过革命），近代资本主义现代化正是以私有制为主要载体发展起来的，不管经过多少动荡，其私有制基础没有变。社会主义公有制则不能在私有制社会母体中自发产生，必须通过革命夺取政权后，依靠强大的上层建筑发展新的经济制度、形成发展新的生产力载体，但在其发展生产力过程中必然遭受旧势力种种阻挠、破坏，此时，只有依靠上层建筑（特别是共产党的领导）进行科学引导，才能保证社会主义建设顺利进行。这一道路尤为曲折，具体道路怎样走，没有现成的经验，只能在实践中逐步探索，特别是在经济落后的国家，情况更加复杂，道路更加曲折。因此，社会主义现代化（发展生产力）既不能走西方的老路，也不能贸然乱闯，必然要坚持稳中求进工作总基调和推动高质量发展，否则就可能犯颠覆性错误，如苏联解体就是典型例证。

（二）社会主义现代化建设要发挥优势、正视矛盾、长期探索

社会主义国家要在强大的资本主义国家包围中站起来、富起来，最终超越它们，必须拥有更先进的生产力，拥有高端科技、经济、文化和国防实力。发展超越既有资本主义国家的现代化水平并非易事，不能靠一时之功，而要循序渐进地实现。依靠社会主义国家的制度优势能够为早日实现现代化提供重要保障，但毕竟要经过一个较长路程，尤其在信息化时代，任务更重，标准更高。况且如何更好发挥社会主义制度各方面优势，也无法仅靠既有理论解决，还要继续结合现实进行探究，其中可能会有挫折，要一步一个脚印地探索。在苏联，斯大林错误地认为社会主义的生产关系完全适应生产力的发展要求，结果苏联的体制僵化了，最后形成特权阶层，导致第一个社会主义国家走向覆灭。在我国，毛泽东强调，社会主义社会的基本矛盾仍然是生产关系和生产力之间的矛盾、上层建筑和经济基础之间的矛盾，在理论上开启

正视矛盾的认识并试图解决矛盾，但在实践中出现了偏差。20世纪70年代末，我国终于探索到改革开放的新路子，确定了以经济建设（现代化）为中心。即使这样，社会主义现代化建设还要经历一个不断实验、不断完善的过程，特别是我国还存在人民日益增长的美好生活需要和不平衡不充分的发展之间的矛盾，必须经过长期“摸着石头过河”的探索才能逐步解决。因此，实现中国式现代化是一项长期的系统工程，必须将稳中求进与高质量发展有机结合，实现二者的互利互补。如为实现人与自然和谐共生的现代化，我们必须认真贯彻落实习近平生态文明思想，坚持稳中求进工作总基调，加快推动发展方式绿色低碳转型，使人民群众获得生态幸福。

（三）现代化主体是经济现代化，而经济建设有自身的特殊性

经济的根基是运用生产力进行生产再生产，在此根基上形成分配、交换、消费过程，这个过程应具有稳定性、安全性、节约性、递进性和协调性。

一是稳定性。每一种生产类型、每一种产品都有一定的生产方法及程序、一定的循环周期，并完成螺旋式上升发展。无论是农业生产（包括经济再生产和自然再生产两重性）还是工业生产，都有相对固定的生产方式，并且周而复始。同时，分工导致交换过程，形成社会经济大循环。这本身就得稳中求进、稳中向高。

二是安全性。全程安全是稳中求进和高质量发展的内涵之一。生产、分配、交换（流通）、消费都要最大限度兜住底线、保证安全，尽可能减少负面影响。如果各类安全事故频发，就可能迫使循环运动中断，那么各个经济环节也将无法持续进行。因此，为确保中国式现代化顺利推进，我们必须坚持稳中求进工作总基调，着力推动高质量发展。

三是节约性。毛泽东指出：“节约是社会主义经济的基本原则之一。”[①]“为了建设重工业和国防工业，就要付出很多的资金，而资金的来源只有增产

---

①《毛泽东文集》（第六卷），人民出版社，1999年，第447页。

节约一条康庄大道。”[1]从根本上说，资源是稀缺的，资金的积累过程只能稳中求俭、稳中求高，由粗放经营转变为集约经营，不能为求快而乱铺摊子、浪费资源。我们不能像资本主义积累那样，依靠剥削和掠夺，挖东墙补西墙。同时，供过于求而造成的资本主义经济危机，是对人类资源最大的浪费。社会主义现代化建设强调由“节约”到“集约”，既体现了高质量发展要求，也是以高质量发展提高现代化建设效率的保障。

四是递进性。递进性是指社会主义现代化建设需要依靠一定的积累，在积累的基础上进一步拓展和提升。现代化发展需要以经济建设作为重要基础，而经济是实实在在的物质财富及其生产能力，它的积累、拓展、提升，必须用物质生产的办法一个台阶、一个台阶地垒起，循序渐进、稳扎根基、步步坚实，实现高质量发展。这就是物质发展的规律，可谓递进性规律，与思想领域、政治领域、军事领域的斗争不同。

五是协调性。协调性是指经济各部门之间互相协调、相互促进。由于社会分工的发展，经济产品、行业、部门众多，各有各的特点，又相互联系，特别是信息化快速发展，创新链、供应链、产业链、价值链等要随之升级发展。要实现国民经济整体协调发展并逐步形成链条化，必然需要稳中求进和高质量发展。

（四）实现中国式现代化需要和平的国际环境

中国式现代化是社会主义现代化，是走和平发展道路的现代化。我们千方百计地维护世界和平，对外开放也以互利共赢为宗旨。西方国家的现代化，充满战争、贩奴、殖民、掠夺等血腥罪恶，具有扩张性、侵略性甚至野蛮性。[2]资本主义剥削制度又招致十年左右一次的经济危机，这个“寒热病”迫使它们靠发战争财来缓解自身痼疾。社会主义国家则要竭力维护世界和平，

① 《毛泽东文集》（第六卷），人民出版社，1999年，第207页。

② 中共中央宣传部理论局编：《中国式现代化面对面》，学习出版社、人民出版社，2023年，第53页。

尽可能避免战争。我国社会主义的本质要求是全体人民共同富裕，且稳定的社会环境是广大人民的共同诉求。习近平强调："我们是一个大国，决不能在根本性问题上出现颠覆性错误，出现后就无法挽回、无法弥补。"[①]这就是社会主义现代化必行的要律。

综上所述，社会主义现代化与资本主义现代化具有根本区别，社会主义现代化消除了企业内部有组织和整个社会无政府状态之间的矛盾，可以自觉地处理内部矛盾，将市场自发调节与政府有力的宏观调控有效结合起来（如进行必要的逆周期调控），防止和抵御各种不确定性风险，持续推动经济实现质的有效提升和量的合理增长。习近平提出的稳中求进工作总基调和高质量发展的首要任务，是在总结百余年社会主义现代化建设经验基础上揭示的客观规律要求，能够充分发挥社会主义制度的综合优势，是对马克思主义现代化理论的创新。稳中求进和高质量发展，既是实现中国共产党领导的中国式现代化的要旨，又是客观经济规律的体现，还是高层次的主观与客观相统一的实现。只有始终坚持这一理念，才能进一步开辟发展社会主义现代化建设的新境界，向世界展示中国式现代化的巨大优势。

---

①《习近平著作选读》（第一卷），人民出版社，2023年，第68页。

第十四章

中国式现代化与人类文明新形态

习近平在党的二十大报告中指出："中国式现代化的本质要求是：坚持中国共产党领导，坚持中国特色社会主义，实现高质量发展，发展全过程人民民主，丰富人民精神世界，实现全体人民共同富裕，促进人与自然和谐共生，推动构建人类命运共同体，创造人类文明新形态。"[①]中国式现代化所创造的人类政治新文明、人类工业新文明、人类农业新文明、人类城市新文明和人权发展新道路共同构成了人类文明新形态的鲜明特征。

一、创造了人类政治新文明

中国式现代化创造了人类政治新文明，在坚持和完善人民当家作主制度体系的过程中，形成中国特色社会主义民主政治发展道路，为推动国家治理体系和国家治理能力现代化、实现中华民族伟大复兴提供强大政治保障。这个文明把党的领导、人民当家作主、依法治国有机统一在一起，有效防止了政治被少数利益集团或者精英所操弄；这个文明实现了选举民主与协商民主的有机统一，把国家根本政治制度与具体政治制度融合在一起。

第一，创造了人类政党政治新文明。这是一种没有自身特殊利益的先进性纯洁性的政党文明。一方面，中国共产党特别警惕政党亡党的利益集团因素。苏共亡党，很重要的原因就是它产生了利益集团。2021年1月11日，习近平在省部级主要领导干部学习贯彻党的十九届五中全会精神专题研讨班上的讲话中指出："苏联是世界上第一个社会主义国家，取得过辉煌成就，但后来失败了、解体了，其中一个重要原因是苏联共产党脱离了人民，成为一

① 习近平：《高举中国特色社会主义伟大旗帜　为全面建设社会主义现代化国家而团结奋斗——在中国共产党第二十次全国代表大会上的报告》人民出版社，2022年，第23~24页。

个只维护自身利益的特权官僚集团。”[1]与群众联系是否密切，党风党纪是否严肃，直接关系到党的生死存亡。列宁时期十分注重整肃党风党纪，严格规范领导干部风纪，反对官僚主义，反对特权思想，密切联系群众，政治清明，国家各项事业稳步前进。戈尔巴乔夫时期党内纲纪崩坏，腐败泛滥，特权横行，特权阶层利益集团化，利用权力勾兑将国有资产支配权转化为占有权，严重侵蚀国有资产、损害国家利益、脱离人民群众，迅速将苏共推向覆灭。中国共产党以苏为鉴，坚持党的先进性纯洁性建设，持续推进反腐败斗争，确保党能够不变质、不变色、不变味。

另一方面，中国共产党一直强调坚决防止党内形成利益集团，防止领导干部成为利益集团的代理人、代言人。2021年1月，在党的十九届中央纪委五次全会上的讲话中，习近平指出："政治腐败是最大的腐败，必须消除党内政治隐患，坚决防止党内形成利益集团，如果党的权力被他们攫取、党的领导干部成了他们的代理人甚至自己就搞利益集团，红色江山就会改变颜色。"[2]在庆祝中国共产党成立100周年大会上的讲话中，习近平指出："中国共产党始终代表最广大人民根本利益，与人民休戚与共、生死相依，没有任何自己特殊的利益，从来不代表任何利益集团、任何权势团体、任何特权阶层的利益。"[3]2022年1月，在省部级主要领导干部学习贯彻党的十九届六中全会精神专题研讨班开班式上的重要讲话中，习近平指出："我在庆祝中国共产党成立一百周年大会上讲到，中国共产党从来不代表任何利益集团、任何权势团体、任何特权阶层的利益。这次六中全会决议再次重申了这句话。在去年的中央政治局民主生活会上，我再次讲了这个问题，强调党的高级干部有相当的领导权、决策权、指挥权，如果立场不稳、'三观'不正、自律不严，很容易在政治上、政策上走偏，不知不觉甚至心甘情愿地成为各种利益

---

①《习近平谈治国理政》（第四卷），外文出版社，2022年，第171页。
②《习近平谈治国理政》（第四卷），外文出版社，2022年，第507页。
③《习近平谈治国理政》（第四卷），外文出版社，2022年，第9页。

集团、权势团体、特权阶层的代言人，那后果是十分严重的!”[①]党的二十大报告强调：“坚决防止领导干部成为利益集团和权势团体的代言人、代理人。”[②]从来不代表任何利益集团、任何权势团体、任何特权阶层的利益，使党形成了一种先进的政党文明：能够防止商品交换原则在党内的渗透、蔓延；能够全心全意为人民的利益而奋斗。

第二，创造了全过程人民民主的新形态。“遍览西方国家的现代化进程，发现这是一个非民主化的过程，整个过程不仅充满着血与火，而且充满着对民众的政治高压与权利剥夺。”[③]中国式现代化进程中，中国共产党坚持以马克思主义理论为指导，逐渐形成以人民代表大会制度、人民政治协商会议制度等为主体的人民当家作主制度体系，将党的领导、人民当家作主、依法治国有机统一起来，建立健全全过程人民民主运行保障机制，使过程民主与成果民主、程序民主与实质民主、直接民主与间接民主、人民民主与国家意志实现有机统一，充分发挥社会主义协商民主独特优势，自上而下、自下而上双向互动推进法治化，最大程度地保障人民当家作主的各项权利，切实推动实现国家富强、民族复兴、人民幸福。习近平指出：“江山就是人民、人民就是江山，打江山、守江山，守的是人民的心。”[④]全过程人民民主就是从政治建设上坚守人民的心。全过程人民民主不仅是全链条的民主实践，而且是全场域的民主实践，更是全主体的民主实践，是从各个领域各个方面各个环节进行的民主实践。党的二十大报告指出：“全过程人民民主是社会主义民主政治的本质属性，是最广泛、最真实、最管用的民主。”[⑤]新时代中国共产党领导人民持续推进社会主义民主政治建设，不断加强全过程人民民主制度建

---

① 习近平：《更好把握和运用党的百年奋斗历史经验》，《求是》，2022年第13期。

② 习近平：《高举中国特色社会主义伟大旗帜 为全面建设社会主义现代化国家而团结奋斗——在中国共产党第二十次全国代表大会上的报告》，人民出版社，2022年，第69页。

③ 辛向阳：《中国式现代化的三大特质》，《思想理论教育导刊》，2022年第3期。

④ 习近平谈治国理政（第四卷），外文出版社，2022年，第9页。

⑤ 习近平：《高举中国特色社会主义伟大旗帜 为全面建设社会主义现代化国家而团结奋斗——在中国共产党第二十次全国代表大会上的报告》，人民出版社，2022年，第37页。

设，逐渐形成全过程人民民主的新形态，为扎实推进中国式现代化提供了坚强保障。

二、创造了人类工业新文明

中国式现代化创造了人类工业新文明，中国用短短几十年实现了工业化，走出了新型工业化道路。党的二十大报告指出："坚持把发展经济的着力点放在实体经济上，推进新型工业化，加快建设制造强国、质量强国、航天强国、交通强国、网络强国、数字中国。"①中国在建设各工业领域强国、推进新型工业化的过程中，以绿色制造引领新型工业化，打造尖端科技引领全球，形成具有完整产业体系的"世界工厂"，创造了兼具创新、活力、共享、向善特质的工业文明。这一文明有三个特点：推动全球工业贸易秩序更加公平合理；使工业产品更加充分地满足世界人民更高质量的生活需求；消除了一系列工业霸权国家设置的产业依附、产业规制陷阱，实现了对西方工业文明的全面超越。

第一，绿色制造引领新型工业化。新型工业化以实现高质量发展为指针，中国式现代化全面推行绿色制造，为推动制造业高质量发展打造重要引擎。进入新时代以来，中国依靠绿色制造引领实现技术创新驱动，持续提高制造业的科技含量和国际竞争力，在智能制造等方面取得长足进步。一是实施"十四五"智能制造发展规划，推动智能制造产业落地，建成一批智能工厂和智慧供应链。二是在重点行业和领域制定绿色工厂行业标准，形成制造业绿色新优势。三是推动高档数控机床和机器人、海洋工程、航空航天、新材料、生物医药等领域集群、集约发展。四是深度融合信息化和工业化，坚持能耗双控和双碳战略，破解减排技术进步、减排目标实现与制造业占比稳

① 习近平：《高举中国特色社会主义伟大旗帜 为全面建设社会主义现代化国家而团结奋斗——在中国共产党第二十次全国代表大会上的报告》，人民出版社，2022年，第30页。

定之间的“三元悖论”，不断优化技术水平和能源结构，为新型工业化固本强基。

在新一轮科技革命的战略机遇期，中国以绿色制造推动制造业高质量发展，不断推动制造业实现现代化、信息化、数字化、智能化，促使制造业产业转型升级取得明显成效，新兴技术和创新驱动已经进入收获期。截至2023年前4个月，中国制造业投资总额较上年增长6.4%，实现持续稳定增长。在制造业投资结构方面，装备制造业投资总额较2022年增长16.1%，高技术制造业投资总额较上年增长15.3%，二者增速较快、制造业升级态势良好。

第二，尖端科技引领全球。习近平指出：“进入21世纪以来，全球科技创新进入空前密集活跃的时期，新一轮科技革命和产业变革正在重构全球创新版图、重塑全球经济结构。”[①]在新一轮科技革命和产业变革中，中国式现代化不仅切实推进绿色制造、打造发展引擎，而且在通信技术、航空航天、核技术、量子技术等尖端科技领域创造了许多中国奇迹，领跑全球。在计算机领域，量子计算机大大推动量子技术实用化；在航空航天领域，超燃冲压发动机工作时长超越美国X-51“乘波者”高超音速飞行器；在太阳能领域，全球最薄硅片核心技术领先世界；在超精密加工装备核心技术领域，我们掌握了万分之一毫米细微移动的超精密加工装备核心技术；在化工领域，半导体高端电镀铜核心技术推动中国跻身全球电子化学品供应商行列；等等。中国尖端科技实现全方位突破，据《2022年全球创新指数报告》显示，中国跃居全球创新指数排名第11位，实现十连升，并成为36个中高收入经济体之首。从“中国制造”到“中国智造”，更多“中国方案”“中国标准”走出国门、走向世界，尖端科技成果投产为世界转化更多创新产出，既增强我国综合国力，又惠及世界各国，推动世界经济整体发展。

① 习近平：《瞄准世界科技前沿引领科技发展方向抢占先机迎难而上建设世界科技强国》，《人民日报》，2018年5月29日。

第三，最完整产业体系“世界工厂”地位稳固。中国已经成为全世界产业链最完整、全世界唯一拥有全部工业门类（按照联合国产业分类标准划分为41个大类、207个中类、666个小类）的国家。与此同时，全世界40%以上的工业产品产自中国，中国工业产品产量也位居世界第一，全球智能手机出口量中国更是占据80%。工信部公布数据显示，中国2022年制造业增加值在全球占比约30%，位居世界首位，蝉联世界制造业规模榜首已有13年。面对全球产业链供应链格局深刻调整，中国制造业持续依靠低投入、高产出的竞争特征，发挥其产能优势，吸引世界各国制造业FDI，确保中国“世界工厂”地位得到巩固。据《工业基础指数（2022）》，中国2021年十大领域工业（新一代信息技术、新材料、生物医药等）基础指数相较2020年上涨3.66（2021年为31.68），工业基础能力提升幅度再创历史新高。在全球产业升级和国际产业转移不断深化的大背景下，中国凭借市场规模庞大、产业体系完整、组织集成能力突出等强劲优势，在巩固全产业链优势、推动产业基础高级化、促进产业体系转型升级等方面取得显著成效，不仅促进自身新型工业化发展，而且使世界产业结构和工业化总体水平迈向新阶段，世界各国产业结构关联度和开放效应也得到相应提升。中国“世界工厂”地位稳固，既带给世界大量物美价廉的产品，也带动国内经济迅速发展。中国在接受发达国家大量工厂转移的过程中借鉴其先进技术和管理经验，更新行业观念、提高行业素质，加强东西方企业文化交流互鉴，促使中国经济更好、更快地融入全球经济体系。

三、创造了人类农业新文明

中国式现代化开创中国特色农业现代化道路，再创农耕文明新奇迹，创造了人类农业新文明。这一农业新文明蕴含丰富的创新之处，以三权分置改革切实维护农民的土地承包权、宅基地使用权、集体收益分配权；以乡村振兴战略，推动解决“三农”问题、促使城乡均衡发展、加快农业农村现代化建设；创造性转化、创新性发展乡村长久保留的、具有原汁原味的优秀传统文化，推动乡村文明建设。这一文明的优越性在于：没有出现西方一些国家曾经出现的“羊吃人”运动，农民利益得到切实维护；农民的各方面权利始终得到维护和实现，特别是在农村自治民主建设、共同富裕方面，农民利益始终受到高度重视。

第一，以三权分置改革维护农民利益。中国在推动实现农业现代化进程中，始终坚持人民至上，注重维护农民切身利益，统筹推进农村承包地、宅基地、集体经营性建设用地“三块地”改革，加速推进土地所有权、承包权、经营权三权分置改革，既解决了土地闲置问题，又实现了土地集中有效利用、推动农业经济发展。一是以坚持农村基本经营制度为前提，将落实集体所有权、稳定农户承包权和放活土地经营权统一起来，真正维护农民的土地承包权、宅基地使用权、集体收益分配权。二是通过法律明确三权分置改革的刚性内核，《中华人民共和国农村土地承包法》第九条明确指出：“承包方承包土地后，享有土地承包经营权，可以自己经营，也可以保留土地承包权，流转其承包地的土地经营权，由他人经营。”三是坚持“三块地”改革中农村土地农民集体所有、农地必须农用、不损害农民基本权益这三个底线，推动新一轮土地制度改革。四是不断完善土地流转政策，引导农民自愿有偿转让土地、推动农业转型升级、帮助农民真正创富增收。“家庭农场以土地流转为目标，创新流转方式和经营模式。各地方对创新机制等方面进行奖励和扶持，形成规模化运营以后，从事领域逐步拓宽，即向产业链上下游进行延伸或转型为服务型农业。”①

第二，以乡村振兴战略引领农业现代化。习近平在2023年3月5日参加十四届全国人大一次会议江苏代表团审议时系统阐述了“高质量发展”，实现高质量发展的关键一环正是全面推进乡村振兴战略。它是新时代背景下党中央对“三农”工作的一项重大战略部署。中国各地深入贯彻乡村振兴战略，

① 北京农学院主编：《北京都市型现代农业理论发展与实践创新》，人民出版社，第476页。

在解决“三农”问题、推动城乡均衡发展、加快农业农村现代化建设上取得显著成效。一是以“美丽乡村”建设引领农村高质量发展，在不断完善农村基础设施建设和公共服务体系的基础上，关注产业发展，以主导产业、特色文化为切入口，形成产业带动型、生态推动型、文化开拓型、古村保护型、扶贫开发型和综合提升型等多种“美丽乡村”建设类型。二是以全域旅游为抓手，打造乡村振兴“新引擎”。许多乡村立足乡村资源优势和特色，因地制宜，充分挖掘本土特色资源，开发自身乡村旅游特色产业和特色产品，创新乡村文旅融合新模式，打造推动乡村振兴的“新引擎”，促进乡村文化传承，增强乡村文化自信，提高乡村文化的影响力和美誉度，推动乡村产业结构升级和实现高质量发展。三是坚持市场主导，尊重市场规律，充分发挥乡村振兴实践进程中的市场主体作用，着力调动农业经营户、企业、农民专业合作社、家庭农场、一二三产业融合主体、城镇工商资本，以及农业服务主体的主动性和积极性，政府以搭建平台、提供服务、引进人才、健全机制为农业现代化各项事业顺利进展保驾护航。

第三，在“双创”中推动乡村文明建设。乡村文明是中华优秀传统文化创造性转化、创新性发展的重要载体，乡村文明建设是农业强国建设、社会主义精神文明建设的重要环节。中国以多种方式推动乡村文明建设，特别是在赓续农耕文明的基础上，不断丰富和发展人类农业新文明。一是充分发掘乡村长久保留的、具有原汁原味的优秀传统文化，在“深入挖掘乡村历史文化资源，划定乡村历史文化保护线，提出历史文化景观整体保护措施，保护好历史遗存的真实性”①的基础上，发掘其历史文化价值、观赏价值，并对其进行创造性转化、创新性发展，形成乡村文明的精神内核。二是平衡好新型城镇化与乡村振兴之间存在的矛盾，超越西方现代化进程中顺次解决城镇化、农业现代化中各种难题的固有模式，通过健全人才引流、农业转移人口反哺

① 北京师范大学中国乡村振兴与发展研究中心、北京师范大学中国扶贫研究院编：《全面推进乡村振兴：理论与实践》，人民出版社，2021年，第264页。

农村机制，保障乡村振兴主体力量，同时协调好城市文明建设和农业文明建设。三是运用市场机制推动乡村文明建设。在继续发扬乡村生态文明建设优势的基础上，通过市场机制着力解决乡村文明建设中存在的技术、人才及资金等“富脑袋”的问题。四是加强农民教育。乡村文明建设离不开教育，中国通过普及乡村图书馆、建立健全城乡教育帮扶机制、在县城开办大学等途径充分发挥教育在乡村文明建设中的重要作用。

四、创造了人类城市新文明

中国用几十年时间完成西方国家200多年的城镇化进程，中国式现代化走出了新型城镇化道路，创造了人类城市新文明。这一城市新文明既注重维护和保障农业转移人口各方面权益，多措并举促进农业转移人口市民化，确保农业转移人口能够真正融入城市、扎根城市；又注重维护和保障城市原住民的各方面需求，以城市更新行动完善城市功能，满足市民对美好生活的向往。同时，依托都市圈、城市群带动形成城市协调发展新格局，促动区域经济高质量发展。这一文明的优越性在于：改革开放四十多年来，九亿多农民进入城市生活，没有冲击城市秩序，造成城市社会动荡，也没有产生所谓的贫民窟；城市建设、管理、运行始终以人民为中心，强调人民城市人民建、人民城市人民管、人民城市为人民。

第一，多措并举促进农业转移人口市民化。“十四五”规划制定的常住人口城镇化率目标是“预计2025年常住人口城镇化率可达65%以上”，国家统计局数据和2023年《政府工作报告》显示，过去五年已提前完成这一目标，中国常住人口城镇化率在2022年末已经提高到65.2%。城镇化率的快速提升，离不开中国在推进农业转移人口市民化上取得的显著成效。

中国坚持以人为核心推进新型城镇化，多措并举促进农业转移人口市民化。一是创新就业政策，扩大农业转移人口就业。大力发展劳动密集型产业和服务业，加强农业转移人口职业技能培训，支持帮扶农业转移人口自主创业，完善农业转移人口就业服务指导和保障机制，确保农业转移人口既能平等就业、又能适当享受政策倾斜。二是通过实施中小企业低息贷款、税收减免、低价用地等优惠措施，促进城镇中小企业快速发展，吸纳和引导更多农业转移人口积极就业创业，更好融入城市生产。三是完善社会公共服务保障体系，确保农业转移人口在入托入学、医疗养老、住房社保等方面享有市民权利，真正享受市民生活。四是提升县域产业功能，激发县域经济活力。近十年来，大量农业转移人口涌入县城，县城成为新型城镇化的重要载体。中国各地大力完善县域产业布局，培育特色鲜明的产业，形成可持续发展经济模式，为农业转移人口充分提供生存发展空间。

第二，城市更新促进城市功能完善。党的二十大报告把城市更新行动列为高质量发展的具体内容之一，明确指出："实施城市更新行动，加强城市基础设施建设，打造宜居、韧性、智慧城市。"①国家"十四五"规划明确提出要加快推进城市更新，改造提升老旧小区、老旧厂区、老旧街区和城中村等存量片区功能，推进老旧楼宇改造，积极扩建新建停车场、充电桩。中国全方位的城市更新，促使城镇化进程不断深入，推动形成人类城市新文明。一是充分结合发挥政府和市场作用，坚持政策支持与市场主导相结合，通过政府制定和优化政策、市场参与并实际运作的方式，大力推进城市更新行动，实现了对城市旧有建筑的修缮改造、功能改变、环境改善，使城市的建筑、街区、城中村旧貌换新颜，既保留了城市独特的历史文化底蕴，又极大地丰富和发展了城市的主体功能。二是坚持人与自然和谐共生，处理好绿水青山与金山银山之间的关系，贯彻可持续发展理念和绿色城市更新理念，不盲目拆迁和扩建，不断优化生产生活方式，不断加强智慧、绿色技术的运用，借助太阳能、风能等新能源新技术优化城市建筑功能，将绿色低碳和可持续发展作为目标取向，着力提升绿色空间、滨水空间、慢行系统等公共空间类城

① 习近平：《高举中国特色社会主义伟大旗帜 为全面建设社会主义现代化国家而团结奋斗——在中国共产党第二十次全国代表大会上的报告》，人民出版社，2022年，第32页。

市更新，充分打造宜居宜养的城市环境。三是坚持以人为本，既解决人民群众“急难愁盼”的问题，重点处理城市更新中产权置换方面存在的问题，实行通过弹性年期等方式配置土地使用权，维护好人民群众切身利益；又关心人民群众精神生活需求，在城市更新中发掘文创、艺术资源，利用腾退地下空间优化社区服务功能，着力打造人与环境良性互动的城市场所。

第三，以都市圈、城市群带动城市协调发展。都市圈作为中国城镇化的主要空间载体和强大引擎，在中国城镇化进程中极大发挥着引领带动作用，中国现在已经形成“中心城市—都市圈—城市群”的城镇化基本格局，主要都市圈所创造的经济总量在全国经济总量中占比约65%，具有汇聚区域优势发展要素、支撑区域高质量发展的鲜明特点。一是都市圈加速中国城镇化。依托都市圈发展集聚优势，上海、北京、天津这三大直辖市城镇化率均已超过85%，比肩发达国家和地区城镇化水平；成都都市圈2021年常住人口城镇化率也高达71.2%，显著高于全国平均水平。都市圈以大城市为中心，带动周边中小城镇进入快速发展轨道，不断以功能互补、交通互联增强地域联系，不断提升经济社会一体化程度，不断提升公共服务资源配置均等化水平，促使城镇化增速提效。二是都市圈创新平台带动城市群创新主体、创新人才、科创板块快速发展，形成区域创新发展新格局。都市圈创新平台作为提升创新驱动发展水平主力，不断加强高能级创新平台建设，充分发挥都市圈在金融、科创、信息、研发等平台建设方面的优势，着力解决不同领域创新平台建设不平衡不充分的问题，提升经济社会创新发展水平。三是都市圈、城市群促动城乡协调发展。依托都市圈、城市群城镇化快速推进，区域城乡发展差距显著缩小、城乡居民消费水平明显提升，经济发展的活性与竞争性增强，绿色发展理念得到更好的贯彻，生态友好型生产生活方式逐渐形成，区域经济迈上高质量发展新台阶。

五、创造了人权发展新道路

中国式现代化在人权文明层面，超越西方人权文明一元论，“中国坚持把人权的普遍性原则和当代实际相结合”①，创造了人权发展新道路。习近平明确指出：“中国人民愿同各国人民一道，秉持和平、发展、公平、正义、民主、自由的人类共同价值，维护人的尊严和权利，推动形成更加公正、合理、包容的全球人权治理，共同构建人类命运共同体，开创世界美好未来。”②新时代以来，中国不断推动人权事业的完善与发展，形成以“以人民为中心”为主要标志的人权文明话语体系，不仅为后发国家的人权发展事业提供借鉴，而且为推进全球人权治理和丰富人权文明内涵提供了中国智慧。

第一，提出人权文明多元论。中国以文明多样性为前提，指出文明在人权领域同样是多元的，而不是单一的。2017年首届“南南人权论坛”《北京宣言》中指出：人权是所有文明的内在组成部分，应承认所有文明平等，都应受到尊重。也就是说，每一种文明都有自己特有的人权话语，构成自己的人权文明，每一种人权文明由于其历史、传统文化、社会环境等的差异而呈现出不同的特征。因此，各国的人权事业只能依照各国具体情况和各国人民具体诉求来推进。习近平强调：“人权保障没有最好，只有更好。”③中国式现代化创造的人权文明新道路是与中国历史、中华文化、社会环境相契合的，与西方人权文明是平等关系，共同构成多元人权文明格局，西方国家不能以推进人权为借口干预中国人权事业良性发展。

第二，形成以“以人民为中心”为主要标志的人权文明话语体系。新

---

①《习近平谈治国理政》（第三卷），外文出版社，2020年，第288页。

② 习近平：《坚持走符合国情的人权发展道路 促进人的全面发展》，《人民日报》，2018年12月11日。

③ 习近平：《坚定不移走中国人权发展道路更好推动我国人权事业发展》，《求是》，2022年第12期。

时代以来，习近平关于尊重和保障人权提出一系列重要论述，2021年12月《习近平关于尊重和保障人权论述摘编》一书出版，展现出习近平尊重和保障人权的新理念新思想新战略，形成具有鲜明中国特色的人权话语体系。习近平在纪念《世界人权宣言》发表70周年座谈会上明确指出中国“奉行以人民为中心的人权理念”。确立了“以人民为中心”在中国人权话语体系中的核心地位。从理论上看，“以人民为中心”是对群众史观、群众路线、“三个代表”重要思想中“始终代表中国最广大人民根本利益”、科学发展观中“以人为本”的继承和发展。中国人权话语体现出理论逻辑、历史逻辑和实践逻辑的统一，既具有高度概括性，又具有高远前瞻性，中国人权事业将在“以人民为中心”为核心理念的人权话语体系下蓬勃发展。

第三，探索人权发展新实践。中国式现代化创造的人权发展新道路的一个重要体现就是开展了人权发展的一系列崭新实践，主要包含以下三点内容：其一，维护人民的生存权和发展权。习近平2022年在会见联合国人权事务高级专员时指出：“对于发展中国家来说，生存权、发展权是首要人权。”[①]中国人权发展道路以切实维护人民的生存权和发展权利为首要任务，既通过减贫、消除贫困、扶弱助残等来维护广大人民群众的生存权，又以尊重人民首创精神、鼓励大众创业、万众创新等来维护人民的发展权。其二，在统筹推进“五位一体”总体布局和“四个全面”战略布局的实践进程中发展中国人权事业。马克思主义以实现每个人的自由全面发展为旨归，党的十八大以来，党积极推进中国人权事业发展，从经济、政治、文化、社会、生态文明全方面满足人民日益增长的美好生活需要，并通过全面建成社会主义现代化强国、全面深化改革、全面依法治国、全面从严治党实践为人权事业发展保驾护航。其三，推动人权法治建设，坚持依法保障人权。习近平在中共中央政治局第三十七次集体学习的讲话中在谈到坚持依法保障人权时指出：“法治是人权最有效的保障。我们坚持法律面前人人平等，把尊重和保障人权贯穿立法、执

①《习近平会见联合国人权事务高级专员巴切莱特》，《人民日报》，2022年5月26日。

法、司法、守法各个环节，加快完善体现权利公平、机会公平、规则公平的法律制度，保障公民人身权、财产权、人格权，保障公民参与民主选举、民主协商、民主决策、民主管理、民主监督等基本政治权利，保障公民经济、文化、社会、环境等各方面权利，不断提升人权法治化保障水平。”[①]自从2004年“国家尊重和保障人权”被写入宪法起，中国的人权事业发展就有了根本法基础。在人权事业的发展进程中，不断完善人权法律体系是人权法治建设的第一要义，法律依据是否坚实，直接关系到国家机关工作人员如何执法、怎样司法的工作准则与工作方法等实际问题，并对全社会的人权法律意识和法治理念形成宏观层面的重要影响。习近平强调的“系统研究谋划和解决法治领域人民群众反映强烈的突出问题，依法公正对待人民群众的诉求”[②]，构成具有中国特色的人权法律实施要求，是推动人权法治建设的重要环节。“人权保障和实现从根本上来说还是要靠制度、靠法治。”[③]进入新时代，我们党充分结合全面依法治国与全面推进人权事业发展，努力将尊重和保障人权贯穿法律运行的各个环节，逐渐推动形成全方位的人权法治保障体系，为确保我国人权事业顺利发展提供根本遵循。

习近平在党的二十大报告中指出：“中国式现代化为人类实现现代化提供了新的选择，中国共产党和中国人民为解决人类面临的共同问题提供更多更好的中国智慧、中国方案、中国力量，为人类和平与发展崇高事业作出新的更大的贡献!”[④]中国式现代化创造出蕴含人类政治新文明、人类工业新文明、人类农业新文明、人类城市新文明和人权发展新道路的人类文明新形态，为推进国家治理体系和国家治理能力现代化、新型工业化、农业现代化、新型

---

① 习近平：《坚定不移走中国人权发展道路更好推动我国人权事业发展》，《求是》，2022年第12期。

② 习近平谈治国理政（第四卷），外文出版社，2022年，第271页。

③ 罗豪才：《中国人权事业前景广阔》，《人权》，2014年第1期。

④ 习近平：《高举中国特色社会主义伟大旗帜 为全面建设社会主义现代化国家而团结奋斗——在中国共产党第二十次全国代表大会上的报告》，人民出版社，2022年，第16页。

城镇化和全球人权治理指明了方向。在中国式现代化伟大实践中持续丰富和发展人类文明新形态业已成为新时代新征程引领时代潮流、把握历史主动的关键。这一人类文明新形态既是中华文明现代性转化的重要体现，也是中国共产党为人类谋进步、为世界谋大同的现实路径。

第四部分

加速推进中国式现代化

第十五章

从『中国模式』到『中国式现代化』

“中国模式”曾是国际上用以指代中国发展道路的最具共识性的概念。从“中国模式”到“中国式现代化”，不仅是话语权力的易位与话语方式的演进，以人类现代化视域来审视，现代化在中国历史的展开背景更是从被动到主动、从非我到自我、从方案到文明的深刻转变。党的二十大报告深入阐述的“中国式现代化”理论，是习近平新时代中国特色社会主义思想的重要组成部分，是当代中国马克思主义的重大理论创新，是科学社会主义的最新重大成果。站在人类文明历史演进的高度看，中国式现代化深深根植于中华优秀传统文化，深刻体现着科学社会主义先进本质，它借鉴吸收一切人类优秀文明成果，代表人类文明进步的发展方向，展现了不同于西方现代化模式的新图景，是一种全新的人类文明形态。

一、中国模式的历史由来及其合理性问题

2010年前后一度引发国内外学界极大热议的“中国模式”本质上是世界尤其是西方对中国发展道路的一种解读。早在20世纪七八十年代，国际学界已经开始关注到中国发展方式、发展特征等问题，出现了例如市场社会主义、权威社会主义、国家资本主义、后社会主义等对中国发展形态的制度性判断与概括。2004年5月，美国高盛公司的高级顾问雷默发表题为“北京共识：中国是否能够成为另一种典范”的研究报告，由此引发了国际范围内对中国发展道路的高度关注。“根据雷默的观点，‘北京共识’具有三个特点：第一是对于改革的创新和持续不断的试验的承诺；第二是拒绝将人均国民生产总值作为唯一的进步指标，应同时考虑持续性发展和平等要求；第三是对于自决的承诺，发展中国家应该保障自己金融体系的完整性，并抵御强权的干

涉。”[1]比照“华盛顿共识”而生的“北京共识”，从西方的观察视角出发，对中国在经济改革方面取得的成就作了全面理性地思考与分析，指出中国创新性的实践与探索代表着对于美国霸权现状的一种对抗，在鼓励创新、提高生活品质与经济成长并重及提供平等环境以避免社会动乱的意义上，摸索出了一种不必依靠西方强权意志的、适合本国国情的成功的新的发展模式。雷默的研究报告立题新颖，迅速引起了国际社会的积极反响，并伴随着北京奥运会的成功举办及对改革开放30年成就的总结与反思逐渐发酵。2008年金融危机后，对中国模式作为一种替代方案的世界性影响的讨论逐渐脱离了“北京共识”，转向了全球性经济危机背景下中国方案能否作为一种可供借鉴的、具有普适性模式的讨论，中国模式由此成为国际国内媒体中指代中国发展道路和中国经验的使用频率最高的话语之一。

梳理相关研究文献可以发现，国内学界对于中国模式的看法存在较大分歧，争论的焦点主要在于对其客观存在合理性及“模式”本身概念使用合理性的两方面的质疑。一些学者认为，在政治、经济、文化等方面，中国的发展模式就当下来说并没有可持续的借鉴意义，且中国模式背后是以民族主义、阶级属性拒绝和解构“普世价值”和人类文明的价值观；另一些学者指出，由于“模式”背后指向可复制、可重现、可普适的特性，而中国目前仍处于“模式”的进行时，出于“水满则溢，月满则亏”的考虑，建议以类似“中国特色”“中国案例”“中国经验”等更确切的概念取而代之。国际学界的研究大多从中国模式给出的现代化方案出发，指出中国模式是否能在世界范围被承认主要依赖于这种模式是否能被他国借鉴并成功运用。除此之外，西方视角下的中国模式往往具有威胁论的色彩。有学者指出，中国的新理论及新实践成果在国际舞台上的出现将可能会重新配置权力关系，从而破坏美国在东亚和非洲的经济地位，[2]并最终在意识形态层面对自由民主的全球政治秩序及

① 吴海江：《“中国模式”的实质、普适性及未来挑战》，《思想理论教育》，2010年第5期。

② Windybank S，The China Syndrome，*Policy A Journal of Public Policy & Ideas*，2005.

新自由主义的经济秩序带来极大挑战。[①]正如美国学者福山所认为的："唯一确实可与自由民主制度进行竞争的体制是所谓的'中国模式'，它是威权政府、不完全市场经济以及高水平技术官僚和科技能力的混合体。"[②]无论是在国内还是国际学界，中国模式作为指代当时中国改革和发展方式的包容性概念，通过聚集在这一"研究纲领"下不断地探索和累积，逐渐开辟了一个研究中国道路、中国经验的话语平台及实践场域。否认"中国模式"的存在只能导致对其所包含缺陷的忽视，只有在承认其客观存在的前提下，才能进一步挖掘其实存的合理性。

实际上，对中国模式的合理性问题的讨论兼具积极回应全球化问题的时代性特征与坚定不移地走社会主义道路的制度性特征，对中国模式及其概念合理与否的争议随着新时代十年伟大变革的呈现完全能够在中国式现代化中找到答案。一方面，面对世情、国情、党情的深刻变化，中国模式不再应该指代超越意识形态和经济制度的泛化意义上的现代化模式和战略，而应进一步转向"中国特色社会主义"特色框架下的现代化道路；另一方面，关于是否具有普适性，中国模式也不再应该指代纯粹和狭隘的地方策略，而应进一步转向社会主义普遍性意义下的"现代化道路"。正如《中共中央关于党的百年奋斗重大成就和历史经验的决议》所指出的："党领导人民成功走出中国式现代化道路，创造了人类文明新形态，拓展了发展中国家走向现代化的途径，给世界上那些既希望加快发展又希望保持自身独立性的国家和民族提供了全新选择。"[③]中国式现代化的现实出场正是对中国模式真正的本质展开，对国际舞台上中国模式话语阵地的重夺。

---

① Naazneen Barma，*Ely Ratner，China ' s Illiberal Challenge：the Real Threat Posedby China isn ' t Economicor Military — It ' s Ideological*，AJ ournal of Ideas，2006.

② ［美］弗朗西斯·福山：《历史的终结与最后的人》，陈高华译，广西师范大学出版社，2014年，第4页。

③《中共中央关于党的百年奋斗重大成就和历史经验的决议》，人民出版社，2021年，第64页。

二、中国式现代化的历史确立及其科学内涵

“现代化”最初产生于18世纪的欧洲，最初指代工业革命后人类社会文明不断由传统转向现代的过程。中国的现代化则于19世纪从西方传入，起源于救亡图存的现实需要。1840年的鸦片战争正式拉开了近代中国历史的序幕，古老的东方帝国被迫卷入肇始于西方的现代化浪潮，无数仁人志士试图探索救国图强的良方，但最终都以失败告终。俄国十月革命一声炮响，社会主义从理论变为现实，中国共产党也由此历史性地开启了现代化探索的实践。而为中国式现代化真正奠定了根本社会基础的，是中国共产党领导下的新民主主义革命的胜利。现代化主题在新中国成立之初很大程度上是与国家安全密切相关的：“为了保卫祖国的和平建设和东方与世界的持久和平，我们当前的中心任务，就是建设强大的现代化、正规化的国防军。”①社会主义革命与建设时期，立足向社会主义社会过渡的现实需要，中国的现代化主题逐步完成了向技术性目标的转变。毛泽东指出：“我们必须打破常规，尽量采用先进技术，在一个不太长的历史时期内，把我国建设成为一个社会主义的现代化的强国。”②1964年12月，在第三届全国人民代表大会第一次会议上周恩来首次提出了工业、农业、国防、科技的“四个现代化”。改革开放和社会主义现代化建设新时期，经十一届三中全会决定，社会主义现代化建设正式成为全党的工作重点。1978年下半年，邓小平访问日本，在深入考察日本企业生产等各方面的状况后表示：“我懂得什么是现代化了。”③在党的十二大报告中，邓小平正式提出建设“中国式的现代化”，并首次提出了“建设有中国特色的社会主义”这一历史性重大命题。党的十三大报告将建设“富强、民主、文明的社会主义现代化国家”纳入党的基本路线，进一步明确了中国式现代化

---

①《建国以来重要文献选编》（第二册），中央文献出版社，1992年，第486页。

②《毛泽东思想年编（1921—1975）》，中央文献出版社，2011年，第934页。

③ 裴华：《中日外交风云中的邓小平》，中央文献出版社，2002年，第156页。

的结构框架与前进道路。进入21世纪，党中央首次提出“四位一体”的现代化建设总体布局，并在党的十七大报告中提出建设生态文明，在不同的历史时期，中国式现代化背后的中国内涵及中国特色日益得到丰富及完善。

当前，中国特色社会主义已经步入了新时代这一特殊的历史节点，创新性中国式现代化理论不断获得完善和发展。2013年9月，习近平在主持十八届中央政治局第九次集体学习时，着重阐明了我国现代化同西方国家现代化在发展过程上的重要区别，并以精练的语言点明了我国现代化起步的不易之处：“西方发达国家是一个‘串联式’的发展过程，工业化、城镇化、农业现代化、信息化顺序发展，发展到目前水平用了二百多年时间……决定了我国发展必然是一个‘并联式’的过程，工业化、信息化、城镇化、农业现代化是叠加发展的。”[①]党的十九大报告阐明了到本世纪中叶实现社会主义现代化强国的建设目标，同时提出建设现代化经济体系这一重要任务，使我国现代化建设这一宏伟战略的内涵更加丰富，实践更加科学和可行。在党的十九届五中全会上，习近平指出，我国建设社会主义现代化具有许多重要特征，“世界上既不存在定于一尊的现代化模式，也不存在放之四海而皆准的现代化标准”[②]，并概括了中国式现代化的五方面重要特征。党的二十大进一步概括并深入阐述了中国式现代化理论，明确提出了中国式现代化的中国特色、本质要求和必须牢牢把握的重大原则。

习近平指出：“要全面把握中国式现代化的中国特色、本质要求和必须牢牢把握的重大原则，深刻理解中国式现代化理论和全面建设社会主义现代化国家战略布局的关系，认识到前者是后者的理论支撑，从而深刻理解全面建设社会主义现代化国家战略布局的科学性和必然性。”[③]中国式现代化是完成

---

① 中共中央文献研究室编：《习近平关于社会主义经济建设论述摘编》，中央文献出版社，2017年，第159页。

②《习近平谈治国理政》（第四卷），外文出版社，2022年，第123页。

③《习近平在中共中央政治局第一次集体学习时强调：全面学习把握落实党的二十大精神 奋力夺取全面建设社会主义现代化国家新胜利》，《人民日报》，2022年10月27日。

时，更是进行时。作为不断追求进步的历史进程，中国式现代化既具有世界现代化的普遍性，也具有民族的特殊性，而作为后发式的内生性现代化，中国式现代化之所以能够开辟出一条具有远大发展前景的道路，本质上也离不开对现代化普遍性与特殊性、现代化建设内在逻辑及必须坚持的重大原则的深刻理解与全面把握。

“中国式现代化”这一概念本身即意味着现代化是一个普遍性与特殊性相统一的进程。中国式现代化既遵循了世界现代化一般规律，更符合本国国情，具有本国特色。超大人口规模是中国最基本的国情，将拥有14亿多人口的发展中国家建成现代化强国，具有深远的世界历史意义。全体人民共同富裕是中国式现代化的特色指向，人民对美好生活的向往始终是中国式现代化建设的根本出发点与落脚点。物质富足和精神富有缺一不可是社会主义现代化的根本要求，使两者能够相协调统一于中国特色社会主义的具体实践，既是针对西方现代化建设过程中出现的物质主义、拜金主义、单向度人格等问题所提出的中国方案，又是两者相互协调过程中中国认知、中国实践的不断跃升。人与自然和谐共生是对“先污染后治理”的西方现代化歧路的中国反思与中国探索，社会主义现代化强国的重要目标之一即为建设人与自然和谐共生的美丽中国。而对同世界各国互利共赢、推动构建人类命运共同体的强调，则是在“走好自己的路”同时对“中国威胁论”的有力回应。

中国式现代化的本质要求是中国特色社会主义现代化建设的内在逻辑。必须在推进中国式现代化的进程中坚持党的集中统一领导，充分发挥党总揽全局、协调各方的领导核心作用。坚持和发展中国特色社会主义要一以贯之。一以贯之，就是坚定不移、贯彻始终，不因时间、条件和环境的变化而有丝毫动摇，不因杂音噪声就改弦更张。到本世纪中叶，我们要实现建成富强民主文明和谐美丽的社会主义现代化强国的目标，而实现高质量发展、发展全过程人民民主、丰富人民精神世界、实现全体人民共同富裕、促进人与自然和谐共生正是这一目标的应有之义。推动构建人类命运共同体，创造人类文明新形态，是中国式现代化致力于人类和平与发展崇高事业的重要体现，对人类和平发展、世界繁荣进步具有重大而深远的意义。

在中国式现代化必须坚持的五条重大原则中，坚持和加强党的全面领导是根本保证，坚持中国特色社会主义道路是方向引领，坚持以人民为中心的发展思想是根本立场，坚持深化改革开放是活力源泉，坚持发扬斗争精神是精神要求。这五条重大原则作为紧密联系的有机整体，包含了全面建设社会主义现代化国家的方方面面，指明了实现中国式现代化的政治保障、根本立场、方向道路、体制保障和精神要求，是全面建设社会主义现代化国家的根本遵循。

三、从“中国模式”到“中国式现代化”话语演进的实质与意义

从被动到主动、从非我到自我、从方案到文明，倘若说中国模式背后仍然是非我的西方文明凝视，是在西方垄断话语缝隙间短暂探头的成功学徒，中国式现代化则正在通过“走自己的路”，重构了世界现代化理论的簇新谱系，在拓宽现代化实践场域的同时，也为人类现代化进程留下了中国方案，使现代化道路的探索能够成为一道为全世界各国共同参与的开放题。

（一）突破中国模式被动性话语的主动选择

在中国模式作为研究对象正式提出后，伴随着世界经济政治格局的嬗变及中国综合国力的显著提升，国际上不断呈现出对中国发展特性的多样化评价，或者是认为中国模式提供了一种成功的方案，又或者是基于“国强必霸”陈旧逻辑，指摘中国模式为危险的集经济自由与政治压迫于一身的结合体。然而西方学者的研究大多依循刻板印象，往往以中国的积极成就作为引入点，以寻找新自由主义的替代品或修正方向为目的，行“六经注我”之便展开论述。由于对中国模式的研究长期是在“西方凝视”下进行的，因此无论是对中国模式的正面评价还是负面评价，几乎都充斥着片面化的解读，无法葆有

研究本身应有的客观性，以此种方式对中国模式的研究不仅将导致对中国刻板印象的固化，也背离了雷默当时提出“北京共识”的初衷，降低了世界面临共性问题时进行探索归纳并提出解决方案的可能性。在中国模式偏离本意而逐渐成为相关研究领域混乱话语工具的同时，“中国式现代化”标识性概念的提出则是突破中国模式话语被动性局面的主动应对。相比于中国模式，中国式现代化的主动意义不仅体现在研究中国发展方式、发展特性、发展方向过程中不可替代的囊括性，更在于不断发展的中国特色社会主义实践对中国式现代化内涵的丰富。与中国模式的有关研究相较而言，中国式现代化的主动选择使其更加具备了研究的累积意义，能够将客观的发展经验与主观的意向评判真正区分开来，不断站在前人的肩膀上再创辉煌。在总结了归根到底“两个行”重大判断以及历史经验的基础上，中国式现代化兼具不可替代的现实在场性与全面深入的未来可能性，不仅在意识形态领域，更将在未来社会主义现代化强国的建设过程中牢牢掌握主动权。

（二）摆脱中国模式他者镜像的自我主张

“北京共识”的命名源于对“华盛顿共识”的对冲，中国模式也曾被期待在同样的研究框架中得到解释，作为一种可供借鉴的方案，中国模式的被采用正如西方式现代化的被借鉴，大家都被认为是在同样的跑道上前行，但凡存在超越或被超越的现象，便只能用模仿过程中的短暂偏移来加以解释。如果说中国模式背后仍然是非我的西方文明凝视，那么中国式现代化正在通过“走自己的路”重构世界现代化理论新谱系，使现代化道路成为一道全世界各国能够共同探索的开放题。正如习近平总结概括的：正是中国式现代化“打破了‘现代化=西方化’的迷思，展现了现代化的另一幅图景，拓展了发展中国家走向现代化的路径选择，为人类对更好社会制度的探索提供了中国方案。中国式现代化蕴含的独特世界观、价值观、历史观、文明观、民主观、生态观等及其伟大实践，是对世界现代化理论和实践的重大创新。中国式现代化为广大发展中国家独立自主迈向现代化树立了典范，为其提供了全新选择”[①]。不同于历史中无数国家仿效西方式现代化所实践出的无法脱离同一条跑道的他者镜像，在马克思主义的指导下，中国式现代化始终坚持从本国国情出发，不断试图激活“资本的文明面”，探索有条件、有能力驾驭资本的路径，避免陷入资本至上和资本权力化等西方现代化的困境，也不断在实践中积累着现代化的宝贵经验。具备“社会主义”和“中国”的双重属性的中国式现代化是社会主义文明与中华文明融合的成果，也由此具有了超越以往社会主义文明，也异质于任何一种资本主义文明的全新特征。一方面，社会主义文明在中国获得了新形态即中国特色社会主义文明形态，社会主义文明在这一过程中具有了民族性、本土性；另一方面，中华文明在社会主义文明的引领下，获得了新的生机活力，具有了现代性和世界性。[②]一路走来，中国式现代化诚然吸收和借鉴了许多西方式现代化的宝贵经验，但与单纯模仿不同的是，中国式现代化却是积极的自我主张，而支撑着自我主张的正是社会主义文明与中华文明彼此滋养、双向激活的实践过程。由此，摆脱中国模式他者镜像的中国式现代化持续完成着扬弃与自我扬弃，不断向多层次、全方位发展自身，展现着源源不断的生命力。

（三）揭示中国模式文明意蕴的全新升级

现代性问题起源上的西方属性使西方文明成为“先发文明”，在现代性问题上形成了“意识形态的霸权”，作为一种先于其他文明存在的文明，西方似乎有理由去宣扬：每种文明最终都会走向相同的道路，西方社会是人类社会所有现代性的尽头，由此，西方式现代性将始终具备天然的、道义的扩张性。“在此背景下，广大后发民族国家应当而且只能走一条道路，那就是照搬西方现代性方案。这种意识形态的幻象在很大程度上也为殖民主义现代性

---

①《习近平在学习贯彻党的二十大精神研讨班开班式上发表重要讲话强调：正确理解和大力推进中国式现代化》，《人民日报》，2023年2月7日。

②任洁：《中国式现代化道路的文明逻辑》，《人民论坛·学术前沿》，2022年第24期。

（Colonial Modernity）的侵略与扩张披上了神圣的道德外衣，似乎使殖民主义现代性历史本身成为最高的道德律令。因为人类社会发展的唯一可能性无外乎就是无条件、无差别地延续西方现代性的基本方案。”[①]当前，世界百年未有之大变局加速演进，从地缘冲突到环境问题，人类社会面临诸多重大考验，西方的现代化老路已遭到越来越多的质疑与摒弃，人类未来亟待新的文明引领与价值参照。文明的演进过程同样是主观能动性与社会规律性的双向结合过程，事实上，在对中国模式的研究中，曾不乏对中国发展阶段性特征及成果的全面概括，但终究未能找到解码中国成功实践的密钥。而中国式现代化创造人类文明新形态的进程，正是在主观能动性与社会规律性的有机统一下重拾中国模式背后文明意蕴的全新升级，进一步展现出在推动中华民族发展基础上推动人类文明持续发展的可能性。相较于中国模式较为狭窄、尚未被发掘明晰的文明意蕴，中国式现代化关于生态文明、高质量发展、人类命运共同体的重要指向在不断更新着文明形态的内在蕴含，展现出自身可分享、可持续、兼容并包的全新现代化特征。中华文明的革故鼎新更是中国式现代化不可忽视的前进资源，在中华文明始终为中国式现代化的发展提供精神内核的同时，中国式现代化也持续激活着中华文明，使古老的中华文明在新时代焕发新生。面对世界之变、时代之变、历史之变，中国式现代化及其文明意蕴的全新升级——人类文明新形态正站在破题的入口处，必将在不远的未来为中华文明的繁荣兴盛和人类文明的发展进步作出新的中国贡献。

四、在人类文明的历史演进中定位中国式现代化

在人类文明的历史演进中，中国式现代化逐渐在创造出人类文明新形态的意义上展现其世界历史意义。习近平指出：“我们坚持和发展中国特色社会

---

① 张明：《西方现代性困境与中国道路的理论前景》，《毛泽东邓小平理论研究》，2016年第2期。

主义，推动物质文明、政治文明、精神文明、社会文明、生态文明协调发展，创造了中国式现代化新道路，创造了人类文明新形态。”[①]“中国式现代化，深深植根于中华优秀传统文化，体现科学社会主义的先进本质，借鉴吸收一切人类优秀文明成果，代表人类文明进步的发展方向，展现了不同于西方现代化模式的新图景，是一种全新的人类文明形态。”[②]这些重要论述阐明了中国式现代化道路与人类文明新形态的紧密联系，也为在人类文明的历史演进中定位中国式现代化提供了根本遵循。只有在人类文明历史演进中定位中国式现代化，才能更好地在推动中华民族伟大复兴的过程中彰显中国式现代化道路的世界历史意义，为推动人类进步作出中国贡献。

世界现代化历史进程与人类文明的历史演进息息相关。人类文明的历史演进是多样性的统一，这也决定了世界各国走向现代化的道路是多元的。第二次世界大战后，在全新世界秩序的重组需求下，西方“迫切需要创建一个新的学科，提供新的研究方式和新的视角，‘现代化研究’于是应运而生……但西方的目标，是影响新形成国家的发展方向，用自己的形象去塑造世界”。[③]19世纪末以来，现代化理论几乎完全是基于西方经验提出的，并以现代为界划分了东西方所谓先进发达与停滞落后的两种截然不同的发展状况。西方中心主义观念渗透在现代化理论的方方面面，有学者甚至认为，西方或欧洲的制度本身即为现代化的根本内容，其他民族社会可以忘掉自己的历史传统，罔顾自己的文明传统而采纳西方和欧洲式的现代价值标准和尺度，西方的现代化道路是世界各国能够走向现代化的唯一可选择的道路，说到现代化便只有西方化这一个选择，也由此导向了文明演进的西方中心主义。近代以来，许多后发国家或被裹挟进资本主义的世界体系，或不顾自己本国国情

① 习近平：《在庆祝中国共产党成立100周年大会上的讲话》，《人民日报》，2021年7月2日。

②《习近平在学习贯彻党的二十大精神研讨班开班式上发表重要讲话强调：正确理解和大力推进中国式现代化》，《人民日报》，2023年2月7日。

③ 钱乘旦等：《世界现代化历程·总论卷》，江苏人民出版社，2015年，第2页。

全部接纳了西方发展模式，现如今我们能够看到的，却是这些国家内部不断爆发的民族、宗教冲突，政治经济矛盾频仍，社会动乱丛生。事实证明，西方现代化道路是人类通往现代化的一种选择，但不是唯一选择；西方文明是人类文明历史演进的一种形态，但不是唯一形态。

中国式现代化打破了“现代化=西方化”的迷思，由于不同国家和民族的历史传统、文化积淀及基本国情的不同，现代化发展道路及呈现的文明形态也必然具有自身的特色。中国式现代化的成功实践已然证明，资本主义的现代化之路绝不是人类文明演进过程中必须经历的既定逻辑和普世形态，在吸收借鉴而非全部将主动权交由他人手中的基础上，经济文化相对落后的国家完全可以克服所谓的“后发劣势”，独立自主地走向现代化，展现出属于自身的全新现代化图景和文明形态。在目前现代化理论框架下，对经济文化相对落后国家的现代化模式、路径的研究仍然缺乏解释力的情况下，面对西方现代化曾经的一统天下的格局，中国式现代化刷新了现代化理论，丰富了现代化实践，开辟了现代化新道路，创造了人类文明新形态。中国式现代化不仅修正了既有的西方线性发展的现代化理论框架，也促使更多发展中国家选择真正符合自身国情和本国人民利益的独立自主的现代化发展道路，为人类社会朝着和而不同却又多元统一的方向前进提供了重要机遇，代表了人类文明进步的发展方向。

中国式现代化深刻体现着科学社会主义的先进本质，为社会主义文明形态重新注入了生命力。20世纪90年代苏联解体、东欧剧变，社会主义似乎由此便被认为不再能够领航人类文明的前进方向。然而经过百年的不懈奋斗，中国共产党领导人民成功开辟了中国式现代化道路，创造了举世瞩目的人间奇迹，不但破解了诸多人类社会发展的难题，更在世界社会主义运动的前车之鉴下，首次实现了社会主义国家从传统向现代的成功转型。诚然，现代化理论最初生发于资本主义国家，但以资本为主导的现代化同时也在不断生产着反对自己的力量，这也意味着资本主义的现代化绝非世界现代化的人间正道。而在用并联式现代化发展方式超越串联式现代化发展速度的同时也创造了经济快速发展和社会长期稳定“两大奇迹”的中国式现代化，正是对无法停止对外侵略扩张的、以资本增值为发展目的、不断扩大阶级分化的西方现代化困境的现实回答，是对资本主义文明形态的全新超越，真正展现出社会主义文明形态的先进性和生命力。

中国式现代化根植于中华优秀传统文化，实现了对中华文明的革故鼎新，拓展了人类文明多元发展空间。顺应时代发展大势，中国正式提出了引导人类文明未来发展的中国方略——构建人类命运共同体。人类命运共同体理念秉承“立己达人、兼善天下”的价值取向，追寻“和衷共济、和合共生”的高远理想，构建物质生活充实、道德境界高尚、社会公平正义的大同世界，由此达成“以文明交流超越文明隔阂，以文明互鉴超越文明冲突，以文明共存超越文明优越”的价值蕴含。这条重塑人类文明发展新形态的现代化道路并不要求世界各国遵循完全相同的社会制度，拥有一模一样的生活方式，认同千篇一律的价值理念，而是以中华文明在伦理价值层面上“世界大同、和合共生”的理想境界，希望求得对各国各民族多元文明的普遍认同，推动各国各民族凝聚为文明的共同体。也正是在此意义上，中国式现代化仍然在创造人类文明新形态的道路上接续努力，肩负着构建人类命运共同体这个事关全体人类的历史任务，推动着世界历史的整体发展进程，在人类文明的历史演进中展现出世界历史意义。

第十六章

紧扣推进中国式现代化进一步全面深化改革

党的二十届三中全会召开前夕，习近平总书记围绕进一步全面深化改革以推进中国式现代化发表了系列重要讲话。学习领会习近平总书记关于进一步全面深化改革的重要论述，准确把握蕴含其中的进一步全面深化改革的主题、价值取向和方法论，既有利于推进全面深化改革，也有利于推进中国式现代化。

一、进一步全面深化改革的主题

全面建成小康社会的目标实现之后，历史赋予中国共产党的任务和使命是全面建设社会主义现代化国家、全面建成社会主义现代化强国，以中国式现代化全面推进中华民族伟大复兴。2024年5月23日，习近平在主持召开企业和专家座谈会时指出："进一步全面深化改革，要紧扣推进中国式现代化这个主题。"[①]推进中国式现代化是当前最大的政治，也是进一步全面深化改革的主题。

进一步全面深化改革是中国式现代化的内在要求。现代化是全方位、全领域的社会变革和社会发展，既蕴含体制机制的变革，也需要适应现代化要求的体制机制作保障。经过四十多年的改革开放，我国基本上建立了彰显中国式现代化的中国特色、体现中国式现代化本质要求的体制机制，这是中国式现代化取得成功的制度保障。但也应当看到，实现全面建成社会主义现代化强国的目标，仍存在一些体制机制障碍，破除一切制约中国式现代化顺利推进的体制机制障碍，有赖于进一步全面深化改革。党的二十大报告在阐释

①《习近平主持召开企业和专家座谈会强调 紧扣推进中国式现代化主题进一步全面深化改革》，《人民日报》，2024年5月24日。

中国式现代化必须牢牢把握的重大原则时，将“坚持深化改革开放”作为重大原则之一，要求“深入推进改革创新，坚定不移扩大开放，着力破解深层次体制机制障碍，不断彰显中国特色社会主义制度优势，不断增强社会主义现代化建设的动力和活力，把我国制度优势更好转化为国家治理效能”[①]。

发展新质生产力需要进一步全面深化改革。综观西方现代化和中国式现代化的历史进程不难发现，生产力的持续发展是现代化的共同特征。随着新一轮科技革命和产业变革的兴起，新质生产力将成为推动中国式现代化的重要力量。新质生产力是创新起主导作用，具有高科技、高效能、高质量特征，符合新发展理念的先进生产力质态，特点是创新，关键在质优，本质是先进生产力。新质生产力的内涵、特征与本质，要求新型生产关系与之相适应。习近平指出：“发展新质生产力，必须进一步全面深化改革，形成与之相适应的新型生产关系”，“要深化经济体制、科技体制等改革，着力打通束缚新质生产力发展的堵点卡点”。[②]生产力的决定作用和生产关系的反作用，使新型生产关系的建立成为必要。建立新型生产关系的过程，就是进一步全面深化改革的过程。科技创新在发展新质生产力过程中的地位，凸显了科技体制改革的重要性。深化科技体制改革，发挥新型举国体制优势，强化国家战略科技力量，强化企业科技创新主体地位，推动实现高水平科技自立自强，是发展新质生产力的内在要求。

构建高水平社会主义市场经济体制需要进一步全面深化改革。市场经济是社会主义的基本经济制度，是推进中国式现代化的经济制度支撑，中国式现代化的过程也是不断探索和完善社会主义市场经济体制的过程。从计划经济到市场经济，从市场在资源配置中起基础性作用到市场在资源配置中起决定性作用，诠释了我国改革的历史逻辑。构建高水平社会主义市场经济

---

① 习近平：《高举中国特色社会主义伟大旗帜 为全面建设社会主义现代化国家而团结奋斗——在中国共产党第二十次全国代表大会上的报告》，人民出版社，2022年，第27页。

② 习近平：《发展新质生产力是推动高质量发展的内在要求和重要着力点》，《求是》，2024年第11期。

体制，使市场在资源配置中起决定性作用，要求加快建设全国统一大市场、建立高标准市场体系，形成支撑中国式现代化的基础体制条件；要求深化要素市场化改革，推动各种生产要素跨区域合理流动和优化配置，让各类优质生产要素向形成新质生产力的方向顺畅流动，以高质量发展推进中国式现代化。

扩大高水平对外开放需要进一步全面深化改革。中国式现代化既要基于国情确立发展目标、选择发展道路，也要遵循人类现代化的一般规律，借鉴吸收人类优秀文明成果。对外开放是推进中国式现代化的动力，增强国内国际两个市场、两种资源联动效应，深度参与全球产业分工和合作，是中国式现代化的必然选择。对外开放包括要素型开放和制度型开放，稳步扩大规则、规制、管理、标准等制度型开放，是扩大高水平对外开放的必然要求。稳步扩大制度型开放，持续建设市场化、法治化、国际化的一流营商环境，构建更高层次的开放型经济，既是改革开放的要求，也是中国式现代化的本质要求，由此使进一步全面深化改革成为必要。

二、进一步全面深化改革的价值取向

中国共产党的根基在人民、力量在人民、血脉在人民，坚持人民至上是中国共产党的根本价值立场。全面深化改革的价值取向在于通过推进中国式现代化，满足人民日益增长的美好生活需要，促进人的全面发展，实现全体人民共同富裕。

人民是进一步全面深化改革的主体力量。人民群众是历史的创造者，也是全面深化改革的主体。从改革开放的历史进程来看，不少改革举措就是人民群众的发明和创造。党的十八大以来，习近平一再强调坚持以人民为中心，尊重人民主体地位，发挥人民首创精神，紧紧依靠人民推动改革，他指出：“没有人民支持和参与，任何改革都不可能取得成功。无论遇到任何困难和挑战，只要有人民支持和参与，就没有克服不了的困难，就没有越不过的坎。”[①]这是对人民全面深化改革主体地位的诠释，彰显了人民在进一步全面深化改革过程中的主体地位。

人民对美好生活的向往就是中国共产党的奋斗目标。中国共产党是为人民谋利益的政党，没有自己的特殊利益，进一步全面深化改革的目的，归根到底就是为了让人民过上更好的日子。习近平在谋划全面深化改革时强调：“推进任何一项重大改革，都要站在人民立场上把握和处理好涉及改革的重大问题，都要从人民利益出发谋划改革思路、制定改革举措。”[②]站在人民立场、从人民利益出发全面深化改革，才能得到人民的拥护和支持，才能调动人民推进改革的积极性、主动性和创造性。习近平在主持召开企业和专家座谈会时强调：“要从人民的整体利益、根本利益、长远利益出发谋划和推进改革，走好新时代党的群众路线，注重从就业、增收、入学、就医、住房、办事、托幼养老以及生命财产安全等老百姓急难愁盼中找准改革的发力点和突破口，多推出一些民生所急、民心所向的改革举措，多办一些惠民生、暖民心、顺民意的实事，使改革能够让人民群众有更多获得感、幸福感、安全感。”[③]这是基于坚持人民至上的价值立场而提出的进一步全面深化改革的重点和着力点，既是人民利益的表达，也有利于满足人民日益增长的美好生活需要。

实现全体人民共同富裕需要进一步全面深化改革。共同富裕是社会主义的本质要求和中国共产党的执政追求，也是人民的愿望和诉求。实现全体人民共同富裕建立在经济社会发展的基础之上，也要求推进收入分配制度改革、健全城乡融合发展体制机制，从制度上确保全体人民共同富裕的实现。深化收入分配制度改革要求逐步提高居民收入在国民收入分配中的比重，提高劳动报酬在初次分配中的比重，加快形成第三次分配的体制机制，通过第三次

---

① 习近平：《全面深化改革开放，为中国式现代化持续注入强劲动力》，《求是》，2024年第10期。

②《十八大以来重要文献选编》（上），中央文献出版社，2014年，第554页。

③《习近平主持召开企业和专家座谈会强调 紧扣推进中国式现代化主题进一步全面深化改革》，《人民日报》，2024年5月24日。

分配对收入和财富分配进行有效调节，使全体人民共同富裕取得更为明显的实质性进展。健全城乡融合发展体制机制旨在完善城乡空间融合形态、推动城乡产业深度融合、促进各类生产要素在城乡之间双向流动和平等交换，进而形成城乡互补、协调发展、共同富裕的新发展格局。实现共同富裕不是同步富裕，也不是平均主义，如何通过制度安排推进全体人民共同富裕，需要进一步全面深化改革。

人民评价是全面深化改革成效的最终评价。人民是推动全面深化改革的主体，也是全面深化改革成效评价的主体。进一步全面深化改革是否成功，能否满足人民日益增长的美好生活需要，要由人民来评价。人民的感受最真实、最直接，人民评价是全面深化改革成效的最终评价。习近平要求“把是否促进经济社会发展、是否给人民群众带来实实在在的获得感，作为改革成效的评价标准”①。这一标准是人民利益至上的体现，彰显了人民在改革成效评价过程中的主体地位。人民评价既是对改革结果的评价，又将进一步推动改革走向深入、走向全面，使全面深化改革更加适应人民的愿望和诉求。

三、进一步全面深化改革的方法论

我国改革遵循的是由易到难、先简后繁的行动逻辑，先选择一些难度小、容易实施的领域作为改革的突破口，将难度大、风险高的改革留到了攻坚期。进一步全面深化改革涉及诸多领域深刻变革和诸多利益格局调整，面临各种复杂关系和矛盾的处理，要求遵循一定的方法论。习近平总书记关于进一步全面深化改革的重要论述，阐明了全面深化改革的方法论和行动路径。

进一步全面深化改革要坚持守正创新。守正才能不迷失方向、不犯颠覆性错误，创新才能解决推进中国式现代化的观念障碍和体制机制束缚，进一

①《习近平主持召开中央全面深化改革领导小组第二十一次会议强调 深入扎实抓好改革落实工作盯着抓反复抓直到抓出成效》，《人民日报》，2016年2月24日。

步全面深化改革是守正与创新的有机统一。习近平强调："要坚持守正创新，改革无论怎么改，坚持党的全面领导、坚持马克思主义、坚持中国特色社会主义道路、坚持人民民主专政等根本的东西绝对不能动摇，同时要敢于创新，把该改的、能改的改好、改到位，看准了就坚定不移抓。"[①]全面深化改革是有方向、有立场、有原则的，坚持四项基本原则是全面深化改革的前提，也是进一步全面深化改革的底线。守住底线，是进一步全面深化改革最基本的要求，动摇四项基本原则就会犯颠覆性错误。同时，解决进一步全面深化改革实践中遇到的问题，需要创新的思路、创新的办法、创新的举措，在守正的基础上进行理论创新、实践创新、制度创新。

进一步全面深化改革要坚持目标导向和问题导向相结合。习近平指出："进一步全面深化改革，要锚定完善和发展中国特色社会主义制度、推进国家治理体系和治理能力现代化这个总目标，紧扣推进中国式现代化，坚持目标导向和问题导向相结合，奔着问题去、盯着问题改，坚决破除妨碍推进中国式现代化的思想观念和体制机制弊端，着力破解深层次体制机制障碍和结构性矛盾，不断为中国式现代化注入强劲动力、提供有力制度保障。"[②]完善和发展中国特色社会主义制度，推进国家治理体系和治理能力现代化，这是党的十八届三中全会确立的全面深化改革的总目标。进一步全面深化改革，仍然要锚定这一总目标。改革是由问题倒逼而产生，又在不断解决问题中得以深化。发现问题、找准问题是进一步全面深化改革的起点，针对问题谋划改革，寻找进一步全面深化改革的突破口，选择进一步全面深化改革的路径，是解决问题的关键。新时代全面深化改革所面临问题的复杂程度、解决问题的艰巨程度明显加大，给进一步全面深化改革提出了全新的要求。2024年3月21日，习近平在湖南考察时指出："进一步全面深化改革要突出问题导

---

①《习近平主持召开企业和专家座谈会强调 紧扣推进中国式现代化主题进一步全面深化改革》，《人民日报》，2024年5月24日。

②《习近平主持召开企业和专家座谈会强调 紧扣推进中国式现代化主题进一步全面深化改革》，《人民日报》，2024年5月24日。

向，着力解决制约构建新发展格局和推动高质量发展的卡点堵点问题、发展环境和民生领域的痛点难点问题、有悖社会公平正义的焦点热点问题，有效防范化解重大风险，不断为经济社会发展增动力、添活力。”[①]目标提供了寻找问题、解决问题的方向，解决问题是为了实现目标，目标导向和问题导向是统一的。

进一步全面深化改革要抓住主要矛盾和矛盾的主要方面。进一步全面深化改革涉及诸多领域和方面，不能平均使用力量，而要善于抓住主要矛盾和矛盾的主要方面。新时代我国社会主要矛盾是人民日益增长的美好生活需要和不平衡不充分的发展之间的矛盾。进一步全面深化改革，通过体制机制创新解决发展不平衡不充分的问题，满足人民日益增长的美好生活需要，才能解决我国社会主要矛盾。在我国社会主要矛盾之中，发展不平衡不充分是矛盾的主要方面，进一步全面深化改革，解决区域、城乡发展不平衡，解决“卡脖子”技术难题，实现高水平科技自立自强，是解决发展不平衡不充分问题的关键。在改革涉及的诸多领域中，经济体制改革仍然是重点，通过经济体制改革带动其他领域体制机制改革。2023年2月28日，习近平在党的二十届二中全会第二次全体会议上的讲话，对经济领域的改革进行了系统谋划，具体包括：“要坚持和完善社会主义基本经济制度，进一步深化国资国企改革，提高国企竞争力；优化民营企业发展环境，提升民营经济发展信心，促进民营企业发展壮大。完善中国特色现代企业制度，建设高标准市场体系，健全宏观经济治理体系，充分发挥市场在资源配置中的决定性作用和更好发挥政府作用。加强和完善现代金融监管，强化金融稳定保障体系，依法规范和引导资本健康发展。”[②]习近平强调：“在重点推进经济体制改革的同时，要统筹谋划好教育科技人才、政治、法治、文化、社会、生态、国家安全和党

① 习近平：《全面深化改革开放，为中国式现代化持续注入强劲动力》，《求是》，2024年第10期。

② 习近平：《全面深化改革开放，为中国式现代化持续注入强劲动力》，《求是》，2024年第10期。

的建设领域的改革。”[①]这里凸显了经济体制改革的积极性，明确了进一步全面深化改革的矛盾主要方面。

进一步全面深化改革要更加注重系统集成。党的十九届六中全会通过的《中共中央关于党的百年奋斗重大成就和历史经验的决议》指出：“党的十一届三中全会是划时代的，开启了改革开放和社会主义现代化建设新时期。党的十八届三中全会也是划时代的，实现改革由局部探索、破冰突围到系统集成、全面深化的转变，开创了我国改革开放新局面。”[②]全面深化改革、调整利益关系往往牵一发而动全身，坚持系统观念，统筹谋划和布局，才能使改革走向深入。注重系统集成，这是新时代全面深化改革的特点，也是全面深化改革的方法。中央全面深化改革领导小组（2018年3月改为中央全面深化改革委员会）的成立，是改革走向系统集成的组织保障。新时代重大改革方针政策、重大改革方案的制定和出台，均经中央全面深化改革领导小组（中央全面深化改革委员会）讨论通过。进一步全面深化改革，对系统集成提出了更高要求。习近平强调：“改革要更加注重系统集成，坚持以全局观念和系统思维谋划推进，加强各项改革举措的协调配套，推动各领域各方面改革举措同向发力、形成合力，增强整体效能，防止和克服各行其是、相互掣肘的现象。”[③]进一步全面深化改革，需要顶层设计、整体谋划，加强改革的关联性、系统性、可行性研究，做好不同改革措施的相互配套与有效衔接。

进一步全面深化改革要有破有立。改革是破与立的统一，改革的过程就是破除旧的思想观念、体制机制，确立新的思想观念、体制机制的过程。习近平强调：“改革有破有立，得其法则事半功倍，不得法则事倍功半甚至产

---

① 习近平：《全面深化改革开放，为中国式现代化持续注入强劲动力》，《求是》，2024年第10期。

② 《中共中央关于党的百年奋斗重大成就和历史经验的决议》，《人民日报》，2021年11月17日。

③ 《习近平主持召开企业和专家座谈会强调 紧扣推进中国式现代化主题进一步全面深化改革》，《人民日报》，2024年5月24日。

生负作用。”[①]从改革开放的历史进程来看，处理破与立的关系有三种方式：一是先破后立，二是先立后破，三是边破边立。从规避改革的风险而言，先立后破是最佳选择，新的体制机制建立起来并正常运行之后，旧的体制机制自然失去了其效能，将改革的风险降至最低程度。边破边立也是一种稳健的改革方式，风险小，容易赢得人民群众对改革的认同。先破后立有利于快速推进改革，但蕴含的风险比较大，容易形成制度的真空地带。破与立关系的合理选择，直接关系进一步全面深化改革的效果。

进一步全面深化改革要重谋划，更要重落实。改革举措从制定到落实需要经过若干中间环节，具有明显的过程性，如果不及时跟进和落实，改革举措难以真正发挥作用。进一步全面深化改革既需要顶层设计、制度建构，更需要落到实处，让制度运行起来，真正发挥制度的作用。习近平强调：“注重完善改革落实机制，推动改革举措落地见效”[②]；“改革要重谋划，更要重落实。要以钉钉子精神抓改革落实，既要积极主动，更要扎实稳健，明确优先序，把握时度效，尽力而为、量力而行，不能脱离实际”[③]。

总之，习近平总书记关于进一步全面深化改革的重要论述，阐明了进一步全面深化改革的主题、价值取向和方法路径，为党的二十届三中全会的召开作了重要准备，展现了进一步全面深化改革以推进中国式现代化的基本思路。

---

①《习近平主持召开企业和专家座谈会强调　紧扣推进中国式现代化主题进一步全面深化改革》，《人民日报》，2024年5月24日。

② 习近平：《全面深化改革开放，为中国式现代化持续注入强劲动力》，《求是》，2024年第10期。

③《习近平主持召开企业和专家座谈会强调　紧扣推进中国式现代化主题进一步全面深化改革》，《人民日报》，2024年5月24日。

第十七章

大力发展新质生产力 加速推进中国式现代化

2023年9月7日，习近平在主持召开新时代推动东北全面振兴座谈会上指出："积极培育新能源、新材料、先进制造、电子信息等战略性新兴产业，积极培育未来产业，加快形成新质生产力，增强发展新动能。"[①]2023年9月8日，习近平在听取黑龙江省委、省政府的工作汇报时，再一次强调要加快形成新质生产力。可见，新时代新征程大力发展新质生产力，已经成为推进中国式现代化走深走好、推动高质量发展主题的关键性战略举措。

习近平之所以如此重视发展新质生产力，一方面，发展新质生产力能够统筹好安全和发展的关系，提升我国产业在全球价值链中的位置，培育发展新动能，建立安全可控的现代化产业体系，摆脱在关键核心技术上受制于人的问题，赢得在国际竞争中的战略主动；另一方面，发展新质生产力也是马克思主义政党的庄严使命。中国共产党是先进生产力发展要求的代表者，这就决定了中国共产党必然会大力发展新质生产力，强调以科技创新促进各类产业和整个国民经济的发展。譬如，早在1958年，我国第一台电子管计算机试制成功，随后半导体三极管、二极管及两弹一星一艇（核潜艇）等相继研制成功，尤其是近年来我国在高铁、5G、6G、航天航空航海等技术领域实现了重大突破，走在世界前列，这表明新中国成立以来，中国共产党人一直非常重视科技创新在推动生产力发展中的作用。在新时代新征程，面对美国等西方国家加大技术霸权和封锁，以习近平同志为核心的党中央更加强调科技创新在促进生产力发展中的作用。

同时，发展新质生产力是实现人民物质和精神共同富裕的必然举措。党的二十大报告在论述中国式现代化的主要特色时强调，中国式现代化是全体

---

①《习近平主持召开新时代推动东北全面振兴座谈会强调 牢牢把握东北的重要使命 奋力谱写东北全面振兴新篇章》，《人民日报》，2023年9月10日。

人民共同富裕的现代化，而全体人民共同富裕不仅包括物质富裕，也包括精神富裕，这种物质和精神的富裕要想更好地实现，也离不开以新科技、新业态为代表的新质生产力的大力发展，生产出满足人民物质和精神需要的高质量产品。因此，新时代新征程以新质生产力发展推动中国式现代化走深走好意义重大，学术界有必要进行相关研究，为更好地发展新质生产力、加速推进中国式现代化提供理论支撑和政策建议。

一、习近平关于新质生产力重要论述的思想溯源

习近平总书记关于新质生产力的重要论述具有丰富的思想渊源，是对马克思主义科技生产力理论的继承与发展，其思想渊源主要表现在如下方面。

（一）对马克思、恩格斯科技生产力理论的继承与发展

马克思、恩格斯的论著中多次强调科技生产力发展对生产、生活和增进人类福祉方面的巨大作用，形成了内涵丰富的马克思、恩格斯科技生产力理论。一是马克思、恩格斯强调科学技术属于生产力的重要组成部分。马克思指出："生产力中也包括科学。"[①]基于对马克思主义经典作家这一论述继承与发展，习近平提出要加快形成新质生产力，通过发挥科技创新在生产力中的主导作用，实现经济发展的高效能、高质量。二是马克思、恩格斯强调科技工业的发展带来了生产和生活方式的变革。恩格斯在对英国工人阶级的状况进行考察时，对于机器大工业等先进科技对生产方式和生活方式带来的变革是持肯定态度的。他指出："印花业由于机械方面的一系列极其辉煌的发明，又有了新的高涨；由于这种高涨以及棉纺织业的发展引起的这类营业部门的扩大，这些行业空前地繁荣起来了。"[②]可见，在新科技、新技术融入传统产

---

①《马克思恩格斯文集》（第八卷），人民出版社，2009年，第188页。

②《马克思恩格斯文集》（第一卷），人民出版社，2009年，第395页。

业之中，不仅能够促进传统产业优化升级，实现规模化发展，也能带来商业等其他部门的发展，因而在新时代新征程，我们要大力发展新质生产力，以新质生产力的发展促进美好生活的实现和各行业的复兴与繁荣。三是马克思、恩格斯强调科技革命的意义。马克思、恩格斯指出："工业革命对英国的意义，就像政治革命对法国，哲学革命对德国一样。"①恩格斯写道："在马克思看来，科学是一种在历史上起推动作用的、革命的力量。"②马克思主义经典作家对于新科技的重大意义是持肯定态度的，而习近平所强调的新质生产力，就是代表新科技革命发展趋势的高质量生产力，因此其对于中国全面建设社会主义现代化强国意义重大。四是马克思、恩格斯强调科学技术的应用不仅可以提高生产效率，还能造福人类。如恩格斯在《德法年鉴》上指出："科学又日益使自然力受人类支配。这种无法估量的生产能力，一旦被自觉地运用并为大众造福，人类肩负的劳动就会很快地减少到最低限度。"③在马克思主义看来，科学技术本身不具有阶级性，关键看科学技术是由哪个阶级来主导，而习近平强调包括科技在内的一切工作都要"以人民为中心""必须以满足人民日益增长的美好生活需要为出发点和落脚点，把发展成果不断转化为生活品质，不断增强人民群众的获得感、幸福感、安全感"④。这就丰富和发展了马克思主义关于科技造福人类的思想。

由此也可以看出，如果是坚持以劳动人民为中心的无产阶级来主导，必然会用科学技术为本国人民和整个人类造福，而如果是以私人资本为中心的资产阶级主导，则必然会运用科技实施对内对外的剥削和财富掠夺，实施科技和经济的国际霸权行径。这就是为何今天美国等西方国家新科技发展并没有使广大劳动人民的实际收入和财富获得应有的增长，反而凭借科技领域的

①《马克思恩格斯文集》（第一卷），人民出版社，2009年，第402页。

②《马克思恩格斯文集》（第三卷），人民出版社，2009年，第602页。

③《马克思恩格斯文集》（第一卷），人民出版社，2009年，第77页。

④《习近平在参加江苏代表团审议时强调 牢牢把握高质量发展这个首要任务》，《人民日报》，2023年3月6日。

先发优势推行科技霸权，阻碍广大发展中国家和地区发展经济和提升民生福祉；而我国在中国共产党领导下不仅坚持科技发展造福本国人民，还坚持与世界各国共享科技成果和科技现代化带来的红利，在与其他国家科技合作中坚持互利共赢原则，共同推进科技发展。

要言之，马克思主义经典作家科技生产力思想蕴含着要发挥新科技、新技术等先进生产力对生产效率提升、增进人类福祉等的作用，习近平总书记关于新质生产力的重要论述是对马克思主义经典作家生产力理论的继承与发展。

（二）对中国化马克思主义科技生产力理论的继承与发展

中华人民共和国成立以来，以毛泽东、邓小平、江泽民、胡锦涛、习近平同志为主要代表的中国共产党人在继承马克思主义经典作家科技生产力理论的基础上，不断推进理论与实践创新，形成了内涵丰富的中国化马克思主义科技生产力理论。

中华人民共和国成立初期，为了摆脱1840年鸦片战争以来“三座大山”压迫造成的贫穷落后困局，毛泽东高度重视科技生产力发展，多次强调要重视科技创新，采用先进技术，并把科学技术提高到战略高度予以重视。他指出：“科学技术这一仗，一定要打，而且必须打好。”[①]“资本主义各国，苏联，都是靠采用最先进的技术，来赶上最先进的国家，我国也要这样。”[②]同时，为了更好地推进科学技术现代化、促进经济社会发展、巩固新生的人民政权，以毛泽东同志为主要代表的中国共产党人还提出了“向科学进军”的口号，动员社会各界大力发展科学技术。正是由于对科学技术的高度重视，这一时期我国尽管遭到帝国主义国家的全面经济技术封锁，但科学技术在很多方面还是有重大突破（当然与20世纪50年代苏联的大力经济建设援助密切相关），有力促进了生产力的发展，为实行改革开放奠定了坚实基础、提供了自立自强的保障。

①《毛泽东文集》（第八卷），人民出版社，1999年，第351页。
②《毛泽东文集》（第八卷），人民出版社，1999年，第126页。

改革开放后，以邓小平同志为主要代表的中国共产党人也非常重视科技生产力的发展，不断推动理论与实践创新，丰富和发展了中国化马克思主义科技生产力理论。邓小平不仅强调科学技术是第一生产力，还对科学技术如何发展进行了论述，指出："现代科学为生产技术的进步开辟道路，决定它的发展方向。许多新的生产工具，新的工艺，首先在科学实验室里被创造出来。"[①]他强调要进行科技体制改革，提出科技事业的发展，"要搞统一规划。规划中，不单是确定研究项目，对研究机构的调整，哪些该合，哪些该分，也都要考虑"[②]。他还强调通过实施教育优先发展战略为科技的发展提供人才支撑，指出："一个十亿人口的大国，教育搞上去了，人才资源的巨大优势是任何国家比不了的。"[③]他强调要加强科技交流合作，积极学习和借鉴国外先进科学技术："科学技术是人类共同创造的财富。任何一个民族，一个国家，都需要学习别的民族、别的国家的长处，学习人家的先进科学技术。"[④]

以江泽民同志为主要代表的中国共产党人在实践中不断推进马克思主义科技生产力理论。江泽民将科学技术对生产力的作用提高到新的高度予以重视，提出"大力推动科技进步和创新，不断用先进科技改造和提高国民经济，努力实现我国生产力发展的跨越。这是我们党代表中国先进生产力发展要求必须履行的重要职责"[⑤]。在坚持科学技术是第一生产力的基础上，他进一步指出："科学技术是第一生产力，是先进生产力的集中体现和主要标志，也是人类文明进步的基石。"[⑥]这一时期，江泽民代表党中央在党的十五大上将科教兴国战略提升到新高度，作为国家重大发展战略，并且成立由国务院总理担任负责人的国家科技教育领导小组，还注重通过法律法规的建立和完善，促进科技生产力的发展。如制定了《中华人民共和国科学技术进步法》等法

①《邓小平文选》（第二卷），人民出版社，1994年，第87页。
②《邓小平文选》（第二卷），人民出版社，1994年，第52页。
③《邓小平文选》（第三卷），人民出版社，1993年，第120页。
④《邓小平文选》（第二卷），人民出版社，1994年，第91页。
⑤《江泽民文选》（第三卷），人民出版社，2006年，第275页。
⑥《江泽民文选》（第三卷），人民出版社，2006年，第261页。

律法规。

进入新世纪新阶段，以胡锦涛同志为主要代表的中国共产党人，继承和发展了马克思主义科技生产力理论，为推动科技生产力发展提供了重要思想指导。胡锦涛在继承邓小平提出的科学技术是第一生产力的基础上，将科学技术在经济社会发展中的地位提高到新高度，他指出："科学技术是第一生产力，是推动人类文明进步的革命力量。"①这一时期以胡锦涛同志为总书记的党中央高度重视科技自主创新、科技体制改革、发展创新文化、创新型科技人才培养、生态环境保护技术的发展等的重要性。他指出："提高自主创新能力，建设创新型国家。这是国家发展战略的核心，是提高综合国力的关键。"②"要坚持有所为、有所不为的方针，选择事关我国经济社会发展、国家安全、人民生命健康、生态环境全局的若干领域，重点发展，重点突破，努力在关键领域和若干技术发展前沿掌握核心技术，拥有一批自主知识产权。"③在党的十七大报告中，胡锦涛把建立创新型国家作为经济建设若干重大举措之首。

要言之，马克思主义经典作家和历届中国共产党人关于推动科技生产力发展的理论，丰富和发展了马克思主义及其中国化的科技生产力理论，为习近平关于新质生产力的论述提供了重要思想渊源。

二、习近平总书记关于新质生产力重要论述的内涵特征

习近平总书记关于新质生产力的重要论述，是习近平新时代中国特色社会主义思想的重要组成部分，其是在继承马克思主义科技生产力理论的基础上，结合新时代新特点，主动契合推动高质量发展主题而进行的理论创新。

① 胡锦涛：《坚持走中国特色自主创新道路 为建设创新型国家而努力奋斗——在全国科学技术大会上的讲话》，人民出版社，2006年，第2页。

② 《胡锦涛文选》（第二卷），人民出版社，2016年，第629页。

③ 《胡锦涛文选》（第二卷），人民出版社，2016年，第194页。

之所以说其是适应新时代新征程高质量发展主题的关键，主要在于新质生产力是生产力的一种跃迁式发展，它是一种强调科技创新在其中发挥主导性作用的生产力，其发展具有显著的高效率、高质量的特点，这就与新时代新征程高质量发展主题相契合，是对传统粗放型发展路径的一种超越，强调发挥创新在推动经济社会发展中的作用，注重新产业新业态的培育和发展，形成新产业新业态为主导的现代化产业体系，积极推动各类产业优化升级，采用人工智能、大数据等新技术，推动高质量发展。其内涵特征主要表现如下。

（一）凸显中国式现代化关于实现高质量发展的本质要求

党的二十大报告将高质量发展作为全面建设社会主义现代化国家的首要任务，这就赋予了新时代新征程党和国家推动高质量发展的重要使命，而发展新质生产力的提出，便是对推动高质量发展主题的积极回应。具体来讲：第一，新质生产力是强调发挥新科技重要作用的生产力，这种生产力必然需要高素质的科技人才、高水平的研发机构和生产机构、高质量的生产资料等，这就必然倒逼各高校、科研院所、生产性企业等供给高水平科技人才、研发高科技产品、生产高质量产品等，这些就必然使得生产和再生产各环节实施好高质量发展。第二，新质生产力强调发挥新产业新业态的主导作用，是经济高质量发展的主攻方向。新产业新业态主要包括世界一流芯片、人工智能、世界一流机器人技术、5G和6G移动通信技术和设备等具有较高科技含量的产业，这类产业如能在产业体系中发挥主导作用，必将更好地推动高质量发展。因此，其发展具有鲜明的高质量发展的导向性。第三，新质生产力强调对传统产业的升级改造。要想更好地推动新质生产力发展，不仅要发展好新产业，还应采用新科技、新技术加快对传统产业的改造升级，才能形成新质生产力发展的合力，促进传统产业的智能化和高质量发展。

（二）凸显中国式现代化关于实现全体人民共同富裕的本质要求

党的二十大报告明确强调中国式现代化是全体人民共同富裕的现代化，

而新质生产力的发展能够凸显中国式现代化这一本质要求，促进发展成果由人民共享。其一，新质生产力的发展能够为共同富裕而有效提升整个产业体系的生产效率。以大数据、人工智能、高端芯片等为主要代表新产业的快速发展，既能形成新产业高端发展的产业链，不断提升新产业在整个产业体系中的主导作用和生产效率，而且大数据、区块链等新技术在发展中对于传统产业的改造升级作用明显，尤其是随着新一代数字化技术推动的第四次科技革命的来临，数字化有力促进了其他新科技的发展，如促进了大数据、云计算和物联网等的发展，[①]从而形成了新科技促进传统产业改造升级的合力，如此也必然会从整体上提升生产效率，为夯实促进共同富裕的物质基础助力。其二，新质生产力的发展能够为共享共富创造新平台、提供新保障。新技术、新产业的发展，不仅创造更多就业创业机会，也为不同区域公平地共享各种信息资源、商业资源等提供了平台保障，平台经济也可以借助大力发展新质生产力的契机，实现巨大发展。其三，新质生产力的发展也能为城乡之间、区域之间资源合理布局和优化、破解发展不平衡不充分问题提供新契机。农村地区、中西部地区也可以借助新质生产力的发展，补齐利用各种优质资源不足的短板。

简言之，新质生产力的发展具有凸显中国式现代化关于实现全体人民共同富裕的本质要求的内涵特征，是实现美好生活和智慧社会的物质技术基础。

三、积极发展新质生产力，加速推动中国式现代化建设

新时代新征程，必须通过大力发展新质生产力，才能加速推动中国式现代化建设。

---

① 宋宪萍、程恩富：《马克思主义的分工理论及其当代发展》，《海派经济学》，2023年第3期。

（一）加大顶层布局力度，为发展新质生产力提供宏观指导

综观中华人民共和国成立以来七十多年的经济发展史可知，经济领域取得的巨大成就与良好的顶层设计是分不开的，因此，新质生产力要想更好地推进，必须加快相关顶层设计，提供宏观指导。

一是从中央层面成立由党和国家领导同志担任负责人的新质生产力推进机构，专门负责进行新质生产力发展的顶层设计及对各地方政府发展新质生产力的情况进行督察落实。具体来讲，一方面，在相关机构的建立上，应建立由国务院相关职能部门负责人参与的新质生产力相关推进领导小组，国务院相关分管领导担任组长，专门负责统筹推进相关顶层设计规划、政策制定、督察考核等工作，明确各相关部门的相关职责，如政策制定、督察考核由哪些部门负责，应进行明确，并制定详细的督察考核体系，同时，对于各地方新质生产力发展的考核督察等应和第三方评估相结合，形成官方督察和第三方评估协调联动的考核评估体系，从而确保考核评估的科学性、精准性。另一方面，领导小组还应建立常态化的调研机制，为进行相关顶层设计提供依据，确保进行的顶层设计能够接地气，提升政策制定和宏观布局的精准性。

二是加快出台相关鼓励性支持和引导政策，助力形成鼓励发展新质生产力的氛围。如对于发展新质生产力的企业等市场主体给予何种奖励性支持政策，应通过政策的设计予以明确；同时制定鼓励性引导政策，如通过税收、贷款、财政资金等倾斜性支持政策，促进新质生产力发展，以及鼓励性支持和引导政策应建立精准的企业分类范围，对于哪种类型的企业进行鼓励和支持应进行明确；另外还要通过有效的政策制度设计，防止鼓励和支持新质生产力发展的政策、资金等被挪作他用。

三是确定若干个新质生产力发展示范区，发挥对全国新质生产力发展的示范引领作用。如对于科技基础优势比较突出、具有发展新质生产力广阔前景的地方，从中央层面确立为全国新质生产力发展示范区和国家级新质生产力发展创新园区，为示范区提供倾斜性的支持政策，促进新质生产力发展。

四是从中央层面建立若干个世界一流的大数据、人工智能、云计算、高端芯片等新技术国际科技创新中心，为支撑新产业和传统产业转型升级发展提供可持续的科技基础支撑。具体来讲，一方面，应鼓励各地方主动申请建设国际世界一流的国际科技创新中心的任务，采取“揭榜挂帅”等方式推进此项工作，明确目标责任状，确保能够在关键核心技术方面有所突破；另一方面，从中央层面赋予一些科技基础好、具有重大科技创新潜力的省市、地区建设国际科技创新中心的任务，但是也同样需要严格考核，明确在一定时间实现相关关键核心技术突破。

五是从中央层面布局好战略性新兴产业和未来产业，防止一哄而上，造成资源浪费、项目重复建设等问题。当前中央层面应做好相关顶层设计规划，发挥好有为政府的作用，对于一些项目的审批等应进行科学合理的评估，对于各地方应做好相关指导，同时发挥市场和政府的双重资源配置和经济调节作用，减少资源浪费和项目重复建设等问题。

通过以上顶层设计，推动形成以新产业为主体、以传统产业转型升级为方向的现代化产业体系，为加速推动中国式现代化建设提供宏观指导。

（二）大力发展新产业，形成新产业为主导的现代化产业体系

新产业是新质生产力的主要支撑，是高质量发展的重要体现，基于此，必须通过切实举措加快促进新产业的发展，形成以新产业为主导的现代化产业体系，助力新质生产力大发展、大繁荣。

一是充分发挥科技创新对于新产业发展的支撑和引擎作用。要想形成新产业为主导的现代化产业体系，必须进行大数据、云计算、物联网等新科技的技术创新，形成向纵深推进的新产业体系，实现新科技的产业化、全覆盖，尤其是要加大新产业在中西部地区、农村地区的布局力度，如此，不仅可以助力形成新产业在国家整个产业体系中的主导地位，还有利于发挥好其对城乡一体化发展、区域协调发展的作用，从而为促进全体人民共同富裕目标的实现助力，彰显中国式现代化关于实现全体人民共同富裕的本质要求，促进

科技向善。

二是将新产业发展与国家重大战略的实施进行有机结合，从而确保新产业能够在国家重大战略的布局和推进中获得稳步推进。国家为了推进重大战略稳步实施，投入了大量的人力、物力和财力，并出台了一系列支持性政策，新质生产力如果能够与这些重大战略进行对接，必将助力新质生产力更快、更稳发展，如新质生产力可以借助国家构建西部大开发新格局、中部崛起战略、区域协调发展战略、乡村振兴战略、长三角一体化发展战略、京津冀协同发展战略、新基建等国家重大战略部署带来的政策、资金、人才等方面的优势，促进新质生产力发展。

三是深入实施人才强国战略，通过高校、科研院所等平台，加快新产业所需人才的培养，建立强大的人才供给体系。新时代新征程，要想以中国式现代化全面推进中华民族伟大复兴，必须通过切实举措，深入实施好人才强国战略，加快培育新质生产力发展所需的人才，为建设好中国式现代化助力。其一，各高校、科研院所应加快建立新质生产力发展相关专业的本硕博人才培养体系，高标准、高水平进行相关人才培养，为新质生产力发展提供可持续的人才保障。如设立新能源专业的本硕博专业等。其二，各高校、科研院所应对标高水平科技自立自强目标任务，注重新质生产力相关专业人才培养的创新意识培育，形成有利于创新的本硕博培养体系，摆脱传统的唯分数、唯论文等单项学业考评体系，形成多维度的人才培养体系，从而助力学生创新意识的培育，进而精准培养出新质生产力发展所需的人才。其三，各高校、科研院所应积极和企业进行合作性人才培养，不仅开展冠名班等本科人才培养，还开展联合培养硕士、博士，共建博士后流动站等，从而培养出能够满足新质生产力发展所需的真正人才。其四，建立充分利用中国强大的继续教育、中职、高职体系，发挥这些教育资源在培养新质生产力发展所需的高级技术工人方面的作用。通过以上举措，为新质生产力发展提供可持续的人才保障。

四是以“一带一路”高质量发展为契机，积极拓宽中国新产业的海外布局。形成国内布局与国外布局的协调联动，在拓展中国新产业发展空间中促进中国新产业做大做强。2023年是“一带一路”倡议提出10周年，“一带一路”经过10年的建设，有力地促进了世界经济的发展和“一带一路”沿线国家民生福祉的提升，这将为新质生产力发展空间的拓展提供了新契机。正如习近平在第三届“一带一路”国际合作高峰论坛开幕式上的主旨演讲指出：“10年来，我们致力于构建以经济走廊为引领，以大通道和信息高速公路为骨架，以铁路、公路、机场、港口、管网为依托，涵盖陆、海、天、网的全球互联互通网络，有效促进了各国商品、资金、技术、人员的大流通，推动绵亘千年的古丝绸之路在新时代焕发新活力。”[①]新时代新征程要想更好地推进好“一带一路”高质量发展，必须以“一带一路”建设“创新之路”的契机，积极在“一带一路”布局中国新产业，如此，不仅能为沿线各国提供高质量产品和服务，也能提升中国新产业的国际竞争力。同时，为了更好地推进中国新产业在“一带一路”沿线的投资布局，还应创新投资方式，如可以采用与当地合资、合作等方式进行，如此，可以与当地政府、企业等主体形成利益共同体，确保企业能够在投资、运营等各个环节顺利推进，为中国新产业做大做强提供空间保障。

五是对标构建新发展格局的目标任务，加快推进新产业发展。一方面，构建新发展格局的本质特征是实现高水平自立自强，而实现高水平自立自强很显然也包括实现高水平科技自立自强。因此，应对标构建新发展格局关于实现科技自立自强的本质特征，加快对大数据、人工智能、高端芯片、航空航天、5G和6G技术等关键核心技术的攻关力度，建立突破世界一流技术短板的重大攻关机制，促进科技自立自强，破解西方大国的技术“卡脖子”问题，提升新产业的国际竞争力。另一方面，发挥以新技术为代表的新产业在畅通国内大市场、联通国内国际市场中的作用。如充分发挥5G和6G等新基建在

① 习近平：《建设开放包容、互联互通、共同发展的世界——在第三届“一带一路”国际合作高峰论坛开幕式上的主旨演讲》，《人民日报》，2023年10月19日。

互联互通建设中的作用，而且新基建目前在互联互通方面具有巨大的发展空间，因为目前城乡之间、区域之间在新基建方面还存在一定差距，如农村、中西部地区与东部沿海地区的新基建水平还存在差距，这就为在农村、中西部地区进行新基建布局提供了广阔的发展空间，等等。通过以上举措，形成新产业为主导的现代化产业体系。

（三）加大传统产业的转型升级发展，拓展新质生产力的发展空间

经过中华人民共和国成立以来七十多年的发展，我国已经建立了门类齐全的产业体系，在这些产业中传统产业还占有较大比重，而且传统产业的发展对于新产业发展也具有重要支撑作用，新产业发展所需的原材料、零部件等也需要传统产业高质量供给。因此，应加快路径举措创新推进这些传统产业向高效率、高质量方向发展，凸显新质生产力的特色，成为新质生产力的重要组成部分。

一是加快新技术、新科技与传统制造业的深度融合发展。我国传统制造业大都是国有企业，如中国一汽等企业，其发展是解决就业的主要力量，也是巩固我国国有经济主导作用的主要力量，更是实现共同富裕的根本力量，其发展好意义重大。因此，必须通过切实举措使其能够更好地适应高质量发展主题，提升全球竞争力，这就需要发挥其主动迎接第四次科技革命带来的新契机，加快融合新技术、新科技，从而提升发展效能，凸显高质量、高效率性，如对于传统制造业应加快推进智慧制造、智能制造建设，不仅在生产环节融入新技术、新科技，在管理、流通等环节也应采用新技术、新科技，实现生产、流通等各环节的智能化、高效化，从而使得传统制造业实现系统全面转型高质量发展，进而提升我国传统制造业的国际竞争力。

二是加快对高耗能、效率低的传统产业进行改造升级，促进其向高质量方向发展。我国高耗能、效率低的传统产业改造好对于经济发展、民生保障都具有重要意义，因此，必须通过切实举措，促进其转型升级发展，如采用新技术、新设备加快对高耗能、低效率的传统产业进行改造升级；注重新投

资的传统产业的质量，严把质量关，使其在前期投资源头上就注重高质量性，能够采用新技术、新设备提升企业发展效能；对于高污染、低效能，且没有改造价值的传统产业应实施关停或整体转型，但在这一过程中不能一关了之，应采用新技术、新科技在原有的厂房、设备等基础上发展创新创意等新产业，如一些高污染、低效能的小型钢铁厂、化工厂等在进行关停的同时，融入新科技等元素，改造成新产业，这既可以减少资源浪费，又能够为经济高质量发展注入新的创新元素，开辟新质生产力发展新空间。

三是加快利用新技术、新科技促进传统产业向高端化、高效能、高质量的集群化方向发展，打造具有世界竞争力和影响力的一流现代化产业集群。要想提升产业发展水平，为中国式现代化建设提供可持续性产业支撑，必须打造世界级现代化产业集群，形成发展现代产业的合力。具体来讲，一方面，应加快新技术、新科技对于传统产业集群化高质量发展的支撑力度，形成万物互联的现代化产业体系，形成利益互联、联合攻关重大科技创新的产业发展共同体；另一方面，对标世界前沿科技发展水平，加快研发力度，形成世界前沿科技支撑传统产业高端化、高效能、智能化发展的现代化科技创新体系。

四是切实发挥科技创新对于实体经济类等传统产业的支撑性、引领性作用。实体经济是国民经济的根基，这也是我们党一直非常重视实体经济的原因，多次强调要促进实体经济发展，防止金融体系和实体经济“脱实向虚”。美国等西方国家发展教训表明，虚拟经济过旺，容易造成经济危机等系列经济社会问题，因此必须通过切实举措，促进实体经济等传统产业的高质量发展。具体来讲，就是要发挥科技创新、科技自立自强在促进实体经济高质量发展中的作用。一方面，加快实体经济等传统产业的科技创新能力的提升，提升其产品附加值和影响力；另一方面，还应对实体经济等传统产业实施整体性技术改造，通过科技创新赋能实体经济等传统产业高质量发展。

五是建立有利于在利用新科技、新成果改造传统产业中培育新产业的发展体系。新产业的发展不仅对于高质量发展意义重大，也对于满足人民美好生活需要具有重要意义。而新产业不仅产生于新投资、新布局之中，也产生于对传统产业进行改造升级中，通过采用新科技、新成果对传统产业进行改造升级也会催生新能源汽车、新医药、新材料等新产业，应充分利用好这一契机，在改造传统产业中，催生新产业、新业态的发展。通过以上举措，促进传统产业转型升级发展，拓展新质生产力发展空间。

（四）充分发挥知识产权优势，筑牢新质生产力发展的根基

要想赢得在国际发展中的战略主动权，必须发挥知识产权优势。所谓知识产权优势，是一种超越了传统竞争优势和比较优势的第三种经济优势，这种经济优势强调和突出自主知识产权的重要性，这种优势不仅要体现在我国高新技术产业、战略性产业部门，还应体现在我国传统产业、中低端产业部门，其实质都需要掌握具有自主研发和自主知识产权的核心技术，实现高水平科技自立自强，并培育具有自主知识产权的国际知名品牌，这对于新质生产力的发展意义重大。基于此，拟提出如下举措，以充分发挥知识产权优势，筑牢新质生产力发展的根基。

一是牢固树立全社会知识产权保护意识，统筹好发展和安全问题，为新质生产力发展保驾护航。当今世界，各国之间的竞争日益复杂，知识产权的竞争已经成为各国竞争的重要方面，这种竞争随着第四次科技革命的来临，显得更为激烈，西方发达国家凭借在知识产品领域的优势，在世界交往中获得更大利益，甚至实施技术霸权主义等，造成了南北国家发展差距日益加大。因此，要想提升广大发展中国家和地区的地位，促进全球化向包容普惠方向发展，广大发展中国家和地区必须树立知识产权保护意识，但是长期以来，广大发展中国家和地区在知识产权保护方面还存在意识不强、重视程度不够等问题，这些问题的存在，使得广大发展中国家和地区在全球产业价值链体系中长期处于中低端位置，中国作为世界最大的发展中国家，理应通过切实举措做好表率，发挥对广大发展中国家和地区进行知识产权保护的示范引领作用。其一，通过宣传教育，使得各类企业、高校科研院所树立知识产权保护意识，对于发明创造应主动申请专利。其二，应主动注册各种类型商标，

牢固树立商标意识。像索尼等跨国公司拥有的注册商标的数量高达上万件，其商标注册的数量超过我国一个城市商标注册数量的总和，这也是索尼公司自1946年成立至今，能够从一家不起眼的小公司迅速发展壮大，成为国际知名跨国公司的重要原因之一。因此，我国企业在发展中应积极学习借鉴国际知名跨国公司经验，加快在商标注册领域的布局，抢占商标注册先机，树立商标战略意识。其三，国家相关部门也应进行知识产权保护领域法律法规的完善，为我国各类企业、高校科研院所、个人等进行专利申请等知识产权保护提供制度依据，同时相关执法部门应做好知识产权保护的督察工作，确保知识产权保护能够落到实处，营造一种知识产权保护的浓郁氛围。其四，还应打造具有自主知识产权的国际标准体系，助力中国标准走出去，如此，不仅对于提升中国话语权和影响力意义重大，也有利于维护好广大发展中国家和地区利益，促进全球化向代表人类整体利益的方向发展。如可以通过“一带一路”建设将中国标准在“一带一路”沿线先行先试，赢得广大发展中国家和地区认可后，让沿线广大发展中国家和地区得到切实的实惠后，再向全球推进。通过以上举措，在全社会营造一种知识产权保护意识，统筹好发展和安全问题，助力新质生产力发展。

二是深入实施高水平科技自立自强，掌握具有自主知识产权的关键核心技术，为打造享誉海内外的国际知名品牌提供基础性支撑，助力新质生产力发展。知识产权的保护是基础，创新是目标。纵观发达国家的经济现代化发展，掌握关键核心技术和国际知名品牌这两个核心竞争力，不仅对于企业在发展中赢得战略主动，迅速掌握世界市场意义重大，也对于一个国家的现代化发展意义重大，更是一个国家维护国家安全、促进世界和平的重要保障。如苏联之所以能够在世界反法西斯战争中取得胜利，苏联当时强大的技术支撑是重要保障。[①]基于此，中华民族伟大复兴，必须加快推动我国各类产业涉

① 程恩富、刘长明、李卓儒、潘越：《苏联与美国综合国力发展比较：“两个如果”的历史假设分析——兼论苏联被摧毁的国内外主因》，《政治经济学研究》，2022年第4期。

及的技术的创新力度，实现在关键核心技术方面的自立自强，在关键核心技术方面拥有自主知识产权，摆脱在关键核心技术方面受制于人的局面，如此也能为打造国际知名品牌提供基础性支撑，助力新质生产力大发展、大繁荣。具体来讲，其一，应深入实施创新驱动发展战略，发挥新型举国体制优势，集中攻克关键核心技术，为新质生产力发展提供关键核心技术支撑，确保新质生产力发展的安全性，增强我国产业链韧性，这就需要发挥党委、政府、高校科研院所、企业等各种力量，形成攻克关键核心技术的合力，形成主动创新、主动攻关关键核心技术的氛围。其二，鼓励各高校科研院所、企业等加快建立能够体现科研人员价值的科技创新体系，形成鼓励攻克关键核心技术创新的氛围，如对于科技人员的发明创造产生的收益可以采用按照贡献进行分红等举措，鼓励科技人员创新，如此也有利于共同富裕目标的实现。其三，加快企业与高校科研院所对接平台的打造，为企业科技创新提供保障。目前很多企业缺少科研平台，而且由于实力、时间等因素，如果依靠自身力量进行科技创新，还存在一些短板，必须发挥高校科研院所的作用，实现二者的对接，在这个过程中需要打造相关平台，确保各类企业能够有产品创新的平台，而且如果缺少这一平台将使得这些企业不得不高价进口国外相关技术，从而形成对国外技术的依赖，不利于高水平科技自立自强。通过以上举措，掌握具有自主知识产权的关键核心技术，为打造国际知名品牌提供基础性科技支撑。

三是打造具有自主知识产权的最具价值国际知名品牌。当前随着我国人民生活水平的显著提升，人民对美好生活的需要日益强烈，品牌意识也逐渐增强，人民往往倾向于购买具有较高知名度的品牌，认为品牌知名度高的产品，质量肯定好。因此，品牌知名度高的产品，其市场占有率往往较高，而且随着我国互联网的发展，农村新型基础设施建设的推进，占人口多数的农民群体的品牌意识也逐渐增强，这就表明广大人民群众的品牌意识已经从总体上获得显著提升。同时，世界发达国家的现代化发展经验也表明，品牌多少是一个国家综合竞争力的体现，品牌对于一个国家经济的可持续发展意义重大，美国、日本、德国、韩国等国家都有相当数量的国际知名品牌，美国的通用、日本的松下、德国的奔驰、韩国的三星等，都在国际市场的相关产品门类中具有长期的可持续的占有率，有效地支撑了这些国家经济的发展，基于此，我国必须通过切实举措打造一批具有自主知识产权的国际知名品牌，助力新质生产力发展，推动中国式现代化走深走好。其一，通过对标推进高水平对外开放的目标任务，加大“出口创牌”力度，提升我国品牌的国际知名度。我国的华为产品、比亚迪汽车、高铁等之所以能够打造成世界知名品牌，与其长期坚持的“出口创牌”战略是分不开的，基于此，我国各类企业应深入实施好“出口创牌”战略，打响国际知名度，而不是围绕眼前利益，以出口创汇为主，应在有一定效益的同时，花大力气提升企业的产品知名度，从而形成长期稳定的客户源，如此才能实现可持续的出口创汇，因为“现代市场经济从某种意义上讲是‘品牌经济’”[①]。因此，我国企业要实现高质量发展，必须树立品牌意识，打造以品牌提升为导向的高质量发展体系。其二，应对标构建以国内大循环为主体、国内国际双循环新发展格局的目标任务，针对我国具有14亿多人口的大市场这一现实，在我国百姓中通过产品质量和信誉打响产品品牌，形成内部客源和外部客源协调联动的产品需求体系，共同推动品牌知名度的提升。其三，深入实施品牌知名度提升战略，不管对于新产业，还是对于传统产业，都需要在掌握具有自主知识产权的关键核心技术的同时，对于品牌知名度的提升，进行前瞻性的布局和谋划，对标世界一流国际知名品牌的建设标准，进行培育和打造，如我国各类企业应充分利用“一带一路”建设的契机，展现良好的信誉和质量，提升品牌知名度。

---

① 程恩富、丁晓钦：《构建知识产权优势理论与战略——兼论比较优势和竞争优势理论》，《当代经济研究》，2003年第9期。

第十八章

新质生产力与人类文明新形态：理论逻辑和实践路径

生产力是撬动人类社会发展的杠杆，在人类物质生产实践中不断向前发展，不同历史阶段有不同的生产力形态。2023年9月，习近平在新时代推动东北全面振兴座谈会上强调，要积极培育战略性新兴产业和未来产业，“加快形成新质生产力，增强发展新动能”①。2023年底中央经济工作会议强调“要以科技创新推动产业创新，特别是以颠覆性技术和前沿技术催生新产业、新模式、新动能，发展新质生产力”②。2024年1月，在中共中央政治局就扎实推进高质量发展进行第十一次集体学习时，习近平对新质生产力作了系统阐释。着眼于世界百年未有之大变局，加快形成新质生产力是实现高质量发展的内在要求，关系到中华民族伟大复兴的全局。目前，学界关于新质生产力的研究已取得一定成果，相关研究主要集中在新质生产力的提出逻辑③、内涵特征④、价

---

①《习近平主持召开新时代推动东北全面振兴座谈会强调 牢牢把握东北的重要使命 奋力谱写东北全面振兴新篇章》，《人民日报》，2023年9月10日。

②《中央经济工作会议在北京举行》，《人民日报》，2023年12月13日。

③ 高帆：《“新质生产力”的提出逻辑、多维内涵及时代意义》，《政治经济学评论》，2023年第6期。李政、廖晓东：《发展“新质生产力”的理论、历史和现实“三重”逻辑》，《政治经济学评论》，2023年第6期。

④ 高帆：《“新质生产力”的提出逻辑、多维内涵及时代意义》，《政治经济学评论》，2023年第6期。魏崇辉：《新质生产力的基本意涵、历史演进与实践路径》，《理论与改革》，2023年第6期。周文、许凌云：《论新质生产力：内涵特征与重要着力点》，《改革》，2023年第10期。张林、蒲清平：《新质生产力的内涵特征、理论创新与价值意蕴》，《重庆大学学报》（社会科学版），2023年第6期。

值意义[①]、实践路径[②]，以及其与高质量发展[③]、中国式现代化[④]、新型工业化[⑤]、数字经济[⑥]的内在逻辑与互促路径等方面，为后续研究奠定了基础。但现有文献较少从人类社会发展的角度系统研究生产力对文明迭代的决定性作用，以及站在人类文明新形态的高度探讨新质生产力的历史意义。作为区别于传统生产力的生产力新质态，新质生产力的形成必然会打破传统生产方式的桎梏，引领发展方式的根本性突破，助力人类文明新形态的丰富和发展。本章基于历史唯物主义和生产力理论，着重阐释生产力对人类文明发展的决定性作用，分析新质生产力与人类文明新形态的内在逻辑，并针对如何加快形成新质生产力推动人类文明新形态丰富和发展提出实践路径。

---

① 高帆：《"新质生产力"的提出逻辑、多维内涵及时代意义》，《政治经济学评论》，2023 第6期。张林、蒲清平：《新质生产力的内涵特征、理论创新与价值意蕴》，《重庆大学学报》（社会科学版），2023年第6期。石建勋、徐玲：《加快形成新质生产力的重大战略意义及实现路径研究》，《财经问题研究》，2024年第1期。

② 魏崇辉：《新质生产力的基本意涵、历史演进与实践路径》，《理论与改革》，2023年第6期。周文、许凌云：《论新质生产力：内涵特征与重要着力点》，《改革》，2023年第10期。石建勋、徐玲：《加快形成新质生产力的重大战略意义及实现路径研究》，《财经问题研究》，2024年第1期。

③ 任保平、王子月：《数字新质生产力推动经济高质量发展的逻辑与路径》，《湘潭大学学报》（哲学社会科学版），2023年第6期。杜传忠、疏爽、李泽浩：《新质生产力促进经济高质量发展的机制分析与实现路径》，《经济纵横》，2023年第12期。徐政、郑霖豪、程梦瑶：《新质生产力赋能高质量发展的内在逻辑与实践构想》，《当代经济研究》，2023年第11期。戴翔：《以发展新质生产力推动高质量发展》，《天津社会科学》，2023年第6期。

④ 程恩富、陈健：《大力发展新质生产力加速推进中国式现代化》，《当代经济研究》，2023年第12期。周文、何雨晴：《新质生产力：中国式现代化的新动能与新路径》，《财经问题研究》，2024年第4期。周文、李吉良：《新质生产力与中国式现代化》，《社会科学辑刊》，2024年第2期。张乐：《以新质生产力发展推进中国式现代化建设》，《人民论坛》，2023年第21期。

⑤ 余东华、马路萌：《新质生产力与新型工业化：理论阐释和互动路径》，《天津社会科学》，2023年第6期。任保平：《以数字新质生产力的形成全方位推进新型工业化》，《人文杂志》，2024年第3期。

⑥ 张森、温军：《数字经济赋能新质生产力：一个分析框架》，《当代经济管理》，2024年第7期。周文、叶蕾：《新质生产力与数字经济》，《浙江工商大学学报》，2024年第2期。

一、生产力是决定人类文明形态变迁的根本力量

（一）物质生产实践是人类文明的前提

人除了本能活动，还会在历史的前提下能动地寻求合适的“生存方式”或“生活类型”。这种主动地认识世界和改造世界的活动，超出自然界赋予人的本能，正是文明创造的实践活动。文明即人类在认识和改造世界中创造出的积极成果的总称。①

研究人类文明和文明形态首先需要回答的问题是：谁创造文明？什么创造文明？不同于唯心主义将文明的发展“归功于脑的发展和活动”②，历史唯物主义在承认意识或客观环境对文明影响的同时，进一步走向历史深层，内在地把握文明发生与发展的条件，指出正是物质生产实践创造了人们展开实践活动的活生生历史条件和客观环境，从而决定了人们的意识，进而决定了创造文明的实践活动。恩格斯指出，“历史中的决定性因素，归根结底是直接生活的生产和再生产”③。马克思指出，一切历史的基本条件是，“人们为了能够‘创造历史’，必须能够生活。但是为了生活，首先就需要吃喝住穿以及其他一些东西。因此第一个历史活动就是生产满足这些需要的资料，即生产物质生活本身”④。人首先必须通过劳动来维持和发展生命，“然后才能从事政治、科学、艺术、宗教等等；所以，直接的物质的生活资料的生产，从而一个民族或一个时代的一定的经济发展阶段，便构成基础，人们的国家设施、

① 刘建军：《论中国特色社会主义创造了人类文明新形态》，《中国社会科学》，2023年第3期；项久雨：《世界变局中的文明形态变革及其未来图景》，《中国社会科学》，2023年第4期。

② 《马克思恩格斯文集》（第九卷），人民出版社，2009年，第557页。

③ 《马克思恩格斯文集》（第四卷），人民出版社，2009年，第15页。

④ 《马克思恩格斯文集》（第一卷），人民出版社，2009年，第531页。

法的观点、艺术以至宗教观念，就是从这个基础上发展起来的”[①]。“现实的人”只有在满足基本生活需要的基础上，才可能构建更高层次的文化世界。

马克思强调，“物质生活的生产方式制约着整个社会生活、政治生活和精神生活的过程”[②]。人类正是在生产自己生活资料的时候“把自己和动物区别开来”，同时“间接生产着自己的物质生活本身”。通过劳动的对象化过程，人类创造了文明的各种要素，如工具、语言、制度等。这些要素不断在人的实践中发展和演化，展现了人类由原始状态向文明状态进步的历程。同时，在物质生产实践中，人们“发生一定的、必然的、不以他们的意志为转移的关系，即同他们的物质生产力的一定发展阶段相适合的生产关系”[③]，在此基础上进一步形成政治的、文化的、精神的社会关系，这些“一切社会关系的总和”构成了人的本质，也构筑了人类所生存于其中的文化世界。文明的存在和演进，无一不依赖于物质生产实践。新的技术革命，如农业革命、工业革命、信息革命，均极大地促进了物质生产实践的跨越式发展，从而推动人类文明向更高形态变革。

（二）生产力是塑造文明的根本力量

人的物质生产实践是人类文明的基本前提，人在这一实践过程中所展现出的处理自身与自然矛盾的能力即生产力，[④]生产力的发展状况直接决定人类各项活动的实践程度，是塑造人类文明的根本力量。

首先，生产工具是区分各种经济时代的标志。“各种经济时代的区别，不在于生产什么，而在于怎样生产，用什么劳动资料生产。劳动资料不仅是人

---

①《马克思恩格斯文集》（第三卷），人民出版社，2009年，第601页。

②《马克思恩格斯文集》（第二卷），人民出版社，2009年，第591页。

③《马克思恩格斯文集》（第二卷），人民出版社，2009年，第591页。

④ 刘同舫：《人类文明新形态的内在依据：生产方式的创新性发展》，《北京大学学报》（哲学社会科学版），2023年第1期。

类劳动力发展的测量器，而且是劳动借以进行的社会关系的指示器。”[①]“在劳动资料本身中，机械性的劳动资料（其总和可称为生产的骨骼系统和肌肉系统）远比只是充当劳动对象的容器的劳动资料（如管、桶、篮、罐等，其总和一般可称为生产的管脉系统）更能显示一个社会生产时代的具有决定意义的特征。”[②]机械性的劳动资料，主要是指生产工具。综观人类历史，每一次重大文明事件都对应着一种新兴的生产工具大规模应用于社会生产，这些新兴的生产工具一方面带来生产力的巨大提升，另一方面也塑造着相应的生产关系，最终带来生产方式的整体变革，进而推动人类文明进步和转型。从狩猎文化、农耕文明、工业文明到信息文明的过渡，体现了人类通过不断的生产工具革新和生产力发展，逐步超越自然条件的限制，建立起更加复杂和发达的社会组织形式。生产力的发展不仅塑造了文明的物质基础，也深刻影响了社会的结构、人们的生活方式和思维方式，是文明演进的最核心驱动力。

其次，生产力与生产关系的矛盾运动是推动文明形态变迁的内在动力。马克思在《〈政治经济学批判〉序言》中初步提出了历史发展的“五形态论”，“大体说来，亚细亚的、古希腊罗马的、封建的和现代资产阶级的生产方式可以看做是经济的社会形态演进的几个时代”。[③]在此之后，马克思又将人类社会的发展分成原始社会、奴隶社会、封建社会、资本主义社会和共产主义社会五个阶段。从现代文明的角度看，原始社会、奴隶社会、封建社会属于古代文明的范畴，而资本主义社会、共产主义社会则对应现代文明的范畴。“五形态论”把不同经济社会形态的差别归结为生产方式的不同，而生产方式的演进又以生产力的根本变革为基础，即“把经济的社会形态的发展理解为一种自然史的过程”[④]。其中生产力的发展不仅在这一自然史过程中归根结底起着决定作用，而且其发展程度也是测量这一历史进程的根本标尺。生

①《马克思恩格斯文集》（第五卷），人民出版社，2009年，第210页。

②《马克思恩格斯文集》（第五卷），人民出版社，2009年，第210页。

③《马克思恩格斯文集》（第二卷），人民出版社，2009年，第592页。

④《马克思恩格斯文集》（第五卷），人民出版社，2009年，第10页。

产力和生产关系可以看作划分文明形态的经纬线。“社会生产过程既是人类生活的物质生存条件的生产过程，又是一个在特殊的、历史的和经济的生产关系中进行的过程，是生产和再生产着这些生产关系本身，因而生产和再生产着这个过程的承担者、他们的物质生存条件和他们的互相关系即他们的一定的经济的社会形式的过程。”[①]从纵向历史维度看，生产力的提高是人类文明不断向前演进的动力源泉；从特定历史时期横向维度看，生产关系定义了文明的内在结构。包含二者在内的生产方式是理解和把握特定文明形态的钥匙，也是区分“新”“旧”文明的关键。[②]

最后，生产力决定的“人的自由发展状态”体现了人类文明形态的终极价值。文明与生产力的发展都不仅是物质财富和科技水平的进步，更重要的是反映人与自然关系的改变。人类文明的终极价值即人的自我解放和全面发展。历史唯物主义指出，自在自然是人类社会存在与发展的基础，而人化自然则体现了人类出于自身需要主动改造自然、塑造环境的能力，即生产力。在这个过程中，文明展现了从自在自然到人化自然的转变，即从自然界的被动接受者到自然界的有意识的改造者。从人的发展状态角度看，社会形态的发展会经历三大阶段。起初是“人的依赖关系”阶段，劳动生产力只是在狭小范围内孤立地发展着，人的发展状态呈现出明显的人身依附特性。在奴隶社会，奴隶作为奴隶主的财产，受制于奴隶主的意志，不具有任何形式上和实质上的自由。在封建社会，人的权利和义务绑定在林立的等级秩序之中，如中国传统的宗法制为宗族成员提供了一定生存保障，但也极大地束缚了个人的自由和独立。在“人的依赖关系”阶段，文明呈现出顽固的依附性、分明的等级性，人的自由和独立在很大程度上被限制，这是前资本主义文明形态。资本主义的生产方式使人的发展进入“以物的依赖性为基础的人的独立性”阶段，得益于生产力的巨大进步，人们摆脱了赤裸的统治与服从关系，

---

①《马克思恩格斯文集》（第七卷），人民出版社，2009年，第927页。

② 刘同舫：《人类文明新形态的内在依据：生产方式的创新性发展》，《北京大学学报》（哲学社会科学版），2023年第1期。

成为人身自由的独立人。由于专业化的分工和广泛的商品交换，人们不用在狭隘的范围内依赖他人生存了，但由于劳动与生产资料的结合不是完全自由的，人们却要在更大的范围内依赖物。在这一阶段，物的关系取代人的关系成为社会权利的负载，人获得了人身的自由，但这种自由只是形式自由，实质上是对物的高度依赖，是掩盖在物下得更为隐晦的剥削与被剥削、统治与服从关系。这就是资本主义文明形态，典型特征是资本逻辑主导社会生产，以追求剩余价值作为生产力发展的动力，结果就是人的片面发展和社会贫富差距的日益扩大。只有到了“个人全面发展和他们共同的、社会的生产能力成为从属于他们的社会财富这一基础上的自由个性”[①]阶段，人才获得实质上的自由，可以全面地发展自己的个性。“每个人的自由发展是一切人的自由发展的条件”[②]，共同利益取代私人利益成为人与人之间关系的基础。生产力发展的动力也不再是剩余价值增值，而是为了每个人的自由而全面的发展这一终极目标。这种文明形态即马克思展望的共产主义文明，是超越资本逻辑的全新文明形态。

（三）生产力的发展决定着文明的兴衰

“已经获得的生产力”是“文明的果实”。每一个文明的兴起、繁荣乃至衰落，都与其生产力的发展状态紧密相关。历史上，无数文明的盛衰更替揭示了这样一个真理：生产力的发展不仅决定着社会的物质基础，更是推动文明进步、实现自我超越的核心动力。

一方面，生产力的进步是文明向前发展的根本条件。技术革新和生产方式的变革直接影响社会的物质基础，进而推动经济结构、社会组织、政治体制和文化观念的变迁。以史为例，在青铜时代，由于青铜成本高昂，实际上与石器时代类似，木石工具依然是主要的生产工具。这种情况下，农业生产

---

① 《马克思恩格斯文集》（第八卷），人民出版社，2009年，第52页。

② 《马克思恩格斯文集》（第二卷），人民出版社，2009年，第53页。

效率十分低下，为了维护诸如治水等公共经济职能，具有原始形态的农村公社性质的井田制和村社制成为当时流行的生产关系。直到铁器时代，生产力由于新的生产工具即牛耕和铁制工具得到跨越式发展，独立的自耕农经济兴起，农村公社随之衰落，新兴的地主封建制才得以建立。这一时期，秦国之所以迅速崛起统一六国，生产关系变革、制度创新固然是重要原因，但要看到撬动生产关系、社会制度变革的“扳机”源于某种关键的技术进步及其带来的生产力的发展。例如，秦国在当时由于牛耕和铁器的使用比较早，生产力水平属最高之列，这为其大一统提供了雄厚的物质基础。又如，弩机的发明，由于相较于弓，弩对训练的要求极低，大大降低了军事训练成本，于是在有作战需求的情况下，原先难以有效动员的平民百姓可以迅速被调动起来，成为足以与正规军队抗衡的军事力量，以适应战国时代的大规模冲突。

另一方面，文明的衰落往往源于生产力的停滞或退步，导致社会发展的动力减弱。汤因比指出，文明衰落实质上是“少数创造性群体丧失了创造能力，大多数人不再进行相应的模仿，随后整个社会出现分裂”[①]。这说明丧失创造性对文明来说是致命的。在工业革命之前，中国依靠巨大的人口规模和深厚的技术积累，在农业和手工业领域取得瞩目成就，让异邦叹羡不已。特别是在陶瓷、丝织品、造纸等领域的技术和产品，中国长期占据了国际贸易的重要地位。然而以改良蒸汽机为代表的技术进步推动的第一次工业革命后，人类对自然力的利用达到空前水平，依赖人力、畜力的传统生产力在机器生产力面前不值一提。有学者测算，1750年，中国在全球制造业产出中占据了32.8%的份额，居世界首位，而英国的份额仅为1.9%。然而随着时间的推移，特别是进入19世纪，中国的份额虽然略有上升至33.3%，但英国的份额也增至4.3%，显示出工业革命初期英国工业的迅速成长。到了1830年，中国的全球制造业产出份额下降至29.8%，而英国则上升至9.5%。到1860年，这一趋

---

①［英］阿诺德·汤因比：《历史研究》（上卷），郭小凌等译，上海人民出版社，2016年，第247页。

势更加明显，中国的份额下降到19.7%，而英国则提高至19.9%，首次超越中国成为世界制造业的领导者。1880年，中国的全球制造业产出份额进一步下滑至12.5%，而英国的份额上升至22.9%，奠定了其世界工业领袖的地位。[①]这仅仅是产出份额的对比，如果考虑制造业产品质量，双方差距会进一步拉大。英国当时能制造全球最先进的冶炼设备、机床与铁甲舰，中国却没有此类先进制造业，完全无法与英国等国家抗衡。由于生产力的落后，当时不仅是中国，几乎世界上所有的国家在受到西方文明的冲击后，都意识到要向西方学习先进文化，于是模仿西方成为当时现代化在很多文明中得以启动的突破口。

二、加快发展新质生产力，推动人类文明新形态丰富和发展的理论逻辑

（一）新质生产力是符合人类文明新形态的生产力

人类文明新形态本质是“现实的人”的自我认识与自我解放，[②]新质生产力具有高科技、高效能、高质量特征，有助于实现人与自然和谐共生，推动人的解放与全面发展，是符合人类文明新形态本质的生产力。

第一，新质生产力具有高科技的特征，这种高科技的载体是实体经济，主体是人，推动人类文明的历史性进步。可以说，新质生产力的发展归根到底是生产性、创造性劳动的发展。回顾历史，我们会发现，技术起源于人生物本能上的局限。人没有像某些动物那样强大的力量、敏锐的感官或适应极端环境的能力，为了生存和发展，人类必须发明工具和技术来弥补这些生理

---

① ［美］保罗·肯尼迪：《大国的兴衰1500—2000年的经济变迁与军事冲突》，陈景彪等译，国际文化出版公司，2006年。

② 刘同舫：《人类文明新形态的内在依据：生产方式的创新性发展》，《北京大学学报》（哲学社会科学版），2023年第1期。

上的不足，如使用石器狩猎、制作衣物抵御寒冷、发明农具耕作等。技术活动是最基本的文明创造活动，技术的出现是人猿揖别的分水岭。人类的进步、人性的丰富、文明的繁荣都离不开科学技术的进步，具备高科技特征的新质生产力对人的解放有重要意义。需要指出的是，资本也千方百计地追逐科学技术，并推动人类文明从“人对人的依赖”到“人对物的依赖”的历史性进步。但由于资本的逐利性，其主导的科技进步有很大局限性，对人的解放和文明的推动作用也是有限的。一方面，资本对高回报的偏好使科技创新具有投机性、同质化、泡沫化，产生脱离实体经济、忽视基础研究的倾向。另一方面，资本在科技方面的竞争最终导致科技与工人的分离，科技成果垄断在少数群体手中，忽视公共利益。从科技创新角度看，新质生产力从三个方面超越了资本生产力：一是强调以科技创新引领现代化产业体系建设，推动制造业升级，将创新要素向实体经济聚集，使科技进步和生产力发展建立在坚实的物质基础上；二是强调战略性、基础性的科技创新，此类创新具有投资大、周期长的特点，只有政府作为不确定性的承担者，才能为后续的创新及生产铺平道路；三是强调科技、教育、人才的良性循环，重视对作为创新第一资源的人才的培养，科学技术成为每个人的内在素养。科技成果不是垄断在少数人手中的专利，而是服务于大众的公共财富。

第二，新质生产力具有高效能的特征，其高效节约了大量劳动时间，因此增加的人的自由时间反过来又促进生产力的发展，形成人的发展与生产力的发展双向促进。“节约劳动时间等于增加自由时间，即增加使个人得到充分发展的时间，而个人的充分发展又作为最大的生产力反作用于劳动生产力。”[①]在资本逻辑下，社会生产力的提升是为了压缩必要劳动时间以增加剩余劳动时间，节约的劳动时间被转化为剩余劳动时间服务于资本增值，因而文明的一切进步，或者说社会生产力的任何增长，“都不会使工人致富，而只

①《马克思恩格斯文集》（第八卷），人民出版社，2009年，第203页。

会使资本致富”[①]。失去了自由时间，工人也就失去了自由发展的空间，沦为“生产的机器”。加之微薄的收入只能满足最基本的劳动力再生产，导致劳动者既缺乏足够的时间提升自我，亦缺乏足够的财力支撑自我发展，劳动力的素质难以跟上资本积累的速度，进而导致工资更低甚至沦为过剩人口，形成“工资降低—劳动力质量降低—工资更低”[②]的恶性循环，高质量劳动力的再生产越来越困难，生产力的发展自然也被阻碍。不同于资本主义生产方式下社会生产力的一切增长只会使资本的生产力增长，新质生产力是社会成员共同拥有和创造的生产力，其带来的自由时间服务于人的全面发展。一方面，新质生产力的高效能对劳动时间的节约，使劳动者有更多自由时间去追求个人兴趣、提升个人技能、增加知识储备等，丰富生活体验和精神世界，积极主动发挥个人才能。这反过来又能满足进一步提升新质生产力水平的要求，形成“生产力提升—劳动者素质提升—生产力进一步提升”的良性循环。另一方面，新质生产力的高效能推动新经济、新业态、新模式不断发展，将人从单调的重复性劳动中解放出来，使人的本质力量得到新的证明、人的本质得到新的充实，进而将劳动动机从强迫性转向旨趣性。从而人们能在不断丰富的生产实践中构筑起自身丰富的生活样式，能从劳动中满足自身日渐拓展和丰富的人生追求，推动人类文明的进步。

第三，新质生产力具有高质量的特征，其发展方式区别于依靠大量资源投入、不惜以破坏生态环境为代价的传统生产力，有力推动人与自然和谐共生的人类文明新形态的发展。首先，新质生产力是各部分协调发展的生产力。新质生产力不仅强调生产力诸要素间的有机结合和协调组织，而且强调产业结构的优化，建立现代化产业体系。这意味着不同技术、产业、领域之间的交叉融合与相互促进，形成完整高效的有机统一体。这种融合与协同发展，不仅打破了传统产业间的壁垒，促进了经济结构优化升级，还有助于形成更

①《马克思恩格斯全集》（第三十卷），人民出版社，1995年，第267页。

② 周文、冯文韬：《经济全球化新趋势与传统国际贸易理论的局限性——基于比较优势到竞争优势的政治经济学分析》，《经济学动态》，2021年第4期。

加开放、包容的文明新形态。通过产业融合、技术融合，新质生产力能够有效整合资源、优化配置，从而推动社会生产力和文明进步的整体协调发展。这种协调发展不仅体现在经济领域，更是文化、社会、生态文明等多方面的综合进步，有助于推动形成各部分整体协调发展的文明格局。其次，新质生产力是绿色生产力，是保证科学技术与生态文明协同演进、可持续发展的生产力。自然是人类生存与文明进步的基础，习近平总结生态与文明关联的历史经验，得出“生态兴则文明兴，生态衰则文明衰”[①]的重要论断。工业文明下科技生产力在给人类带来巨大物质财富的同时，其对自然的破坏也不可避免地带来人与自然关系的恶化，文明的衰落。推进人类文明发展的生产力只能是有助于人与自然和谐共生的生产力。新质生产力是以数字技术、生物技术、新能源技术等科技创新为先锋，在保护自然生产力的基础上发挥科学技术作为第一生产力的作用。这种科技赋能绿色发展的方式，不仅提高了生产效率，也显著降低了对自然资源的消耗和对生态环境的破坏。因此，新质生产力本质上是由科技创新推动绿色发展的绿色生产力，有助于塑造人与自然和谐共处的生态文明新形态。

（二）加快形成新质生产力为超越工业文明构筑新优势

19世纪下半叶，现代化的浪潮逐步冲破西欧向全球扩张。资本主义现代化引领的新的工业文明使旧的文明难以招架，迫使其进行文明转换。在这一阶段，西方工业文明是世界上最高级的文明，冲击着全世界范围内较低级的传统文明。必须承认，扬弃了传统文明的工业文明，在人类社会转型的历史进程中起到过革命性和进步性的作用。马克思、恩格斯充分肯定了工业文明的成果，“大工业创造了交通工具和现代的世界市场，……它首次开创了世界历史”[②]，资本主义工业文明极大地推动了全球化浪潮，极大地解放了生产

---

①《以习近平同志为核心的党中央高度重视生态文明建设 坚定不移走生态优先绿色发展之路》，《人民日报》，2020年5月14日。

②《马克思恩格斯文集》（第一卷），人民出版社，2009年，第566页。

力。马克思指出："资本的文明面之一是，它榨取这种剩余劳动的方式和条件，同以前的奴隶制、农奴制等形式相比，都更有利于生产力的发展，有利于社会关系的发展，有利于更高级的新形态的各种要素的创造。"[①]正因此，"资产阶级在它的不到一百年的阶级统治中所创造的生产力，比过去一切世代创造的全部生产力还要多，还要大"[②]。

但正如工业文明的兴起得益于生产力的发展一样，工业文明的衰落也源于生产力难以进一步发展。生产力的内部矛盾及其解决是生产力发展的动力源泉，[③]其中包括人与自然、劳动者与劳动资料等生产力诸要素之间的矛盾。此外，由生产力决定的生产关系也会反作用于生产力，促进或阻碍生产力的发展。首先，工业革命实现了人从自然的附属到自然的主人的革命性转变，但由于工业文明将人对自然的支配与改造活动变为服务于资本增值的活动，进而导致人与自然之间不合理的物质变换，引发日益严重的生态危机。其次，科技进步和生产力提高导致资本有机构成的提高，劳动者与劳动资料的矛盾以极其尖锐的形式呈现："工人生产得越多，他能够消费的越少；他创造的价值越多，他自己越没有价值、越低贱；工人的产品越完美，工人自己越畸形；工人创造的对象越文明，工人自己越野蛮；……劳动为富人生产了奇迹般的东西，但是为工人生产了赤贫。……劳动用机器代替了手工劳动，但是使一部分工人回到野蛮的劳动，并使另一部分工人变成机器。"[④]最后，"资本的垄断成了与这种垄断一起并在这种垄断之下繁盛起来的生产方式的桎梏。生产资料的集中和劳动的社会化，达到了同它们的资本主义外壳不能相容的地步"[⑤]。从资本主义的土壤中，必将孕育出一种扬弃资本主义工业文明的文明

① 《马克思恩格斯文集》(第七卷)，人民出版社，2009年，第927~928页。

② 《马克思恩格斯文集》(第二卷)，人民出版社，2009年，第36页。

③ 马昀、卫兴华：《用唯物史观科学把握生产力的历史作用》，《中国社会科学》，2013年第11期。

④ 《马克思恩格斯文集》(第一卷)，人民出版社，2009年，第158~159页。

⑤ 《马克思恩格斯文集》(第五卷)，人民出版社，2009年，第874页。

新形态，它能够突破资本逻辑的束缚，有效解决生产力的内部矛盾，并在生产力高度发达时构建一个人与人之间关系基于共同利益和自身价值的共产主义社会，实现人的自由全面发展。

在马克思的构想里，社会主义社会、共产主义社会是生产力高度发达的社会。在《德意志意识形态》中，马克思、恩格斯指出：生产力的高度发展是实现共产主义的必要前提，否则“就只会有贫穷、极端贫困的普遍化；而在极端贫困的情况下，必须重新开始争取必需品的斗争，全部陈腐污浊的东西又要死灰复燃”①。经济落后的国家在无产阶级夺取政权，奠定社会主义的政治基础后，发展社会主义生产力是建设社会主义的首要任务。若没有赶超发达资本主义国家的生产力水平，社会主义制度就会因为缺乏经济基础而得不到巩固和发展，严重的情况下甚至会发生资本主义复辟的可能。②而超越资本主义文明更是必须以更高的生产力水平和物质财富作为坚实支撑。在世界百年未有之大变局、全球化深入发展的当下，大国之间的竞争日益激烈，这种竞争早已不限于传统的军事和地缘政治领域，更多地体现为科技创新和文明发展的竞争。当前，面对新一轮科技革命和产业变革的浪潮，抓住创新驱动发展的重大机遇，提前谋划关键性、颠覆性技术，布局战略性新兴产业、未来产业，是在国际竞争中赢得主动权、抢占发展制高点、培育文明竞争新优势，进而超越西方工业文明的关键。

正如习近平强调的：“在激烈的国际竞争中，我们要开辟发展新领域新赛道、塑造发展新动能新优势，从根本上说，还是要依靠科技创新。”③不同于资本逻辑下生产力发展的动力是对剩余价值的无限追求，结果是人与自然关系的恶化、人的片面发展及产能过剩、产业空心化等产业结构问题，新质生

---

①《马克思恩格斯文集》（第一卷），人民出版社，2009年，第538页。

②赵家祥：《马克思恩格斯对未来社会基本特征的设想》，《马克思主义与现实》，2014年第6期。

③《习近平在参加江苏代表团审议时强调 牢牢把握高质量发展这个首要任务》，《人民日报》，2023年3月6日。

产力强调发展的动力来自科技创新，以创新驱动高质量发展，以新兴产业为主要阵地推动整个产业体系优化升级。新质生产力的形成必将带来竞争新优势，这种优势不是静态分析得出的比较优势，而是一种动态的、持续演进的竞争力。在全球化浪潮和未来的国家竞争中，要超越西方工业文明，引领潮流、引领经济的发展、引领全球化、引领人类文明的进程，必须培育这种动态的竞争优势，而这种优势的核心基点必然是持续不断地发展新质生产力。

（三）新质生产力是人类文明新形态丰富和发展的强大内生动力

马克思在肯定资本“伟大的文明作用”的同时，也揭示了这种“伟大的文明作用”有其发挥的历史限度。资本逻辑主导的生产方式不再适应先进生产力的发展需要，难以为人类文明提供进一步发展的内生动力。新质生产力是创新起主导作用的生产力，其以原创性、关键性、颠覆性技术为突破口，将带来多方面的创新。这些创新不仅体现在新技术、新产品、新服务、新业态上，而且会突破物质文明的维度，推动制度文明、精神文明等全方位的创新，为人类文明新形态丰富和发展提供强大的内生动力。

新质生产力强调创新驱动，其中最根本的是科技创新。科技创新不仅可以渗透到已有生产要素中发挥乘数作用，而且可以作为独立的生产要素，发挥生产结构优化、新的生产力要素开发等作用。此外，根据技术累积理论，技术的发展具有连续性和依赖性，这意味着科技创新的成果会不断累积并成为新的科技创新的基石。由于产业部门之间的关联性，“一个工业部门生产方式的变革，会引起其他部门生产方式的变革”[①]。这是因为产业和产业技术间是密切关联的，一项产业技术尤其是关键技术环节的创新成果，往往会通过链式传导，引发一系列的技术革新。“有了机器纺纱，就必须有机器织布，而这二者又使漂白业、印花业和染色业必须进行力学和化学革命，同样，另一

① 《马克思恩格斯文集》（第五卷），人民出版社，2009年，第440页。

方面，棉纺业的革命又引起分离棉花纤维和棉籽的轧棉机的发明”[①]，这一发明使棉花的大规模生产成为可能，棉花及其类似的农业生产方式的变革又使交通运输技术的革新成为必要。新质生产力以颠覆性技术创新为突破口，这种关键性的创新必将不断累积和扩散，造就新技术、新业态、新产品、新服务等文明成果，带动物质繁荣并丰富人们的精神生活，从而创造巨大的物质文明和精神文明。

科技的创新、生产力的发展会推动生产关系的变革。根据技术经济范式理论，每当一项或一些颠覆性的技术出现时，就会引发经济和社会结构的根本变革，从而形成一种新的技术经济范式。一种技术经济范式的形成和确立，意味着某种生产力发展的确定路径和轨道。在这一轨道上，那些与技术经济范式相容的创新会因促进生产力的发展而受到欢迎，而不能与之相容的，就会遭到排斥。[②]新质生产力是以关键性、颠覆性技术创新为突破口而形成的生产力，这种技术的革命性突破必将确立新的技术经济范式，进而要求企业管理方式、生产组织方式、社会制度环境等的变革与创新。

“发展新质生产力，必须进一步全面深化改革，形成与之相适应的新型生产关系。”[③]新质生产力以科技创新为先导，但科技创新要从潜在的生产力转化为现实的新质生产力，就必须进入生产实践，生产出创新产品，进入市场并接受检验和反馈。而这又依赖于一系列机制体制的适应性创新，包括生产要素的创新性配置，以及各类创新主体的协同互动。弗里曼在分析二战后日本在技术上成功实现赶超的经验时指出，关键不在于某几个技术的赶超，而是整个技术经济范式的赶超。弗里曼进而提出“国家创新系统”的概念，来说明要实现技术经济范式的赶超，依赖于整个国家创新系统快速整合、聚集、

---

①《马克思恩格斯文集》（第五卷），人民出版社，2009年，第440页。

② 孟捷、张雪琴：《从生产力两重性到生产关系两重性——平心和张闻天对历史唯物主义研究的贡献》，《教学与研究》，2022年第11期。

③《习近平在中共中央政治局第十一次集体学习时强调 加快发展新质生产力 扎实推进高质量发展》，《人民日报》，2024年2月2日。

适应创新资源的能力。[1]以我国高铁自主创新的成功经验为例，高铁从无到有，从引进、消化、吸收再创新到自主创新，现在已经领跑世界，充分体现了我国新型举国体制在突破关键核心技术方面的优势。新型举国体制既不同于我国过去单靠行政命令在全国范围内统一调配资源的举国体制，也不同于西方主流的强调放任自由市场实现资源配置的体制，是适应关键性技术创新、先进生产力发展需要的资源配置创新。可见，新质生产力的形成，带来的不仅是技术创新、产品创新、服务创新，而且是一系列机制、体制、制度的创新，这必将形成丰富的物质文明、制度文明、精神文明成果。这些创新成果会不断积累、扩散，为人类文明新形态丰富和发展提供源源不断的内生动力。

三、加快形成新质生产力，丰富和发展人类文明新形态的实践路径

（一）培育发展新动能，丰富和发展物质文明新形态

物质生活资料的生产是人类文明的前提，人类文明的发展首先是物质文明的不断丰富和发展。生产力作为生产物质资料的能力，是物质文明的核心。在人类文明早期，自然环境因素和人口因素是影响生产力的主要因素。随着生产力和人类文明的发展，科学技术逐渐成为决定生产力水平和物质文明的主导力量。资本的“伟大的文明作用”正在于催生了机器体系，从而为大工业生产方式奠定了技术基础。然而在机器加速发展的同时，人沦为机器的附属并不断贬值。这种“人对物的依赖”的物质文明形态必将被“人的自由全面发展”的物质文明新形态取代。而人的自由全面发展必须建立在高度发达的生产力水平基础上。为此，必须以原创性、关键性、颠覆性科技创新为突

① [英] 克里斯托夫·弗里曼：《技术政策与经济绩效：日本国家创新系统的经验》，张宇轩译，东南大学出版社，2008年。

破口，培育经济增长新动能，加快形成和发展新质生产力，进而丰富和发展人类物质文明。

一要完善新型举国体制，发挥“集中力量办大事”的制度优势，培育关键性新技术，夯实物质文明新形态的技术基础。坚持党对科技创新工作的统一领导，发挥政府在关键性、颠覆性科技创新工作中的主导作用。聚焦事关国家发展全局的战略性核心技术领域，加大对基础性研究、应用性基础研究的投资和人才培养力度，以产生积累效应。整合聚集科技创新资源，凝聚力量攻克新质生产力形成过程中的痛点与堵点。在核心技术研究、基础设施、公共服务等方面，政府要作为不确定性和公共品的承担者，积极发挥作用。而在技术落地、创新激励、资源配置等方面，要制定合理的政策和营造良好的环境让市场充分发挥作用。

二要健全科技创新体制，统筹教育、科技、人才为发展物质文明新形态提供基础性、战略性支撑。面向国家发展和社会需求，深入实施创新驱动发展战略、科教兴国战略、人才强国战略，加大各类人才培养力度，激发包括研究机构、高等院校等在内的社会主体的创新活力，促进科技创新成果向现实生产力的转化。要加强产学研用协同，促进科技成果产业化。通过建立更加紧密的合作机制，推动科技成果快速落地。政府可以通过提供平台、资金和政策等支持，激励企业、高校和科研机构之间的深度合作，共同推进技术创新和新质生产力发展。

三要深化金融体制改革，发展适应物质文明新形态的新金融。创新始于技术，成于资本。资本是带动各类生产要素集聚配置的重要纽带，是加快形成新质生产力的重要支撑。新技术、新业态、新模式的变化，也对金融体系提出新要求，进而催生了新金融，新金融本身就是物质文明新形态的重要内容。新金融绝不是对传统金融的颠覆，而是传统金融适应新经济的需要，在金融产品与服务、金融市场体系、金融监管模式等方面发生的转变。要大力发展新金融，促进科技、产业、金融良性循环。首先，创新金融产品，如知识产权质押贷款、创新券、科技保险等，提高金融服务效率，拓宽创新型企业融资渠道，降低创新企业的融资约束、成本和风险。其次，进一步完善资本市场，优化科技企业上市和融资环境，加强对风险投资、私募股权投资等创新投融资方式的支持和引导，支持更多的创新型企业通过公开市场获得资金支持。同时，提升上市公司、股东和相关信息披露义务人信息披露的质量，完善并购重组制度，提高创新资源整合和创新资本循环的效率。最后，不断加强金融监管，夯实资本市场诚信基础，严格执行强制退市制度，完善“有进有出”的优胜劣汰机制。坚持法治化方向，提高违法成本，让法律成为“长牙齿的老虎”。

（二）推进绿色发展，创造生态文明新形态

工业文明下人与自然关系的恶化，使社会生产力和人类文明难以进一步发展。绿色发展契合人类追求更好生存与发展的心声，是加快形成新质生产力、扬弃工业文明、创造生态文明新形态的必然要求。

一要通过制度、财政手段，凝聚包括政府、企业、科研机构等在内的绿色新质生产力的多元主体。政府作为绿色发展的规划制定者、战略实施者，是加快形成绿色生产力的主导力量。政府要完善生态制度约束，尤其强化生态环境法治保障，加大对违反生态环境保护规定的生产企业的惩治力度，以法治督促生产企业加快生产方式的绿色转型。企业作为绿色生产力的载体，必须以绿色发展理念为指引，完善与绿色发展相关的经济制度，从而把绿色发展目标纳入企业发展目标中。如完善碳市场交易制度，通过设定排放上限和允许排放权的买卖，鼓励企业减少温室气体排放。完善绿色税制和绿色补贴制度，对污染企业征收环境税或对使用化石燃料的活动征税，对环保技术的研发和应用提供财政支持，以此激励生产企业减少污染和碳排放。科研机构是绿色技术的研发者和绿色发展相关理论的推动者，为绿色新质生产力和生态文明的发展提供理论指导和技术支持。为此，要加大相关的科研经费投入力度，鼓励科研机构进行绿色生产力的相关理论研究和实践活动，进行清洁能源、环保材料、节能技术等绿色技术的研发。

二要通过发展关键核心技术赋能绿色生产力。一方面，发展数字化、智能化技术实现精准的绿色治理。利用智能感知技术与物联网技术建设现代化的监测网络，实时监测污染行为，提高监测效率。利用大数据和智能分析技术优化生产环节、资源回收利用等，促进生产的绿色转型。另一方面，结合碳中和、碳达峰的目标，抓紧碳捕获和碳封存等技术攻关，同时加快新型能源体系创新与建设，发展和运用太阳能、风能等清洁能源，发展绿色生产力。

三要通过创新金融手段助力生产方式绿色转型与发展。发展绿色金融，指导资金流向，推动实现绿色低碳发展、促进经济结构和能源结构转型。具体而言，可通过绿色信贷、绿色债券激励资本流向节能环保项目、绿色产业、循环经济等领域；通过信贷配额限制资本流向资源消耗型、环境破坏型、产能过剩的产业；通过开发性金融，对市场机制无法有效发挥作用的领域，例如投资大、回报周期长，但具有巨大生态正外部性的项目提供金融支持。完善绿色财政工具，充分利用财政收支的杠杆作用促进绿色发展，形成新质生产力。如通过征收排污费、碳排放税限制排污，再把这些征收来的资金作为绿色低碳发展的专项基金，用以鼓励绿色环保技术的开发和应用。

（三）夯实现代化产业体系，厚植现代化新形态

新质生产力的核心是创新，载体是产业体系，科技创新及其成果要转化为切实为人民谋福祉的生产力，就必须产业化。离开了产业体系的支撑，创新就成为无源之水、无本之木。此外，生产力的发展、现代化的建设从来都不是靠单一的技术、产业“打天下”，必须突破西方比较优势理论的误导，建立多产业协同联动构成的现代化产业体系，厚植现代化新形态。

传统产业是实体经济的基石、国民经济的主体，对于任何一个国家经济的稳定与发展都具有不可替代的重要性。面对新一轮科技革命和产业变革，传统产业需要通过技术创新和模式创新来实现质的飞跃。具体来说，一要利用新技术提高传统产业的生产效率和产品质量，促使其向高效能、高质量的方向发展；二要对高耗能的传统产业实施绿色化改造，降低能耗和排放，提

升产业的可持续发展能力；三要通过业务模式创新，探索新的市场需求和消费模式，推动实体经济从要素驱动、规模驱动向创新驱动转型，从而增强传统产业的核心竞争力，确保实体经济作为国民经济根基的稳固性。

战略性新兴产业是加快形成和发展新质生产力的主要支撑，是推动经济结构转型和产业升级的关键力量。战略性新兴产业的主要领域有新一代信息技术、高端装备制造、生物科技、新材料、新能源等，这些产业通常具有高技术含量、高附加值、低资源消耗和低环境污染的特点。发展和壮大这些产业，不仅可以帮助中国在全球经济中占据技术高地，也能推动国内产业结构的优化升级。加快这些产业的发展壮大，一要推动高水平科技自立自强，以科技创新引领战略性新兴产业发展；二要以国家战略需求为导向，积聚力量进行原创性、关键性、颠覆性科技攻关，着力解决“卡脖子”问题；三要加大创新要素的供给，加速构建全国统一大市场，打破创新要素流通壁垒，鼓励创新要素自由流动，为战略性新兴产业的发展创造良好的创新环境。

面对快速变化的全球科技前沿和产业发展趋势，前瞻布局未来产业对于持续发展新质生产力，不断培育新动能、塑造新优势，保持国家竞争力具有重要意义。这要求我们不仅要关注当前的科技发展和产业趋势，更要具有长远的视野和战略规划，尤其在人工智能、量子信息、生物技术等领域。第一，着眼于世界科技前沿，加强基础研究和应用基础研究，为未来产业的发展奠定坚实的科学技术基础；第二，通过产业政策和财政、税收优惠政策，鼓励企业和研究机构投资未来产业领域的研发活动；第三，建立和完善创新生态系统，促进产学研用紧密结合，形成创新链和产业链的良性互动；第四，加强国际合作，通过引进国外先进技术和参与国际项目，提升本国在未来产业领域的竞争力。

第十九章

论新质生产力与物质文明新形态的内在统一

党的二十大以来，习近平对新质生产力、高质量发展等提出了一系列重要论述，对此要深入领会，进一步加强学习宣传和研究阐释。习近平指出："高质量发展需要新的生产力理论来指导，新质生产力已经在实践中形成并展示出对高质量发展的强劲推动力、支撑力，需要我们从理论上进行总结、概括，用以指导新的发展实践。概括地说，新质生产力是创新起主导作用，摆脱传统经济增长方式、生产力发展路径，具有高科技、高效能、高质量特征，符合新发展理念的先进生产力质态。它由技术革命性突破、生产要素创新性配置、产业深度转型升级而催生，以劳动者、劳动资料、劳动对象及其优化组合的跃升为基本内涵，以全要素生产率大幅提升为核心标志，特点是创新，关键在质优，本质是先进生产力。""发展新质生产力，必须进一步全面深化改革，形成与之相适应的新型生产关系。""让各类先进优质生产要素向发展新质生产力顺畅流动。畅通教育、科技、人才的良性循环，完善人才培养、引进、使用、合理流动的工作机制。"①

习近平还强调："历次产业革命都有一些共同特点：一是有新的科学理论作基础，二是有相应的新生产工具出现，三是形成大量新的投资热点和就业岗位，四是经济结构和发展方式发生重大调整并形成新的规模化经济效益，五是社会生产生活方式有新的重要变革。这些要素，目前都在加快积累和成熟中。即将出现的新一轮科技革命和产业变革与我国加快转变经济发展方式形成历史性交汇，为我们实施创新驱动发展战略提供了难得的重大机遇。"②

---

①《习近平在中共中央政治局第十一次集体学习时强调 加快发展新质生产力扎实推进高质量发展》，《人民日报》，2024年2月2日。

② 中共中央文献研究室编：《习近平关于科技创新论述摘编》，中央文献出版社，2016年，第24页。

“保护生态环境就是保护生产力，改善生态环境就是发展生产力，这是朴素的真理。”[①]“新质生产力本身就是绿色生产力。”[②]

依据习近平总书记关于新质生产力的重要论述，笔者认为，理解“新质生产力”，不仅要着眼于生产力，还要着眼于生产关系和体制机制等层面；不仅要着眼于科学技术，还要着眼于全要素、全方位；不仅要着眼于物质文化，还要着眼于精神文化。因此，新质生产力既是物质文明形态层面的议题，也是精神文明形态层面的议题，要站在推动构建人类文明新形态的高度来理解新质生产力。

一、发展新质生产力内在要求创造人类物质文明新形态

按照常识理解，人们处理人与自然、人与社会、人与自我之间关系的水平高低，构成人类文明程度的基本状况，包含物质文明和精神文明。改造自然、改造社会、改造自身以增强创造和获取物质财富的生产能力，构成物质文明形态的重要标识。而生产能力虽然以具有一定技术含量的生产工具为基本依赖，但工具本身并非生产主体，必须与从事生产的人、生产资料及所处的生产方式样态之间进行有机组合，才能形成一定的社会生产力。按照唯物史观基本原理，对生产力发展（推进或阻碍）影响最大、最直接的是生产关系，就是占据主导地位的生产资料所有制形式。这种相互作用的生产力与生产关系，共同构成社会的生产方式和经济基础，规定着人类社会一定的经济制度形态和物质文明形态。

处于当今新一轮产业、科技革命浪潮，人们提到新质生产力自然首先想到高新科学技术。高新科学技术确实是促进生产力大发展的核心要素，也是国家与国家之间、行业与行业之间争夺竞争力制高点的关键。与此同时，人

① 习近平：《论坚持人与自然和谐共生》，中央文献出版社，2022年，第275页。

②《习近平在中共中央政治局第十一次集体学习时强调 加快发展新质生产力扎实推进高质量发展》，《人民日报》，2024年2月2日。

们还常看到一些与高新科学技术负相关的不良现状。

首先，科技发达并不必然带来生产力和经济发展。我们看到，那些掌握高新科学技术的西方发达资本主义国家已经陷入经常性经济“滞胀”状态，一些国家甚至长期陷入经济停滞状态，整个资本主义世界周期性爆发经济萧条、经济危机的现象没有改变，并没有因掌握高新科学技术而摆脱经济危机周期性爆发的历史规律，更没有因经济指标增长而给世界绝大多数国家和地区与绝大多数人带来“财富增值”，反而不断加剧贫富两极分化。

其次，高新科学技术不断显示其“双刃剑”怪状，在给人类创造奇迹和制造惊喜的同时，也带来了危险、危害和生存危机。在国家与国家之间、民族与民族之间不断爆发的热战中，大规模杀伤性武器令人胆寒，生物战中细菌病毒的侵袭令人恐惧，防不胜防的“科技与狠活”食品、生存居住环境不断恶化都令人寝食难安、无奈迷茫。伴随互联网新媒体技术而生的网络暴力、社会价值观的扭曲，使社会伦理道德的底线不断被突破。这一切说明，高新科学技术并不是生产力的全部，不可能也不应是新质生产力的全部。

新质生产力概念实质上已经超越传统生产力概念，不再仅具有生产力内涵。当然，新科技革命确实大大促进了当下人们所处时代生产力的飞跃式发展，“科学技术是第一生产力”的观念在改革开放进程中已深入人心，但即便高新科学技术毫无疑问成为新质生产力的构成要素，对新质生产力概念也不能加以简单化理解，将“发展新质生产力”等同于“发展高新科学技术”。笔者认为，新质生产力是指顺应新科技革命时代大潮，科学合理配置生产要素，充分调动各种积极因素，展现社会主义制度的优越性，提升全社会的整体生产能力和财富创造能力。新质生产力实质上是强调生产和创新创造能力，要求生产力及其生产关系、经济基础及其上层建筑制度之间协同共进。如果没有科学合理的生产要素配置，包括人的主体性作用发挥和制度体制的优化组合，不仅不可能发生高新科学技术飞跃，而且高新科学技术也不可能转化为生产能力，推动经济发展。如果不从这一理解出发，就很难解释为何西方发达资本主义国家垄断许多高新科学技术，但本国经济却时常陷入发展停滞和困境，也很难解释西方发达资本主义国家不停在全世界范围内打压、阻碍科技创新等“怪象”。

这恰恰证明，影响生产力的最根本因素是生产关系，“科学技术是第一生产力”是有前提和基本条件要求的。在资本主义生产资料私有制的前提下，少数人和私人垄断集团占有包括高新技术成果在内的生产生活资源，就使当今发达资本主义国家可以利用高新科学技术进行财富掠夺，不仅不是为全人类创造财富，更被用来制造“生化、病毒”等高新科技武器危害人类生存。古代许多科学技术也没有应用于生产、没有与生产力发生直接关系。只有在社会主义制度下，高新科学技术才能成为造福人类的生产力。正因如此，中国特色社会主义进入新时代，党和国家提出的新质生产力，不是简单指向高新科学技术发展，而是要使其成为一项顺应科技创新和工业革命大潮、适应现代社会化大生产的多要素创新发展和能力提升的综合战略。正如新时代中国特色社会主义和中国式现代化将创造人类文明新形态，发展新质生产力必然推动创造社会主义物质文明新形态。

二、发展新质生产力、创造物质文明新形态是顺应时代发展的历史主动和历史自觉

发展新质生产力、推动物质文明新形态的形成和发展，是顺应时代发展潮流、回应时代呼唤的历史主动和走出现实困境的历史自觉。

（一）机遇与问题并存的时代之问与现实之困

当前，环顾全球，世界百年未有之大变局加速演进，中华民族伟大复兴的战略全局与世界百年未有之大变局形成历史性交汇，世界之问、历史之问、时代之问、人民之问需要更为科学的回答，世界之变、时代之变、历史之变正以前所未有的方式展开。

一方面，科技革命使科学发明和高新技术不断涌现，大大推动了人类交

往和经济全球化发展，改变了人们对世界的认知和自身生活样态。中国的改革开放推动中国特色社会主义进入新时代，中国式现代化迈向新征程，中国共产党正团结带领广大中国人民努力实现中华民族伟大复兴。另一方面，高新科学技术看似具有强大生产力和财富创造力，实则并没有推动世界经济，甚至是发达资本主义国家经济快速增长，并没有摆脱2008年全球经济危机造成的经济衰退与发展停滞，并没有促进经济全球化进程，反而西方发达资本主义国家不断掀起逆全球化、反全球化浪潮；并没有让全人类共享财富增长、和平发展、公平正义等基本生存与发展权利，反而是财富向极少数人和个别国家快速转移，两极分化趋势并没有得到根本扭转，贫穷国家和地区大量人口在遭受饥饿、瘟疫、战争、愚昧、低人均寿命等威胁，人的有生命的存在和人的物质生产生活资料的生产等基本问题，没有因高新科学技术的发展而得到根本解决。

相较而言，中国改革开放和中国特色社会主义建设取得了举世瞩目的成就，在震撼世界并得到许多国家赞誉与羡慕的同时，也引起以美国为首的西方发达资本主义国家警惕和极力打压。有些西方国家采取政治对抗、军事威胁、文化侵蚀、经济制裁和封锁等一切手段阻止中国崛起，主动运用“贸易战、技术战、地缘政治战、资本战、军事战”等“组合拳”竭力打压中国发展，致使我们国家和广大人民和平共处、合作发展、互利共赢等良好愿望难以真正实现，尤其是近年来对中国高新科学技术、经济贸易等的封锁制裁打压，使国内外经济环境恶化，国内企业普遍陷入发展困境，就业形势严峻，经济结构调整和经济转型升级面临巨大压力和严重挑战。面对诸多不利因素，以习近平同志为核心的党中央坚持贯彻落实新发展理念，坚持走自主创新的高质量发展和科技强国之路，通过采取双轮驱动、经济双循环、结构调整、转型升级、供给侧结构性改革、支持民营经济发展、“一带一路”倡议、推进人民币国际化等全面深化改革及深化对外开放的一系列举措，使中国经济始终保持良好发展态势，科技创新势头强劲，在许多领域突破了重重封锁，在世界范围内取得领先地位。

（二）新质生产力助推中国经济、科技领域摆脱困局并走向辉煌

2008年以来，西方发达资本主义国家长期陷入经济危机，难以摆脱经济衰退，进而拖累世界经济。在经济全球化发展普遍受阻的背景下，中国经济发展尽管受到很大冲击，但始终保持增长态势，占世界经济比重和所作贡献越来越大，科技创新突飞猛进。这得益于党在指导思想上确立的新发展理念和“四个全面”战略布局、“五位一体”总体布局等一系列有关发展战略的顶层设计；得益于社会主义初级阶段基本经济制度的发展成熟；得益于中国社会主义制度下工业体系和国民经济体系完备；得益于持续深入推进自主创新的科技强国战略。世界历史处在同样全球化时代和科技革命背景下，中国在生产力发展速度和质量方面远超其他许多国家，这表明中国生产力发展具有鲜明的社会制度优势，事实上这同样应属于“新质生产力”范畴，而且是属于中国的“新质生产力”。这主要体现为一种“发展力”和自主创新力，本质上是一种崭新的“制度力”。如果说资本主义靠自身生产方式等形成自己的物质文明形态，那么新中国、社会主义中国“新质生产力”发展创造的则是社会主义物质文明新形态。这进一步表明，在世界百年未有之大变局和中华民族伟大复兴的战略全局中推动中华民族伟大复兴的历史阶段，发展“新质生产力”的提出，正是新时代中国共产党人推动物质文明新形态形成和发展的历史主动，是回应时代变革和走出现实困境的历史自觉。

三、新质生产力进一步推动构建人类文明新形态

习近平指出，文化是民族生存和发展的重要力量。“文化自信是一个国家、一个民族发展中更基本、更深沉、更持久的力量。”[①]“文化是一个国家、一个民族的灵魂。文化兴国运兴，文化强民族强。没有高度的文化自信，没

①《中国共产党第十九次全国代表大会文件汇编》，人民出版社，2017年，第18页。

有文化的繁荣兴盛，就没有中华民族伟大复兴。要坚持中国特色社会主义文化发展道路，激发全民族文化创新创造活力，建设社会主义文化强国。”[①]

文化概念有广义和狭义之分。在较为广泛的层面上理解，文化是文明的基础，是人之为人，区别于动物的重要标志。缺乏物质条件保障，人类生存发展必然面临根本难题；而文化沦丧，则可能会使人类变得比猛兽更为凶残，世界必然随之成为丛林法则的“角斗场”。如果把人类利用自然创造物质财富的成就和智慧看作“物质文化”，把人的内心及处理人与人社会关系的理念、审美追求、伦理道德等看作“精神文化”，那么“物质文化”和“精神文化”同样存在生产与生产力。因此，笔者认为，“新质生产力”还应包括“文化新质生产力”。

人类文明史主要包括物质文明演进史和精神文明演进史，物质文明与精神文明在历史上并不总是协调发展。虽然从根本上说，社会存在决定社会意识、物质决定精神，但“精神文化”具有相对独立性和对“物质文化”的反作用。在人类文明历史形态的演进过程中，甚至出现过两者相互背离的现象。物质文明强盛并不代表精神文明进步。正如资本主义文明主要体现在“物质文化”层面，而资本主义“精神文化”层面则不断出现颓废、消极等现象，并且将“前资本主义”时代的优秀传统文化消解殆尽，甚至“将洗澡水和孩子一起泼掉”。马克思和恩格斯在《共产党宣言》中总结指出：“资产阶级在它已经取得了统治的地方把一切封建的、宗法的和田园诗般的关系都破坏了。它无情地斩断了把人们束缚于天然尊长的形形色色的封建羁绊，它使人和人之间除了赤裸裸的利害关系，除了冷酷无情的‘现金交易’，就再也没有任何别的联系了。”“资产阶级抹去了一切向来受人尊崇和令人敬畏的职业的神圣光环。它把医生、律师、教士、诗人和学者变成了它出钱招雇的雇佣劳动者。”“一切神圣的东西都被亵渎了。”[②]在某种程度上可以说，资本主义社会

---

①《中国共产党第十九次全国代表大会文件汇编》，人民出版社，2017年，第33页。

②《马克思恩格斯选集》（第一卷），人民出版社，2012年，第402~403页。

没有“精神文化”，因为在资本主义社会，一切都物质化、利润化了，从本质上而言都从属于“物质文化”，即从属于“物”本身，属于资本自我增值的范畴。

与资本主义社会的本质不同，社会主义是物质文明与精神文明相统一、协调发展的新文明社会。然而社会主义初级阶段则是生产力相对落后、物质文明有待推进的发展阶段，与此形成对照的是，社会主义先进文化奠定了社会主义国家的精神文明优势。这种优势作用于物质文明，就使社会主义中国在生产力发展层面展现出强劲动力，进而能够成为发展“新质生产力”的重要动力，甚至成为“新质生产力”本身。社会主义中国即使遭遇西方发达资本主义国家外部封锁或遏制，却能够在科技、经济、文化等领域始终保有自主创新能力。社会主义中国有党的领导，党进行顶层设计；有具备主体能动性、创造性、充满智慧的广大人民群众；有集中力量办大事的制度优势；有以实现共同富裕为目标的价值追求和现实运动；有以雷锋精神为代表的为人民服务、乐于奉献的社会精神风尚；等等，这些是构成当今中国“新质生产力”的“物质文化”和“精神文化”，共同形成新时代“文化新质生产力”，共同推进人类文明新形态构建。

四、发展新质生产力应破除旧思维旧观念

发展“新质生产力”不可能一帆风顺，面对历史和现实存在的主要问题，首先要解决思想认识上的问题，进一步解放思想，破除不利于发展新质生产力的旧思维和旧观念。笔者认为至少应当注意以下三点。

第一，破除脱离社会制度理解新质生产力的单纯经济观或科技观，坚持在“五位一体”总体布局和“四个全面”战略布局中理解新质生产力。

资本主义国家无论经济总量多大、对高新科学技术垄断多集中，始终难逃经济危机、发展停滞甚至衰退、贫富两极分化、对外侵略战争和制造国际动荡局势的历史怪圈与周期律，只是在维护资本主导地位和资产阶级对生产资料的私人占有与市场垄断，与科技革命推动形成的生产经营管理的社会化

等社会化大生产趋势背道而驰，因而生成不了新质生产力。“前资本主义”时代诸多社会形态甚至不允许科技应用于生产，因而发展生产力更无从谈起。只有进入社会主义社会，确立起中国共产党的领导、人民当家作主和依法治国有机统一的政治制度；公有制占主导地位、适合具体国情的多种所有制经济共同发展、最终实现共同富裕的基本经济制度；马克思主义魂脉与继承中华优秀传统文化根脉彻底贯通的先进文化制度；以促进人的自由全面发展为根本目的的社会建设和人与自然和谐共生的生态文明建设；等等。所有这些方面共同构成新质生产力产生发展的社会文明有机综合体。以习近平同志为核心的党中央为新时代中国特色社会主义制定的“五位一体”总体布局和“四个全面”战略布局，正是新质生产力的实践之基。

第二，破除“见物不见人”的物质主义，坚持以人民为中心，充分发挥人民群众首创精神，增强历史主动性。

近代以来，资本主义扩张推动形成的世界历史，最初虽然以高喊人权、自由、博爱的人本主义口号为标榜，实则呈现出人的主体性不断丧失的过程：一方面，人作为劳动力，沦为资本积累的工具与资源；另一方面，人的精神被资本打造的商品拜物教控制，人只能追求和满足自身物欲。人既不是生产目的，也不是生产主体，更多成为为生存而受驱使的“人力资源”。见物不见人，社会运行靠的是资本主义市场经济所谓“看不见的手”。没有人的主观能动性和自主创造力，怎么可能形成推动社会进步的新质生产力呢?

人民群众本来是历史发展的主体和动力，是人间奇迹的真正创造者，在中国社会主义现代化进程中，必须坚持以人民为中心，不仅是一切为了人民，而且更要一切依靠人民，充分激发人的主体性和主人翁精神，充分发挥人的主观能动性和人民群众的首创精神，调动一切积极因素，凝聚共识、形成合力，使科技自主创新和经济发展造福人民。这应当是新质生产力的重要内在规定。

第三，破除“有知识、没文化”的实用主义和急功近利观念，坚持长远规划、夯实现实基础，稳扎稳打推进新质生产力发展和社会文明进步。

新中国成立75年来，我们在经济文化科技极其落后的“一穷二白”状态下开始搞建设，很快建立起独立的相对完整的工业体系和国民经济体系，推动科学技术飞跃式发展。这些伟大成就的取得，靠的是一步一个脚印艰苦创业，突破一道道技术难关实现自主创新，进而支撑了改革开放以来中国经济实现快速腾飞和科技自立自强，打破了西方发达资本主义国家的经济遏制和技术封锁。实践证明，只要有雄厚的物质基础积累、先进的社会主义思想文化和科学的发展理念，任何外部环境变化都不会动摇中国发展进程，都阻挡不了新中国崛起和中华民族伟大复兴。历史和实践表明，五千年中华文明孕育的中华民族是勤劳智慧的，经历近现代革命斗争艰苦岁月磨砺的中国人民有着坚忍不拔、不惧困难、锐意进取、敢闯敢干、不屈不挠，“明知山有虎，偏向虎山行”，“世上无难事，只要肯登攀”，“敢于斗争、敢于胜利”等大无畏精神；有海纳百川、有容乃大的科学智慧和知行合一的实践能动性。在马克思主义政党的哲学智慧中，人民且只有人民才是历史发展的动力。相信在中国特色社会主义新时代，只要坚持贯彻落实好一切依靠人民群众、一切为了人民群众的群众路线，充分调动全国人民的积极性，发挥人民群众的首创精神，用中华优秀传统文化、革命文化、社会主义先进文化打造精神文明新形态，以文化新质生产力积聚社会正能量，让一切智慧的火花竞相迸发，创造精神文化硕果，新时代新质生产力一定会助推中国式现代化行稳致远，顺利实现中华民族伟大复兴。

第二十章

增强实现中华民族伟大复兴的精神力量

党的二十大深刻揭示了在开启全面建设社会主义现代化国家新征程上以什么样的精神状态继续前进，明确要求“增强实现中华民族伟大复兴的精神力量”[①]。价值观对于民族复兴有着极为重要的“精神之钙”的意义。民族复兴不只是经济的崛起和制度的建设，它还存在着一个民族的自我肯认及精神的塑造。中华民族伟大复兴也表现在整个精神状态上。从世界视野来说，当今的国力竞争，深层次的是价值观之争。在作为独特文明体的意义上，中华文化的赓续与发展，具有普遍意义的要素是什么呢？在国际上，发达国家经济的触角伸向全球，其价值文化也随之跟进，商品、经济、文化、观念的背后是价值观。西方价值观霸凌世界，社会主义意识形态面临巨大挑战，遭遇强权挤压，中国话语常常被其他国家误解，而中国价值是中国话语和中国叙事体系的硬核。中国价值，汲取着中华优秀传统文化的源头活水，体现于党在马克思主义指引下领导人民进行的艰苦卓绝的新民主主义革命、社会主义革命和建设、改革开放和社会主义现代化建设、新时代中国特色社会主义的伟大实践。政治革命是站起来的逻辑，经济革命是富起来的逻辑，新时代“具有崭新内涵的伟大社会革命”是强起来的逻辑。党的二十大报告强调“以中国式现代化推进中华民族伟大复兴”，“不断丰富和发展人类文明新形态”。[②]而增强实现中华民族伟大复兴的精神力量，可以激励人民焕发出更加昂扬的奋斗精神，更加积极的历史担当和创造精神，更加强烈的历史自觉和主动精神，增强志气、骨气、底气，谱写新时代中国特色社会主义更加绚丽的华章。

---

① 习近平：《高举中国特色社会主义伟大旗帜 为全面建设社会主义现代化国家而团结奋斗——在中国共产党第二十次全国代表大会上的报告》，人民出版社，2022年，第43页。

② 习近平：《高举中国特色社会主义伟大旗帜 为全面建设社会主义现代化国家而团结奋斗——在中国共产党第二十次全国代表大会上的报告》，人民出版社，2022年，第7页。

一、马克思主义信仰的坚定力量

我们知道，信仰指向终极关怀，是主体所理解的终极价值和意义所系，是一个人对自己、对他人、对宇宙的态度指向和归依，并据此指引着以超越当下的维度去看待、感觉、行动，信仰是对真理、价值、人、观念或事物的确实性的坚定不移的信念。信仰作为对认定的信念的特殊承担，以及可能的由认知体悟而来的情感寄托、融入生命的对存在的精神和意义追求，甚至决定了生活的总的意义，是世界观的重要组成部分。

人民有信仰，国家有力量，民族有希望。现代社会个性化的发展，个体独立性的兴起，使得信仰问题成了现代性的根本问题。一个社会特别是青年一代的信仰问题，当然是“国之大者”。以科学的理论引导群众树立科学的信仰，是无产阶级政党重要的任务。有一个“新的科学世界观作为理论的基础”，是无产阶级政党的很大优点；拥有马克思主义科学理论指导，是中国共产党鲜明的政治品格和强大的政治优势。马克思主义对人类历史发展规律的揭示，形成了马克思主义学说体系的核心，破除了萦绕在人类社会历史发展中的层层迷雾，在历史发展的纷纭现象中把握住本质与规律，得出了那些被资产阶级狭隘性所限制或被资产阶级偏见束缚住的人所不能得出的结论，创造性地揭示了人类社会发展规律，创立了人民实现自身解放的思想体系，指引着人民改造世界的行动。党坚定的理想信念，是建立在对马克思主义的深刻理解之上，建立在对历史规律的深刻把握之上的。“理想信念的确立，是一种理性的选择，而不是一时的冲动，光有朴素的感情是远远不够的，还必须有深厚的理论信仰作支撑，否则一有风吹草动就会发生动摇。”①

党的二十大报告指出：“拥有马克思主义科学理论指导是我们党坚定信仰

① 习近平：《学习马克思主义基本理论是共产党人的必修课》，《求是》，2019年第22期。

信念、把握历史主动的根本所在。”[①]理想信念是精神之钙，马克思主义是最为深刻和彻底的人的自由解放的学说，人的解放直指马克思所说的“作为目的本身的人类能力的发挥，真正的自由王国”。习近平强调，从《共产党宣言》发表到今天，无论时代如何变迁、科学如何进步，马克思主义依然显示出科学思想的伟力，依然占据着真理和道义的制高点。“心有所信，方能行远。”正如爱因斯坦所言，每个人都有特定的理想，决定着他的努力和判断的方向。党强调，理想信念，是精神动力和精神纽带，是世界观、人生观、价值观的总开关。中国共产党成立一百多年来，彰显出始终是有崇高理想和坚定信念的党。习近平常说“要修炼共产党人的‘心学’，坚持学思用贯通、知信行统一”[②]。党性教育是共产党人修身养性的必修课，也是共产党人的“心学”。信仰的形成逻辑，不同于仅仅是知识的掌握，而是一个由认知、体验、情感、意志、行为、信念到信仰的过程。马克思主义是中国共产党人理想信念的灵魂，对马克思主义的信仰，对社会主义和共产主义的信念，是政治灵魂，是经受住任何考验的精神支柱。崇高信仰、坚定信念不会自发产生，理想信念，源自坚守，成于磨砺。党历来高度重视理论建设和理论教育，强调要筑牢信仰之基、补足精神之钙、把稳思想之舵。党的二十大强调“坚持对马克思主义的坚定信仰、对中国特色社会主义的坚定信念”[③]，运用马克思主义基本原理指导中国的事情是党的看家本领。

重视理论武装，坚持马克思主义在意识形态领域指导地位的根本制度，是中国共产党人重视马克思主义理论指导的政治优势和经验总结。

黑格尔在《法哲学原理》中指出：“现代世界总的原则是主体性的自

---

① 习近平：《高举中国特色社会主义伟大旗帜 为全面建设社会主义现代化国家而团结奋斗——在中国共产党第二十次全国代表大会上的报告》，人民出版社，2022年，第16页。

②《习近平谈治国理政》（第四卷），外文出版社，2022年，第523页。

③ 习近平：《高举中国特色社会主义伟大旗帜 为全面建设社会主义现代化国家而团结奋斗——在中国共产党第二十次全国代表大会上的报告》，人民出版社，2022年，第19页。

由。”[①]西方现代性过分强调主体独立性、至上性、唯一性、自我决定、自我实现，呈现出信仰问题上的精神危机、道德危机，出现了各种相对主义、善恶标准的混乱，成了一种缺乏信仰的时代。自信满满的理性的普及没有创造出一个预期和可控的世界，现代社会生活带来了自身的矛盾：产生了无法满足的、不相容的各种欲望，它创造了一种个体同一性概念，却没有提供维护这种同一性所必需的资源。[②]在现代社会这一价值多元、主体选择意识增强的背景下，我们进行理想信念教育，使之常态化制度化，建立健全思想政治工作体系，有着重要的意义。

二、中国化时代化马克思主义的价值引领

党的二十大重申要建设具有强大凝聚力和引领力的社会主义意识形态。社会主义意识形态，使全体人民在理想信念、价值理念、道德观念上紧紧团结在一起，社会主义意识形态的凝聚力、吸引力，归根结底是价值观上的吸引力、先进性。

一个社会的核心价值观，是这个社会占主导的、压倒性的主流价值，是建立在共同的价值观与信念基础之上的，是共同体一致行动的精神纽带，是社会的凝聚力和向心力。核心价值观“是决定文化性质和方向的最深层次要素。一个国家的文化软实力，从根本上说，取决于其核心价值观的生命力、凝聚力、感召力”[③]。党的二十大提出要把社会主义核心价值观融入法治建设、融入社会发展、融入日常生活，把马克思主义思想精髓同中华优秀传统文化精华贯通起来、同人民群众日用而不觉的共同价值观念融通起来。在多元的社会中，各种社会思潮交流交融交锋激荡，需要加强辨析和引导。社会主义核心价值观内涵的理论逻辑，以其科学的解释力体现了真理性、道义性，

① ［德］黑格尔：《法哲学原理》，邓安庆译，人民出版社，2016年，第417页。

② RossPoole，*MoralityandModernity*，Routledge，1991，p.121.

③《习近平谈治国理政》（第一卷），外文出版社，2018年，第163页。

对于纷繁复杂的社会现象，能够透过现象看本质，把握规律，展现其逻辑魅力，拥有说服力；文明演进的历史逻辑，以其价值的先进性，以追求真理的宽广胸怀，开阔的世界视野，汲取人类文明的优秀成果，保持理论的开放性，体现了社会主义核心价值观的超越性；社会主义核心价值观的根本特性是人民性，以最广大的人民性，根植人民之中，站在人民的立场探求人类自由解放的道路，具有现实的道义性；中国特色社会主义的实践逻辑，使价值追求在社会变革中不断成为现实，成为改变世界、实现人类价值理想的巨大物质力量，体现了社会主义核心价值观的真实性、生命力，克服了此前历史上诸社会形态核心价值观的抽象性、局限性。社会主义核心价值观，因其诸多的理论品格，引导人们在各种思潮中比较、筛选、鉴别、扬弃，而构成了可以承担起引领和范导其他思潮的特别价值取向，是社会主义意识形态凝聚力和吸引力的生动体现。

在马克思和恩格斯的设想中，“生产者只有在占有生产资料之后才能获得自由”[①]。社会主义，把生产者从私有制中解放出来，一个人的感性能力才能从被束缚状态解放出来。资本主义社会中，劳动者的权利让位于生产资料所有权，造成了生产者与生产资料的分离，按照资本的逻辑，生产是为了满足资本逐利的需要而不是满足人的需要，人的需要只是资本增值的副产品；在社会主义公有制条件下，生产者共同占有社会的生产资料，生产是基于人的需要，社会主义社会为实现共同富裕奠定了制度基础，“回复到集体生产和集体占有而结束”。马克思从社会物质运动的规律中确定了未来社会的基本原则，他坚信“以每一个个人的全面而自由的发展为基本原则”[②]的更高级的社会形式是人类社会应有的形态。

社会主义社会要促进物的全面丰富和人的全面发展，社会建设、社会革命的任务依然非常繁重。恩格斯在1890年的一封信中指出：“‘社会主义社

①《马克思恩格斯文集》（第三卷），人民出版社，2009年，第568页。

②《马克思恩格斯选集》（第二卷），人民出版社，2021年，第267页。

会’不是一种一成不变的东西，而应当和任何其他社会制度一样，把它看成是经常变化和改革的社会。”[①]习近平指出：“马克思主义认为，社会革命以生产力和生产关系的矛盾运动为基础，不仅仅是一种破除旧的政治上层建筑的社会运动，更是一种新的社会建设运动。”[②]对于社会革命的任务，习近平有着非常深刻的论述，如社会革命涵盖领域的广泛性、触及利益格局调整的深刻性、涉及矛盾和问题的尖锐性、突破体制机制障碍的艰巨性、进行伟大斗争形势的复杂性，都是前所未有的。[③]党以马克思主义为指导，以积极的历史担当和创造精神，不断回答中国之问、世界之问、人民之问、时代之问，让马克思主义讲汉语。马克思主义在中国并不是以“教义”的形式进行实践指导的，而是以“世界观”“方法论”的形式成为实践探索的理论基础。党从中国的基本国情出发，不忘初心、牢记使命，领导人民把马克思主义基本原理与中国具体实际相结合，与中华优秀传统文化相结合，独立自主地开辟出百余年奋斗的成功道路，以巨大的理论勇气，守正以坚定方向，创新以引领时代，胸怀天下以拓展世界眼光，深刻洞察人类发展进步潮流，“不忘本来，吸收外来，面向未来”，依靠自身力量探索出了马克思主义的中国篇章，集中体现为习近平新时代中国特色社会主义思想，这一当代中国的马克思主义、21世纪的马克思主义，是指导伟大社会革命、实现中华民族伟大复兴的强大精神力量。

中国特色社会主义的当代发展，是最新版本的科学社会主义。它表明了在经济落后的东方国家，既可以学习俄国十月革命一声炮响送来的马克思列宁主义，又可以有自己的探索，走与苏俄不同的以农村包围城市的革命道路；在建设中，既曾“以苏为鉴”，也借鉴西方发达资本主义国家运用市场经济等的经验，又能够通过自我革新，创新和完善社会主义制度，避免西方资本主

---

①《马克思恩格斯文集》（第十卷），人民出版社，2009年，第588页。

② 习近平：《坚持和发展中国特色社会主义要一以贯之》，《求是》，2022年第18期。

③ 习近平：《切实贯彻落实新时代党的组织路线全党努力把党建设得更加坚强有力》，《人民日报》，2018年7月5日。

义国家发展过程中的根本缺陷，这使马克思主义获得了新的生机活力，使中国化时代化的马克思主义这一人民所喜爱、所认同、所拥有的理论，有着更为坚实的历史基础和群众基础。全面建设社会主义现代化国家的新征程，需要我们把握好习近平新时代中国特色社会主义思想的世界观和方法论，让思想的力量成为奋进的力量，以21世纪的马克思主义、当代中国马克思主义解读时代、引领时代。

三、中国式现代化的中国价值、中国精神、中国力量

党的二十大提出，党成功推进和拓展了中国式现代化。在半封建半殖民地积贫积弱的国力基础上实现社会主义现代化，这一探索过程，没有现成的教科书，没有现成的答案。党弘扬以伟大建党精神为源头的中国共产党人精神谱系，领导人民把马克思主义基本原理同中国具体实际相结合、同中华优秀传统文化相结合，从中国基本国情出发，独立自主探索，依靠自身力量实践，以历史担当和创造精神，追求真理、揭示真理、笃行真理，守正创新，勇毅前行。我们走出的中国式现代化道路，有自己的价值原则，“不走一些国家通过战争、殖民、掠夺等方式实现现代化的老路”[①]。

西方走向现代化的历史，有太多的野蛮行径。与之相伴随的，是遮蔽公平、正义、自由、民主的全人类共同价值基础上的“强权逻辑”“利益优先”的价值观。例如，在哥伦布发现新大陆之后，通过对美洲的鲸吞劫掠，欧洲从美洲流入了巨量的金银，16世纪欧洲银的保有量增加了两倍，金的保有量增长了20%，“除了这笔从美洲大陆飞来的横财之外，欧洲因众多海外事业而变得更加富有。利润从奴隶贸易、对殖民地掠夺贸易、香料贸易乃至海上掠

---

① 习近平：《高举中国特色社会主义伟大旗帜　为全面建设社会主义现代化国家而团结奋斗——在中国共产党第二十次全国代表大会上的报告》，人民出版社，2022年，第23页。

夺中源源而来”[①]。1602年荷兰成立东印度公司，掠夺印尼的富源，把当地居民变成奴隶，并曾先后侵占我澎湖、台湾诸岛，后在郑成功领导下将侵略者逐出。荷兰还侵占北美（现纽约）和巴西，还有南非好望角，建立殖民地。殖民强权和垄断贸易，成为欧洲一些国家攫取利润的重要渠道，甚至成为影响国力竞争的重要因素。文艺复兴时期独领风骚200年的意大利城市，由于没有殖民地贸易而被排除、衰退，与英法荷等西欧国家的差距日益加大，由文艺复兴之初的发达国家变成了欠发达地区。在工业化早期阶段的资本主义国家内部，则是“羊吃人”，产生着大量的剥削和社会分裂，佃农被逐出家园，被迫成为纯粹的雇佣劳动者，除了自己的劳动力外一无所有。

欧洲自1500年之后，开启了以活力与扩张为特征的新的世界历史进程。西方的社会科学“拥有强大的社会地位，它以社会科学典范的姿态，凭借其经济上的优势和精神上的卓异来传播自己的观点”，这种吸引力使得其他地区的学者也“把接受这些观点和实践看成是加入普遍的学术共同体的门径”，很多非西方的学者也“感到自己已经接受了西方学者的那一套认识论、方法论和推理方式”。[②]现代化不等于西方化，但对于后发展国家来说，极易把西方现代化等同于现代化本身。一些国家把西方文化当作现代文化，不加鉴别地模仿与照搬，从而导致传统文化的“断裂”。

中华文明引领了几千年的世界文明，近代之后国力孱弱，随着西方现代化的领先，西学东渐，中国在社会科学领域常常以西学为范式。但西方的体系未必适合其他文化土壤，比如中国的经济发展，就难以用西方的经济学理论形态解释，建设当代中国政治经济学就成为重要的任务。同时，在现代化的过程中，必须赓续传统，继承中华优秀传统文化，保持我们民族的突出优势，在世界文化大潮中守住自己民族的文化基因，守住民族的价值根底。中

① ［美］斯塔夫里阿诺斯：《全球通史：从史前史到21世纪》，吴象婴等译，北京大学出版社，2006年，第393页。

② ［美］华勒斯坦等：《开放社会科学：重建社会科学报告书》，刘锋译，生活·读书·新知三联书店，1997年，第56~57页。

国式现代化，是具有世界眼光，深刻洞察人类发展进步潮流的现代化，时刻保持着胸怀天下的开放精神，以海纳百川的宽阔胸襟借鉴吸收人类一切优秀文明成果，致力于推动构建人类命运共同体，倡导弘扬全人类共同价值的共识、认同。习近平在党的二十大报告中指出："中国式现代化，是中国共产党领导的社会主义现代化，既有各国现代化的共同特征，更有基于自己国情的中国特色。"[①]既借鉴吸收人类历史上现代化的有益经验，又惕厉其过程中的弊端，实现超越。世界视野与中国语境，是密切相关的。

人类学家博厄斯提出：人类的历史证明，一个社会群体，其文化的进步往往取决于它是否有机会。吸取邻近社会群体的经验，"文化最原始的部落也就是那些长期与世隔绝的部落，因而，它们不能从邻近部落所取得的文化成就中获得好处"[②]。最有机会与其他民族相互影响的那些民族，最有可能得到突飞猛进的发展。实际上，环境也迫使它们非迅速发展不可，因为它们面临的不仅是发展的机会，还有被淘汰的压力。[③]马克思主义是建立在借鉴吸收人类一切优秀文明成果基础上的。列宁在《怎么办?》一文中指出："社会主义学说则是从有产阶级的有教养的人即知识分子创造的哲学理论、历史理论和经济理论中发展起来的。"[④]马克思在1858年致恩格斯的信中说："我又把黑格尔的《逻辑学》浏览了一遍，这在材料加工的方法上帮了我很大的忙。如果以后再有工夫做这类工作的话，我很愿意用两三个印张把黑格尔所发现、但同时又加以神秘化的方法中所存在的合理的东西阐述一番，使一般人都能够理解……"[⑤]正是在吸收了当时世界上最为发达的英法德三个国家的政治经

① 习近平：《高举中国特色社会主义伟大旗帜为全面建设社会主义现代化国家而团结奋斗——在中国共产党第二十次全国代表大会上的报告》，人民出版社，2022年，第22页。

② ［美］斯塔夫里阿诺斯：《全球通史：从史前史到21世纪》，吴象婴等译，北京大学出版社，2006年，第340页。

③ ［美］斯塔夫里阿诺斯：《全球通史：从史前史到21世纪》，吴象婴等译，北京大学出版社，2006年，第340页。

④《列宁选集》（第一卷），人民出版社，2012年，第317~318页。

⑤《马克思恩格斯文集》（第十卷），人民出版社，2009年，第143页。

济学、空想社会主义、哲学学说，使之纳入马克思主义重要思想来源的意义上，恩格斯在《德国农民战争》的序言中指出，如果没有德国古典哲学特别是黑格尔的哲学，科学社会主义就不可能诞生。唯物史观是锐利的武器，揭示了人类社会发展规律，社会主义作为资本主义之后的崭新社会形态，是对资本主义的超越，根本不是在同一层次上的简单对立物，而是在资本主义的基础上，斗争和生长出来的更高阶段。作为更高层次的社会形态，社会主义是对以往历史形态的超越，包含吸纳了此前历史形态中人类文明的优秀成果。

中国式现代化有着自己的本质要求，在拥有各国现代化共同特征的同时，也有着自己独特的价值追求。这就是坚持中国共产党领导，不忘初心，是坚持中国特色社会主义的现代化，秉持的是人民至上，是以人民为中心的、高质量的发展，是全过程人民民主，是丰富人民精神世界，是全体人民共同富裕、人与自然和谐共生，是推动构建人类命运共同体，创造人类文明新形态。这样一种有着社会主义的根本性质的自身发展之路，与既有的文明发展模式有着很大的不同，开创了人类文明新形态，其他国家的学说模式框架无法恰当地解释，不能生搬硬套。中国的发展之路，有中国话语、中国体系，需要有自身的理论阐释系统，超越西方既有表达框架的知识体系，回答中国之问、时代之问。知识体系有其硬核，中国式现代化开创的人类文明新形态，是根本的范式转换，改写了历史上既有的现代化理论和模式，不再是由西方走出的已有道路作为现代化的唯一标准，西方模式不再是现代化的线性必经之路。这与西方既有的现代化途径相比，有着价值观的优势，我们是站在历史正确的一边、站在人类文明进步的一边，在实现现代化的道路上，社会主义在同资本主义竞争中发挥着历史主动精神，社会主义优越性得到很大程度的彰显。作为中国共产党人理论创新的成果，马克思主义中国化时代化的理论结晶，是党的自主知识体系的创新，是当之无愧的中国特色哲学社会科学学科体系、学术体系、话语体系，是中国自主的标识性概念、原创性理论。中国化时代化的马克思主义通过学科化构建、学理性阐释、学术化表达，以马克思主义立场观点方法审视传统，汲取优秀传统文化，既有根系，又有新枝。这种理论，是民族性与共通性的统一，自身特色与共同表达的统一，贡献了中国智慧、中国方案，为世界上那些既希望加快发展又希望保持自身独立性的国家和民族提供了全新选择。中国精神、中国价值、中国力量，中国话语和中国叙事体系，为全面建设社会主义现代化国家提供着澎湃的精神动力。

结语

走向人类文明新形态

习近平在庆祝中国共产党成立100周年大会上的讲话中这样说道："我们坚持和发展中国特色社会主义，推动物质文明、政治文明、精神文明、社会文明、生态文明协调发展，创造了中国式现代化新道路，创造了人类文明新形态。"[①]习近平在这里不但从人类发展道路新开拓和人类文明新创造的高度，对中国特色社会主义理论成就就实践意义作出了最新的概括，而且对中国特色社会主义进一步指明了前进方向。习近平向全世界发出了在古老的中国大地上创建人类文明新形态的中国宣言。

一、"人类文明新形态"把发展目标的"三种表述"统一在一起

众所周知，中国特色社会主义有三大思想资源：马克思主义、中华优秀传统文化、西方优秀文化。尽管马克思主义在这三大思想资源中居有核心地位，但无疑其他两种思想资源也实实在在地起着作用。

就中国特色社会主义的目标指向而言，这三大思想资源分别为中国特色社会主义确定着前进方向。只要浏览一下这几十年领导在各种场合的讲话、下达的各种文件、报纸杂志所发表的各种重要文章就可知道，对于中国特色社会主义的发展目标，都是基于这三种思想资源，分别而且交互地加以表述。

西欧在人类历史上率先进行了工业革命，实现了以工业化为主要内容的现代化，实现了人类生产方式的一次根本性的变革，对其后一个历史时代作出了根本性的规定，这就是把实现现代化规定为社会发展主要目标。西方文

① 习近平：《在庆祝中国共产党成立100周年大会上的讲话》，《人民日报》，2021年7月2日。

化对中国的最大影响就是向中国“灌输”了现代化，中国道路所承继和发展了的现代西方文明的首要传统，就是始终不渝的现代化取向。中国特色社会主义也把实现现代化作为自己的发展目标。中国特色社会主义道路所承继和发展了的现代西方文明的首要传统，就是始终不渝的现代化取向。实现现代化作为我们的前进目标，一个好处就是与世界的发展路径相一致。

说中国特色道路蕴含着中国传统文化的元素或资源，最重要的是把实现中华民族伟大复兴作为自己的旗帜。“实现中华民族伟大复兴”把中国传统文化与当代中国紧紧地联系在一起。中国要建设“小康社会”是邓小平于1979年12月6日在会见来访的日本首相大平正芳时首次提出来的。而“小康社会”这一概念正是来自中国传统文化，它来源于古代而赋予现代内容。中国共产党把建成“小康社会”作为实现中华民族伟大复兴的一个阶段性的目标，中国共产党从第十一次全国代表大会以后的历次代表大会都把建设小康社会作为首要的奋斗目标。在《邓小平文选》第二、第三卷中，“小康”这个概念一共出现了四十多次。这一概念被当今中国人民所热切接受绝不是偶然的，它表述了当今中国人民对于优秀的传统文化的真切情感。现在“小康社会”基本建成了，但这并不意味着中华民族伟大复兴的目标已经实现了。中国人民清楚地知道，这只是实现了一个阶段性的目标。中国人民将继续以实现中华民族伟大复兴作为自己的崇高使命。

中国共产党是一个以共产主义作为自己最终目标的政党，每个共产党员都曾作出过“为共产主义而奋斗”的宣誓。中国人民在中国共产党的领导下一直走在社会主义的大道上。党的第十一届三中全会以后，认定中国还处于社会主义的初级阶段。现在尽管尚没有完全超越这一初级阶段，但显然经过几十年的努力奋斗，我们中国已经大大向前推进了社会主义的进程。中国特色道路的一切行动和措施，从根本上说都是以社会主义为基本导向，都是为了贯彻实施社会主义的原则理想。当代中国改革所确立的社会主义市场经济体制和其他方面的体制，其目的也是在推动根本性的体制改革基础上，实现社会主义制度的发展和自我完善。当代中国改革开放所贯穿的一条主线，就是在坚持科学社会主义原则的前提下，将现代性文明的市场建制纳入社会主义的基本制度框架，建立社会主义市场经济体制，从而在经济、政治、文化、社会、生态文明乃至党的建设等各领域展开全方位的改革和制度体制机制建设，继而在体制变革和制度变迁的意义上推动当代中国社会主义基本制度的巩固、自我完善和发展。中国搞的不是其他什么主义，而就是社会主义；中国搞的是不是其他什么社会主义，而就是科学社会主义，这清楚地表明，中国特色社会主义的方向就是社会主义、共产主义。只要中国的“航船”还是由中国共产党“掌舵”，它就只能驶向社会主义、共产主义。

可见，全面地实现现代化、实现中华民族伟大复兴、实现社会主义和共产主义，作为中国特色社会主义的目标同时存在着。这是从三种不同的思想资源出发，亦即从三个不同的角度表述了中国特色社会主义的发展目标和前进方向。它们同时存在着，也都是正确的。

问题在于，我们总要找到一根主线把中国特色社会主义目标的这“三种表述”贯穿在一起。习近平在庆祝中国共产党成立100周年大会上的讲话中提出了“人类文明的新形态”这一重要概念，一下子使我们找到了把这“三种表述”统一在一起的主线。全面地实现现代化，显然将会使我们进入一种“人类文明的新形态”；实现中华民族伟大复兴，将会对人类文明作出重大贡献，其主要贡献就是在中华大地上创建出一种新的人类文明，我们在复兴中华民族的征途上每前进一步，就是向人类新文明靠近一步；按照马克思主义的理论，社会主义、共产主义与现代文明并不冲突，共产主义社会是人类历史上最文明的社会，共产主义社会是真正的人类文明的新形态，我们朝着共产主义的方向一步一步向上攀登，最终会创建出人类文明的新形态。“人类文明新形态”这一概念把中国特色社会主义目标的“三种表述”有机地统一在一起了。当然，有了“人类文明新形态”这一概念，并不意味着原先的关于中国特色社会主义的目标的这“三种表述”可以“退位”了，而是意味着我们已经把握了这“三种表述”的内在联系，从而即使我们还是对中国特色社会主义的目标从这三个不同的角度分别加以表述，但是我们可以更加深刻、全面地理解这三种不同的表述。

二、“人类文明新形态”究竟“新”在哪里

我们正在创建和有待进一步完善的“人类文明新形态”是中国共产党对推动人类文明发展所作出的创新性贡献。它与历史上和当今在世界上现存的文明形态都有着本质性的区别。它以全新的形态开创了人类文明发展的广阔空间，站在原有的一切人类文明的真理和道义的双重制高点上。

对“人类文明新形态”内涵和主要特征的把握关键是要了解它与其他文明形态相比究竟“新”在哪里。

在我们面前主要有着三种文明形态，即资本主义文明、中华传统文明和其他社会主义文明，我们这里通过将“人类文明新形态”与这三种文明形态相比较，来探讨“人类文明新形态”的创新之处。

“人类文明新形态”与资本主义文明相比较，从表面上看有许多相似之处。由于“人类文明新形态”确实是在吸收和借鉴资本主义文明形态的基础上所形成的一种新的文明形态，所以两者具有相似之处是题中应有之义。但实际上，两者还是截然有别。“人类文明新形态”所具有的一系列内涵和特征，是资本主义文明根本不可能具备的。例如，在政治上坚持中国共产党的领导；在经济上坚持社会主义市场经济体制，走共同富裕之路；在文化上坚持以人民为中心，人民群众既是美好生活的期待者、建设者，又是美好生活的享受者；在社会上坚持公平正义，推动社会全面进步和人的全面发展；在生态文明上坚持人与自然和谐共生，所有这一些，我们在资本主义文明状态下能够见到吗？这里特别要指出的是，在“人类文明新形态”下，也能看到在资本主义文明状态下的那种市场和资本，但是在“人类文明新形态”下人们决不被市场和资本所统治，而是更强调以人民为中心，让市场和资本服务于人民群众，这就是“人类文明新形态”对资本主义文明的扬弃与超越。另外，资本主义文明显然是一种“单向度”的文明，它所注重的主要是物质财

富的增加，而在“人类文明新形态”下，物质文明、政治文明、精神文明、社会文明、生态文明将获得全面、协调的发展，“人类文明新形态”将资本主义的“单向度”的文明改造成一种“全面、协调、和谐”发展的文明。相应地，生活在“人类文明新形态”下的人们也不再是资本主义文明状态下的那种“单向度”的人，而是成了自由、全面发展的人。

无疑，“人类文明新形态”是在中国特色社会主义与中华文明相结合的过程中才形成和发展起来的。“人类文明新形态”所注重的以人民为中心、构建人类命运共同体，所蕴含的“整体协调”“多元包容”等确实具有中华传统文明的基因。“人类文明新形态”扎根于传统的中华文明之中。但是，“人类文明新形态”绝对不是中华文明的“自然延伸”，而是对其创造性转化和创新性发展的产物。例如，中华传统文明提出了以民为本，“人类文明新形态”则把其转化为“以人民为中心”；中华传统文明强调“世界大同”，“人类文明新形态”又把其转化为构建人类命运共同体。中华传统文明总的来说还是一种封闭的、保守的文明状态，“人类文明新形态”将一改这种封闭性、保守性，而是一方面向未来开放，与时俱进，向世界开放，积极吸收人类一切优秀文明成果；另一方面又注重发展的创新性，焕发隐藏在人民群众中的巨大的创造力，调动一切积极因素，将之汇成推动社会进步的洪流。当今我们正在构建的“人类文明新形态”绝不仅仅简地延续传统的中华文明，而是把中华文明汇入人类文明的发展大潮之中，对中华文明进行再创造。追求全体人民的共同富裕在中华文明的发展史上就是从来也没有过的。“人类文明新形态”就是一种人民群众共同富裕的文明形态，追求共同富裕就是中华文明史的一个创举。不注重充分发展生产力明显是传统的中华文明的一个“短板”，我们正在构建的“人类文明新形态”则充分解放生产力，建立了独特有效的社会主义市场经济体制，弥补了传统的中华文明的不足。中国现在已经成为世界第二大经济体，在不远的将来，还有可能成为第一大经济体，这在传统的中华文明状态下是完全不可想象的。必须承认，传统中华文明的发展是遇到了瓶颈的，如国家规模巨大但社会却散漫无组织等，“人类文明新形态”则突破了这些发展瓶颈。“人类文明新形态”把传统的中华文明带入了现代状态。

“人类文明新形态”与其他社会主义的文明形态，由于都属于社会主义文明形态的范畴，所以与资本主义文明形态、中华传统的文明形态相比，有着更多的共性。但它绝不是其他社会主义实践的再版。它是中国共产党在新的历史条件下，对其他社会主义的文明的继承和发展。它辩证地把握了中国特色社会主义与其他社会主义之间的关系，是一种崭新的社会主义文明形态，是将社会主义推进到新的历史时期的产物。在这种崭新的社会主义文明形态下，我们看到既坚持以经济建设为中心，又坚持全面推进其他各方面的建设；既坚持四项基本原则，又坚持改革开放；既坚持社会主义制度，又坚持社会主义市场经济改革方向；既坚持独立自主、自力更生，又坚持对外开放，合作共赢，这种“既……又……”的局面，在其他社会主义那里我们是根本看不到的。我们正在构建的“人类文明新形态”就是与实施改革开放初期的社会主义文明形态相比较，也有着明显的区别。

人类文明新形态：是在新时代坚持和发展中国特色社会主义道路的进程中创造出来的一种新的社会主义文明形态。改革开放初期是现代化“起飞”的阶段，在那样一种社会主义文明状态下，首先注重的是激活经济社会发展的动力，没有动力“起飞”则是一句空话。进入了新时代，我国的现代化到了“稳定”的发展阶段，在这样一种社会主义文明状态下，在激活经济社会发展动力的同时，必须相对注重保持经济社会发展的平衡。从主要注重激活发展的动力，到在注重激活发展的动力的同时也注重发展的平衡，社会主义文明的状态也发生了变化，出现了原先并不具有的新的特点。社会主义文明的形态成了“人类文明的新形态”，说明在这种形态中共产主义的元素越来越多了。人们不仅物质生活得到满足，而且精神生活也十分丰富；不仅人与自然，而且人与人之间真正实现了“和解”；努力解决发展的不充分、不平衡，不断地满足人们对美好生活的需求，这一些属于共产主义的元素当然不可能出现在资本主义文明中，就是在传统的社会主义文明中也是凤毛麟角，但出现在“人类文明新形态”中。

习近平指出："当代中国的伟大变革，不是简单延续我国历史文化的母版，不是简单套用马克思主义经典作家设想的模版，不是其他国家社会主义实践的再版，也不是国外现代化发展的翻版。"[①]习近平在这里是就"当代中国的伟大变革"而言的。实际上，对从这种变革中滋生的"人类文明新形态"而言，也是如此。我们正在构建的"人类文明新形态"，既不是延续传统的中华文明的母版，也不是简单套用其他国家社会主义实践的再版，更不是资本主义文明的翻版。这是中国人民在中国共产党领导下所正在创造的一种崭新的人类文明形态。

三、"中国式现代化新道路"内生出"人类文明新形态"

习近平在庆祝中国共产党成立100周年大会上的讲话中是并列提出"中国式现代化新道路"和"人类文明新形态"这两个概念的。如果说"中国式现代化新道路"这一概念，特别是意思相近的概念，我们在学术界还能不时地看到加以使用，那么"人类文明新形态"这一概念，则是人类文明发展上的全新的一个术语。

为什么在"中国式现代化新道路"后面还要紧跟着一个"人类文明新形态"的概念呢？"中国式现代化新道路"本质上就是中国独特的走向现代化的道路，在"中国式现代化新道路"后面紧跟着一个"人类文明新形态"的概念，就是为了将中国独特的走向现代化的道路提高到开创新的人类文明的高度来认识，这是从世界历史的视野来审视中国独特的走向现代化的道路，充分揭示它对人类文明的意义。世界上没有一个事物的意义比开创人类新的文明的意义更深远的了。我们以前也从多方面阐述过中国独特的走向现代化的道路的意义，但没有比开创新的人类文明更高屋建瓴、言近旨远的了。所以，"人类文明新形态"概念的提出，使我们对中国独特的走向现代化的道路的认

---

① 习近平：《在哲学社会科学工作座谈会上的讲话》，《人民日报》2016年5月19日。

识，特别是对其意义的认识打开了一个新的境界。

“中国式现代化新道路”和“人类文明新形态”是相互贯通的。尽管两者是并列提出来的，但一个在前，一个在后。事实上，是“中国式现代化新道路”内生出“人类文明新形态”。在中国的大地上没有走出一条“中国式现代化新道路”，在中国也不可能出现“人类文明新形态”。所以，对“人类文明新文明”的把握，不仅要了解它与其他文明形态的区别，区别于其他文明形态它“新”在哪里，更要知道它是怎么样从“中国式现代化新道路”中产生出来的。

走什么样的道路，就会形成什么样的人类文明状态。也就是说，文明的发展状态是怎么样的，完全取决于所走的道路是怎么样的。“中国式现代化新道路”的性质、特征、内涵决定了它必然会产生出一种新的人类文明形态。

“中国式现代化新道路”本来就是与资本主义式的现代化道路有别的道路。中国人民认定，完全照搬西方资本主义式的现代化道路，现代化的积极成果中国人民不但不能充分享受到，而且现代化的那些负面效应早已把自己葬送掉了。中国是在与西方资本主义国家完全不同的历史背景下走上现代化道路的，中国不可能跟在它们后面亦步亦趋。况且，当今资本主义社会的现代化本身也已出现了深重的危机，中国不可能明明知道前面是“陷阱”，还硬要陷进去。实现现代化是中国人民长期以来的夙愿，中国人民对此不会有丝毫的动摇，但走向现代化的途径是中国人民得自己去选择和探索。“中国式的现代化新道路”实际上是在“走自己的路”。尽管“中国式现代化新道路”属于“现代化道路”，需要遵循现代化发展的一般规律，但是确实它具有富有中国特色的“新元素”，也就是说，它是相对于西方资本主义现代化道路的“中国式”。正是这些“中国式”的“新元素”不是与资本主义文明形态，也不是与其他传统的文明形态联系在一起，而是跟一种在我们这个星球上还没有出现过的新的人类文明形态相通。“中国式现代化新道路”所包含的“中国式”的“新元素”把中国引入一种“人类文明新形态”。

那么，“中国式现代化新道路”中哪些“中国式“的“新元素”是与一种新的文明形态联系在一起的呢?“中国式现代化新道路”的目标是实现全体人民共同富裕;哲学基础是崇尚总体性、协调性,坚持主观能动性与尊重客观性、同一性与斗争性的统一;发展的内容是强调全面发展;发展的途径是注重和平发展,强调开放包容。所有这一切,都通向一种新的人类文明,实际上,它们既是“中国式现代化新道路”的构成要素,同时又是“人类文明新形态”不可或缺的部分。习近平在庆祝中国共产党成立100周年大会上的讲话中表述“双创”的那段话,特别提到了“物质文明、政治文明、精神文明、社会文明、生态文明协调发展”,从一定意义上,“五大文明”的“协调发展”是促使“中国式现代化新道路”“升格”为“人类文明新形态”核心要素。

人类文明经历了从低级到高级、从简单到复杂、从落后到先进的漫长的演进过程。社会形态的更替实际上也是文明形态的更替。人类文明演进到20世纪,由于“中国式现代化新道路”的开辟,人类文明终于可以进入一种崭新的形态。这种新形态归根结底是“中国式现代化新道路”的产物,都可以从这一道路的本质、内涵、优势中找到根源与根据。“中国式现代化新道路”是“人类文明新形态”的道路基石。不同的道路导致不同的文明形态,在中国共产党领导下逐步形成的“中国式现代化新道路”,创造了人与自然、人与人、人与社会新关系的社会主义新文明形态,它是“社会主义”的新文明形态,与此同时又是整个“人类”的新文明形态。显然,这种“人类的新文明形态”的出现是“中国式现代化新道路”合规律发展的结果。如果一定要给“人类文明新形态”一个总体特征的话,那么“五大文明”的相互协调共同发展,则是它的总体形态,显然,这只有坚持“中国式现代化新道路”才有可能创造出这样一种总体形态。

四、中国特色社会主义创造了“中国式现代化新道路”和“人类文明新形态”

习近平在庆祝中国共产党成立100周年大会上的讲话中明确地指出,中国特色社会主义既创造了“中国式现代化新道路”又创造了“人类文明新形态”。这两个“创造”是完全一致的，中国特色社会主义创造了“中国式现代化新道路”，“中国式现代化新道路”又内生出“人类文明新形态”。在世界现代化进程的视野里，中国特色社会主义创造了“中国式现代化新道路”，而在人类文明演进史的视野里，中国特色社会主义则创造了“人类文明新形态”。所以，当我们有了“双创”的新认识，我们会倍加珍惜和热爱中国特色社会主义。习近平说：“以史为鉴、开创未来，必须坚持和发展中国特色社会主义。走自己的路，是党的全部理论和实践立足点，更是党百年奋斗得来的历史结论。中国特色社会主义是党和人民历经千辛万苦、付出巨大代价取得的根本成就，是实现中华民族伟大复兴的正确道路。”[①]只要把中国特色社会主义与“双创”联系在一起，我们会更加深切地感到习近平对中国特色社会主义所作出的这一判断是完全正确的。

马克思基于历史唯物主义研究了人类文明发展的一般规律。他发现，人类文明在从古代向现代乃至更高阶段的演进过程中，将经过奴隶社会、封建社会、资本主义社会，而后迈向共产主义社会，并在资本主义向共产主义跃升过程中需要经过社会主义这样一个过渡阶段。他在早期和中期强调的是向社会主义、共产主义跃升必须经过资本主义阶段。但是到了晚年，他通过对东方“亚细亚生产方式”的研究，又提出东方落后国家可以跨越资本主义社会这一“卡夫丁峡谷”，而从前资本主义社会直接过渡到社会主义。俄国十月革命和中国革命的成功，证明马克思晚年的这一设想是可以成立的。但是，在俄国十月革命和中国革命成功并建立了相应的社会主义国家以后，这些国家的一些领导人却没有认识到他们所建立的社会主义国家，与马克思在《资本论》等著作中所提出的诞生于资本主义社会的社会主义是不一样的，而是马克思在后期所设想的那种跨越资本主义“卡夫丁峡谷”的社会主义。前者是建立在资本主义文明成果基础上的“资本主义后的社会主义”，而后者是有

① 习近平：《在庆祝中国共产党成立100周年大会上的讲话》，《人民日报》，2021年7月2日。

待于吸收资本主义文明成果的“资本主义前的社会主义”。正因为他们没有认识到这一点，从而使社会主义的事业遭受了一系列的重大挫折。以邓小平同志为主要代表的中国共产党人，提出了中国正处于社会主义初级阶段，正确地使中国的社会主义回归到马克思所说的有待于吸收资本主义文明成果的“资本主义前的社会主义”的位置上，按照跨越资本主义“卡夫丁峡谷”所建立的社会主义的要求来进行社会主义的建设。有了这样一种理念上的正确判断，相应地就进行了一系列的伟大的创新实践，形成了中国特色的社会主义。“中国特色的社会主义”在一定意义上就是跨越资本主义“卡夫丁峡谷”的社会主义。这是一个伟大的创造，既创造了“中国式的现代化新道路”，又创造了“人类文明新形态”。新的人类文明历来是与“创新”联系在一起的。至今我们没有看到哪一个资本主义国家创造出超越资本主义文明的新的人类文明，也没有发现哪一个国家从资本主义脱胎出来建立了社会主义社会相应地创造了新的人类文明，而致力于中国特色社会主义实践的中国却实实在在地创造出了新的人类文明。

中国特色社会主义道路把社会主义的发展逻辑、中华民族的发展逻辑、人类文明的发展逻辑有机地结合在一起。中国特色社会主义是一个广博而深厚的理论-实践结合体，并仍在现实中不断发展，其中既有马克思主义和社会主义的根本定向，这是它的理论和实践灵魂，同时也还有中华文明“基因”和“血脉”的传统积淀，并要同当今各国特别是占世界体系主导地位的现代西方资本主义文明交流切磋。这三条线索，在近代中国数千年未有之大变局之下发生了最初的碰撞，并在近现代的百余年历史进程中不断延续壮大，直到在当代中国改革开放进程中发生深层的交互凝聚，有机地构建起我们今天所走的中国特色社会主义道路。中国特色社会主义在中华民族、社会主义、人类问题三大逻辑线索上迄今为止的协调并进和未来的继续发展，不但形成了独特的“中国式现代化新道路”，而且把中国引向了一种新的文明状态。

中国特色社会主义创造了“中国式现代化新道路”和“人类文明新形态”，“创造”就是“创新”，没有“创新”就没有“创造”。中国特色社会主义往前走的每一步，都是创新的结果。提出和推进改革开放，这是一种创新。在经济领域、政治体制、社会运行、文化建设及生态发展上哪一方面都在不断地推陈出新。在发展理念、所有制、分配体制、政府职能等重大问题上都提出了一系列原创性的理论。中国特色社会主义及时总结新的生动实践，在此基础上进行理论创新。中国特色社会主义面对在不同阶段所面临的新问题和新挑战，及时地用创新加以一一应对。正是这种“创新”，为中国特色社会主义不断灌注活力。“中国式现代化新道路”“人类文明新形态”完全建立在中国特色社会主义不断地进行“创新”的基础之上的。中国特色社会主义创新的“新”与“中国式现代化新道路”之“新”，“人类文明新形态”之“新”是联成一体的。

五、充分认识创造“人类文明新形态”的历史性贡献

中国人民在中国共产党的领导下，创建出“人类文明新形态”，其深远的意义已经初步显示，随着中国特色社会主义的深入推进，“人类文明新形态”的不断完善，其意义将会更充分地呈现在人们面前。对中国创造“人类文明新形态”所作出的历史性贡献，不管你怎么估计，都不会过高。

我们所创造的“人类文明新形态”同时又是“中华文明”的新形态，它首先对中华文明作出了历史性贡献。中华文明历经五千多年始终传承不坠，历久弥新，在人类文明史上有其不可磨灭的地位。确实，在世界上除了中华文明外，还没有哪个原生文明同样经受住了历史的各种磨难和考验而延续至今。但无疑，到了近现代，中华文明遭遇到巨大的危机。在百余年征程中，中国共产党团结带领中国人民，力挽中华文明于既倒，立志于千秋伟业，书写了中华民族几千年历史上最恢宏的史诗。从“站起来”“富起来”一直到迎来“强起来”，中华民族终于逐步地走出了积贫积弱，得以复兴。“中国式现代化新道路”的形成，标志着中华民族真正地开始“强起来”了，也标志着中华文明进入一种新的形态。把中华文明推进到一种新形态，是当今中国人

民对中华文明的重大贡献。中国人民当今创造的中华文明新形态当然是对传统的中华文明的传承和发展，但不可否认，它也代表着古老的中华文明在新时代达到的新境界、开辟的新天地。中华文明新形态使传统的中华文明的革新思想、包容理念等得到创造性转化、创新性发展，从而为人类文明新形态铺陈上深厚的中华文化底色。从传统的中华文明到中华文明的新形态确实有一个逐步“定型”的历程，但关键一步确实是在中国特色社会主义进入新时代以后实现的。习近平既吸收了毛泽东“人民民主专政”等思想，又继承了邓小平“科技是第一生产力”、发展社会主义市场经济等理论，提出了全面从严治党和全面依法治国有机统一，实现人民民主法治，这样，中华文明新形态就基本“定型”了。如果基于“体”“用”之说来解释中华文明新形态对传统的中华文明之意义，那么或许可以这样说：中国大地是“体”，道路和办法是“用”，中国特色社会主义就是在中国大地上寻找适合自己的道路和方法，即在中国之“体”上寻求中国之“用”。中华文明新形态则实现了“体”“用”合一。让传统的中华文明进入一种新的形态，即创建中华新文明是近代以来中国人民孜孜以求的“梦想”，现在这一“梦想”基本实现了。

我们所创造的“人类文明新形态”也是“社会主义文明”的新形态，它其次是对社会主义文明作出了历史性的贡献。“人类文明新形态”与社会主义文明新形态本质上是一致的，因为社会主义文明的发展方向也就是人类文明的前进目标。社会主义制度的建立，为社会主义文明的建立开辟了空间，但在现实的社会主义发展过程中，社会主义文明的形成也经历了许多曲折和反复。中国“人类文明新形态”的创造，不但捍卫了社会主义文明的一系列基本原则，而且又使传统的社会主义文明有了一种新的形态。当今在中国出现的“人类文明新形态”是目前为止最成熟、完美的社会主义文明形态。20世纪80年代末90年代初，苏联解体、东欧剧变，西方国家的资产阶级政要和右翼思想家开始借机鼓噪“社会主义破产论”。而事实上，当时世界社会主义运动确实面临一个“社会主义向何处去”的时代之问，而与“社会主义向何处去”的问题紧密联系在一起的是“社会主义文明究竟如何构建”的难题。在这关键时刻，中国共产党顶住巨大压力，成功把中国特色社会主义推向了21世纪，开辟了中国特色社会主义新时代，这不但正确地回答了“社会主义向何处去”的问题，而且也破解了“社会主义文明究竟如何构建”的难题。随着在中国“人类文明新形态”的创造，人们对社会主义文明原先的一些理解得以更新和充实。例如，强调以人为本、以人民为中心；突出以人的现代化为核心；注重走和平发展等，都作为要素纳入社会主义文明之中。正是在这一意义上，把传统的社会主义文明推进到了新形态的社会主义文明。可以说，社会主义文明新形态的形成，是中国这些年在社会主义领域所取得的最大成果。

我们所创造的“人类文明新形态”更是“人类文明”的新形态，它最后落脚于对人类文明的发展作出了历史性的贡献。毛泽东曾经说过，“中国应当对于人类有较大的贡献”，这种贡献不仅仅是物质层面或其他什么层面的贡献，而且更是文明的贡献。人类文明是建立在强大的物质基础上的，没有一定的经济实力和物质基础作保证，人类社会根本谈不上是文明的。以前的文明社会是如此，当今的文明社会更是这样。中国特色社会主义使中国的经济总量跃升到世界第二位，直接增强了整个人类文明社会的物质基础，这当然是对人类文明所作出的贡献。但中国特色社会主义对人类文明的主要贡献还不在此。中国特色社会主义对人类文明的主要贡献是促使了一种新的人类文明形式的诞生。人们通常所说的所谓“中国模式”，实际上指的是一种新的人类文明形式。这种人类文明形式的出现使西方文明模式走下了神坛，它阻挡了当今人类文明变成清一色的西方特征。中国人民创造“中国式现代化新道路”“人类文明新形态”不但正确地回答和破解了“社会主义向何处去”“社会主义文明究竟如何”的问题，更正确地回答和破解了“人类社会向何处去”“人类文明究竟究竟如何构建”的问题。中国人民创造“中国式现代化新道路”“人类文明新形态”在人类社会发展史上具有重大意义，它深刻地影响了人类文明的进程，为构建新的人类文明贡献了中国智慧和中国方案。中国方案和中国智慧与人类文明的发展是融为一体的。正因为这种“融为一体”，所以当今天的中国日益走近世界舞台中心的时候，呈现在世人面前的不仅是一个强大的政治共同体、经济共同体，更是一个伟大的人类新文明体！

六、创造“人类文明新形态”还在路上

中国人民创造了“人类文明新形态”，但这种创造不是“完成时”，而是“进行时”。中国人民创造“人类文明新形态”还在路上，任重而道远。中国特色社会主义有待进一步推进，“中国式的现代化新道路”也需要继续完善，与此相应，“人类文明新形态”更不应当停留在现在的水平和层次，一定要把它建设得更加丰富、更加先进，使之更加符合中国实际，更加符合社会主义现代化规律，更加符合人类文明发展规律。2021年，我们全面建成了小康社会，党的领导又马上提出到2035年，全面建成社会主义现代化强国的目标。向全面建成社会主义现代化强国的目标前进，就意味着向创造更加丰富、更加先进的“人类文明新形态”的目标前进。到社会主义现代化强国全面建成之时，在中国大地上的“人类文明新形态”肯定不是现在这一水平。习近平说：“中国式现代化新道路越走越宽广，将更好发展自身，造福世界。”[①]随着“中国式现代化新道路越走越宽广”，中国大地上的“人类文明新形态”的水平与层次也会越来越高。

“人类文明新形态”的水平与层次的提高，不是自然完成的。这必然是中国人民团结奋斗的结果。不忘本来，才能拥有未来。只有看清楚过去我们为什么能够成功，才能弄明白今后我们怎样才能继续成功。只要回顾一下今天中国大地上的“人类文明新形态”是如何逐步形成起来的，我们就会明白，进一步推进“人类文明新形态”的建设，起码下述三点我们是必须做到的：

第一，坚持中国共产党的领导，使“人类文明新形态”的建设保持强大的支撑力量。“中国式现代化新道路”“人类文明新形态”在中国的开创，说

①《习近平给“国际青年领袖对话”项目外籍青年代表回信》，《人民日报》，2021年8月12日。

到底还是依靠了中国共产党的正确领导。中国共产党的领导是创造“人类文明新形态”的最核心的要素。中国共产党的领导是中国特色社会主义最本质的特征，当然也是“中国式现代化新道路”“人类文明新形态”最本质的特征。中国共产党的领导，不仅明确了中国现代文明发展的方向，而且提供了建设“人类文明新形态”的支撑，确保了人类新文明建设的成功。没有中国共产党的领导，就没有“中国式现代化新道路”，更没有“人类文明新形态”，过去是这样，现在是这样，今后也是这样。“人类文明新形态”的建设需要组织、调动、凝聚广大人民群众的智慧和力量，而在当今中国只有中国共产党才能履行这样的职责。在中国进行人类新文明的建设，是具有独特的优势的，这就是有着中国共产党的领导，中国人民必须充分利用和发挥好这一优势。

第二，坚持马克思主义的指导，使“人类文明新形态”的建设始终在马克思主义的旗帜下进行。我们所创造的“人类文明新形态”是中国共产党坚持和发展马克思主义，特别是不懈推进马克思主义中国化的产物。马克思主义是创建“人类文明新形态”的根本指导思想，是“人类文明新形态”的灵魂和旗帜。马克思主义是这一崭新文明形态的灯塔，为其确立了牢固的科学依据。马克思主义不但为我们提供了创建“中国式现代化新道路”“人类文明新形态”的合理性和正当性的理论依据，使我们对从事这一事业充满了信心，而且为我们如何创建“中国式现代化新道路”“人类文明新形态”提供了基本的战略和方针。正是马克思主义作为一种深刻揭示人类社会发展规律的科学理论，极大地推进了中国“人类文明新形态”的建设。正如习近平所说，这一理论“照亮了人类探索人历史规律和自身解放的道路”。对于习近平的这一深刻判断，我们每一个参与到“人类新文明形态”建设中的中国人来说，都是能够深切体会到的。这些年，马克思主义中国化的过程就是创建“人类文明新形态”的过程。我们所创造的“人类文明新形态”，当然不会是把马克思主义僵硬地搬过来而绘制出来的文明“摹本”，而是对马克思主义不断地与时俱进，使之不断地与中国具体实际相结合、同中华优秀传统文化相结合所形成的文明“原本”。对于马克思主义，特别是当代中国马克思主义的旗帜作用，在创建“人类文明新形态”的征途上，我们必须永记心头。

第三，坚持践行中国特色社会主义，使“人类文明新形态”的建设永远行进在中国特色社会主义的大道上。“中国式现代化新道路”“人类文明新形态”归根结底是中国特色社会主义的产物。“中国式现代化新道路”“人类文明新形态”是结在中国特色社会主义这棵大树上的“硕果”，对此，中国人民的头脑必须十分清醒。现在我们有了“中国式现代化新道路”“人类文明新形态”的新的理念，不是要淡化而是要强化对中国特色社会主义的理论和实践的自信和自觉。经过几十年的艰苦奋斗，以及付出了巨大代价，中国特色社会主义已经形成了成熟、完整的基本理论、基本路线、基本方略。所有一切，在进一步推进“人类文明新形态”建设的征途上，都必须毫不动摇地坚持。例如，统筹“五位一体”总体布局、协调推进“四个全面”战略布局；全面深化改革开放；立足新发展阶段，完整、准确、全面贯彻新发展理念，构建新发展格局；推动高质量发展；推进科技自主创新；保证人民当家作主；坚持依法治国；坚持社会主义核心价值体系；坚持在发展中保障和改善民生；坚持人与自然和谐共生；协同推进人民富裕、国家强盛、中国美丽等，都是必须继续实施的。随着中国特色社会主义实践的不断深化，我们的基本理论、路线和方略也会日趋完善，只要我们的“人类文明新形态”建设跟着中国特色社会主义的“脚步”走，前景无限光明。

·后记·

党的二十大确立了全面建成社会主义现代化强国、实现第二个百年奋斗目标，以中国式现代化全面推进中华民族伟大复兴的中心任务。习近平多次指出："实现新时代新征程的目标任务，要把全面深化改革作为推进中国式现代化的根本动力。"对此，学术界进行了深入的研究，取得了丰硕的成果。

本书是在复旦大学马克思主义学院、哲学学院教授陈学明先生的指导下完成的。2024年6月，陈学明先生提出，要围绕党的二十大精神及即将召开的党的二十届三中全会精神，编写一本有深度的理论著作，从学理上对党的创新理论进行研究阐释。不久之后，陈学明先生与天津出版传媒集团有限公司党委副书记、总经理苏坚，以及天津人民出版社社长刘锦泉、副社长沈海涛、副总编辑郑玥等领导商议，将该本著作定名为《全面深化改革是推进中国式现代化的根本动力》。陈学明先生经过慎重考虑，将编写该书的重任交付于我。作为学界晚辈，我诚惶诚恐。一方面是因为本书主题宏大、事关长远，没有深厚的学术积淀难以完成；另一方面是我作为学界新人，才疏学浅，恐难以胜任。在陈学明先生和天津人民出版社的领导、编辑的大力支持和帮助下，通过深入学习全面深化改革与中国式现代化的相关著作，逐渐使本书的内容和思路清晰起来。为了使本书更具权威性、更具可读性，我向学界前辈寻求帮助，希望将他们此前的研究成果纳入本书。令我感动的是，学术界知名专家均给予大力支持，同意将他们的宝贵研究成果收入本书。这体现了学界前辈们的高风亮节及他们对青年学人的关爱之情。在此，我深深表示感谢和敬意，决心不负学界前辈们的厚爱，继续孜孜以求、不断攀登学术高峰。

刚刚胜利召开的党的二十届三中全会具有继往开来的重要意义——既是

党的十八届三中全会以来全面深化改革的实践续篇，也是新征程推进中国式现代化的时代新篇。我们要深入学习贯彻好全会精神，深入学习贯彻习近平新时代中国特色社会主义思想，深入学习贯彻习近平总书记关于进一步全面深化改革、推进中国式现代化的一系列新思想、新观点、新论断，深入认识党的二十届三中全会的重大意义，在思想上政治上行动上同党中央保持高度一致，为如期完成全会确定的各项目标贡献自己的力量。

张新宁

2024年8月6日

本书作者如下（以章节为序）：

前　言　张新宁（复旦大学教授）

第一章　程恩富（中国社会科学院学部委员）

第二章　张新宁（复旦大学教授）

第三章　杨承训（河南财经政法大学教授）

第四章　张新宁（复旦大学教授）

第五章　赵凌云（华中师范大学教授）、楚武干（华中师范大学博士生）

第六章　顾海良（北京大学教授）

第七章　葛　扬（南京大学教授）、丁涵浩（南京大学博士生）

第八章　杜艳华（复旦大学教授）

第九章　韩庆祥（中央党校一级教授）

第十章　张神根（中央党史和文献研究院研究员）、黄晓武（中央党史和文献研究院编审）

第十一章　任　平（苏州大学教授）

第十二章　杜玉华（上海交通大学教授）、王晓真（上海交通大学博士生）

第十三章　杨承训（河南财经政法大学教授）、张新宁（复旦大学教授）

第十四章　辛向阳（中国社会科学院马克思主义研究院研究员）、吕耀龙（中国社会科学院大学博士生）

第十五章　吴海江（复旦大学教授）、江　昊（复旦大学博士生）

第十六章　陈金龙（华南师范大学教授）

第十七章　程恩富（中国社会科学院学部委员）、陈健（东华大学副教授）

第十八章　周　文（复旦大学教授）、余琦（复旦大学博士生）

第十九章　曹泳鑫（上海社会科学院研究员）

第二十章　高国希（复旦大学教授）

结　　语　陈学明（复旦大学教授）